Wilfried und Lisa Bahnmüller

100 Bergtouren für Langschläfer Bayerische Voralpen

Die schönsten Halbtageswanderungen

J. BERG

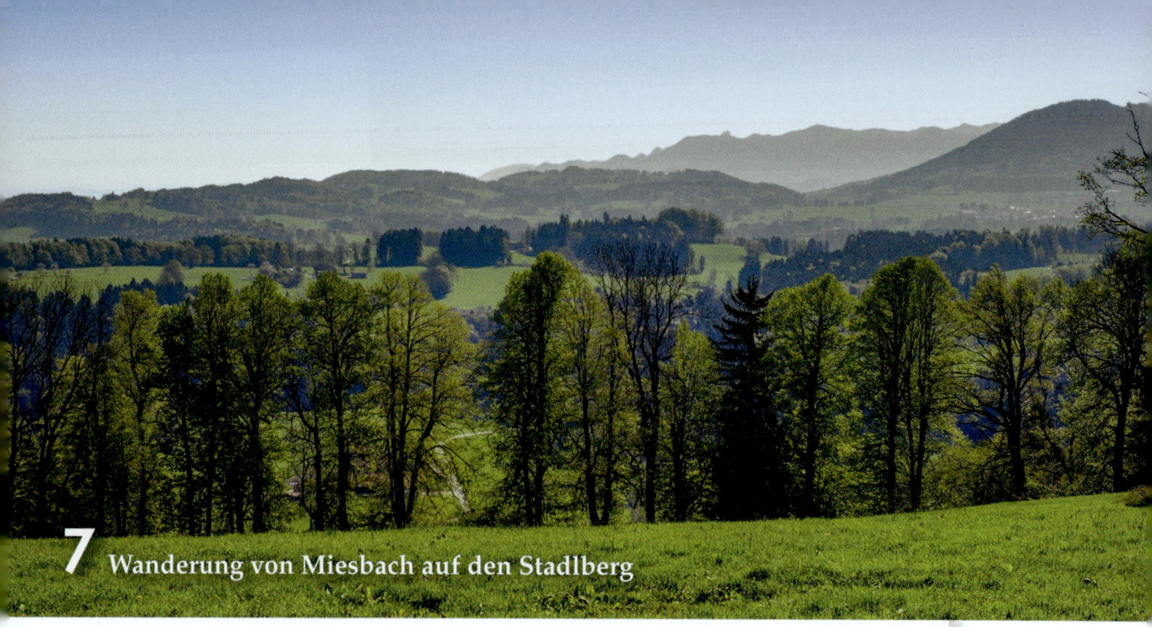

7 Wanderung von Miesbach auf den Stadlberg

Inhalt

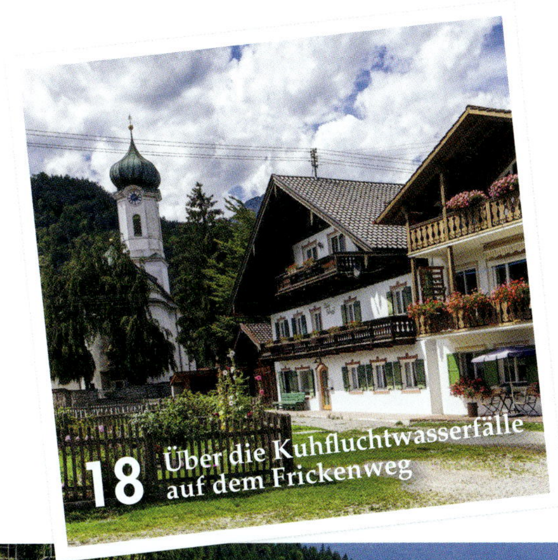
18 Über die Kuhfluchtwasserfälle auf dem Frickenweg

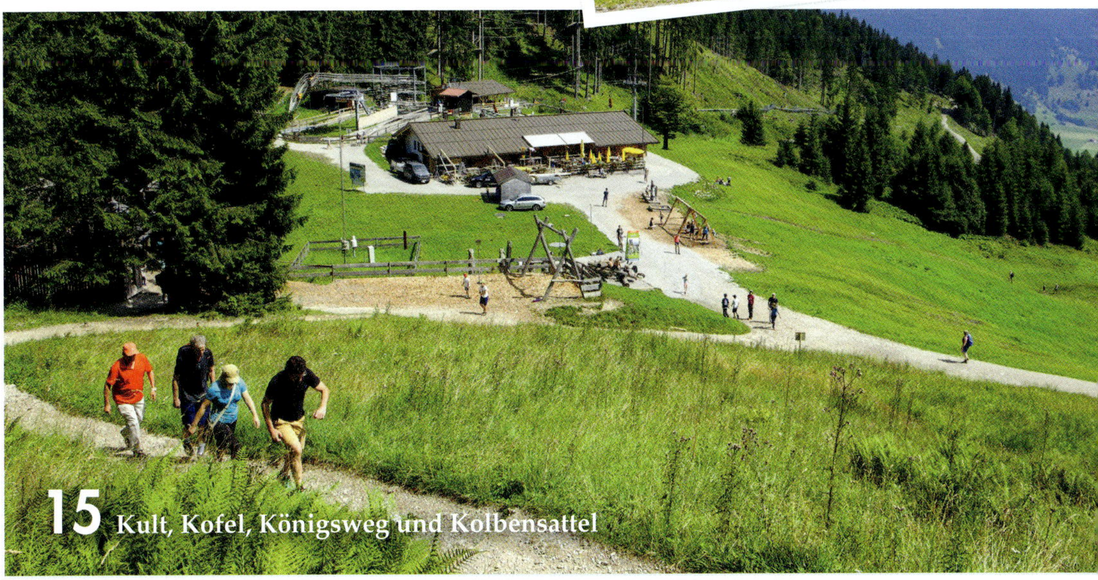
15 Kult, Kofel, Königsweg und Kolbensattel

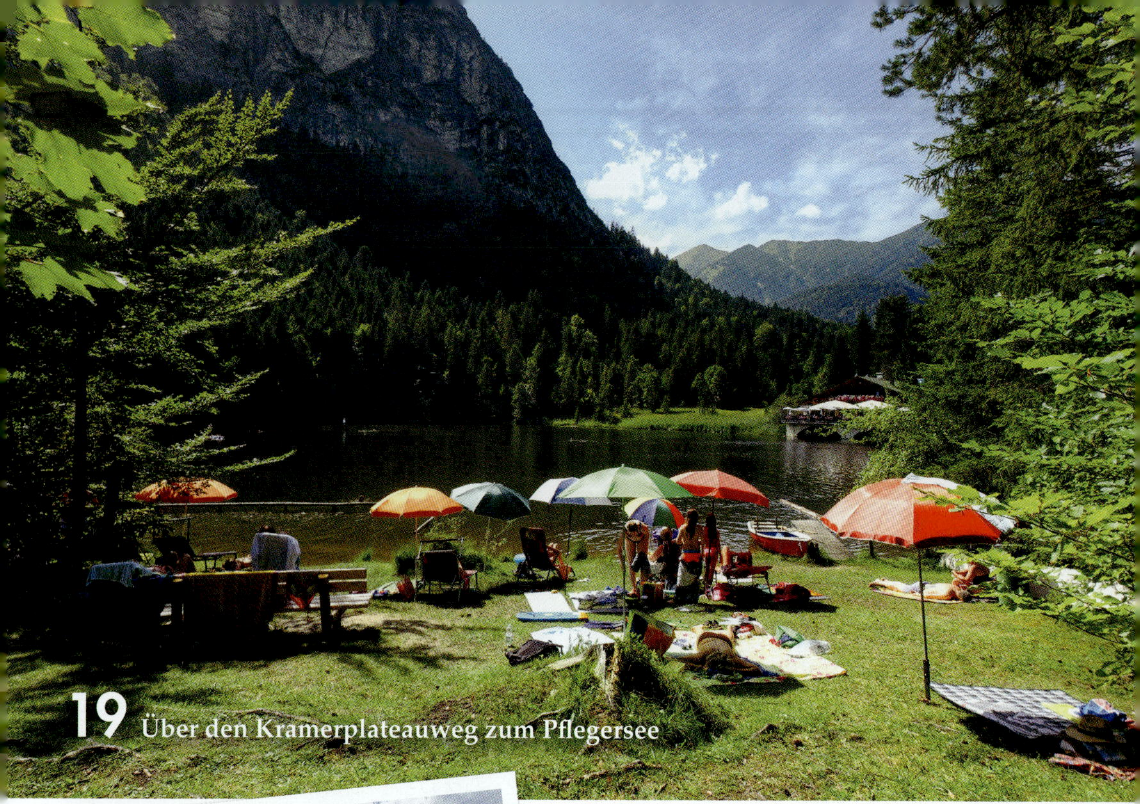
19 Über den Kramerplateauweg zum Pflegersee

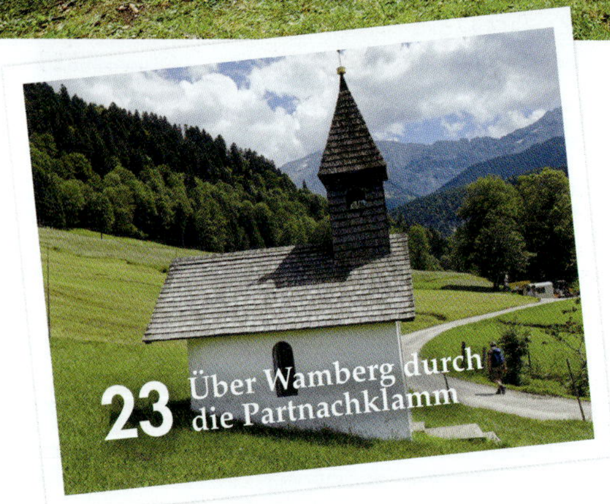
23 Über Wamberg durch die Partnachklamm

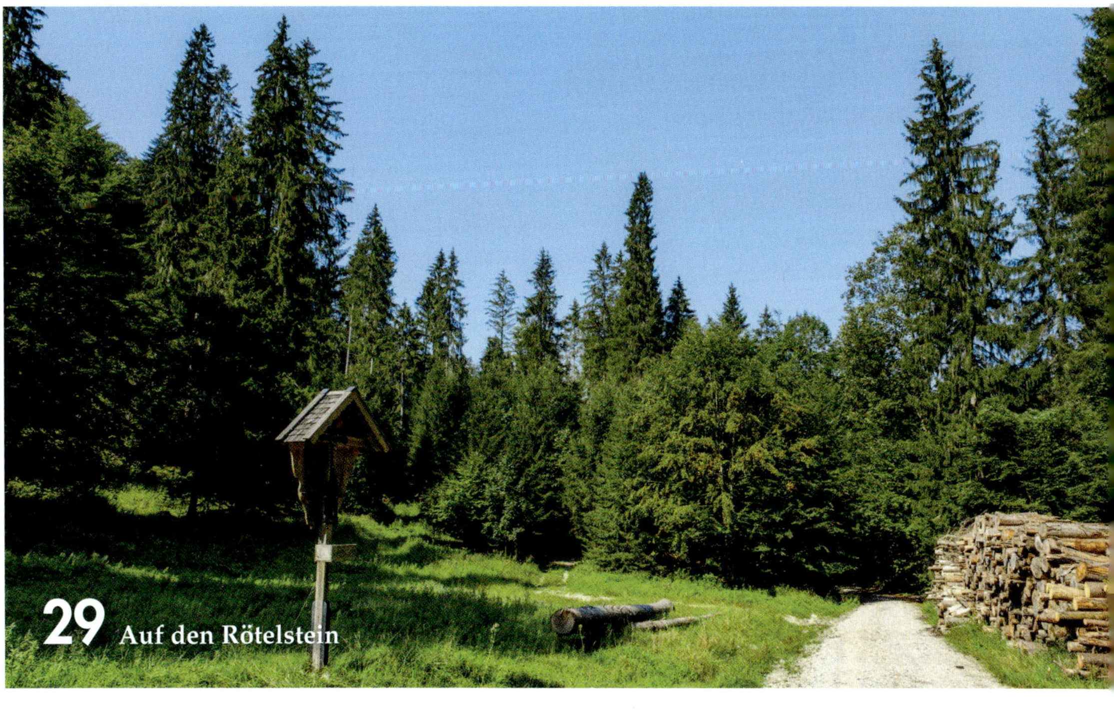

29 Auf den Rötelstein

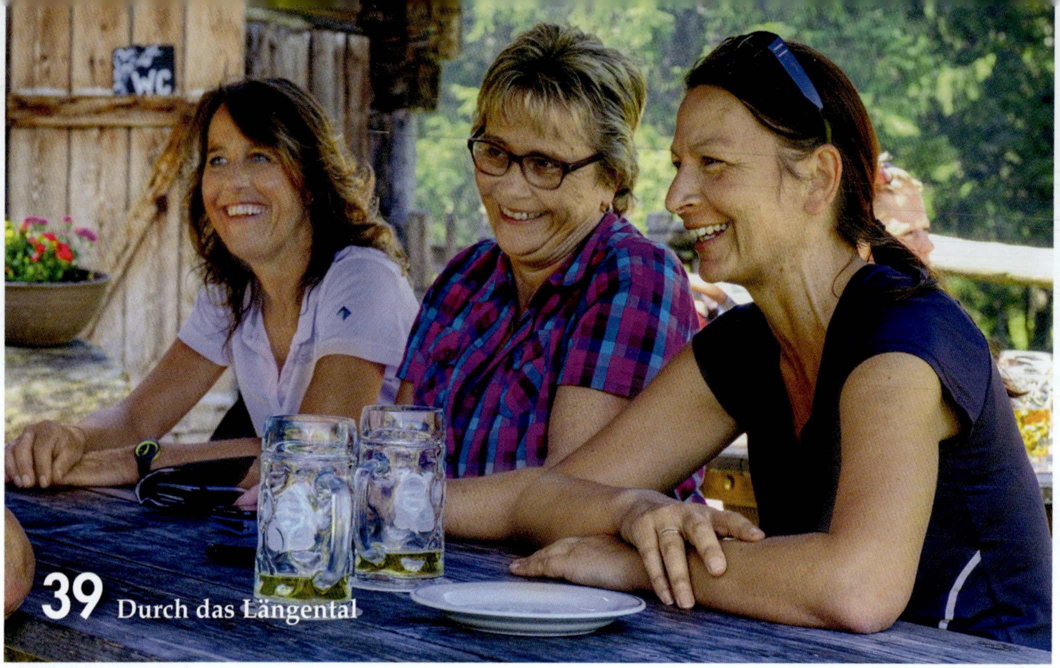

39 Durch das Längental

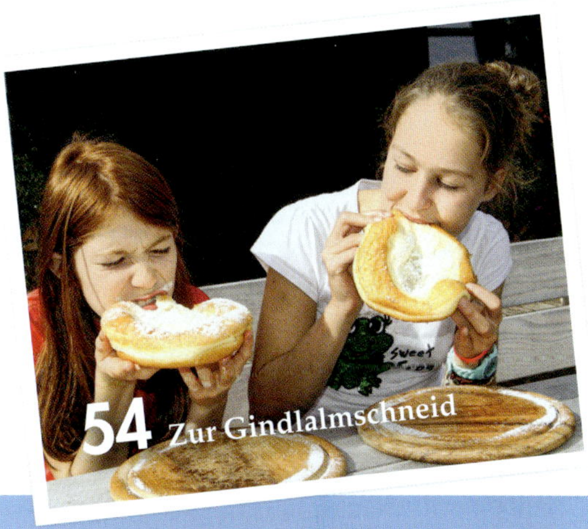

54 Zur Gindlalmschneid

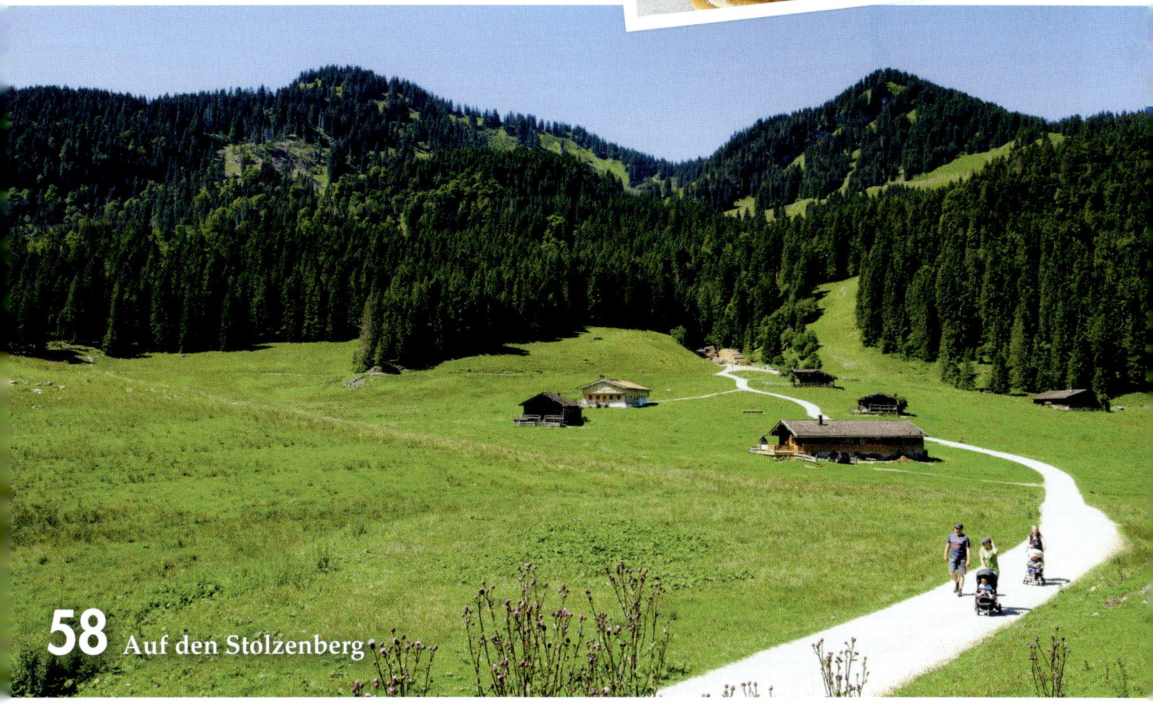

58 Auf den Stolzenberg

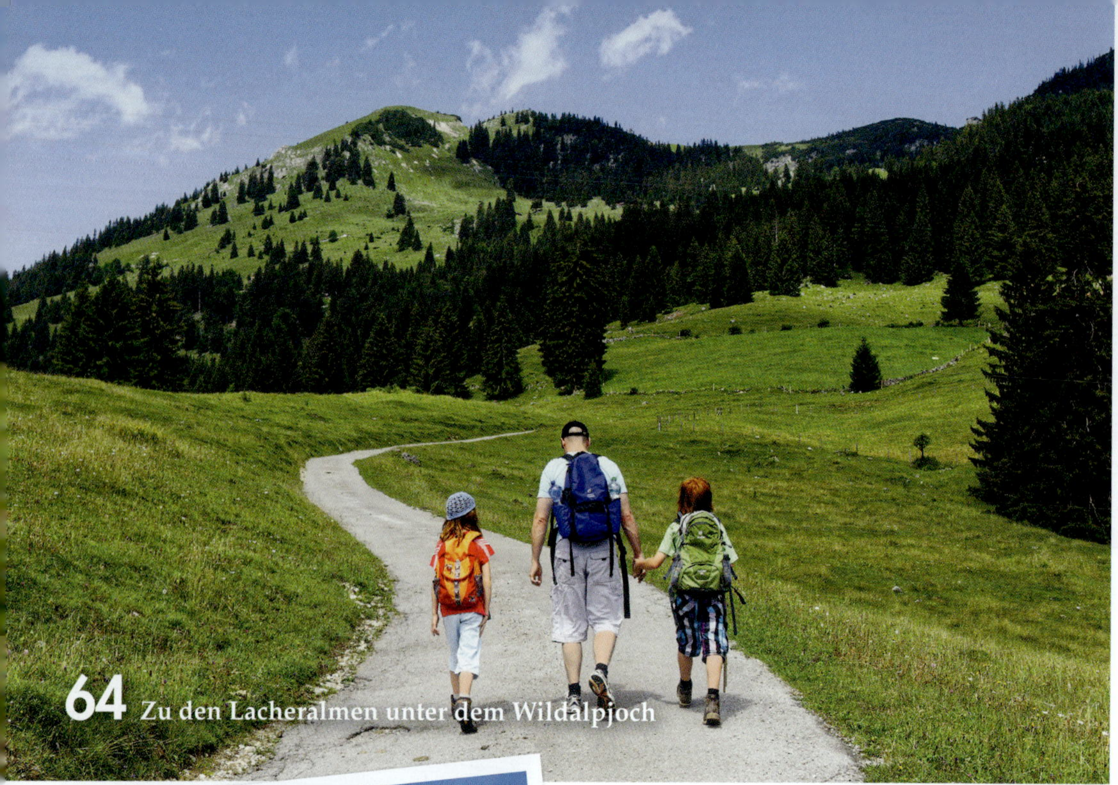
64 Zu den Lacheralmen unter dem Wildalpjoch

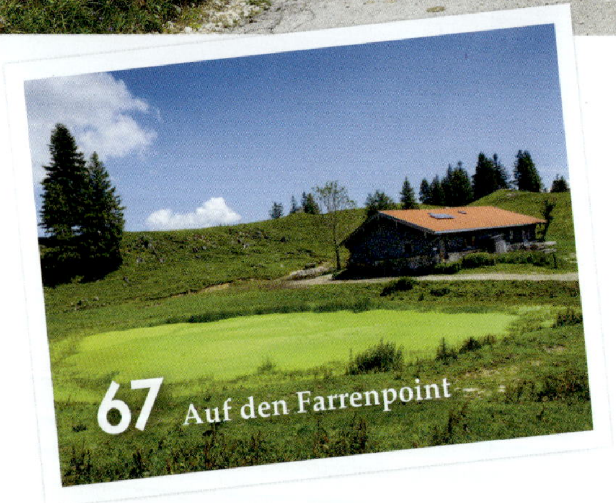
67 Auf den Farrenpoint

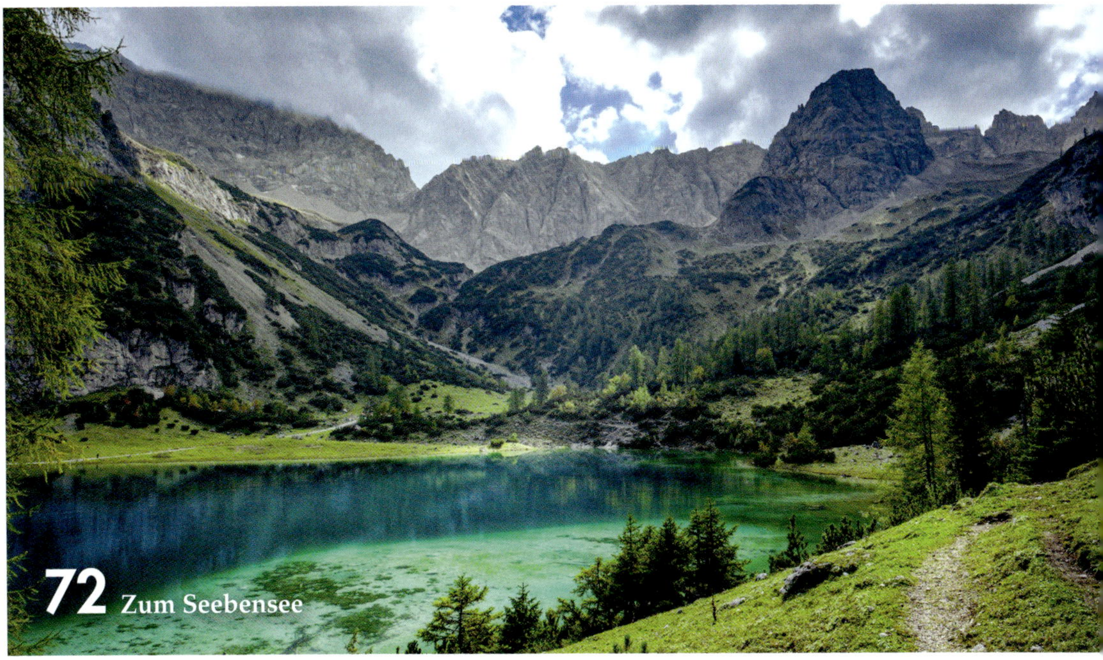
72 Zum Seebensee

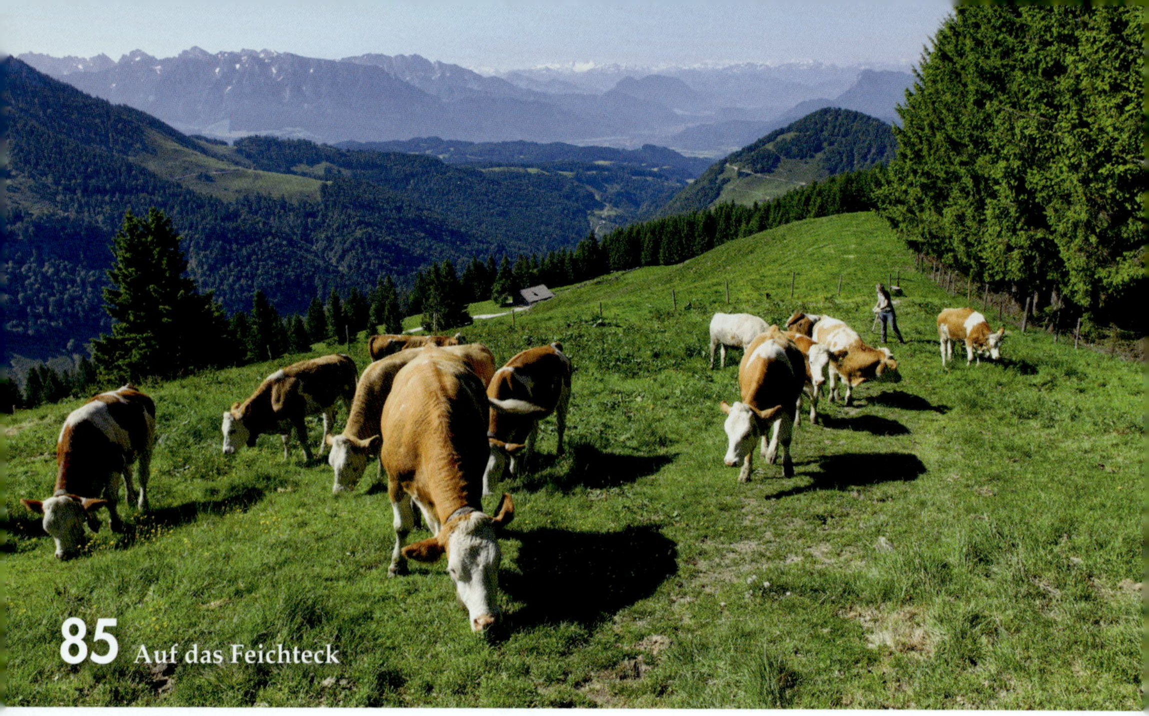

85 Auf das Feichteck

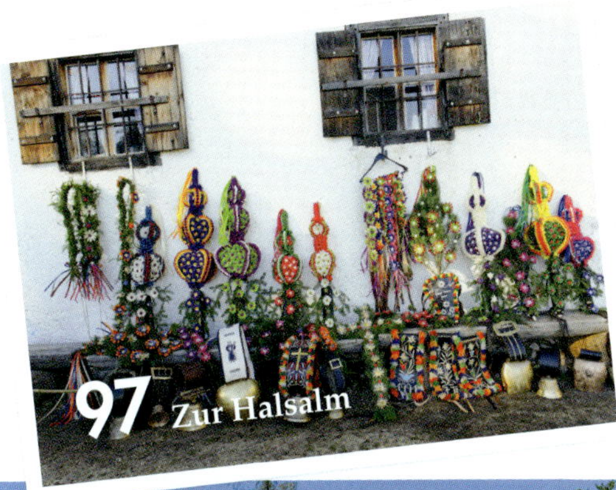
97 Zur Halsalm

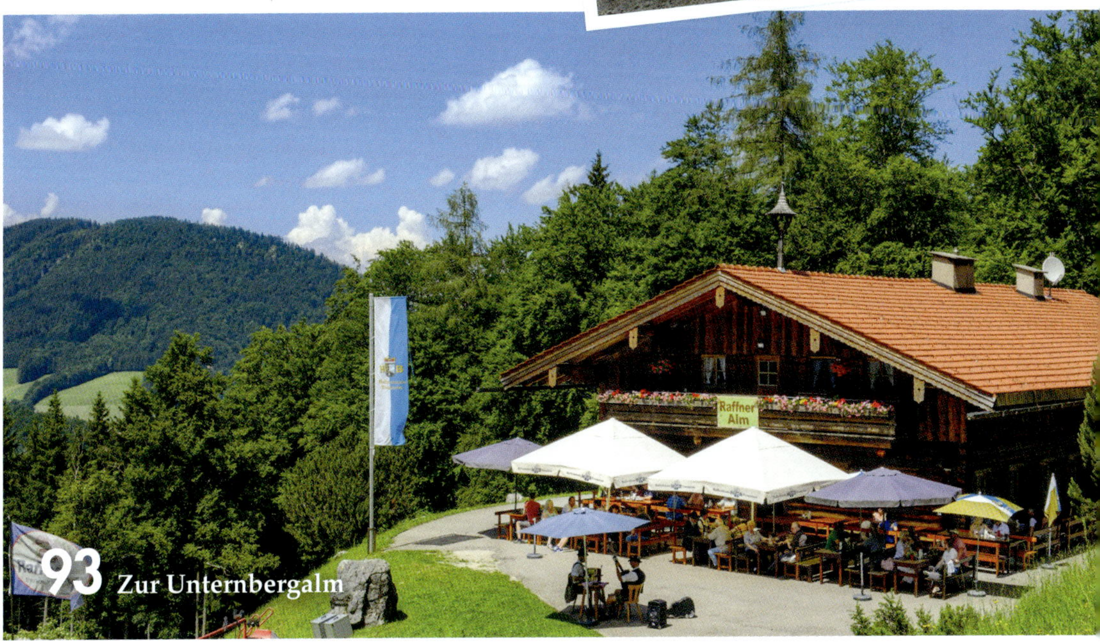

93 Zur Unternbergalm

Tourenüberblick

Tour		km	Hm						
1	Auf den Schnalzberg	9 km	300 m	3.30 Std.		•		•	
2	Von Peißenberg auf den Hohenpeißenberg	9 km	400 m	3 Std.	•	•	•	•	
3	Von Zell nach Guglhör	12 km	130 m	3 Std.	•	•		•	
4	Am Fuß des Heimgartens	9 km	370 m	2.15 Std.	•	•	•	•	
5	Auf den Buchberg	12,5 km	300 m	3 Std.	•			•	
6	Der Taubenberg	8 km	200 m	2 Std.	•	•	•	•	
7	Von Miesbach auf den Stadlberg	9,5 km	250 m	3.15 Std.	•	•		•	
8	Gasthof Hocheck auf dem Auerberg	11 km	450 m	3 Std.	•	•	•	•	
9	Der Schwarzenberg bei Hundham	7 km	350 m	2.30 Std.		•		•	
10	Auf den Buchenberg	14 km	350 m	4 Std.	•				
11	Auf den Hochschergen	9 km	620 m	3.30 Std.		•		•	
12	Am Hörnle	4,5 km	250 m	2 Std.	•	•		•	
13	Von Oberammergau zur Romanshöhe	10 km	150 m	3 Std.	•	•	•	•	
14	Zum Steckenbergkreuz	5,5 km	250 m	2 Std.	•	•	•		
15	Kult, Kofel, Königsweg und Kolbensattel	9 km	650 m	3.30 Std.	•		•		
16	Auf den Osterfeuerkopf	8 km	550 m	3 Std.					
17	Schafkopf	9,5 km	700 m	4 Std.					
18	Über die Kuhfluchtwasserfälle auf dem Frickenweg	5 km	650 m	2.30 Std.		•		•	
19	Über den Kramerplateauweg zum Pflegersee	10 km	250 m	2.30 Std.	•	•	•	•	•
20	Am Wank	12 km	↓1000 m	4 Std.	•				
21	Der Philosophenweg zur Tannenhütte	6,5 km	380 m	3 Std.	•	•	•	•	
22	Über den Rießerseer Höhenweg	10 km	400 m	3.30 Std.	•	•	•		•
23	Über Wamberg durch die Partnachklamm	11,5 km	500 m	3.30 Std.	•	•	•	•	
24	Im Wettersteingebirge	6,5 km	↑200 m ↓550 m	3.30 Std.	•	•			

Tour			km	Hm						
25	●	Von Krün auf den Schwarzkopf	5 km	300 m	2.30 Std.		●			●
26	●	Von Wallgau auf den Krepelschrofen	3 km	300 m	2 Std.	●	●		●	
27	●	Zur Maxhütte bei Wallgau	7 km	200 m	2 Std.	●	●		●	
28	●	Zur Veste Schaumburg	5,5 km	250 m	2 Std.	●	●	●	●	
29	●	Auf den Rötelstein	11 km	600 m	4 Std.	●				
30	●	Auf dem Felsenweg bei Kochel	5 km	300 m	2 Std.	●	●	●		●
31	●	Auf die Kochler Sonnenspitze	8,5 km	700 m	4 Std.	●				●
32	●	Auf den Stutzenstein	9 km	460 m	2.30 Std.	●	●	●		●
33	●	Auf die Pessenbacher Schneid	8 km	650 m	3 Std.	●				
34	●	Durch Benediktbeuerns Lainbachtal	11 km	350 m	3 Std.	●				●
35	●	Aufs Stallauer Eck	9 km	500 m	3 Std.	●	●			
36	●	Auf den Heigelkopf	7 km	550 m	3 Std.	●	●		●	
37	●	Auf die Sonntraten	6 km	350 m	2 Std.		●			
38	●	Zur Denkalm oberhalb von Lenggries	8 km	400 m	2.30 Std.	●	●			
39	●	Durch das Längental	11 km	300 m	2.30 Std.	●	●			
40	●	Auf die Hochalm	7,5 km	650 m	4 Std.	●	●			●
41	●	Auf die Rotwand über der Jachenau	12 km	200 m	3 Std.					●
42	●	Zum Jachenauer Wasserfall	10 km	250 m	3 Std.	●	●			●
43	●	Auf den Hirschhörnlkopf	11 km	800 m	4 Std.	●				
44	●	Altlacher Hochkopfhütte	11,5 km	500 m	3.30 Std.		●			●
45	●	Auf den Rißsattel	5,5 km	450 m	2 Std.	●	●			●
46	●	Auf die Holzeralm	13 km	550 m	4 Std.	●	●			●
47	●	Über die Aueralm zu den Neuhütten	10 km	450 m	3.30 Std.	●	●		●	●
48	●	Auf den Leonhardstein	8 km	680 m	4 Std.					

Tour			km	Hm						
49	●	Zur Königsalm	10 km	400 m	3.30 Std.	●		●		
50	●	Über den Blankensteinsattel	11 km	900 m	4.30 Std.	●				
51	●	Auf den Suttenstein	9 km	650 m	3.15 Std.	●	●			●
52	●	Auf die Neureuth	9 km	650 m	2.45 Std.	●	●		●	●
53	●	Wanderung zum Riederstein	8 km	500 m	3 Std.	●	●	●	●	●
54	●	Zur Gindlalmschneid	12,5 km	500 m	3.30 Std.	●				●
55	●	Auf die Baumgartenschneid	12 km	600 m	3.30 Std.	●				
56	●	Im Josefstal	7 km	250 m	2.15 Std.	●	●	●		
57	●	Zu den Firstalmen	9 km	500 m	3 Std.	●	●		●	●
58	●	Auf den Stolzenberg	8 km	↑200 m ↓550 m	3 Std.	●	●			●
59	●	Auf den Jägerkamp	9 km	700 m	4 Std.	●				●
60	●	Auf die Geitauer Alm	7 km	500 m	3 Std.	●	●			
61	●	Nach Hochkreuth über Bayrischzell	8 km	280 m	2 Std.	●	●		●	
62	●	Bayrischzeller Höhenweg	11 km	500 m	3.30 Std.	●				
63	●	Vogelsang und Kleiner Traithen	4 km	450 m	3 Std.	●	●			
64	●	Zu den Lacheralmen unter dem Wildalpjoch	7,5 km	700 m	3.45 Std.		●			
65	●	Auf den Breitenstein	7,5 km	800 m	4 Std.	●				
66	●	Zur Tregleralm	9 km	500 m	3 Std.	●	●		●	
67	●	Auf den Farrenpoint	8 km	450 m	3 Std.	●	●			
68	●	Auf den Sulzberg	6,5 km	450 m	2.30 Std.	●	●			
69	●	Auf die Schwarzlack	10,5 km	330 m	2.30 Std.	●	●	●	●	
70	●	Über den Petersberg auf den Riesenkopf	13 km	700 m	4 Std.	●		●		
71	●	Aufs Hocheck	6,3 km	370 m	2.30 Std.	●	●			
72	●	Zum Seebensee	12 km	400 m	4 Std.	●				
73	●	Über die Birzelkapelle zum Wiesenhof	9 km	250 m	3 Std.	●	●			●
74	●	Zur Plumsjochhütte	13 km	650 m	4 Std.	●				

Tour			km	Hm	Zeit					
75	●	Auf dem Panoramaweg zur Binsalm in der Eng	6 km	450 m	2 Std.	●	●			
76	●	Auf den Feilkopf	12 km	600 m	3.30 Std.	●	●		●	
77	●	Zur Köglalm	9 km	550 m	3.30 Std.	●	●	●		●
78	●	Zur Astenau Alm	6,5 km	600 m	3.30 Std.	●	●			
79	●	Aufs Hintere Sonnwendjoch	9 km	650 m	3 Std.	●				
80	●	Zur Mariandlalm	5,5 km	350 m	1.30 Std.	●	●		●	
81	●	Von der Kiefer auf den Thierberg	8 km	250 m	2.30 Std.	●	●	●	●	●
82	●	Von Kufstein ins Kaisertal	9 km	350 m	3 Std.	●		●		
83	●	Auf den Pendling	9 km	600 m	2.30 Std.	●			●	
84	●	Im Hochriesgebiet	7 km	550 m	2.45 Std.	●	●		●	
85	●	Auf das Feichteck	9 km	700 m	3.30 Std.	●	●		●	
86	●	Vom Erler Berg auf den Spitzstein	7,5 km	650 m	4 Std.	●				
87	●	Auf die Karspitze	11 km	550 m	3.30 Std.	●				
88	●	Um den Breitenberg bei Rottau	11 km	460 m	2.30 Std.	●	●			
89	●	Über die Staffnalm zur Hochplatte	7 km	600 m	4 Std.	●	●			
90	●	Von Maria Klobenstein zur Streichenkirche	13 km	500 m	4 Std.	●		●		
91	●	Auf das Wetterkreuz	9 km	400 m	3 Std.	●				
92	●	Vom Dürrnbachhorn nach Winklmoos	8 km	↑200 m ↓600 m	3.30 Std.	●				
93	●	Zur Unternbergalm	5 km	600 m	2 Std.	●	●		●	
94	●	Durch die Schwarzachenklamm	8 km	300 m	3 Std.	●	●	●		
95	●	Zur Mordaualm	8 km	350 m	2 Std.	●	●			
96	●	Toter Mann und Soleleitungsweg	10,5 km	↑250 m ↓650 m	3.30 Std.	●	●	●		●
97	●	Zur Halsalm	7 km	450 m	3 Std.	●	●			●
98	●	Über die Bindalmen zum Hirschbichl	8 km	300 m	2.30 Std.	●	●	●		●
99	●	Almbachklamm bei Marktschellenberg	5,5 km	450 m	3 Std.	●		●		
100	●	Zum Purtschellerhaus	5,5 km	480 m	2.30 Std.	●	●	●		

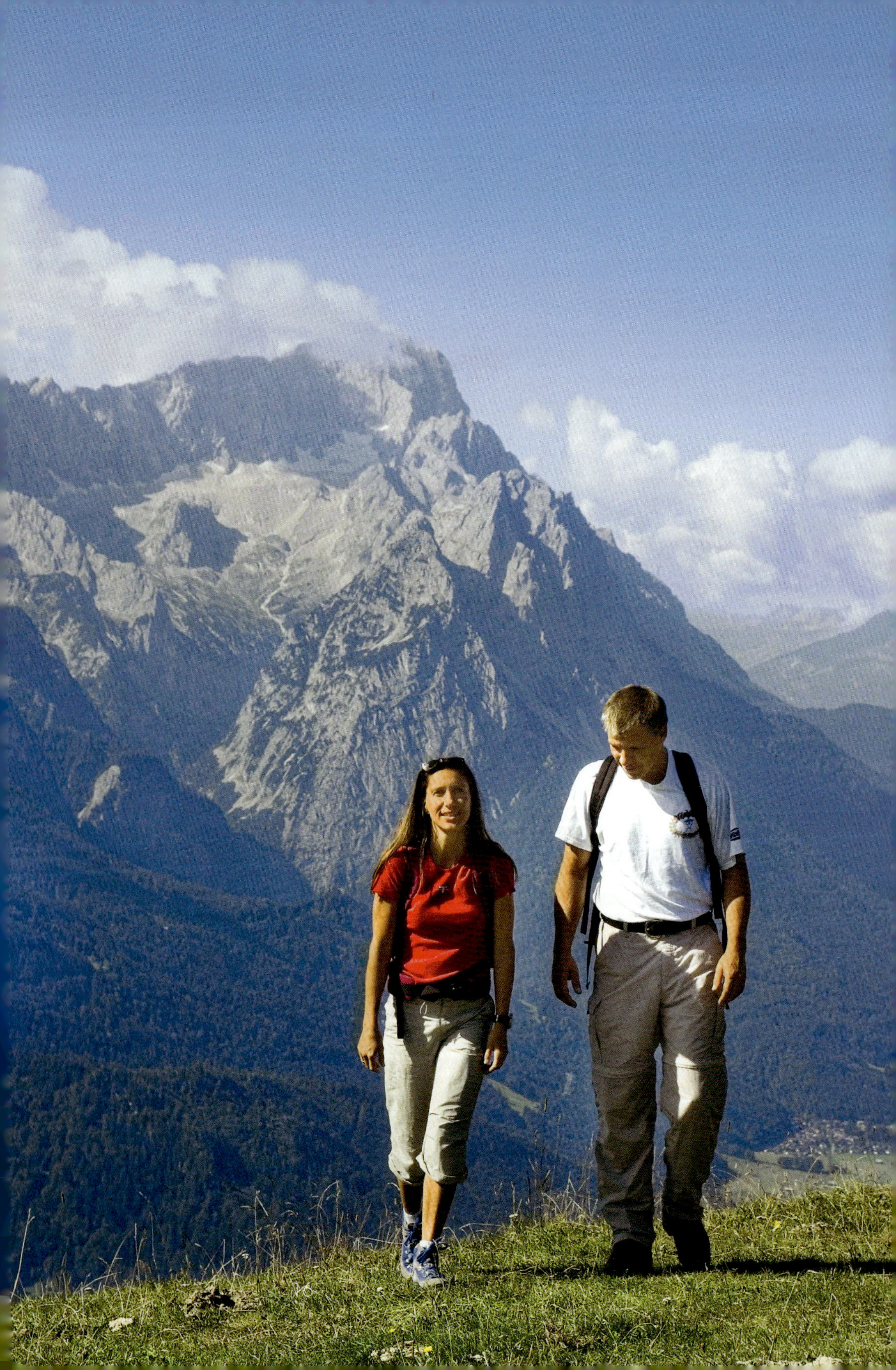

Vorwort

Liebe Langschläfer,

jetzt ist es ein Sammelband geworden. 100-mal sind wir lange, ganz lange im Bett geblieben, um dann herrlich ausgeruht und ausgeschlafen zu einer Bergtour aufzubrechen.

Nahe Berge oder aussichtsreiche Hügel sind unsere Ziele. Auf jeden Fall raus in die schöne Natur, zu leicht erreichbaren Zielen in den Bayerischen oder Tiroler Alpen zwischen Lech und Salzach. Wobei wir das Wandergebiet auch ins Alpenvorland ausgeweitet haben, wo uns die Gletscher der letzten Eiszeit wunderbar aussichtsreiche Moränenhügel hinterlassen haben.

Wie immer dauert keine der Wanderungen länger als vier Stunden. Jetzt muss man nur noch den Rucksack packen, Brotzeit und Getränke nicht vergessen, die Wanderstiefel ins Auto legen oder den nächsten Zug nehmen, und schon geht es los.

Bequem wandern wir gegen Mittag los und erreichen locker am späten Nachmittag wieder das Tal. Wie immer, ist für jeden Sportsgeist etwas dabei: vom routinierten Allrounder zum Gelegenheitsbergsteiger, vom Anfänger zum Gipfelsammler, vom Ruhesuchenden zum lebhaften Familienclan, vom Gipfel-Brotzeiter zum Berghütten-Liebhaber.

Die 100 Wanderungen sind eine ausgewogene Mischung aus touristisch bewährten Gipfelzielen und weniger bekannten Bergen. An dieser Stelle ein dickes Dankeschön an alle, die sich Zeit nehmen, uns Leserbriefe zu schicken. Danke für die Anregungen, Kritik und das Lob. Und natürlich ein Dankeschön an den J. Berg Verlag, der von der Idee für das »Langschläfer-Sammelwerk« überzeugt ist – auch wenn wir wissen, dass die meisten Mitarbeiter in der Redaktion sicherlich keine Morgenmuffel sind! Aber wie immer gilt: Natürlich dürfen die Bergtouren für Langschläfer auch von Frühaufstehern begangen werden.

Ganz viel Spaß beim Ausschlafen und Wandern wünschen Ihnen
Lisa und Wilfried Bahnmüller

Linke Seite: Am Wank

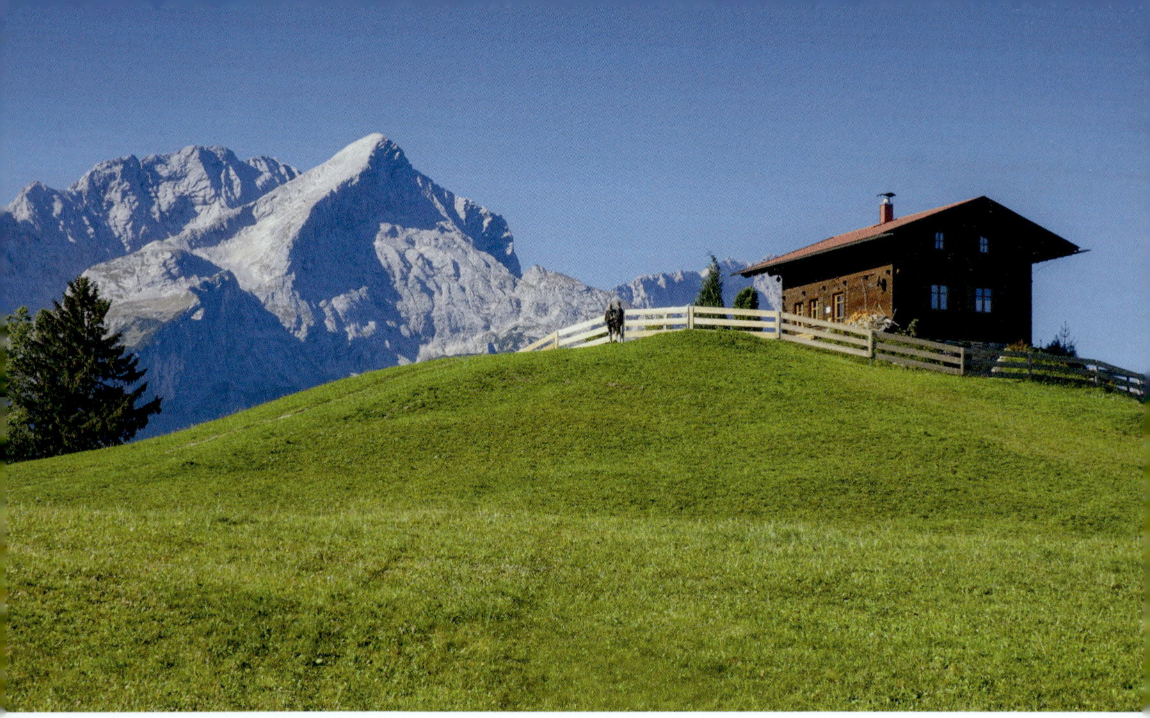

Vom Eckbauer haben wir herrliche Ausblicke auf die Alpspitze.

Praktische Informationen

In diesen »Bergtouren für Langschläfer« haben wir es mit dem Leistungssport Bergsteigen nicht übertrieben. Trotzdem möchten wir betonen, dass es sich hier nicht um Spaziergänge handelt. Die meisten Touren führen wirklich in die Berge und die sind, auch wenn mittlerweile gut erschlossen, zum Glück immer noch eine Naturlandschaft.

Deshalb ist der Bogen für technische Anforderungen und Kondition in diesem Buch breit gespannt. Bergneulinge tasten sich am einfachsten mit zwei bis drei leichteren Touren an die Wanderungen heran.

Wir dürfen niemals übersehen, dass in den Bergen andere Spielregeln gelten als in der Ebene. Viele gute, allgemeine Tipps gibt es auf der Homepage des Deutschen Alpenvereins (www.alpenverein.de). Wir wollen den Umfang des Buches nicht sprengen und geben hier nur einige wichtige Informationen.

Gehzeiten und Höhenangaben

Wir haben uns sehr um genaue Zeit- und Höhenangaben bemüht. Aber unsere Schwierigkeitseinstufungen sind nicht wirklich objektiv, sondern von unserem persönlichen Empfinden abhängig.

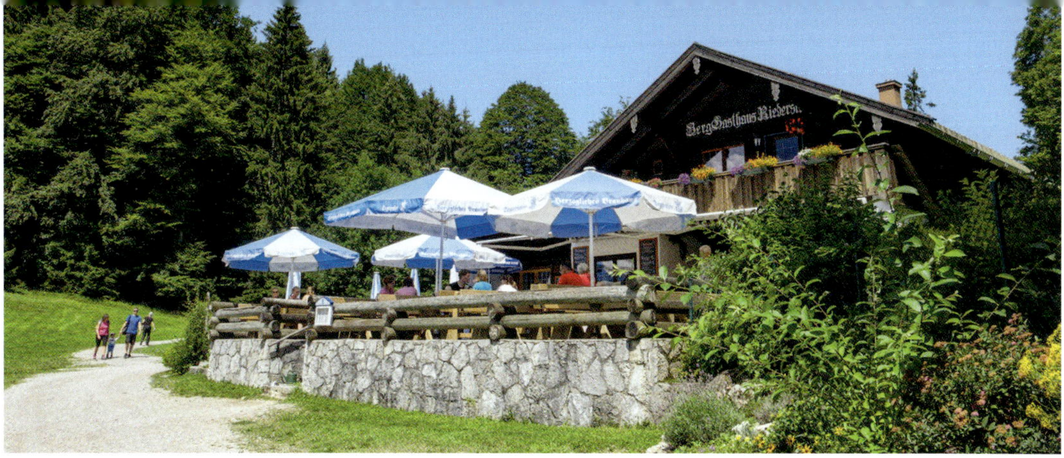

Am Riederstein lässt es sich auf der blau-weiß beschirmten Aussichtsterrasse gut einkehren.

Besonders wichtig bereits vor der Tourenplanung ist das Wetter. Unvorhersehbare Wetterumschwünge sind in den Bergen nicht selten. Vor allem im Sommer müssen wir Spätaufsteher mit Gewittern rechnen, die sich besonders am Nachmittag in den Bergen zusammenbrauen. Wer von einem Gewitter überrascht wird, sollte exponierte Wegstellen unbedingt meiden. Allein stehende Bäume, Gipfel und deren Kreuze oder Drahtseilsicherungen stellen tödliche Gefahrenquellen dar. Am besten wird die Tour unverzüglich abgebrochen oder man sucht Schutz in Senken oder Mulden in einer am Boden zusammengekauerten Haltung. Vorsicht ist in den Wäldern auch bei starkem Wind geboten. Es besteht immer die Gefahr von durch Windbruch herunterfallenden Ästen.

Und selbstverständlich müssen wir Langschläfer stets einen Blick auf die Uhr werfen. Gerade, wenn wir erst gegen Mittag losziehen, sollten wir nicht in Zeitnot geraten. Im Dunkeln einen Berg hinunterzutapsen, ist kein Vergnügen und gefährlich. Das gilt vor allem im Spätherbst, wenn es am Nachmittag wieder früh dunkel wird.

Umwelt und Nachhaltigkeit

Reisen Sie der Umwelt zuliebe mit öffentlichen Verkehrsmitteln an. Sollten Sie mit dem eigenen Auto anreisen, parken Sie bitte nur auf ausgewiesenen Parkplätzen und verstellen Sie keine Rettungswege, Feldwege oder Einfahrten. Pflücken Sie keine Blumen, denn bis ins Tal sind sie sowieso welk. Pilze, egal welche, gehören grundsätzlich nicht zerstört. Sie sind ein wichtiger Teil des ökologischen Systems. Bitte halten Sie unbedingt die Natur sauber! Ihren Müll nehmen Sie mit nach Hause und entsorgen ihn fachgerecht.

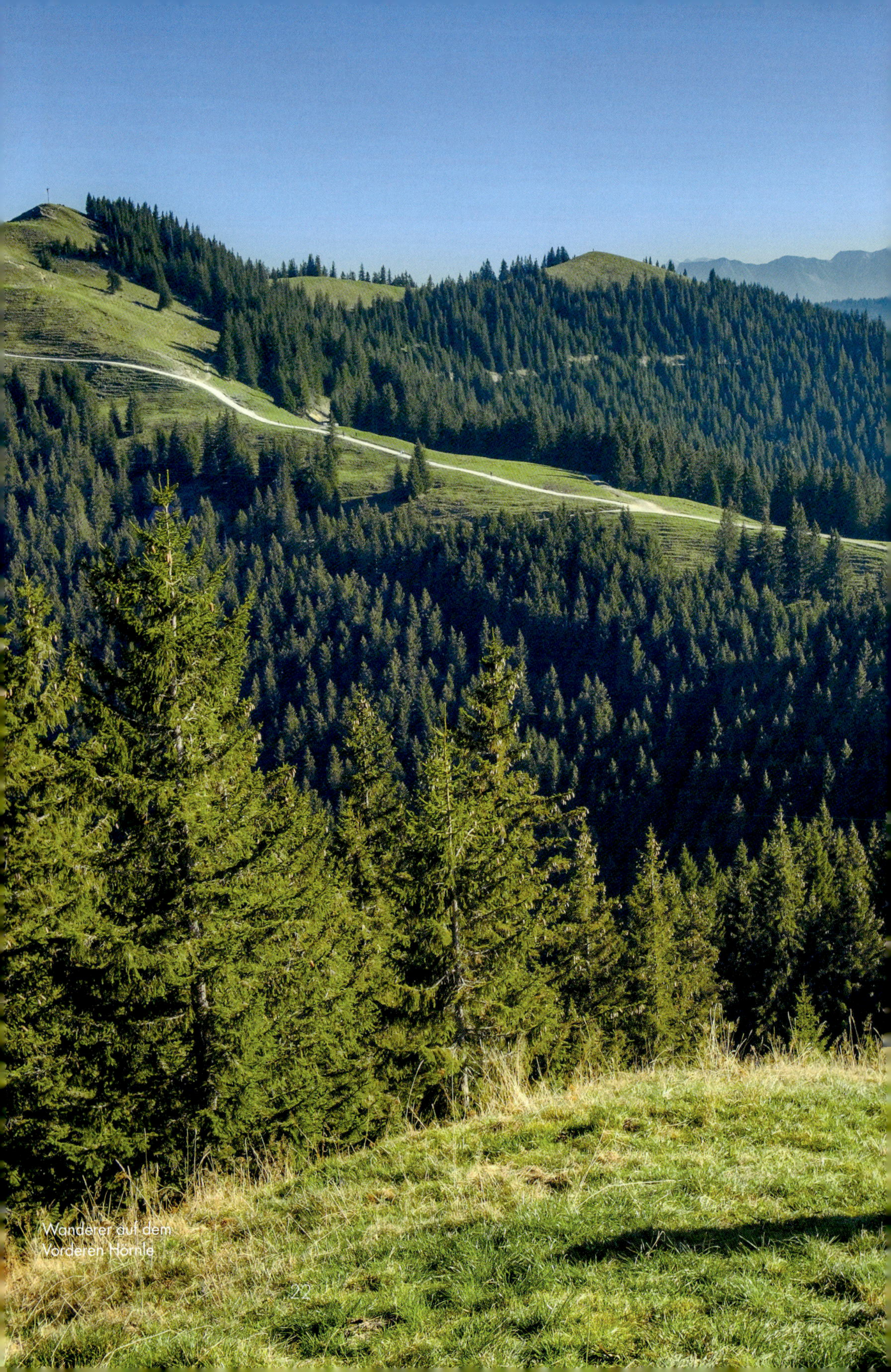

Wanderer auf dem
Vorderen Hörnle

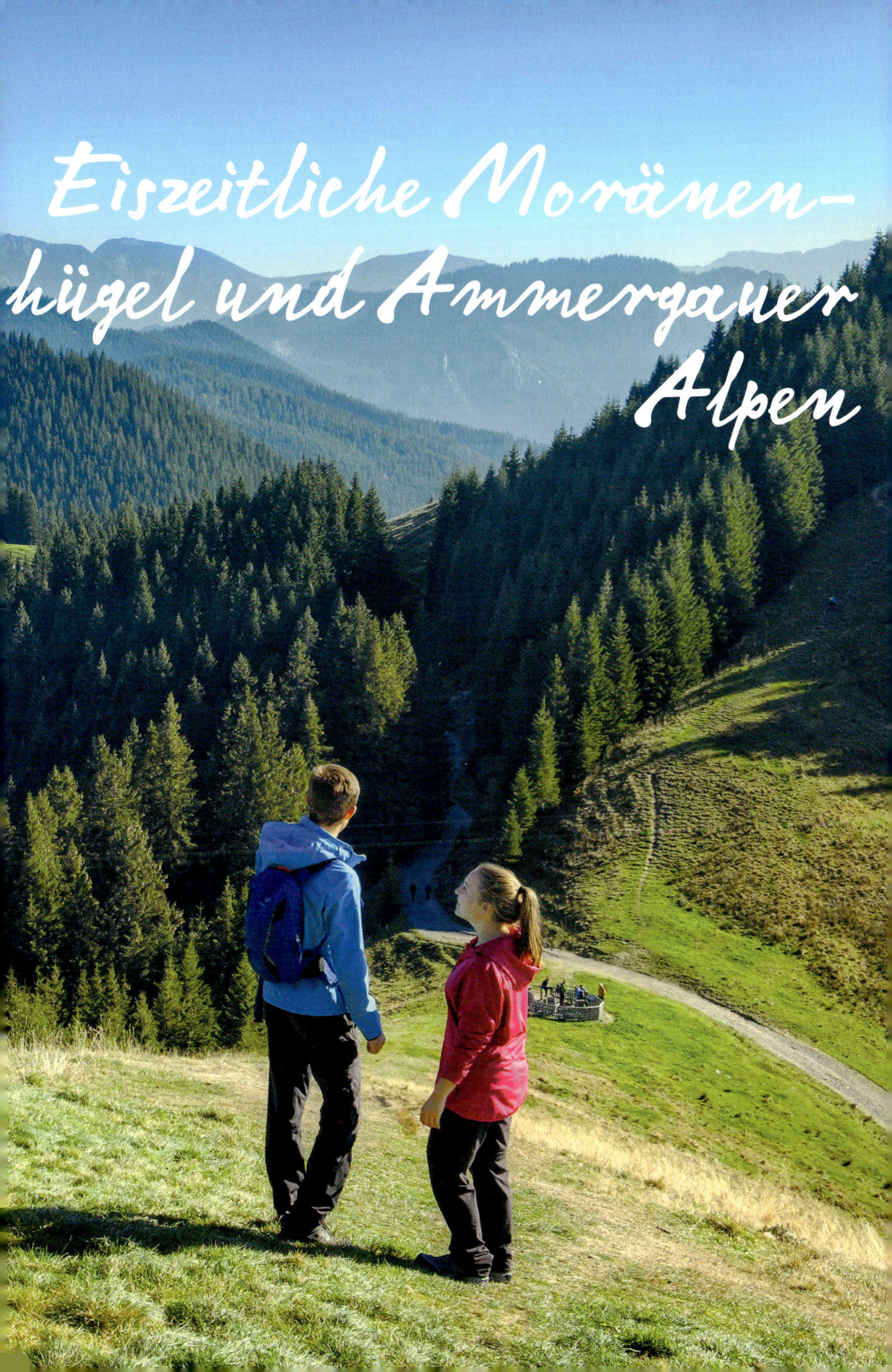
Eiszeitliche Moränen-
hügel und Ammergauer
Alpen

1 Auf den Schnalzberg

Ammerschlucht und ein Aussichtsberg

Mittel | 9 km | 300 m | 3.30 Std.

Tourencharakter
Eine Wanderung sowohl auf breiten Waldstraßen als auch auf schmalen, steilen Wanderwegen, die durch viele Treppen gangbar gemacht sind. An einigen Stellen sind Trittsicherheit und etwas Schwindelfreiheit erforderlich.

Ausgangs-/Endpunkt
Wanderparkplatz Schnalz bei Peiting

GPS-Daten
47.77778, 10.95035

Anfahrt
Auto: Auf der B 472 von Weilheim Richtung Schongau, Ausfahrt Peiting Süd rechts auf die B 23 abbiegen, nach 300 m rechts in die August-Moralt-Straße. Vor der Firma Gaplast rechts in die Schnalzbergstraße, unter der B 472 durch und bis zum Wanderparkplatz.
Bus/Bahn: Peiting liegt an der Strecke Weilheim–Schongau. Vom Bahnhof Peiting-Ost über Kohlenstraße, Leitenweg und Der Mittlere Weg, der in die Schnalzbergstraße übergeht, zusätzlich ca. 3 km.

Karte
Kompass Nr. 179 Pfaffenwinkel, 1:50 000

Information
www.peiting.de

Kaum jemand kennt diesen unscheinbaren Moränenhügel bei Peiting. Umso mehr verblüfft vom Gipfelkreuz die wunderbare Aussicht auf die Berge. Zusammen mit dem steilen Anstieg durch die Ammerschlucht machen wir hier schon eine richtige Bergtour!

Unsere Wanderung beginnt nahe dem Markt Peiting, einem Ort mit langer Geschichte. Funde vorchristlicher Besiedlung führen über die Römer und Kelten bis zur ersten urkundlichen Erwähnung 1055, als Herzöge aus dem Geschlecht der Welfen die »Neue Welfenburg« bei Peiting errichteten. Von ihr ist nichts mehr erhalten. Ein Erdbeben 1348 ließ Teile der Burg einstürzen und die Schweden gaben ihr später im Dreißigjährigen Krieg den Rest. Übrig geblieben sind nur ein paar Wälle und Gräben im Wald nordwestlich des heutigen Peiting auf dem Schlossberg. 1438 bekam Peiting das Marktrecht durch Herzog Ernst von

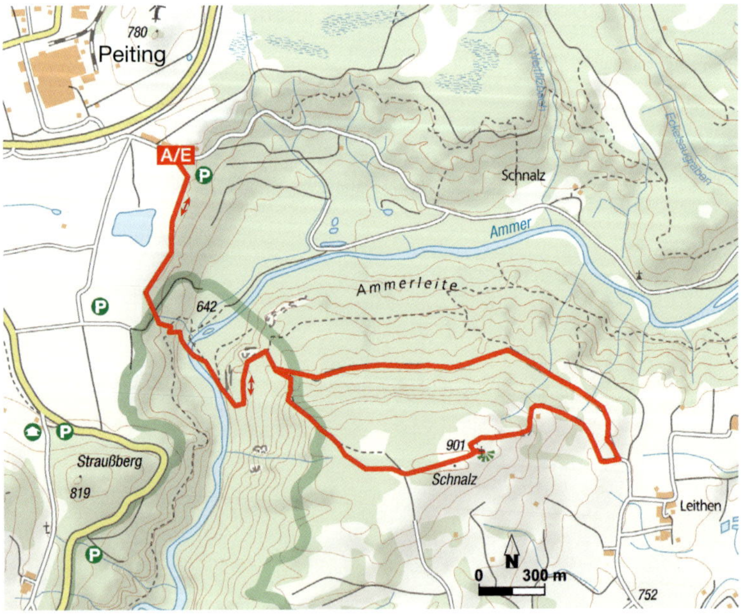

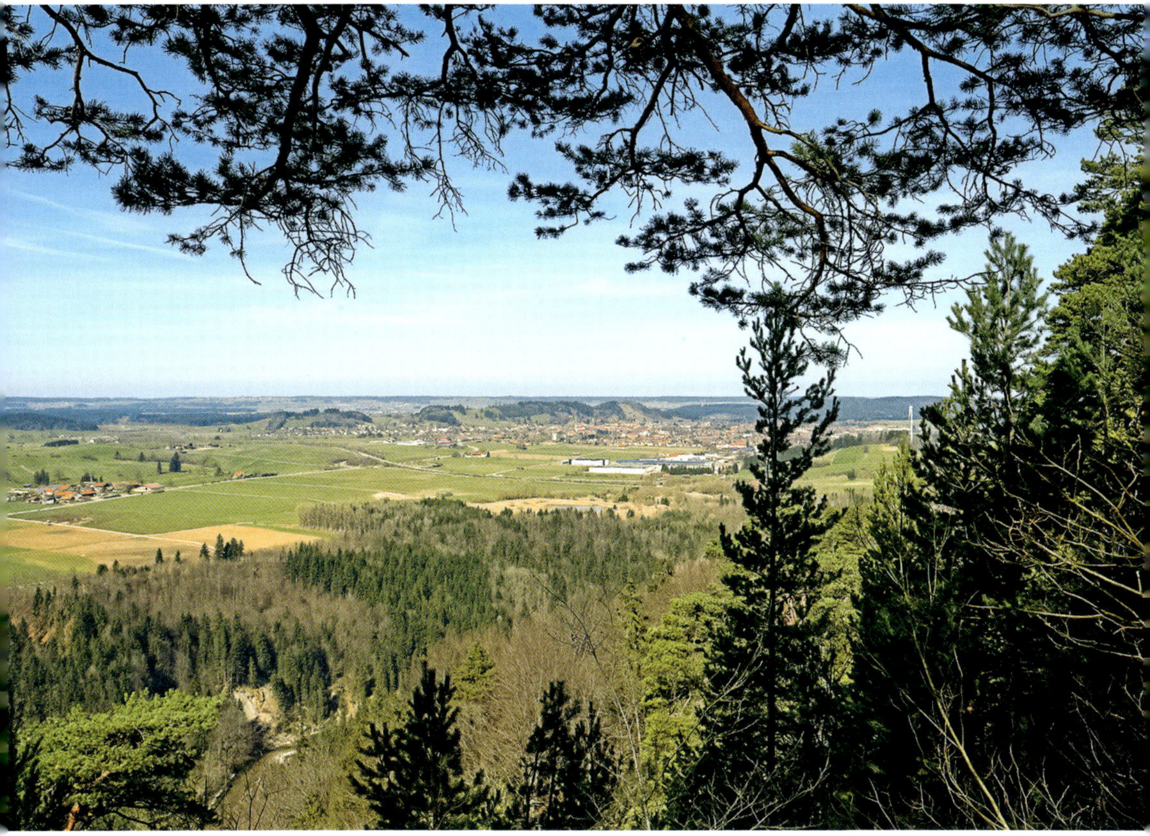

Die Aussicht auf Peiting

Bayern, der damit einen Gegenpol zur Stadt Schongau an der Westseite des Lechs schaffen wollte. Wahrscheinlich hätte sich der Markt genauso entwickelt wie viele andere auch, wenn nicht 1580 in seinem Gebiet Pechkohle entdeckt worden wäre.
Wir starten vom Wanderparkplatz am Ende der Schnalzstraße, folgen dem Weg zum Kalkofensteg und passieren zuerst einen Waldkindergarten. Auf der rechten Seite begleitet uns ein kleiner Damm. Er begrenzt die Absetzteiche des ehemaligen Bergwerks Peiting, eine weite Fläche, die inzwischen rekultiviert worden ist. Dem Damm folgt eine offene Wiese; dort führt der Weg steil abwärts zum Fluss. Wir treffen auf

Peitinger Kohlebergbau

Bis zum Ersten Weltkrieg wurde die Pechkohle in kleinen Mengen fast handwerklich abgebaut und vor allem zum Heizen der Häuser verwendet. Ab 1922 setzte der industrielle Abbau ein; Peiting wurde zum Industrieort mit fast 1000 Beschäftigten im Bergbau (1957). Als die hohen Abbaukosten zu teuer wurden, stellte man bereits 1968 den Kohleabbau ein.

ein kleines Wasserrad, das ein Hammerwerk antreibt. Ein nettes Spielzeug, das recht gut zeigt, wie früher ein Hammerwerk und eine Sägemühle funktionierten.

An der Abzweigung zum Ammerschluchtweg nach Rottenbuch gehen wir zuerst für einen Abstecher nach rechts. Nach wenigen Schritten sind wir an einer Stelle, an der das kalkhaltige Wasser auf breiter Fläche aus dem Berg quillt. Dabei entsteht Tuff, und zwar gar nicht so langsam, wie man sich das bei geologischen Prozessen eigentlich vorstellt. Wieder an der Abzweigung, wandern wir dann weiter abwärts, schauen nochmals auf eine Stelle, an der sich der Tuff in kleinen Terrassen ablagert, und kommen zum Kalkofensteg. Die Brücke ist nach den Kalköfen benannt, die nahe am Flussbett standen. Die Bauern der Umgebung sammelten aus der Ammer Kalksteine und brannten sie zu Kalk – eine lange und mühselige Arbeit, denn der Brennvorgang dauerte oft mehrere Tage und verschlang viel Holz. Trotzdem lohnte sich der Aufwand, denn der sehr reine weiße Kalk wurde gerne im Kirchenbau verwendet, und von denen gibt es in dieser Gegend, die auch Pfaffenwinkel genannt wird, besonders viele.

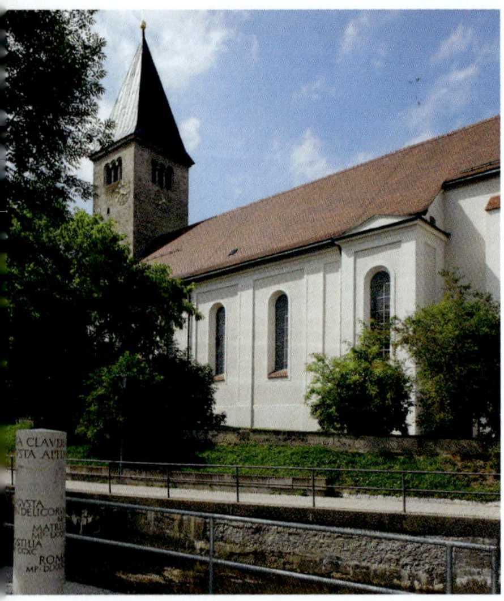

Pfarrkirche St. Michael mit dem Gedenkstein für die Via Claudia

Wir überqueren nun die Ammer, die fast das ganze Jahr über recht harmlos aussieht, aber während der Schneeschmelze zu einem gefährlich reißenden Fluss werden kann. Der Weg führt nach dem Steg kurz nach rechts und biegt dann links in den Auwald hinein ab.

Wir überqueren den alten Triftkanal und steigen nun den Pfadspuren folgend aufwärts. An einer Stelle ist der Weg abgerutscht – ein neu gebauter Steig führt uns daran vorbei und dann zu einem breiteren Waldweg, dem wir nach links aufwärtsfolgen. Er mündet in einen kleinen ebenen Platz, von dem mehrere Pfade abzweigen. Wir nehmen den steilen Pfad mit den vielen Stufen und kommen an eine Stelle, an denen drei Wegweiser die Orientierung erleichtern. (Hierher werden wir später aus der Richtung Leithen–Böbing wieder zurückkommen.) Wir folgen der Beschilderung Richtung Schnalzberggipfel und mühen uns über viele Stufen aufwärts. Endlich hören die Stufen auf und wir stehen an der Hangkante zur Ammerschlucht.

Hier öffnet sich der Wald, und wir blicken Richtung Norden auf Peiting und gen Westen auf die vielen Dörfer des Allgäus; zwei Bänke unter einem Bergkreuz laden zur Schaurast ein. Diese

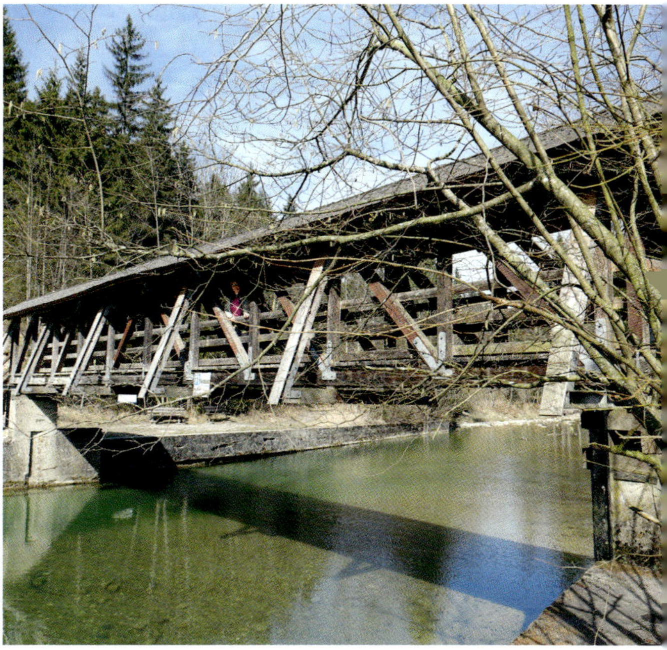

Der Kalkofensteg über die Ammer

Stelle hier oben heißt »Aussichtspunkt Peiting« und wird oft mit dem Schnalzberggipfel verwechselt. Dort wollen wir heute aber auch noch hinauf, und so lassen wir uns vom Wegweiser »Schnalzberggipfel« und der weiß-rot-weißen Markierung zu einer Forststraße leiten. Wir folgen dieser nun stets oben am Bergrücken und lassen dabei die zahlreichen Abzweigungen außer Acht, die alle abwärtsführen. Die Straße endet an einer großen Bergwiese, auf der wir das Gipfelkreuz bereits vor uns sehen. An der Hangkante entlang kommen wir zu einer Tafel, die uns das Gebirgspanorama erklärt – der Reigen beginnt im Osten mit den Bergen des Isarwinkels und endet mit den Tannheimer Bergen und den Gipfeln des Allgäus. Das Gipfelkreuz steht nur wenige Meter oberhalb am höchsten Punkt des Berges, wo auch unser Rückweg beginnt.

Wir folgen in nördlicher Richtung hangabwärts der Buschreihe und biegen an ihrem Ende rechts auf eine große Wiese ab, die wir den Fußspuren folgend überqueren, wobei wir uns leicht nach links halten. Am Waldrand beginnt ein breiterer Weg, der an einem Heuschober vorbei in einer weiten Rechtskurve ins Tal führt. Vom Waldrand aus blicken wir auf eine Landschaft aus Wiesen und Büschen und auf den Weiler Leiten, dessen Namen wir schon auf dem Wegweiser gelesen haben. An der ersten Möglichkeit biegen wir nach links ab. Die Feldstraße wird zu einer Forststraße, der wir, die vielen Abzweigungen links und rechts ignorierend, folgen. Ganz am Schluss wird die Straße zu einem schmalen Pfad, und gleich darauf haben wir die Stelle mit den Wegweisern erreicht, die wir schon vom Aufstieg her kennen. Jetzt kehren wir auf dem bekannten Weg zum Ausgangspunkt zurück.

Einkehr

Unterwegs keine, in Peiting zahlreiche Gaststätten. Für uns am günstigsten liegt der Gasthof Zechenschenke, den wir erreichen, wenn wir die August-Moralt-Straße gerade bis zum Ende weiterfahren und dann kurz links abbiegen. Aus der ehemaligen Bergwerkskantine ist eine gemütliche Einkehr entstanden.

2 Von Peißenberg auf den Hohenpeißenberg

Der Bayerische Rigi

Leicht | 9 km | 400 m | 3 Std.

Tourencharakter
Schöne Rundtour teils auf Wanderwegen, teils auf wenig befahrenen Straßen und Pfaden mit tollen Ausblicken und kulturellen Höhepunkten

Ausgangs-/Endpunkt
Peißenberg, Parkplatz Tiefenstollen am Bergwerksmuseum

GPS-Daten
47.798402, 11.058563

Anfahrt
Auto: Auf der A 95, Ausfahrt Seeshaupt, über Seeshaupt und Weilheim nach Peißenberg, geradeaus in den Ort, bei der großen Linkskurve schräg rechts, über die Bahn, Parkplatz vor dem Bergwerksmuseum (beschildert).
Bus/Bahn: Von München über Tutzing und Weilheim nach Peißenberg, vom Bahnhof ca. 5 Min. zum Ausgangspunkt

Einkehr
Berggasthof und Café Bayerischer Rigi am Hohenpeißenberg

Karte
Kompass Nr. 179, Pfaffenwinkel, 1:50 000

Information
www.gvv-peissenberg.de

Als Bayerischen Rigi hat man vor gut 100 Jahren den Hohenpeißenberg genannt, in der Zeit als der Tourismus in der Schweiz zum Vorbild für ganz Europa geworden ist. Recht hatten die Enthusiasten von damals, denn die Aussicht vom Hohenpeißenberg ist die schönste im bayerischen Alpenvorland.

Wir starten in Peißenberg am Parkplatz vor dem Bergbaumuseum und nehmen den mit Hohenpeißenberg beschilderten Weg, der an der Einfahrt zum Parkplatz beginnt und schräg rechts nach oben führt. Er heizt uns gleich kräftig ein, denn er führt in steilen Serpentinen den Hang aufwärts. Nach gut zehn Minuten verzweigt sich der Weg, wir wenden uns nach links Richtung Weinbauer. Das ist ein ehemaliger Bauernhof, den wir nach einer knappen halben Stunde Aufstieg durch den Wald erreichen. Dort treffen wir auf eine Teerstraße, wir folgen ihr nach rechts etwa 500 Meter. Bei der Linkskurve wählen wir den Wiesenweg geradeaus, oben am Weiler Vorderschwaig treffen wir wieder auf die Straße und folgen ihr nach rechts zum

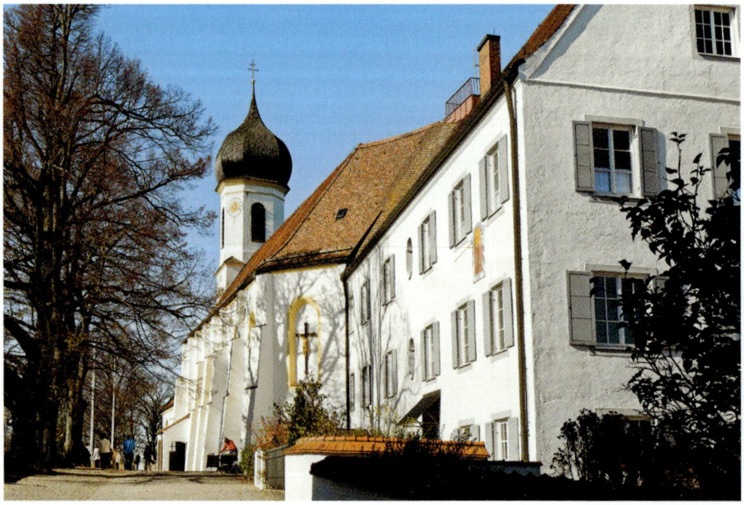

nächsten Weiler Mitterschwaig. Hier führt uns ein schmaler Weg aufwärts nach rechts, er bringt uns über die Wiesen und Felder nach Oberschwaig und von dort aus auf der Straße vor zur Hauptstraße. Ihr folgen wir für etwa einen Kilometer (die letzten Meter auf einem Gehsteig neben der Straße) und haben dann unser Ziel, das Gipfelplateau des Hohenpeißenberges, erreicht. Zurück wählen wir eine andere Variante: Wir gehen wieder den Gehsteig zum unteren Parkplatz. Schräg gegenüber seiner oberen Ausfahrt bringt uns links ein Wiesenweg zuerst zu einem Bauernhof und dann auf der Straße weiter auf den Sendemasten zu. Zwischen Hof und Sendemast nehmen wir den Feldweg schräg links, treffen an einer T-Verzweigung auf einen weiteren Feldweg, gehen kurz rechts und dann sofort wieder links. An einer Scheune vorbei kommen wir in den Wald und folgen dem breiten Weg. Schon nach etwa 200 Metern verlassen wir den Wald wieder, passieren über die Wiesen den Hof des Taigschusterbauern und folgen dann dem Teersträßchen abwärts bis zur Michaelskapelle. Der interessante Rundbau stammt von 1611, er enthält einen frühbarocken Hochaltar mit Figuren, die wohl aus der Werkstatt des Weilheimer Schnitzers Degler stammen. Unmittelbar nach dem Hof bei der Kapelle geht es rechts ab, der Fußweg bringt uns durch eine Schlucht nach Peißenberg und damit zum Ausgangspunkt zurück.

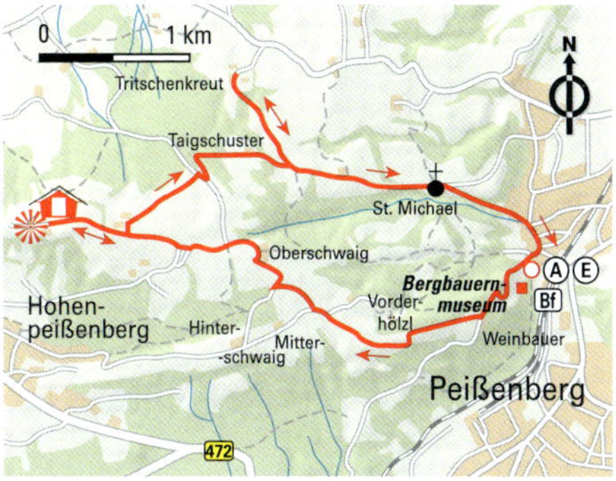

Linke Seite: In die reich ausgeschmückte Wallfahrtskirche des Hohenpeißenbergs sollte man unbedingt einen Blick werfen.

Die gesamte Alpenkette erhebt sich südlich des Hohenpeißenbergs.

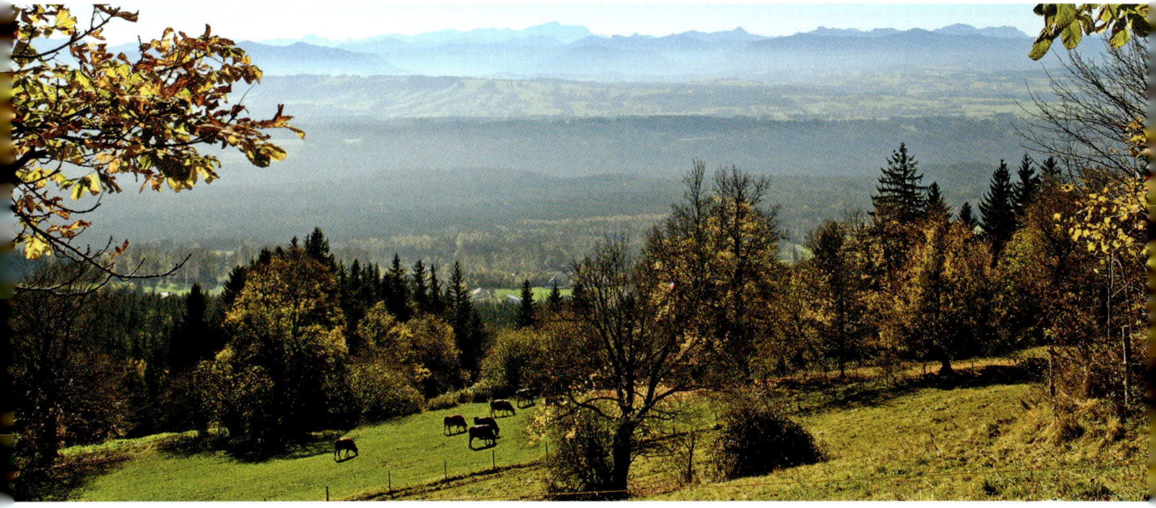

3 Von Zell nach Guglhör

Über eine große Eiszeitmoräne

Leicht | 12 km | 130 m | 3.00 Std

Tourencharakter
Schöne Rundtour, die teils auf Feld- und Forststraßen sowie auf wenig befahrenen und geteerten Straßen verläuft. Nur teilweise im Schatten. Ideal im Frühjahr und Herbst, sogar an schneearmen Wintertagen ist die Wanderung mit Ausnahme des Abstechers zum Wasserfall möglich.

Ausgangs-/Endpunkt
Kirche St. Martin in Zell, Gemeinde Großweil

GPS-Daten
47.690684, 11.310543

Anfahrt
Auto: Über die Autobahn A 95 bis Ausfahrt Sindelsdorf, auf der B 472 Richtung Kochel, nach ca. 1 km rechts nach Sindelsdorf und dort auf der Kocheler Straße durch den Ort. Diese Straße führt dann parallel zur Autobahn nach Süden direkt in den kleinen Weiler Zell, der kurz vor Großweil liegt. Parkplätze gegenüber der Kirche.
Bus/Bahn: Keine

Karte
Kompass Nr. 179 Pfaffenwinkel, 1:50 000

Information
www.grossweil.de

Eine gewaltige Seitenmoräne hat uns der Eiszeitgletscher hinterlassen, der sich einst zwischen Herzogstand und Jochberg ins Alpenvorland geschoben hat. Wir nutzen sie für eine Wanderung mit Sicht auf die Moore und rasten in einem Biergarten.

Wir starten in Zell an der Kirche St. Martin und queren die Straße, die durch den Ort führt, nach links. So kommen wir auf einer geteerten Straße über die Autobahn. Dahinter verzweigt sich die Straße. Von rechts werden wir am Ende unseres Weges zurückkehren, während wir jetzt links der Sterner Straße folgen. Vorher starten wir zu einem kleinen Abstecher von ca. 15 bis 20 Minuten, der vor allem bei Kindern sehr beliebt ist.

Direkt in der Verlängerung der Autobahnbrücke führt ein zunächst gar nicht so schmaler, aber ziemlich zugewachsener Weg

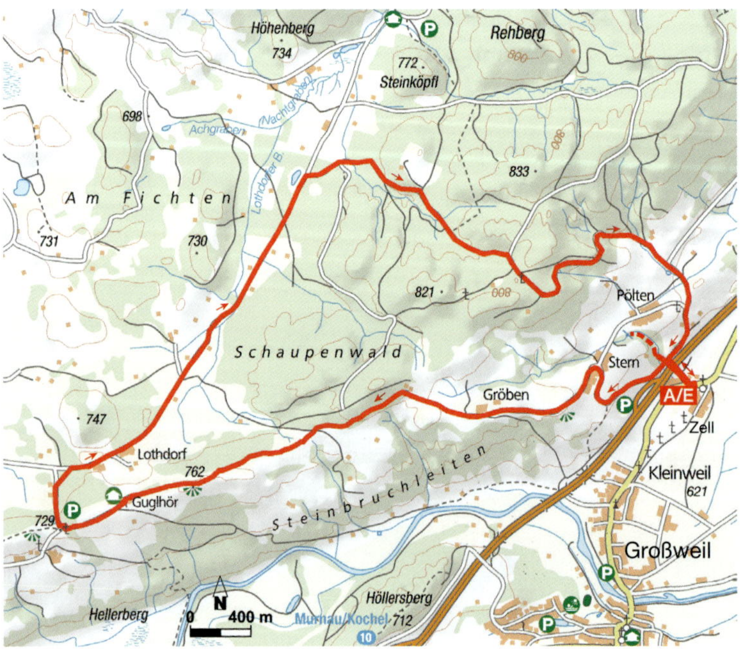

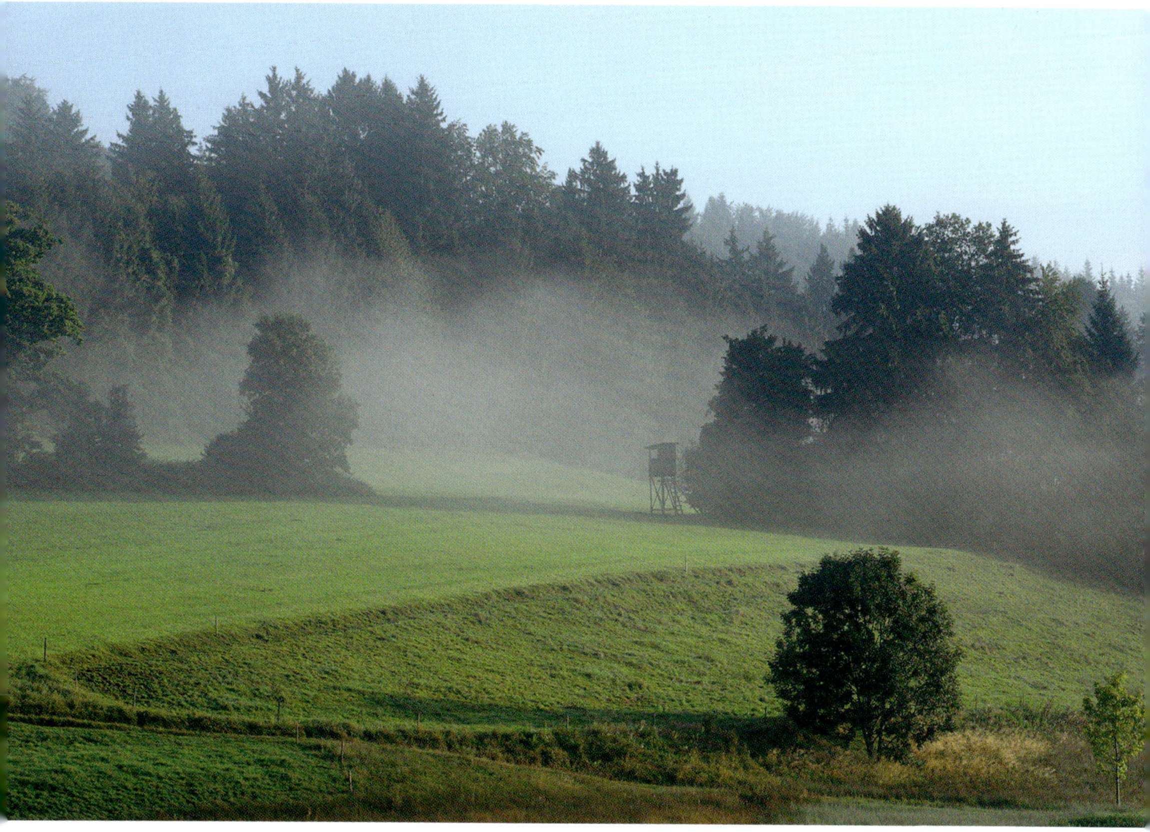

den Klammbach entlang in den Wald. Er endet am Fuß eines zweistufigen Wasserfalls, der sich hier tief in die Moräne geschnitten hat. Ein Paradies für Kinder, die auf einem schmalen, nur ausgetretenen Pfad auch zum oberen Fall kraxeln können. Wobei wir ausdrücklich darauf verweisen, dass dies kein ausgeschilderter, gesicherter und schon gar nicht gepflegter Wanderweg ist und die Besichtigung, vor allem des oberen Zeller Wasserfalls, in absoluter Eigenverantwortung liegt.

Nebelschwaden verziehen sich auf den Wiesen von Gröben.

Auf dem bekannten Weg kehren wir zur Straße zurück, wenden uns dort nun in südliche Richtung und steigen auf der wenig befahrenen Teerstraße aufwärts. Der Blick, wenn man großzügig über die Autobahn hinwegsieht, über das inzwischen weitgehend kultivierte Benediktbeurer Moor auf die Bergkette ist großartig. Sie wird von der Benediktenwand dominiert und

Einkehr

Gasthof und Biergarten in Guglhör mit herrlicher Aussicht, ansonsten eine eher einfache, besser ausgedrückt: rustikale Wirtschaft

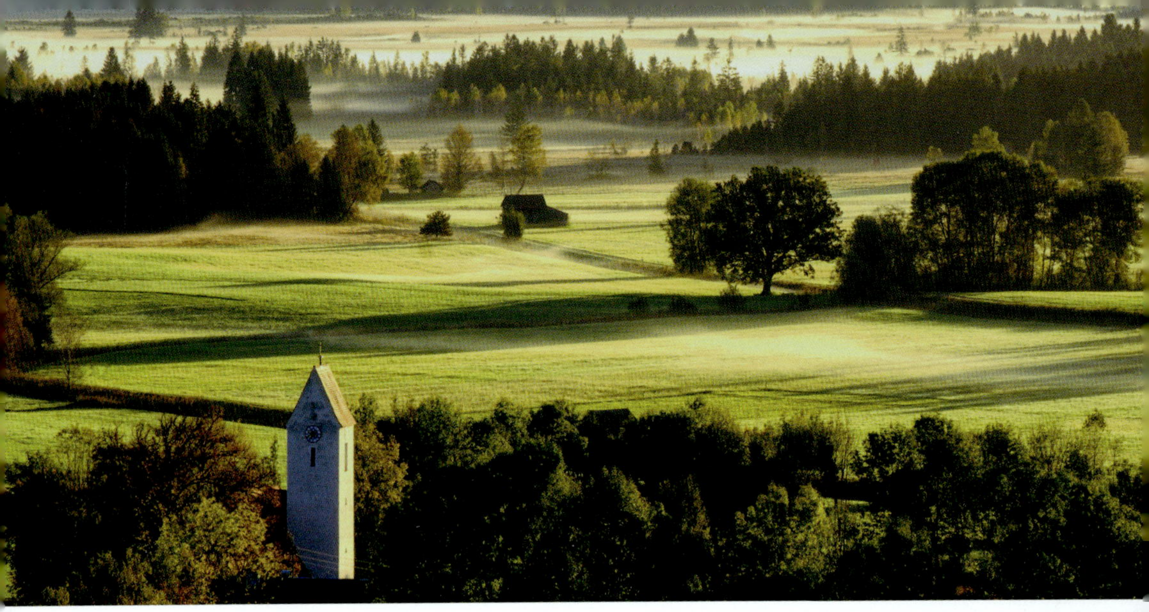

Sonnenaufgang über dem Kochlermoor von Gröben

reicht über Jochberg und Herzogstand hinüber bis zum Heimgarten. Die beiden uralten Klöster Benediktbeuern im Osten des Moores und Schlehdorf am Westufer des Kochelsees erleichtern die Orientierung. Rasch erreichen wir den Weiler Stern, wo ein Hofcafé schon zu einer ersten Rast einlädt. Unsere Straße führt zwischen Reithalle und Bauernhof hindurch, biegt unmittelbar nach dem Hof nach links. Jetzt wird es etwas flacher und beim Einödhof Gröben endet der geteerte Abschnitt. Weiter geht es auf dem Feldweg, hinter der Baumreihe halten wir uns links. Den Waldrand erreichen wir bei einem versteckt stehenden Forsthaus. Hier biegt unser Weg scharf nach links ab und wir folgen, stets weiter im Schatten wandernd, dem Waldrand. Schließlich stoßen wir auf einen breiteren Weg, der von links her über eine Wiese auf unseren Weg trifft und dann am Waldrand weiterführt. Wir nutzen ihn jedoch nicht, sondern überqueren die Wiese nach links auf einem schmalen Pfad hinüber zum Wald. Ein Wegweiser nach Guglhör macht uns auf ihn aufmerksam. Wir durchqueren das Wäldchen und nun dauert es nicht mehr lange und wir erreichen unser Ziel, den Gasthof mit seiner Aussichtsterrasse.

Guglhör

Guglhör besteht aus zwei Höfen und bietet heute vom Aussterben bedrohten Haustierrassen eine gute Chance für deren Erhalt. Die hier weidenden Schafe unterscheiden sich stark vom »deutschen Einheitsschaf«, genauso wie das Murnau-Werdenfelser Rind. Die Schautafel hinter dem Gasthof informiert über die seltenen Haustierrassen.

Nach der Rast wandern wir auf der Zufahrtsstraße unterhalb des Biergartens 500 Meter bergab. Dabei durchqueren wir einen schmalen Waldstreifen und biegen am Feldkreuz rechts ab. Weiter geht es im Wald abwärts, bis ein Forstweg nach rechts abzweigt. Diesen nutzen wir als bequemen Abkürzer und erreichen auf ihm die Fahrstraße zur Höhlmühle. Ihr folgen wir etwa zweieinhalb Kilometer durch eine Landschaft mit Wiesen und Wald, in der die Bäche noch mäandern dürfen. Wir passieren die Abzweigung zum Schießstand der Bundeswehr, kommen wieder kurz in den Wald und darauf auf eine weitere Wiese. Nach ihr folgt nochmals ein größeres Waldstück und jetzt müssen wir aufpassen! Wir passieren zunächst eine Abzweigung, die schräg von unserer Straße nach links abführt, und entdecken kurz darauf an der linken Seite einen Waldweiher, der aus einer aufgelassenen Kiesgrube entstanden ist. Im Sommer kann er durchaus ausgetrocknet sein. Er ist ziemlich zugewachsen, trotzdem sieht man die Stelle deutlich. Hier zweigt rechts eine breite Forststraße ab, die jedoch nicht beschildert ist. Sie wird uns nach Zell zurückführen. Wir folgen dieser Forststraße, stets auf dem Hauptweg bleibend, bergauf und erreichen bei einer flachen Rechtskurve eine Stelle, an der wir links eine große Lichtung sehen. Hier trifft der Weg von der Höhlmühle auf »unsere« Straße. Auf ihr bleiben wir weiter aufwärts zu einer nächsten Straßengabel. Wieder stößt von links eine jetzt breite Straße auf unsere. Ein großer Felsblock in der Mitte der Straßengabel kennzeichnet diesen Platz. Wir halten uns erneut rechts und bald darauf geht es wieder abwärts. Durch den Wald sehen wir die Häuser von Pölten, aber es dauert noch ein wenig, bis wir über einige große Kurven in Entfernung um den Weiler herumgehen und schließlich einem Bach zu einer Teerstraße folgen. Auf ihr geht es weiter abwärts zur Autobahnbrücke und über sie zurück nach Zell.

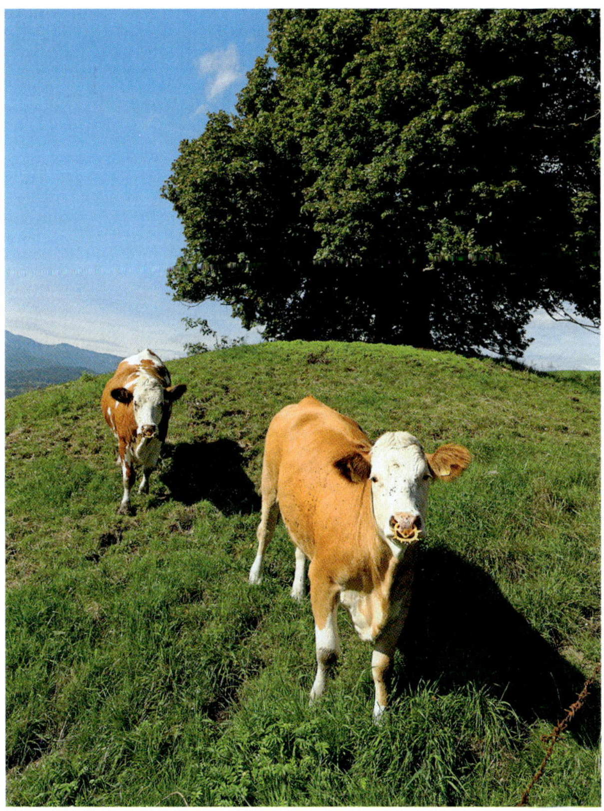

Kühe weiden vor dem Gasthaus Guglhör.

4

Am Fuß des Heimgartens

Zur Kreutalm oder Glentleiten?

Leicht | 9 km | 370 m | 2.15 Std.

Tourencharakter
Relativ einfache Wanderung, der Aufstieg erfolgt auf einer schattigen Forststraße, der Abstieg über Wiesenpfade, die bei feuchter Witterung etwas rutschig sein können!

Ausgangs-/Endpunkt
Klosterbräu Schlehdorf

GPS-Daten
47.655795, 11.316287

Anfahrt
Auto: Auf der Garmischer Autobahn A 95 bis Ausfahrt Kochel/Murnau. Weiter über Großweil nach Schlehdorf. Unmittelbar in Höhe der Klosterkirche am Gasthof Klosterwirt rechts in die Seestraße, der Parkplatz ist Gästen des Gasthofs vorbehalten. 400 Meter weiter gibt es ein paar wenige Stellplätze.
Bus/Bahn: Mit der Bahn bis Kochel am See, weiter mit dem Bus nach Schlehdorf

Karte
Kompass Nr. 7 Murnau/Kochel, 1:50 000

Information
www.urlaub-in-schlehdorf.de

Am Fuße des Bergzuges Herzogstand–Heimgarten liegt das Freilichtmuseum Glentleiten und etwas erhöht davon die Kreutalm, ein beliebter Gasthof in traumhafter Aussichtslage über das Becken des Kochelseemoores.

Wir starten am Schlehdorfer Klosterbräu und folgen der Seestraße vorbei an einigen Bauernhäusern. An ihrem Ende wird sie zur Rauterstraße, auf der wir gleich nach dem Holzplatz den Bach Kohllaine queren. Unmittelbar dahinter biegen wir rechts in den Feldweg ein, der bereits hier zur Kreutalm beschildert ist. Gleich steigt die Straße an und windet sich am Hang oberhalb des Kochelsees in Richtung Westen aufwärts. Wir müssen uns immer wieder umdrehen, denn nur so haben wir wunderbare Ausblicke auf den Kochelsee und auf Schlehdorf. Etwas östlich von hier verlief über diese Wiesen die einst so berühmte Schleh-

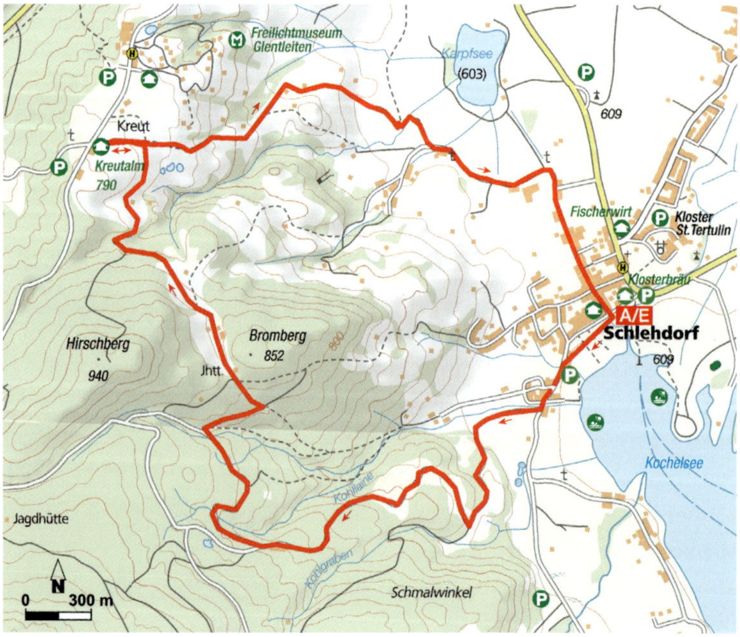

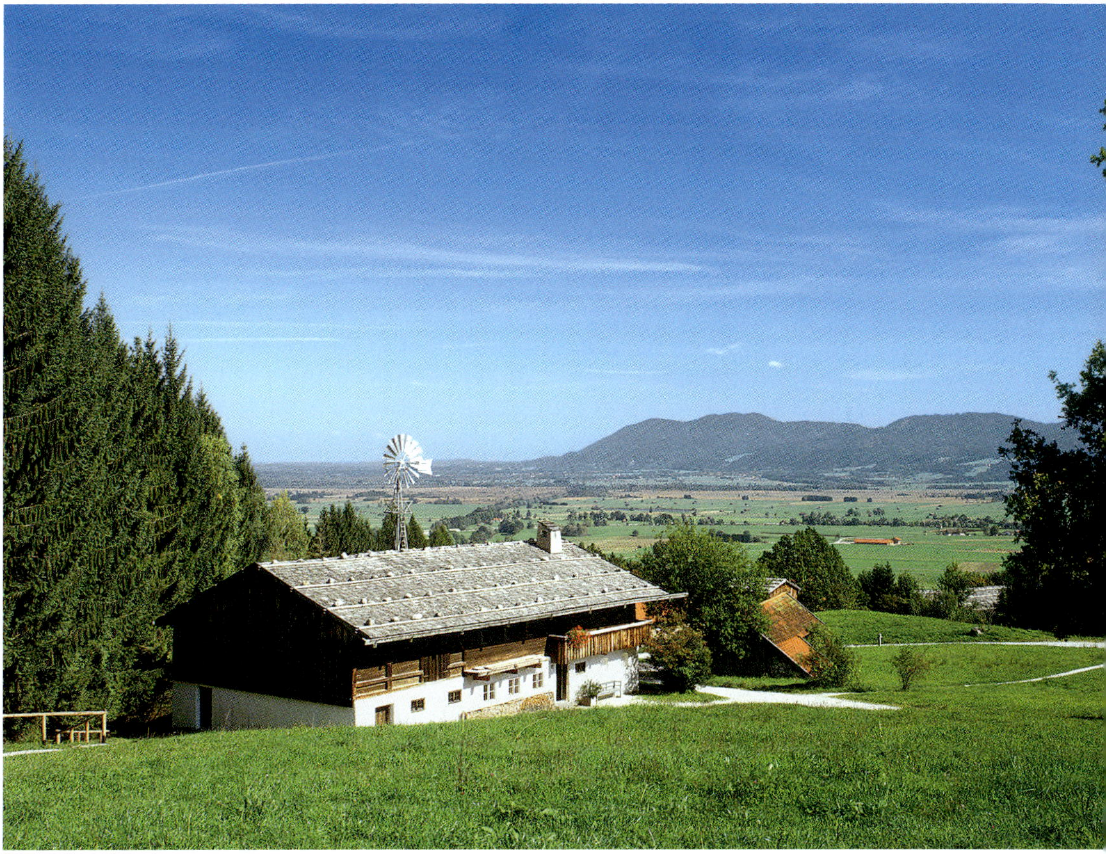

dorfer Rennrodelbahn. Bereits um 1910 wurde der Rennrodelsport im Loisachtal, zunächst in Bad Kohlgrub, später in Ohlstadt sowie in Garmisch eingeführt und immer beliebter. Richtig bekannt wurde der Sport nach dem Zweiten Weltkrieg. In dieser Zeit existierten viele Bahnen, so auch in Raut bei Schlehdorf. Die bekannteste Kocheler Rodlerin Elisabeth Demleitner vom SV Schlehdorf fuhr 1971 auf den Stockerlplatz und wurde Weltmeisterin. Heute sind nur noch kleine Reste der Bobbahn zu sehen. Als aufgrund milder Winter die Trainingsbedingungen immer schwieriger wurden, verlagerte sich der Sport auf Kunsteisbahnen und die kleinen Naturbahnen verfielen.

Über Kurven geht es hinauf, bald erreichen wir den Wald und unsere wunderbare Aussicht ver-

Das Freilichtmuseum Glentleiten liegt auf einer Anhöhe.

Einkehr

In die Kreutalm mit sensationeller Aussicht über das Kochelseemoor (Montag Ruhetag). Auch in Schlehdorf sitzt und isst man nach der Wanderung ausgezeichnet. Der Fischerwirt verwöhnt mit bayerischer Küche und sehr leckeren Salaten.

schwindet. Wir folgen stets der Beschilderung zur Kreutalm und lassen alle anderen Abzweigungen unberücksichtigt.

Unser Forstweg mündet in eine größere Forststraße, der wir für 300 Meter nach rechts folgen. Dann biegen wir nach links und verlassen bald den Wald. Wir treten auf die Almwiesen des Brombergs, passieren die privaten Almhütten und kommen so, nach einem weiteren Wald-Intermezzo, unterhalb der großen Kreutalm erneut auf eine Wiese.

Ganz unten: Am Ende der Tour können wir den Kochelsee genießen.

Die Klosterkirche St. Tertulin in Schlehdorf

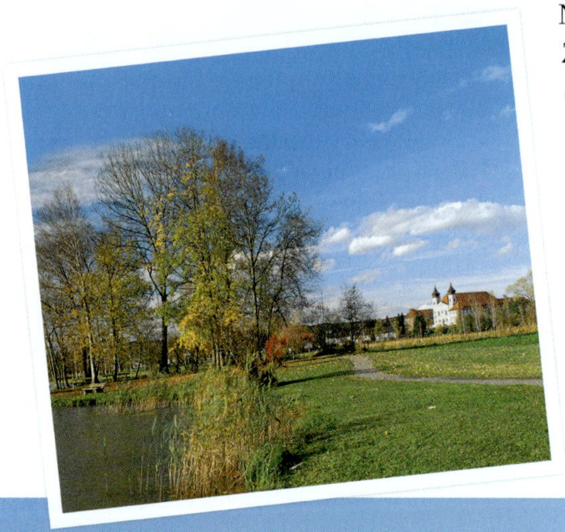

Nun müssen wir uns entscheiden, haben wir Zeit für das Freilichtmuseum oder wollen wir direkt auf der Kreutalm einkehren? Das etwas unterhalb der Kreutalm gelegene Freilichtmuseum Glentleiten (Infos unter www.glentleiten.de) ist natürlich einen Besuch wert. Es schließt aber im Sommer um 18.00 Uhr, wobei wir eine Besichtigung, auch wenn man nur zwei Stunden Zeit hat, wärmstens empfehlen können.

Ansonsten streben wir direkt die Kreutalm an. Von der Terrasse unter dem mächtigen

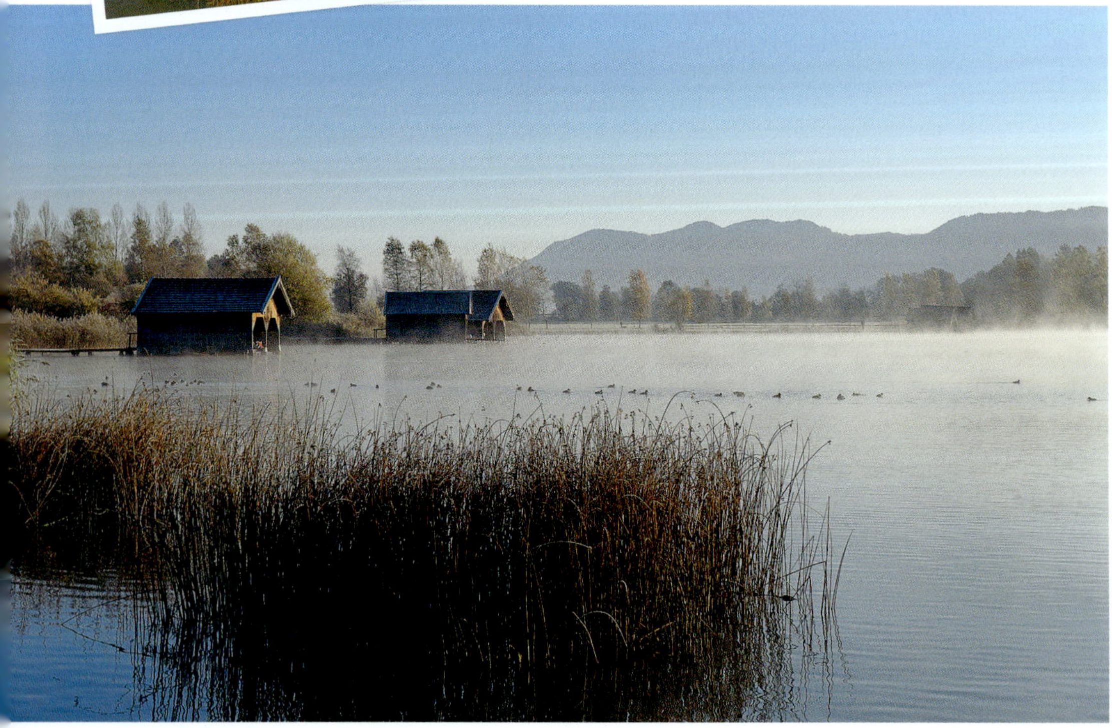

Baum genießen wir die schöne Sicht über Schlehdorf mit seiner doppeltürmigen Klosterkirche St. Tertulin, auf das Kochelseemoor und weiter über Bichl und Benediktbeuern zu den Ausläufern der Münchner Vorberge.

Mit dem Wissen, dass der Abstieg über den Wiesenweg deutlich schneller verläuft als der Aufstieg, dürfen wir gerne länger sitzen bleiben.

Für den Abstieg legen wir zunächst ein paar Höhenmeter auf dem Hinweg abwärts zurück. Dann heißt es Augen auf, um sich nicht von der schönen Aussicht ablenken zu lassen! Genau in der Höhe der Kreutalm führt ein sehr kleines Wiesenweglein quer über die Weide in Richtung Osten. Je nachdem wie hoch das Gras steht, ist der Pfad etwas schwerer zu erkennen. An den Büschen und unweit des Glentleitener Zauns halten wir uns dann rechts und steigen nun auf einem deutlich sichtbareren Pfad durch ein Viehgatter abwärts. Wir passieren jetzt mehrere Zäune – wer seinen Hund dabeihat, nimmt ihn besser an die Leine. Zunächst geht es über die erste Lichtung und nach einer Baumreihe über die nächste Wiese. Schon wird der Wiesenweg wieder breiter und führt in einer vertieften Rinne auf einen fast verfallenen Schuppen an der nächsten Baumreihe zu. Dahinter schwenkt unser Weg nach rechts und zieht schließlich als geschotterter Feldweg bergab.

Dann wandern wir fast schon wieder eben, unweit der ersten Schlehdorfer Häuser, auf eine Teerstraße zu. Auf ihr halten wir uns links und passieren einen großen Aussiedlerhof, hinter dem wir rechts in die Karpfseestraße einbiegen. Nun geht es schnurgerade durch Schlehdorf, das äußerst untypische Straßenzüge für ein bayerisches Dorf hat. Die rechtwinklig angelegten Straßen und die optisch fast gleichen Bauernhöfe erinnern an französische Vorbilder. Die Ursache war eine Brandkatastrophe im Jahre 1846, durch die der Ort vollkommen zerstört wurde. Immer geradeaus kommen wir so direkt wieder an die Seestraße, wo wir nun nur noch dem Uferweg nach links zurück zum Startplatz folgen.

Die Glentleiten

Seit 1976 gibt es oberhalb von Schlehdorf/Großweil das Freilichtmuseum Glentleiten. Auf dem Museumsareal künden Bauernhäuser, Kleinsthöfe, Mühlen, Sägewerke, Almen, aber auch Kalköfen, Bauerngärten, Zäune und mehr von vergangenen Zeiten. Die Gebäude wurden an ihren alten Standorten abgetragen und auf dem Museumsgelände wieder aufgebaut.

5 Auf den Buchberg

Berg oder Hügel?

Leicht | 12,5 km | 300 m | 3 Std.

Tourencharakter
Eine super Runde auf einen aussichtsreichen, aber unbekannten Voralpengipfel; vorwiegend auf Forstwegen und kleinen Pfaden; der Rückweg verläuft zum Teil auf wenig befahrenen Teerstraßen.

Ausgangs-/Endpunkt
Bad Heilbrunn, Parkplatz im Wörnerweg am Fußballplatz/Friedhof Buchenhölzl

GPS-Daten
47.750007, 11.463084

Anfahrt
Auto: Auf der A 95 Richtung Garmisch, Ausfahrt Sindelsdorf, weiter Richtung Bad Tölz, dann durch Bad Heilbrunn; fast am Ortsende an der Shell-Tankstelle links in den Schilcherholzweg einbiegen, nach ca. 500 Metern erneut links in den Wörnerweg zum Fußballplatz abbiegen.
Bus/Bahn: Von München nach Tölz, weiter mit Bussen bis Bad Heilbrunn

Karte
Kompass Nr. 7, Murnau/Kochel/Staffelsee, 1:50 000

Information
www.bad-heilbrunn.de

Bestimmt bekommen wir nun Ärger, weil wir eine unbekannte und überdies sehr schöne Tour unserer Heimatgemeinde verraten. Dabei handelt es sich gar nicht um einen echten Berg. Nun ja, nomen est omen, und so ist der Buchberg für uns nun mal ein Berg, wenn auch ein sehr kleiner. Die Aussicht aber ist wirklich toll und es gibt sogar ein Gipfelkreuz.

Wir starten vom Parkplatz und gehen auf den Friedhof zu. Rechts davon bringt uns ein kleiner Wanderweg durch einen Wald zu einer Wiese. Hier biegen wir rechts auf die kleine geteerte Straße, die uns aussichtsreich leicht bergab nach Obermühl bringt. Zwischen den Häusern hindurch und über den Stallauerbach erreichen wir eine größere Straße, auf der wir links bis in die Ramsau gehen. Wir durchwandern die Ramsau nach rechts, um dann gleich der nächsten Straße wieder rechts, dem Schild Hammerl nach zu folgen. Nach ca. 200 Metern beginnt rechts ein ansteigender geschotterter Feldweg, in den wir einbiegen. Gleich darauf sind wir im Weiler Hub, wo wir wieder auf eine geteerte Straße treffen, der wir für knapp 100 Meter folgen. Dann biegen wir, bevor sich die Straße senkt, links in den Feldweg ab. Dieser Weg führt leicht bergauf zu den beiden Bauernhöfen von Wörner. Von dort haben wir bereits einen weiten Blick über die Streuobstwiesen nach Norden über das Loisachtal bis weit hinter Wolfratshausen. Nach den Höfen folgen wir nicht der geteerten Straße rechts bergab sondern gehen geradeaus in den von Bäumen gesäumten Forstweg bergauf. Auch wenn wir schnaufen müssen, sollten wir

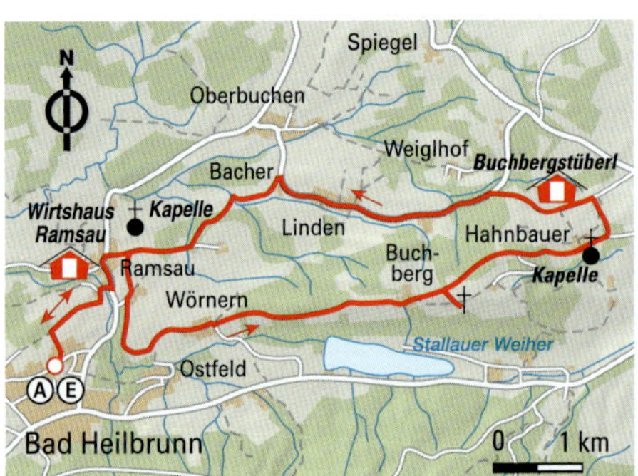

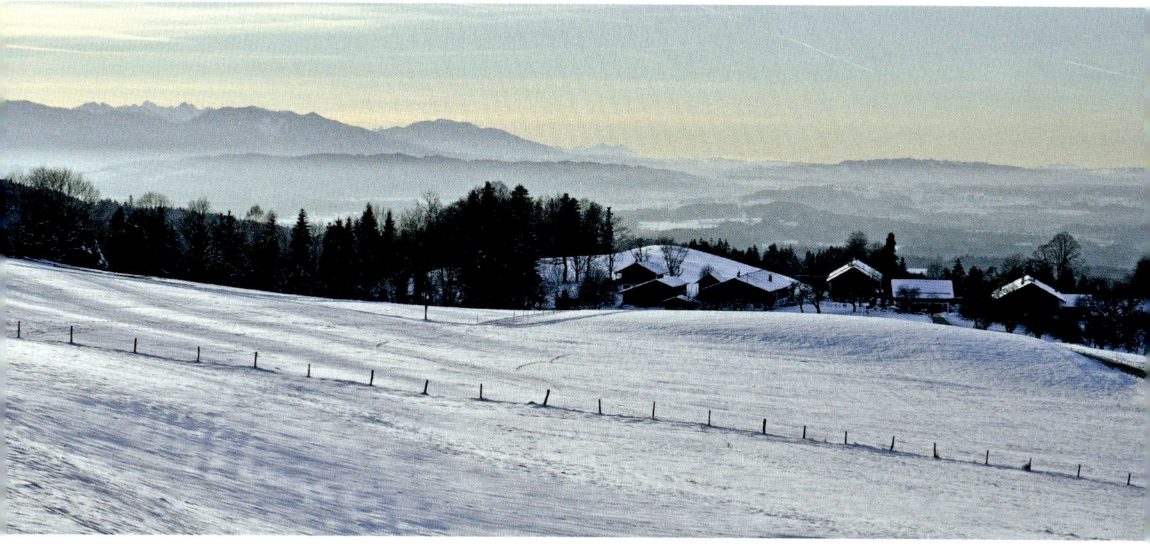

Vor allem vom Gipfel hat man an Föhntagen einen weiten Blick.

einen Blick links in den Wald werfen. Große, mächtige Buchen durften hier über viele Jahrzehnte wachsen. An Almwiesen vorbei sind wir kurz darauf in Buchberg, wo uns wieder eine geteerte Straße erwartet. Hinter den Höfen geradeaus ist es nur noch ein Stück und am Waldrand sehen wir rechts von uns auf einer Wiese das hölzerne Gipfelkreuz des Buchbergs. Zu ihm führt ein kleiner Trampelpfad. Von der Aussichtsbank unter dem Kreuz dürfen wir nun das Panorama genießen. Für den Rückweg gehen wir zur Teerstraße zurück. Dort wenden wir uns rechts und wandern ca. einen Kilometer bergab bis zum nächsten Bauernhof mit Kapelle. Ein Stück dahinter folgen wir dem Wanderwegschild nach links über eine Wiese sanft bergab bis zum Parkplatz des Buchbergstüberls, wo wir einkehren können. Wer keinen Durst hat, der bleibt auf dem Feldweg in der Verlängerung des Parkplatzes. Über eine Wiese erreichen wir wieder eine Teerstraße, auf der wir die nächsten zwei Kilometer nach links wandern. Über die Bauernhöfe von Linden kommen wir zum Hof Bachern. Hier biegen wir links ein und umrunden den Hof nach rechts. Dahinter führt ein Feldweg wieder in den Wald und wir erreichen erneut ein Sträßchen. Hier gehen wir rechts und nach wenigen Hundert Metern sind wir wieder in der Ramsau. Nun kennen wir den Weg zurück zum Ausgangspunkt.

Einkehr

Unterwegs gibt es das Buchbergstüberl, das von Kennern sehr geschätzt wird (Mo, Di und Mi Ruhetag); erst am Ende der Tour in Bad Heilbrunn gibt es mehrere Möglichkeiten.

6 Der Taubenberg

Der Berg vor den Bergen

Leicht | 8 km | 200 m | 2 Std.

Tourencharakter
Eine erlebnisreiche Nachmittagstour, vorwiegend auf Forstpfaden und schmalen Wegen

Ausgangs-/Endpunkt
Pfarrkirche St. Georg, Osterwarngau

GPS-Daten
47.840904, 11.735174

Anfahrt
Auto: Auf der A 8 Richtung Salzburg, Ausfahrt Holzkirchen, weiter auf der B 318 in Richtung Süden, in den Ort Oberwarngau links einbiegen, weiter nach Osterwarngau, dort auf der Dorfstraße bis zur Kirche. Die besten Parkplätze gibt es am Badeweiher, Adresse Dorfstraße 100, etwas nördlich der Kirche.
Bus/Bahn: Von München Richtung Tegernsee mit der BOB, Haltestelle Oberwarngau, weiter mit dem Bus oder zu Fuß in ca. 20 Minuten nach Osterwarngau

Einkehr
Gasthaus zum Taubenberg mit großer Terrasse, nur Freitag, Samstag und Sonntag geöffnet

Karte
Kompass Nr. 8, Tegernsee/Schliersee, 1:50 000

Information
www.taubenberg.de

Sicher werden einige sagen: »Der Taubenberg ist doch kein Berg, der liegt noch nicht einmal in den Alpen!« Letzteres stimmt natürlich, unser Ziel befindet sich mitten in der reizvollen Voralpenlandschaft. Aber es gibt schmale Pfade, Bachquerungen, Almkühe, sogar eine Wallfahrtskirche, eine Wirtschaft und eine sensationelle Aussicht auf die Berge.

Von der kleinen Dorfkirche St. Georg wandern wir gegenüber in den Birkenweg und folgen ihm bis zu seinem Ende. Dort geht es in der Verlängerung der Straße bergauf in den Wald. Die Gemeinde hat es hier mit den Wanderern sehr gut gemeint, überall stoßen wir auf kleine gelbe Wanderschilder. Zunächst folgen wir einfach der Beschilderung zum Taubenberg bergauf. Dafür halten wir uns einmal rechts. Dem halb in den Baum hineingewachsenen Schild zum Taubenberg folgen wir dann nach links. Bald schon passieren wir eine Kreuzigungsgruppe. Danach folgen wir dem Schild zum Gasthaus Taubenberg nach links. Nun schon fast eben erreichen wir den hohen Aussichtsturm des Taubenbergs. Danach verlassen wir an einer kleinen Kapelle den Wald und halten uns links Richtung Gasthaus Taubenberg. Wer keine Lust auf Forststraße hat, kann bereits nach 100 Metern rechts auf den Barfußpfad am Wiesenrand ausweichen. Auch er führt direkt zur viel gepriesenen Aussicht auf die Münchner Hausberge. Vom Chiemgau bis weit in den Pfaffenwinkel liegt die Panoramakette der Alpen vor uns. Um sie ausgiebig zu bestaunen, bieten sich entweder der nette Selbstbedienungsbiergarten vom Gasthaus Taubenberg

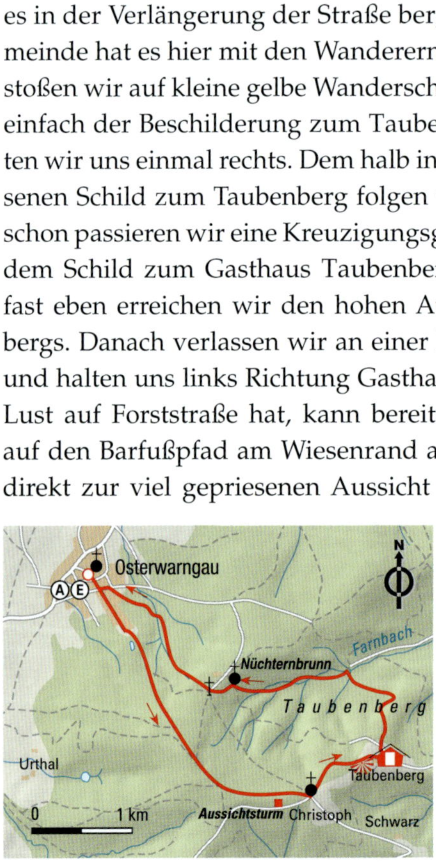

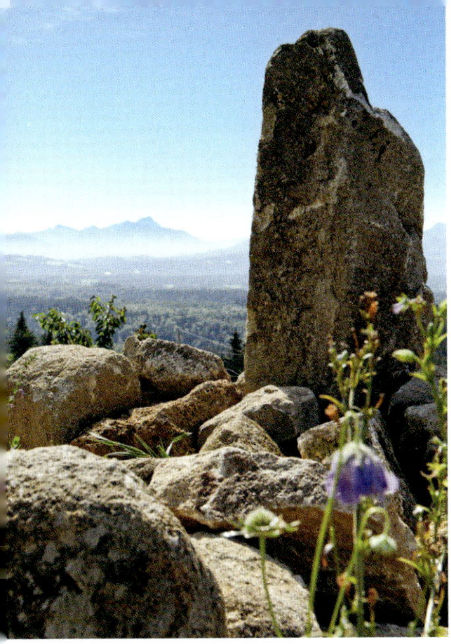 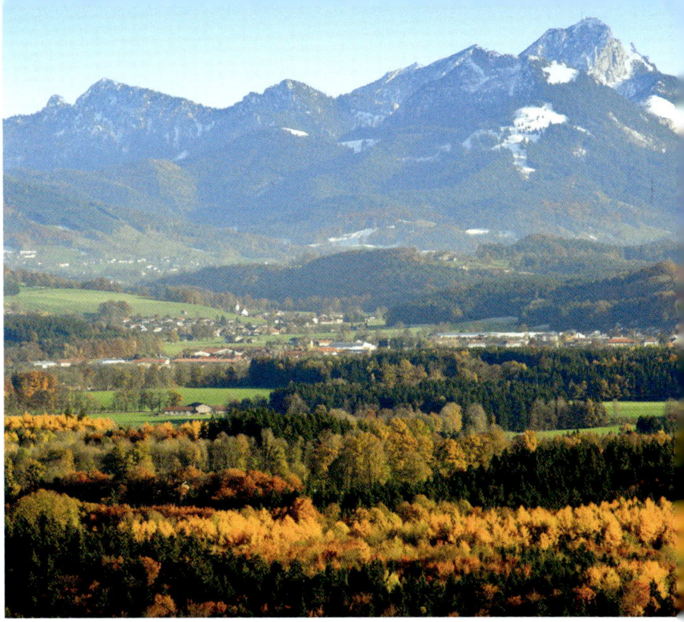

oder etwas oberhalb die große hölzerne Bank mit dem einladenden Tisch an.

Vom Gasthaus Taubenberg haben wir den schönsten Blick auf die Alpenkette und der Barfußpfad über Steine macht ebenfalls Spaß.

Nach der Rast wandern wir links über den Parkplatz des Gasthauses am Schuppen vorbei und folgen dem schmalen Pfad in den Wald hinein. Die nächsten 20 Minuten geht es fast eben in westliche Richtung. Wir überqueren ein paar Rinnsale, dann wird der Weg für ein Stück wieder breiter und wir folgen der Beschilderung zur Wallfahrtskapelle Nüchternbrunn nach links. Stets geradeaus erreichen wir kurz darauf die kleine Lichtung mit der Wallfahrtskapelle. Sie beherbergt eine viel verehrte barocke Pietà, zu der immer noch Wallfahrer pilgern. Die Kirche wurde gegen Ende des 17. Jahrhunderts von dem Münchner Hofbeamten Urban Höger erbaut, der aus Osterwarngau stammte. Die angeschlossene Einsiedlerklause ist heute meist unbewohnt, im Sommer wird sie aber gerne von Geistlichen benutzt, die hier in der Stille Urlaub machen. Nach der Besichtigung folgen wir, gleich einer Schnitzeljagd, den einzelnen roten Kreuzwegstationen einfach bergab. Alle Abzweigungen lassen wir unberücksichtigt und so sind wir bald wieder an den ersten Häusern von Osterwarngau, im Nüchternbrunnweg. Er bringt uns zur Birkenstraße, der wir nach rechts zum Ausgangspunkt folgen.

Tipp

Vom Aussichtsturm hat man fast eine 360-Grad-Sicht. Er wurde 1911 im Zuge der Quellfassung für die Münchner Wasserversorgung erbaut. Den Schlüssel dafür kann man sich im Gasthaus Taubenberg holen. Das bedeutet aber, dass man den Weg zweimal gehen muss.

7 Wanderung von Miesbach auf den Stadlberg

Vom Nebel in die Sonne

Leicht | 9,5 km | 250 m | 3.15 Std.

Tourencharakter
Einfache Rundtour auf ruhigen Nebenstraßen und schmalen Feldwegen, auch im Winter gut geeignet

Ausgangs-/Endpunkt
Miesbach, Bahnhof

GPS-Daten
47.790368, 11.831066

Anfahrt
Auto: Auf der A 8 Richtung Salzburg, Ausfahrt Weyarn, nach Miesbach, Parkplatz Habererplatz (rückwärtiger Teil zeitlich unbeschränkt) oder an der Oberlandhalle parken.
Bus/Bahn: Von München nach Miesbach

Einkehr
Stadlbergalm, geöffnet Donnerstag bis Sonntag ab 12 Uhr. Wer nach der Tour noch Lust auf ein nettes Kaffeehaus hat, der findet es im Café Huatfabrik, Marktstr. 1 in Miesbach. Leckere Kuchen werden in einer interessanten Mischung von moderner und alter Architektur serviert.

Karte
Kompass Nr. 8, Tegernsee/Schliersee, 1:50000

Information
www.miesbach.de

Wer kennt das nicht? Im Herbst liegt dicker Nebel über dem Land, die Stimmung ist am Tiefpunkt, wir sehnen uns nach Sonne. Aber Zeit haben wir kaum, höchstens einen halben Tag, eine große Bergtour kommt nicht infrage. Wir können abhelfen: Von Miesbach geht es auf den Stadelberg. Auch wenn unten noch so sehr der Talnebel wabert, hier oben strahlt fast immer die Sonne.

Wir starten am Bahnhof und wandern nach Süden in die Rathausstraße. Sie wird in einer kleinen Linkskurve zur Haidmühlstraße, der wir nur noch ein kurzes Stück folgen, um dann nach links in den Marktwinkl einzubiegen. Diesen verlassen wir sofort wieder nach rechts durch die Schmiedgasse, die uns geradeaus zum Habererplatz, einem Parkplatz, führt. In der Verlängerung steigen wir zum Kulturzentrum Waitzinger Keller auf. Dort biegen wir kurz links in die Schlierseer Straße und dann rechts in die Carl-Fohr-Straße. Sie bringt uns zur Bayrischzeller Straße, die wir geradeaus in die Harztalstraße queren. Nun beginnt langsam der Aufstieg. Am Ende der Straße sind wir auf einem Fußweg unterwegs und folgen einem kleinen Bach durch einen Wald. Der Weg mündet in einem Feldweg, dem wir nach rechts zur Stadlbergstraße folgen. Ihr folgen wir nun nach links. Wer es eilig hat, kann dem wenig befahrenen Sträßchen bergauf zum Stadelberg folgen, um dann am Bildstock links nach Gunetsrain zur Stadelbergalm abzubiegen. Schöner und ruhiger ist es, wenn wir ein Stück nach dem Wegedreieck rechts in den Gschwendtnerweg einbiegen. Er führt uns in einer Linkskurve am Bauernhof Floiger vorbei. Gleich darauf beginnt nach links der Hochfeldweg durch eine Allee. Wir folgen rechts dem Weg, biegen erneut rechts in den Waldpfad, dem Hangverlauf folgend, ab. So kommen wir zu einer Wiese, queren ein weiteres Wäldchen und erreichen schließlich nach rechts Gunetsrain mit der Stadelbergalm und der kleinen Kapelle. Wer sich in Münchens Geschichte gut auskennt, wird vermutlich beim Wort Gunetsrain aufhor-

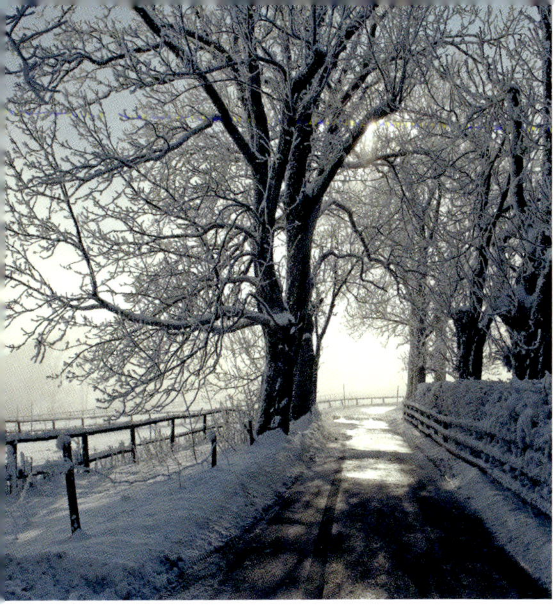

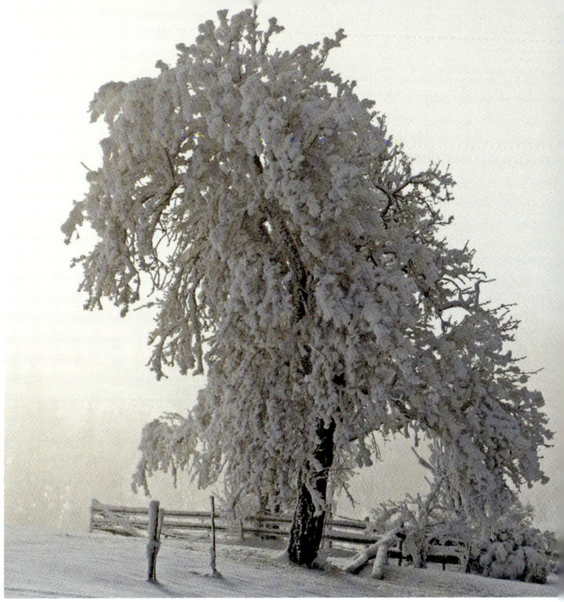

chen. Das mit Recht, denn diesem Haus entstammt die berühmte Baumeisterfamilie Gunetzrhainer, die nicht nur München, sondern ganz Oberbayern mit ihren leichten, luftigen Barockbauten geprägt hat. Jetzt ist Zeit für eine Rast und den Besuch in der kleinen Kirche.

Auch im Winter ist die Wanderung hervorragend geeignet, vor allem, wenn der Rauhreif die Bäume zu bizarren Skulpturen verwandelt und die Sonne aus dem Talnebel hervorbricht.

Danach steigen wir wieder ein Stück über die Wiese auf, bleiben im Wald geradeaus und erreichen an den Bauernhöfen den Weiler Stadelberg und damit den höchsten Punkt der Wanderung. Nun öffnet sich der Blick nach Osten und lässt uns über das hügelige Alpenvorland schauen. Wir folgen der Teerstraße nach links und biegen dann erneut links auf den Wiesenweg ein, der uns kurz darauf wieder über den Hochfeldweg nach Floriger führt. In der Kurve nach dem Hof folgen wir links der Beschilderung nach Miesbach durch das Kiental. Der Waldpfad geht in einen Forstweg über, und schon erreichen wir wieder erste Häuser. Durch den Florigerweg geht es rechts in die Kleinthalstraße, auf der wir die Stadlbergstraße erreichen. Wir queren sie und kommen gleich darauf links durch eine Unterführung auf die andere Seite der großen Bayrischzeller Straße. Links in den Jahnweg erreichen wir wieder den Habererplatz. Zum Abschluss wandern wir diesmal durch die Altstadt, so können wir am Marktplatz in Miesbach zum Abschluss einkehren.

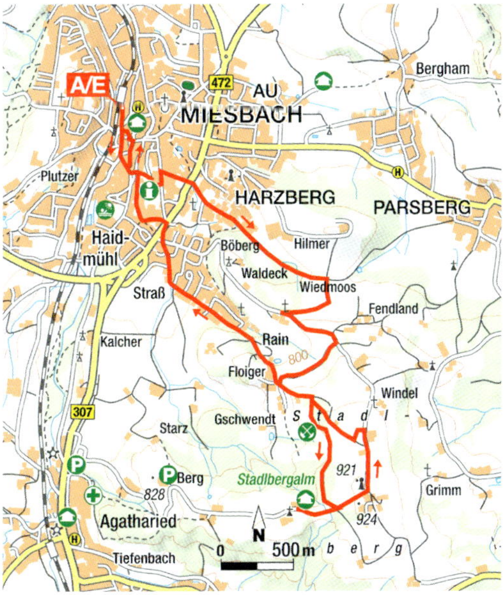

8 Gasthof Hocheck auf dem Auerberg

Kapellenwege mit Fernsicht

Leicht | 11 km | 450 m | 3 Std.

Tourencharakter
Eine Rundtour auf einsamen Sträßchen, Wanderwegen und Waldpfaden. Die Wanderweg-Beschilderung ist eher spärlich, etwas Orientierungssinn ist gefragt. Der Abstieg verläuft steiler als der Aufstieg.

Ausgangs-/Endpunkt
Sportplatz in Au bei Bad Aibling

GPS-Daten
47.794072, 11.983949

Anfahrt
Auto: Über die Salzburger Autobahn A 8 bis Ausfahrt Bad Aibling, weiter Richtung Bad Feilnbach, dann jedoch nach Au bei Bad Aibling rechts abbiegen. Im Ort geht es links in die Aubachstraße, dann erneut links haltend über die Hochsalwandstraße und den Kreuthweg zum Fußballplatz und Freibad mit großem Parkplatz. Es ist leider nicht gut beschildert!
Bus/Bahn: Von München mit der Bahn Richtung Rosenheim bis Haltestelle Bad Aibling und weiter mit Bus

Karte
Kompass Nr. 8 Tegernsee/Schliersee, 1:50 000

Information
www.bad-feilnbach.de

Um viel Berggefühl zu erleben, muss man nicht immer hoch hinaus, manchmal reicht auch ein aussichtsreicher, aber doch unbekannter Vorberg wie der Auerberg. Eine gute Einkehrmöglichkeit, aber auch tolle Rastplätze liegen entlang der Strecke.

Wir starten am Auer Freibad und gehen auf dem Kreuthweg nach rechts. Der Weg schwenkt nach rechts, wir folgen ihm zum Weiler Gottschalling. Dort treffen wir auf eine Straße, die wir geradeaus queren. Ab jetzt steigt der Weg an. 300 Meter später teilt sich die Straße, wir gehen nach rechts und biegen gleich am Waldrand nach links (Schild »Engelsried«). Die Strecke führt in den Wald und steigt nun steiler an. Kurz bevor wir den Hof Engelsried erreichen, weisen uns die kleinen Nummern »11/18« links auf einen Feldweg. Wir queren einen Bach und wandern wieder flacher bis zum nächsten Weiler Kogl. Dort folgen wir dem Sträßchen und missachten rechts den kürzeren Weg auf das Hocheck über Engelsbergl. Wir wählen den »über Sonnleiten zum Hocheck« bezeichneten Weg, der flacher und mit wunderbarer Aussicht über die Südseite des Auerbergs führt.
Auf dieser Panoramastraße nähern wir uns dann der großen Auer Bergstraße. Dort biegen wir aber nach rechts Richtung Kaltenbrunn ab. Die Straße vollführt eine scharfe Linkskurve, der wir noch folgen. In Höhe des nächsten Bauernhauses weist uns dann, an einem Schupfen, rechts ein kaum auffindbares Schild »Hocheck« auf einen ansteigenden Hohlweg. Am Haus Nr. 5 von Stipfing stoßen wir wieder auf eine kleine Straße, diesmal folgen wir ihr rechts. So passieren wir die nächste Kapelle samt Bauernhof und wandern auf dem Feldweg und am Wiesenrand weiter. Schließlich führt ein Pfad über die Wiese zur Zufahrtsstraße des Berggasthofes Hocheck. Wer einkehren möchte, wandert hier nach links zu dem bereits sichtbaren Gasthaus hinauf.
Zurück geht es zu dieser Abzweigung und dann folgen wir stets dem Schild »Au über Rastkapelle«. Auf der Straße passieren wir

zunächst noch die Schnitzenbaumer-Kapelle. Kurz danach biegen wir rechts auf einen Feldweg ein. An einem Bildstock halten wir uns rechts bergab und erreichen so die Rastkapelle von Au, den besten Platz für ein Picknick.
Anschließend folgen wir dem kleinen Pfad, der hinter der Kirche steil entlang eines Kreuzweges abwärtsführt. Mit etwas Abstand passieren wir den Bauernhof und treffen auf die Zufahrtsstraße. Ein paar Schritte hinter dem Feldkreuz am Waldrand halten wir uns rechts, um weiter dem Kreuzweg durch den Wald zu folgen. An den Häusern von Brettschleipfen verlassen wir den Wald. Au ist nun ausgeschildert. So geht es mit Blick auf die Auer Kirche die letzten Höhenmeter abwärts. Wir wandern zur Ortsmitte, wo wir entlang des Dorfbaches über die Aubachstraße und den Kreuthweg zurück zum Ausgangspunkt kommen.

Einkehr

Berggasthof Hocheck (Donnerstag und Freitag Ruhetag), es gibt aber auch eine wunderschöne Picknickstelle mit schöner Aussicht oder am Ende der Runde einige Möglichkeiten in Au.

Kapelle bei Stipfing

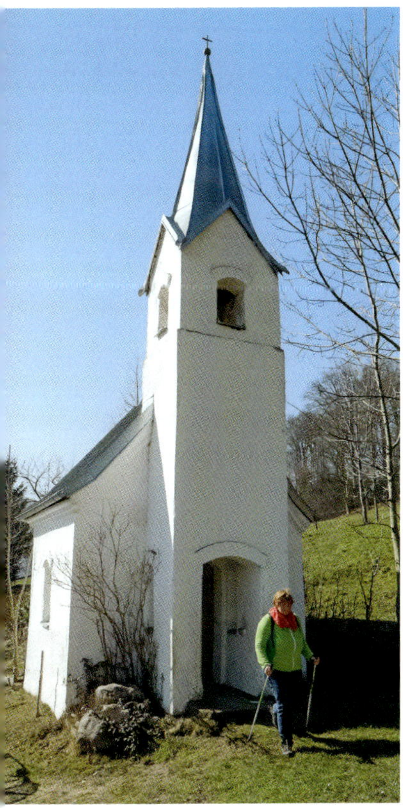

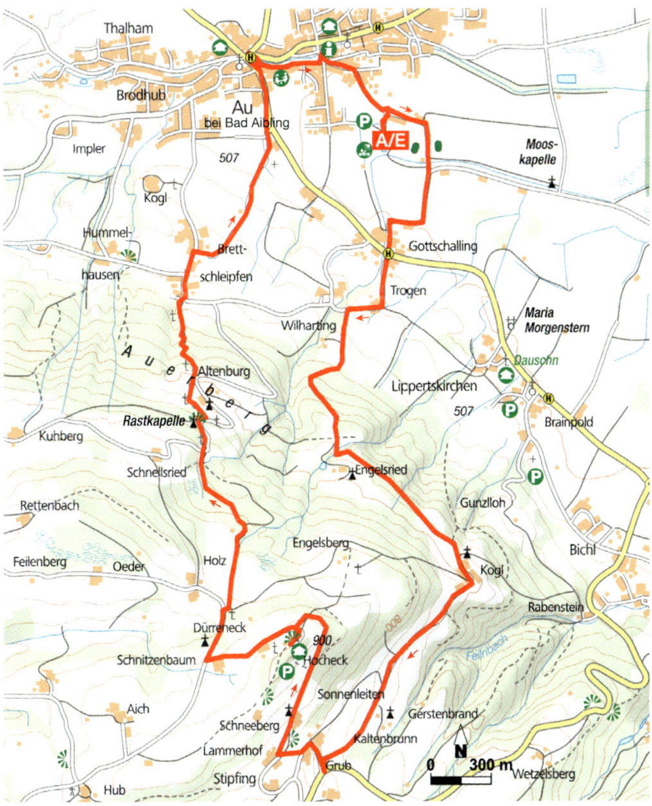

9 Der Schwarzenberg bei Hundham

Auf einen aussichtsreichen Vorberg

Leicht | 7 km | 350 m | 2.30 Std.

Tourencharakter
Eine Rundtour auf breiten Wanderwegen und Sträßchen. Bergpfade ohne technische Schwierigkeiten. Der Abstieg verläuft anfangs relativ steil durch einen mit Wurzeln durchzogenen Wald. Gut für Familien mit Kindern geeignet.

Ausgangs-/Endpunkt
Rathaus in Hundham

GPS-Daten
47.756160, 11.943863

Anfahrt
Auto: Über die A 8 bis Ausfahrt Irschenberg, Richtung Miesbach, dann links auf die St 2077 weiter Richtung Bayrischzell. Über Wörnsmühl nach Hundham. In Hundham liegt das kleine Rathaus direkt an der Hauptstraße gegenüber dem Alten Wirt. Dort Parkplätze suchen. Einen alternativen Wanderparkplatz gibt es im nahen Weiler Schwarzenberg.
Bus/Bahn: Von München mit der BOB in Richtung Tegernsee bis Haltestelle Gmund und weiter mit Bus

Karte
Kompass Nr. 8 Tegernsee/Schliersee, 1:50 000

Information
www.fischbachau.de

Wenn wenig Zeit ist und man nicht so weit in die Berge fahren möchte, ist dieser Berg ein Paradeziel. Leicht zu ersteigen, mit viel Sonne, eignet er sich bereits im Frühjahr für eine Tour. Am Gipfelkreuz genießen wir die herrliche Aussicht.

Wir starten in Hundham und wenden uns am Rathaus in die Schwarzenbergstraße. Nach dem letzten Haus teilt sie sich, wir gehen nach links und steuern den Weiler Schwarzenberg an. Dort wendet sich die Straße scharf nach rechts, wir folgen ihr und passieren den alternativen Wanderparkplatz. Dahinter weist uns ein Wanderschild links zum Schwarzenberg. Der geteerte Weg steigt gleich steil an. Ab dem letzten Hof säumen ihn knorrige Buchenbäume und erhöhen die Straßenseiten zu einem kleinen Wall. Wir umrunden den Berg über seine Südseite. Bald haben

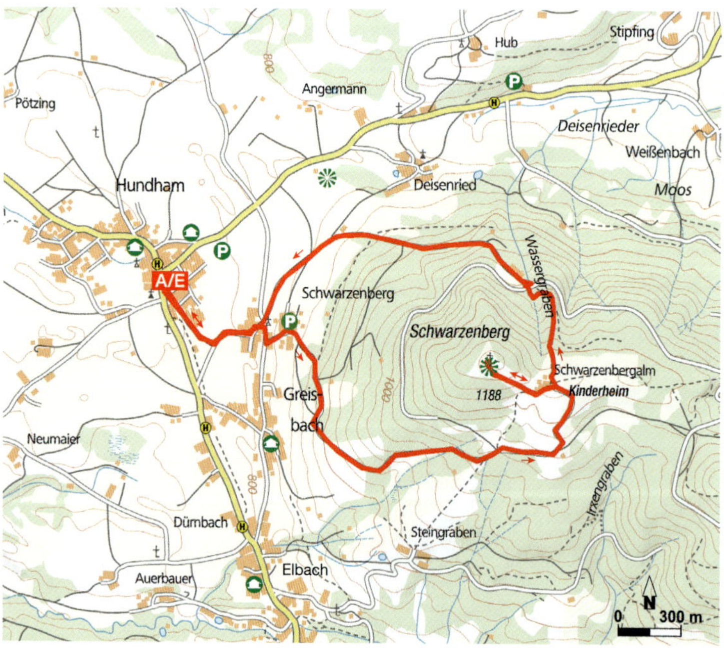

wir tolle Ausblicke über das Tal von Fischbachau. Die ersten Rastbänke locken. Wer möchte, kann der Straße bis zum Schullandheim Schwarzenberg auf dem Sattel folgen. Allerdings weist uns ein gutes Stück unterhalb ein Wanderwegschild nach links zum direkten Aufstieg. Dieser eigentlich schönere Wanderweg ist steiler und führt über eine Wiese, wobei wir ihn nach Holzarbeiten in ziemlich schlechtem Zustand angetroffen haben. Beide Wege treffen am Ferienheim zusammen, der Wiesenweg nur ein Stück hinter dem Haus. Wer der Straße gefolgt ist, hält sich vor dem ersten Gebäude links. Hier beginnt wieder ein breit angelegter Wanderweg, der uns schnell zum Gipfel bringt.

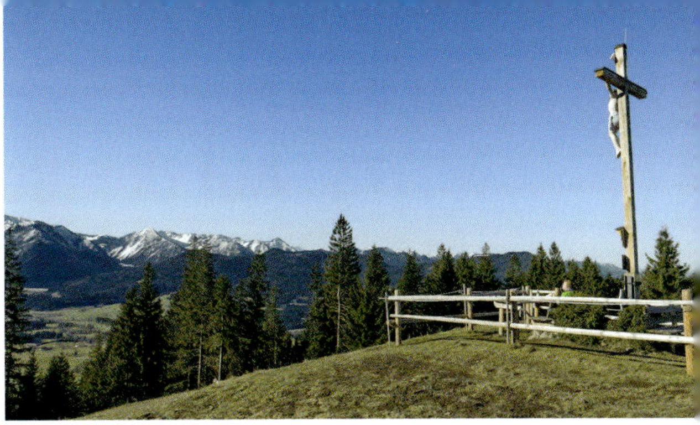

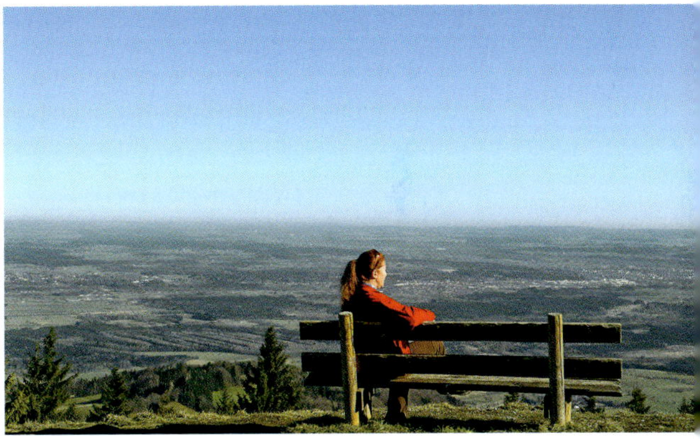

Im Norden liegt das flache Alpenvorland zu Füßen.

Ganz oben: Das Gipfelkreuz mit Rastbänken wurde neu errichtet.

Ein kleines Gipfelkreuz nebst einiger Rastbänke und zu unserem Glück sogar ein kleiner Tisch zieren den Wiesenhügel. Jetzt nur noch genießen und die Blicke schweifen lassen! Das Panorama ist wirklich unglaublich schön. Im Norden liegt uns das ganze Alpenvorland bis zum Chiemsee zu Füßen. Im Süden ist der nahe Wendelstein leicht zu identifizieren mit dem rechts davon gelegenen Breitenstein.

Zunächst geht es zurück bis zum Schullandheim. Wir umrunden es wieder auf seiner Südseite; die Betreiber des Heimes bitten darum, nicht durch die Gebäude zu laufen. Dann wenden wir uns nach links (Schild »Hundham«). An der Hangkante weist uns dann erneut das Schild nach links, abwärts zum Wald. Über einen sehr malerischen dunklen Waldweg geht es flott bergab. Es dauert nicht lange, dann wird der Weg besser und wir stoßen auf einen breiten Forstweg. Die Schilder weisen uns nun im Zickzack den Weg. Schließlich verlassen wir den Wald und wandern mit schöner Sicht auf den Weiler Schwarzenberg und Hundham zurück.

Einkehr

Unterwegs keine, erst am Schluss Einkehrmöglichkeit im Gasthof Alter Wirt in Hausham. Am besten Brotzeit einpacken; der Gipfel ist ein hervorragender Picknickplatz mit Rastbänken.

10 Auf den Buchenberg

Der Zwölf-Seen-Blick

Mittel | 14 km | 350 m | 4 Std.

Tourencharakter
Eine längere Tour, auf breiten Forstwegen, mit einigen von Wurzeln durchsetzten Bergsteigen; die Steigungen sind kaum merklich oder nur an kurzen Abschnitten steil.

Ausgangs-/Endpunkt
Halblech, Wanderparkplatz zur Kenzenhütte

GPS-Daten
47.625331, 10.821398

Anfahrt
Auto: Von München auf der A 96 Richtung Lindau, Ausfahrt Landsberg am Lech Nord, weiter auf der B 17 Richtung Füssen. In Peiting rechts der B 17 folgen, über Steingaden bis Halblech, am Ortsende, noch vor der Halblechbrücke, links in den Weg Am Mühlbach einbiegen, über eine kleine Brücke, dann finden wir den Parkplatz (Pendelbus Kenzenhütte) auf der rechten Seite.

Einkehr
Zum krönenden Abschluss erreichen wir die sonnige Buchenberghütte, die mit Recht stark besucht ist.

Karte
Kompass Nr. 5, Wettersteingebirge Zugspitzgebiet, 1:50 000

Information
www.halblech.de

Eine herrliche Runde entlang von vielen rauschenden Bergbächen und mit einem idyllischen Rastplatz am ersten Stausee. Zur Krönung des Tages dann die perfekt gelegene Buchenberghütte, von der wir eine weite Sicht über die Allgäuer Seen und Hügel bis zu den Füssener Bergen haben.

Wir starten vom Wanderparkplatz und marschieren gegenüber am Sägewerk in die Straße entlang des Halblechs flussaufwärts. Am Anfang teilen wir uns die schmale geteerte Straße noch mit dem Pendelbus und jeder Menge Mountainbiker. So geht es für ca. eine Stunde stets vom Bachrauschen begleitet, aber mit sehr gemächlicher Steigung bis zur Reiselbergbrücke. Hier folgen wir der ersten Abzweigung nach rechts ins Lobental. Der Lobentalbach liegt zu unserer Linken. Auf einem Forstweg kommen wir an einem kleinen Staudamm und dem türkisfarbenen Stausee vorbei. Hier, am Ende des Sees, ist die schönste Stelle für ein ausgiebiges Picknick. Die erste beschilderte Abzweigung rechts zum Buchenberg lassen wir noch unberücksichtigt. Wir folgen weiter dem Bach, der sich nun auf der anderen Seite von uns befindet und durch eine engere Klamm rauscht. Kurz vor der zweiten Staumauer teilt sich der Weg, wir halten uns rechts und folgen den gelben Schildern Richtung Buchenberg/Leiterau. Jetzt geht es im Wald leicht aufwärts, den vielen querenden und abzweigenden Forststraßen schenken wir keine Beachtung und bleiben stets auf dem Hauptweg. Der wird dann plötzlich an einer kleinen Bank deutlich schmäler und führt steil bergab ins Tiefental. Am Talgrund queren wir auf einer kleinen Brücke den Tiefenbach und auf der anderen Bachseite geht es nun genauso steil über viele Wurzeln und Stufen wieder hinauf. Oben teilt sich der Weg, beide führen zum Buchenberg. Wir wählen den linken, zunächst weiter durch den Wald, über Wurzeln entlang der Hangkante des Tiefentals. Nach wenigen Minuten verlassen wir den Wald und treffen an einer Almstraße auf Wiesen. Hier

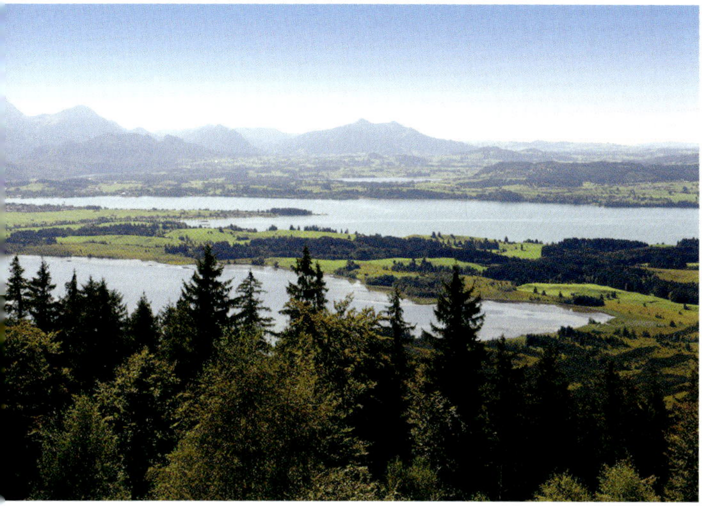

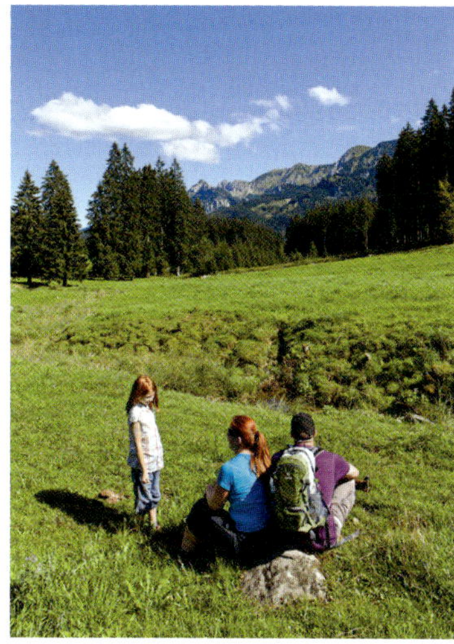

wandern wir nun für wenige Hundert Meter nach rechts und dann gleich wieder nach links, nun stets der Beschilderung zum Buchenberg folgend. Noch einmal steigt der Weg an, nach einer Viehsperre erhaschen wir den ersten Blick durch einige Bäume auf das Füssener Seenland. Noch einmal stoßen wir auf eine breite Forststraße, in die wir links einbiegen, und nun sind es nur noch wenige Gehminuten bis zur Bergstation des Buchenbergliftes und der großen Buchenbergalm. Hier hat uns die Zivilisation wieder. Jede Menge Gleitschirmflieger, Familien mit Kindern, Wanderer und Ausflügler bevölkern die große Sonnenterrasse. Der Ausblick ist wirklich einmalig.

Zum Abstieg wählen wir den Bachweg, der unmittelbar hinter der Umlenkrolle des Buchenbergliftes beginnt. Es ist ein schmaler, mitunter auch feuchter Pfad, was jedoch viel reizvoller ist, als erneut auf einer breiten Forststraße zu laufen. Schnell erreichen wir den Ort Buching und seine ersten Häuser im Kulturenweg. Hier halten wir uns rechts und gehen über die Bergstraße ein Stück in die Talstraße, dann weisen uns Schilder rechts ins Halblechtal auf die Kenzenstraße (zur Orientierung: Am Adamerhof, Urlaub auf dem Bauernhof, sind wir richtig). Für die letzte halbe Stunde wandern wir zunächst mit herrlicher Sicht über Wiesen bergauf in den Wald hinein. Dort geht es hinunter zum Halblech, auf die Straße, die wir vom Hinweg bereits kennen. Nun gehen wir noch wenige Minuten nach links und wir haben unseren Ausgangsort wieder erreicht.

Es gibt viele einsame Rastplätze unterwegs.

Links: Nachzählen lohnt sich, es liegen 12 Seen zu unseren Füßen.

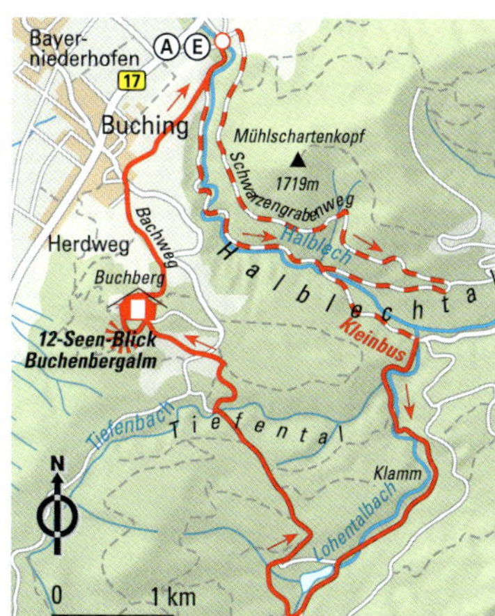

11 Auf den Hochschergen

Einsamkeit im Ammertal

Leicht | 9 km | 620 m | 3.30 Std.

Tourencharakter
Beim Aufstieg zunächst ein breiter Waldweg, dann aber bald ein schmaler, steiler Steig. Der Abstieg führt dann überwiegend auf einem breiten Wanderweg. Viel Schatten und wenig beschildert.

Ausgangs-/Endpunkt
Kleiner Parkplatz bei Unternogg

GPS-Daten
47.648644, 10.983739

Anfahrt
Auto: Von Schongau über Bad Kohlgrub kommend auf die B 23 in Richtung Unterammergau. Hinter Saulgrub rechts nach Altenau abbiegen, im Ort nach der Bahnunterführung rechts und nach dem kleinen Dorfweiher links in die Unternogger Straße. Parkbucht 1 km nach großem Sägewerk vor dem Wald auf der rechten Straßenseite.
Bus/Bahn: Altenau hat einen kleinen Bahnhof, dann aber zusätzlich 30 Min. Anmarsch.

Karte
Kompass Nr. 179 Pfaffenwinkel, 1:50 000

Information
www.ammergauer-alpen.de

Diese fast schon einsame Wanderung liegt in einem versteckten Winkel des Ammertals. Der Weg verläuft überwiegend durch einen herrlichen Wald. Der Gipfel erlaubt als zum Teil bewachsener Wiesenbuckel zwischen den Bäumen hindurch viele Aussichten.

Wir starten direkt von der kleinen Parkplatzbucht und queren die Straße geradeaus in den kleinen Feldweg, der zu einer Scheune hinaufführt. Auf diesem Weg geht es nun geradeaus (nicht zu der Scheune hin!) vorbei an einer privaten Almhütte in östlicher Richtung über die Wiesen. Nach wenigen Minuten sind wir im Wald und folgen nun dem ansteigenden breiten Forstweg. Bald danach zweigt nach links eine Forststraße ab; diese Abzweigung ignorieren wir. Geradeaus haltend erreichen wir so eine kleine Lichtung, an der sich der Weg verzweigt. Hier stoßen

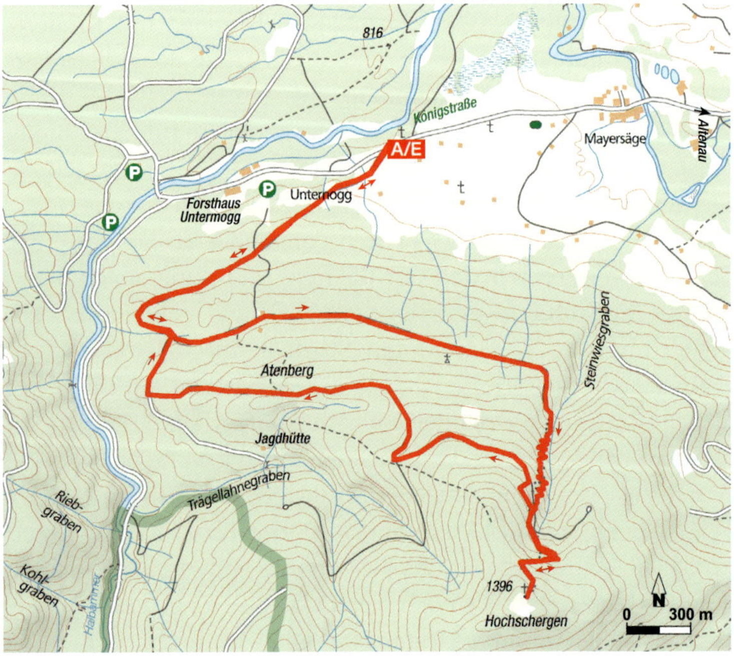

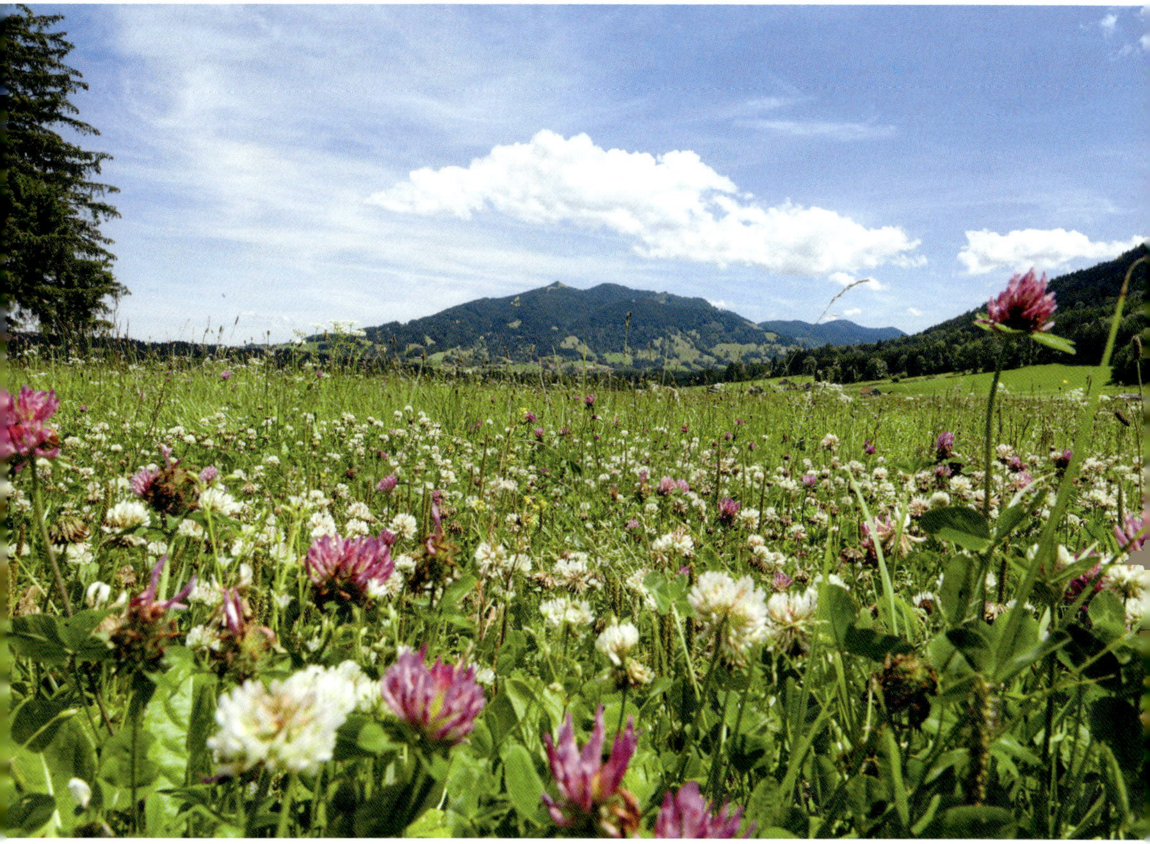

Kleewiesen bei Unternogg

wir zum ersten Mal auf Wanderwegschilder, die zwar klein und handgeschrieben sind, aber ihren Zweck erfüllen. Wir folgen der Wegbezeichnung »Schergenkopf Fußweg« nach links. Stets ansteigend geht es nun in östlicher Richtung zwischen zwei bewaldeten Hügelrücken auf dem immer noch breiten Waldweg weiter. Bald schon gewährt uns der Wald jedoch erste Aussichtslücken nach Norden. Schließlich erreichen wir, ein gutes Stück nach dem Wegmarterl mit dem heiligen Leonhard, das Ende der breiten Straße und folgen rechts dem schmalen Pfad, der mit einem roten Punkt markiert und zum Schergenkopf beschildert ist.
Jetzt wird es anstrengender, denn wir steigen im Zickzack auf dem wurzeligen Waldweg steil zwischen zwei tief eingeschnittenen Bachgräben hinauf. Dann stoßen wir erneut auf eine Forststraße. Auf ihr müssen wir für ca. 100 Meter nach

Einmal Tiefsee

In der Nähe gibt es noch das Altenauer Moor. Dort liegt der Tiefsee, die letzte offene Wasserfläche inmitten eines Hochmoors, der nur auf einem Holzbohlenweg (Start am Naturfreundehaus/Saulgrub) zu erreichen ist.

Unser Einkehrtipp

Statt wilder Erdbeeren kann man sich auch im Anschluss an die Wanderung einen leckeren Erdbeerkuchen im nahen Altenau im Dorfwirt gönnen. Dort gibt es aber auch jede Menge leckere deftige Gerichte.

links gehen, wobei wir einen der Bacheinschnitte queren. Dahinter beginnt rechts wieder ein steil ansteigender Pfad, der sich erneut im Zickzack den Hang hinaufwindet, bis er erneut in einer Forststraße endet. (Wem das im ersten Teil bereits zu steil war, der kann diese Stelle umgehen. Dafür folgt man dem Forstweg nach rechts, bis man leicht ansteigend auf die nächste Forststraße stößt. Auf dieser nach links; man trifft so mit dem steilen Pfad wieder zusammen.) Schräg auf der anderen Seite der Forststraße finden wir das nächste Schild, das – lustigerweise – immer kleiner zu werden scheint. Wir folgen also dem Kürzel »F.weg« auf den nun nicht mehr ganz so steil hinaufführenden Pfad, der noch zweimal kleine Karrenwege kreuzt. Jetzt dauert es nicht mehr lange und schon taucht vor uns auf einem Wiesenbuckel das Gipfelkreuz auf dem 1396 Meter hohen Hochschergen auf.

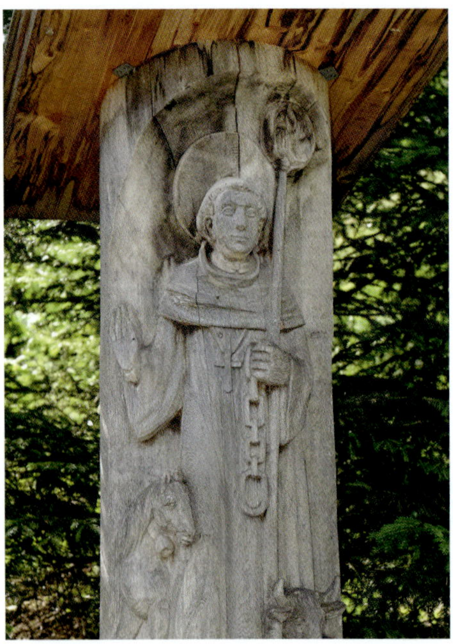

Der Bildstock des Hl. Leonhard

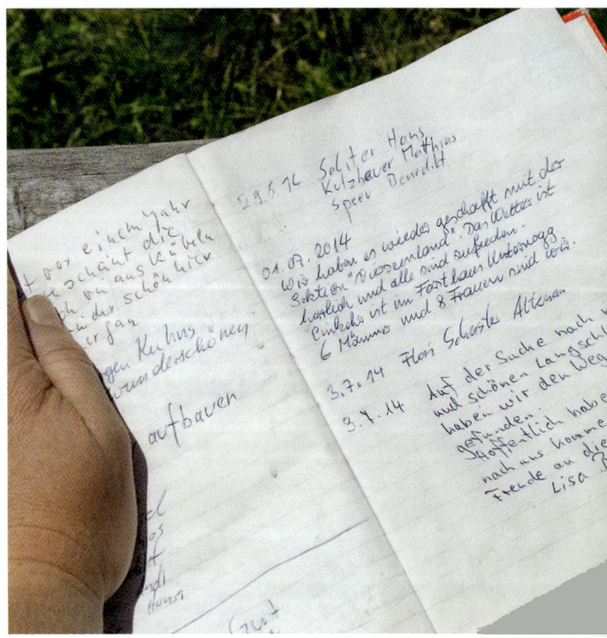

Rechts: Ein Eintrag im Gipfelbuch darf natürlich nicht fehlen.

Auf dem sonnigen Wiesenrücken angekommen, finden wir mehrere Rastbänke und sogar ein Tischchen. Die Aussicht muss man sich zum Teil zwischen den Bäumen hindurch suchen. Die vielen

Fichten erobern einfach jedes Jahr den Almboden ein Stück zurück und wachsen zudem dicht in den Himmel. Trotzdem können wir nach Süden hin leicht die Große Klammspitze und den Pürschling ausfindig machen. Nach Norden sehen wir über Ammer- und Starnberger See hinweg bis nach München.
Nach der verdienten Gipfelbrotzeit verlassen wir diese Ruheoase und steigen zunächst auf dem Pfad zurück bis zur breiten Forststraße. Ab hier ist der Rückweg sehr einfach. Wir müssen nun stets dieser Forststraße treu bleiben, dann treffen wir fast im Tal wieder genau auf die Wegkreuzung, die wir vom Hinweg kennen.
Bis dorthin dürfen wir uns aber immer wieder über tolle Aussichten über das Ammertal und Altenau freuen, ebenso über die vielen kleinen Blaubeeren und Walderdbeeren, die hier im Sommer entlang des Weges wachsen. Vorsicht! Neben den schmackhaften Beeren stehen hier jede Menge Tollkirschen, Fingerhüte

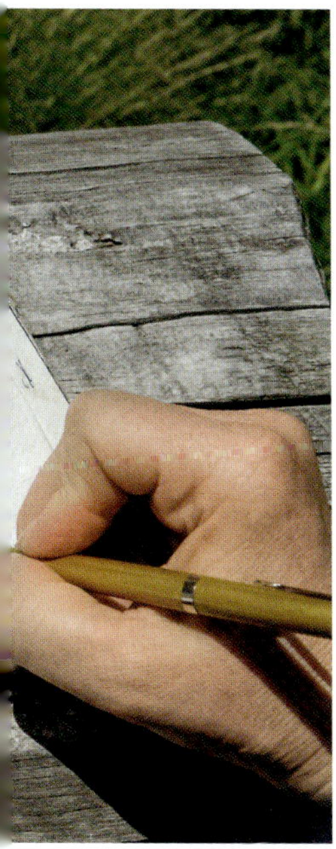

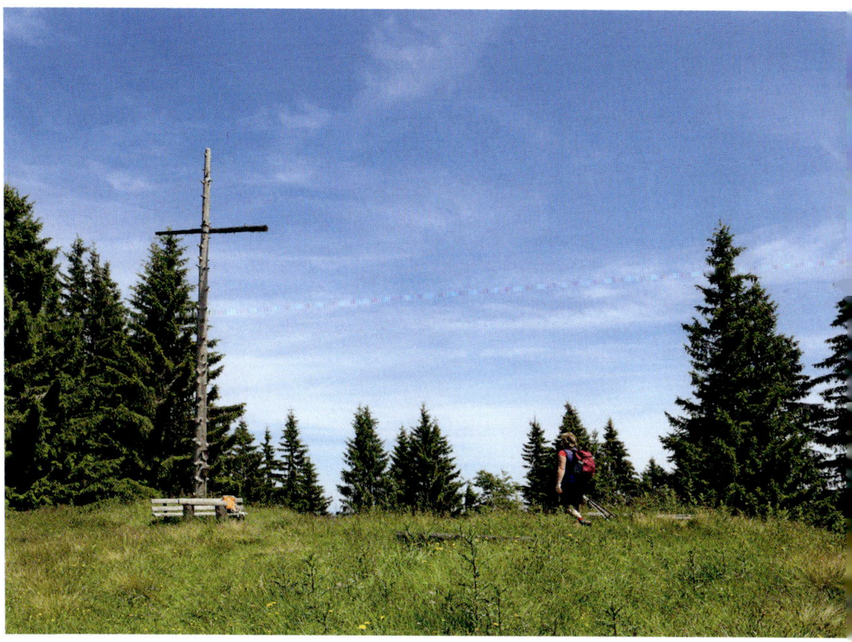

Auf einer großen Wiese markiert das Gipfelkreuz den Hochschergen.

und Eisenhüte, und die sind wirklich sehr, sehr giftig. Finger weg davon! Von der Kreuzung ist es dann nicht mehr weit auf dem bekannten Hinweg bis zum Parkplatz zurück. Wer mag, kann sich unweit des Parkplatzes an der Halbammer mit ihren dort breit abgelagerten Kiesbänken noch abkühlen.

12 Am Hörnle

Minimaler Aufstieg zum Bergglück

Leicht	4,5 km	250 m	2 Std.

Tourencharakter
Mit der Hörnlebahn eine sehr leichte Wanderung auf bequemen Wegen über Almwiesen. Nur mäßige Steigungen

Ausgangs-/Endpunkt
Hörnlebahn/Bad Kohlgrub

GPS-Daten
47.661054, 11.049214

Anfahrt
Auto: Auf der A 95 von München nach Garmisch, Ausfahrt Kochel/Murnau, über Murnau nach Bad Kohlgrub, dort ist die Hörnlebahn mit ihren Parkplätzen ausgeschildert. Wir empfehlen den großen oberen Parkplatz. Mit der Hörnlebahn fahren wir zur Bergstation.
Bus/Bahn: Bad Kohlgrub liegt auf der Bahnstrecke München–Oberammergau, es gibt eine Busverbindung im Ort vom Bahnhof zur Bergbahn.

Einkehr
Die Hörnlehütte bei der Bergstation der Hörnlebahn bietet einfache, aber sehr gute Küche. In der Hörnlealm kann man gut Brotzeit machen. Am Ende der Tour einige Gaststätten in Bad Kohlgrub.

Karte
Kompass Nr. 179, Pfaffenwinkel Schongauer Land 1:50 000

Information
www.ammergauer-alpen.de

Ein bisschen wandern wollen wir Langschläfer schon. Wenn dann noch ein Gipfel mit weiter Aussicht dazukommt und überdies eine Alm direkt am Weg liegt, dann ist das Glück schon mal perfekt. Aber vollkommen wird es bei gleich drei Gipfeln, die wir hintereinander leicht erreichen.

Gemütlich schweben wir mit der Hörnlebahn den Berg hinauf. An der Bergstation der Seilbahn angekommen, können wir sofort den ersten Gipfel bezwingen. Es ist der Zeitberg und der Anstieg zu ihm erfordert immerhin ganze sieben Höhenmeter! Dieser Berg war bis vor ein paar Jahren ein einfacher Wiesenhügel ohne Namen. Doch dann wurde er ausgebaut und bekam den Namen »Zeitberg«. Der Name soll uns anregen, uns Zeit zu nehmen, und dazu ist hier reichlich Gelegenheit. Der Hügel wurde oben abgeflacht, ein fester Zaun umspannt ihn. Das Kreuz weist ihn eindeutig als Gipfel aus. Bänke und Liegen laden zum Verweilen ein, Schautafeln erzählen viel über die Alpen und ihre be-

Die verflixten Namen

Ein Blick auf die Landkarten oder auch ins Internet lehrt uns, dass neben der Bergstation der Hörnlebahn die Hörnlehütte steht. An der Hütte finden wir aber ein großes Schild, das sie Hörndlhütte benennt. Was ist nun richtig? Beides, je nach Standort. In Bad Kohlgrub verwendet man aufgrund der Nähe zum Allgäu alemannische Wörter, hier heißt ein kleines Horn eben Hörnle. In Starnberg, wo die Erbauer der Hütte, die Alpenvereinssektion Starnberg zu Hause ist, ist ein kleines Horn dagegen ein Hörndl. So haben sie es 1911, als die Hütte erbaut wurde, hingeschrieben, nicht ahnend, dass es damit hundert Jahre später zu Verwirrung oder Verwunderung kommen könnte.

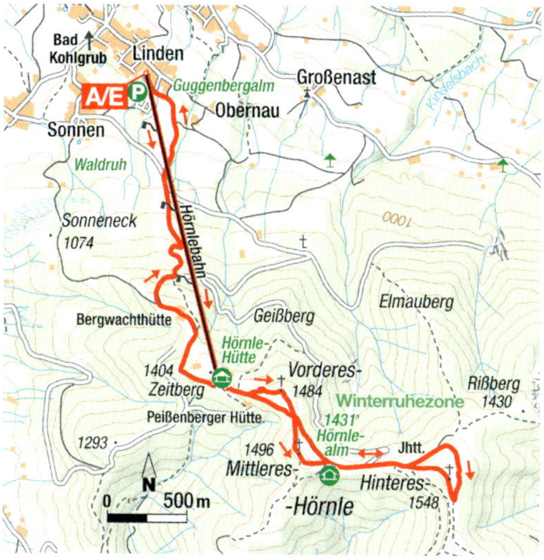

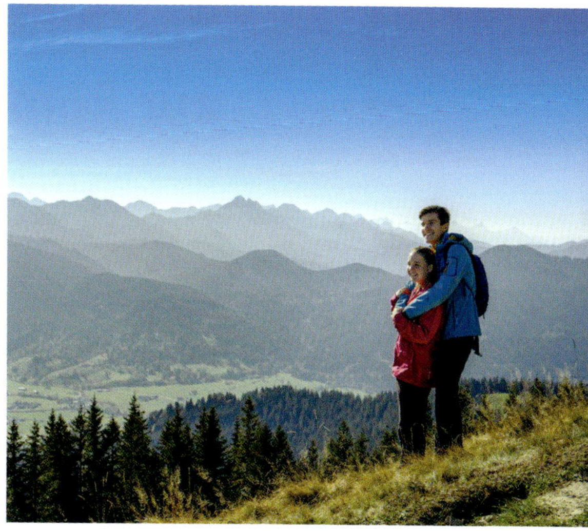

Eine unglaubliche Aussicht dürfen wir von allen drei Gipfeln des Hörnle genießen.

sondere Natur. 3-D-Naturkino nennen die Erbauer der Zeitberganlage das Panorama von hier oben. Übrigens: Der Zaun macht Sinn. Er verhindert wirkungsvoll, dass die Weidetiere die Stelle als Rastplatz entdecken.

Wenn wir uns lange genug umgesehen haben, steuern wir gleich den nächsten Gipfel an: das Vordere Hörnle. Dafür wählen wir den Weg von der Hörnlehütte nach Osten. Kurz hinter der Hütte steigen wir dann schräg nach links hinauf zum Gipfel. Hier erwartet uns wiederum eine herrliche Schaurast. Auf der anderen Seite des Hügels führt der Weg steil nach unten. Dort trifft er wieder auf die kleine Almstraße. Gegenüber könnten wir zum nächsten Gipfel, dem Mittleren Hörnle steigen. Von dort führt dann der Weg zur Hörnlealm hinunter. Im Sommer bieten die Senner einfache Brotzeiten an. Immer weiter auf der Almstraße über den Almboden erreichen wir schließlich noch den letzten Gipfel, das Hintere Hörnle. Zunächst bleiben wir auf unserem Weg und umgehen den Gipfel im Uhrzeigersinn, um dann von Süden her direkt aufzusteigen. Das Hintere Hörnle lässt uns noch viel weiter als der Zeitberg blicken.

Zurück gehen wir auf dem Weg, auf dem wir gekommen sind, und bleiben nun natürlich stets auf dem kleinen Almsträßchen. Zum Finale können wir uns noch eine Stärkung auf der Hörnlehütte leisten, ehe wir befriedigt und erholt mit der Sesselbahn zu Tal schweben. Wer den letzten Lift verpasst hat, der kann direkt hinter der Hörnlehütte ganz bequem ins Tal absteigen. Der Weg ist gut ausgeschildert und nicht schwierig.

13 Von Oberammergau zur Romanshöhe

Über gewaltige Moränen

Leicht | 10 km | 150 m | 3 Std.

Tourencharakter
Aussichtsreiche Rundtour mit kaum nennenswerten Steigungen, die trotzdem schon Berggefühl vermittelt. Größtenteils auf breiten Bergwegen und Feldstraßen, wenig Schatten, auch im Winter möglich

Ausgangs-/Endpunkt
Parkplatz an der Laberbahn/ Schwimmbad Wellenberg in Oberammergau

GPS-Daten
47.597992, 11.085825

Anfahrt
Auto: Über die Autobahn A 95 bis Autobahnende, weiter auf der B 2 nach Oberau und rechts über den Ettaler Sattel nach Oberammergau. Am südlichen Ortsrand von der Umgehungsstraße Richtung Ortsmitte abzweigen, dann den Schildern »Wellenberg« bzw. »Laberbahn« zum Parkplatz folgen.
Bus/Bahn: Oberammergau ist Endstation der Bahnlinie von Murnau, von dort ist der Altherrenweg bereits ausgeschildert.

Karte
Kompass Nr. 790 Garmisch-Partenkirchen, 1:50 000

Information
www.ammergauer-alpen.de

Ein langer Bergrücken, der Aufacker, zieht sich vom Laber bis zum Hörnle. An seinem Hang verläuft gut 150 Meter über dem Talboden ein herrlicher Panoramaweg. Er bringt uns ohne Anstrengung zum traditionellen Gasthof Romanshöhe.

Wir starten unsere Wanderung in Oberammergau am Parkplatz des Schwimmbades Wellenberg bzw. der Laberbahn. Am oberen Ende des Parkplatzes beginnt links der Altherrenweg zum Gasthaus Romanshöhe, den, im Gegensatz zu seinem Namen, gerne auch Frauen oder Familien mit Kinderwagen benutzen können. Der Weg, er ist nirgends zu verfehlen, führt abwechselnd über Wiesen und durch kleine Waldstreifen und quert die vielen Bäche, die vom Aufacker her ihr Wasser in die Ammer schicken. Nette Holzfiguren aus der Oberammergauer Holzbildhauer-

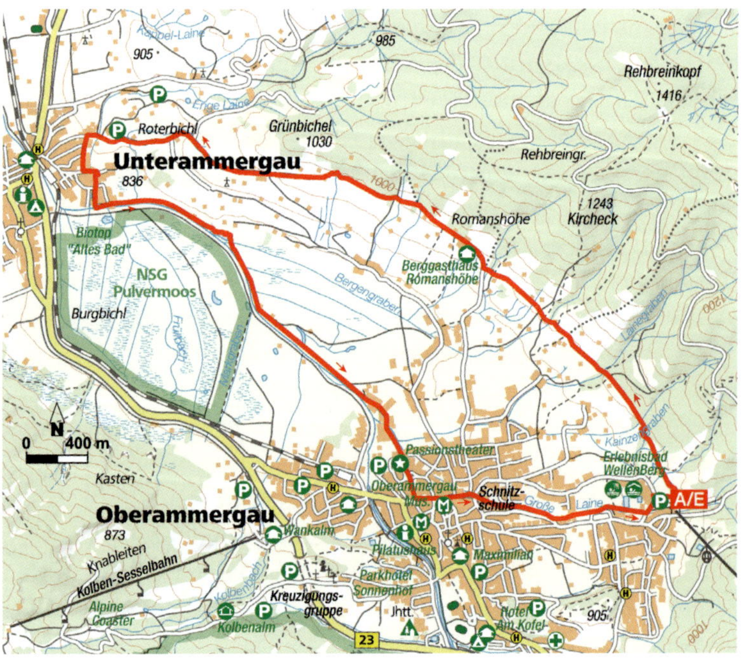

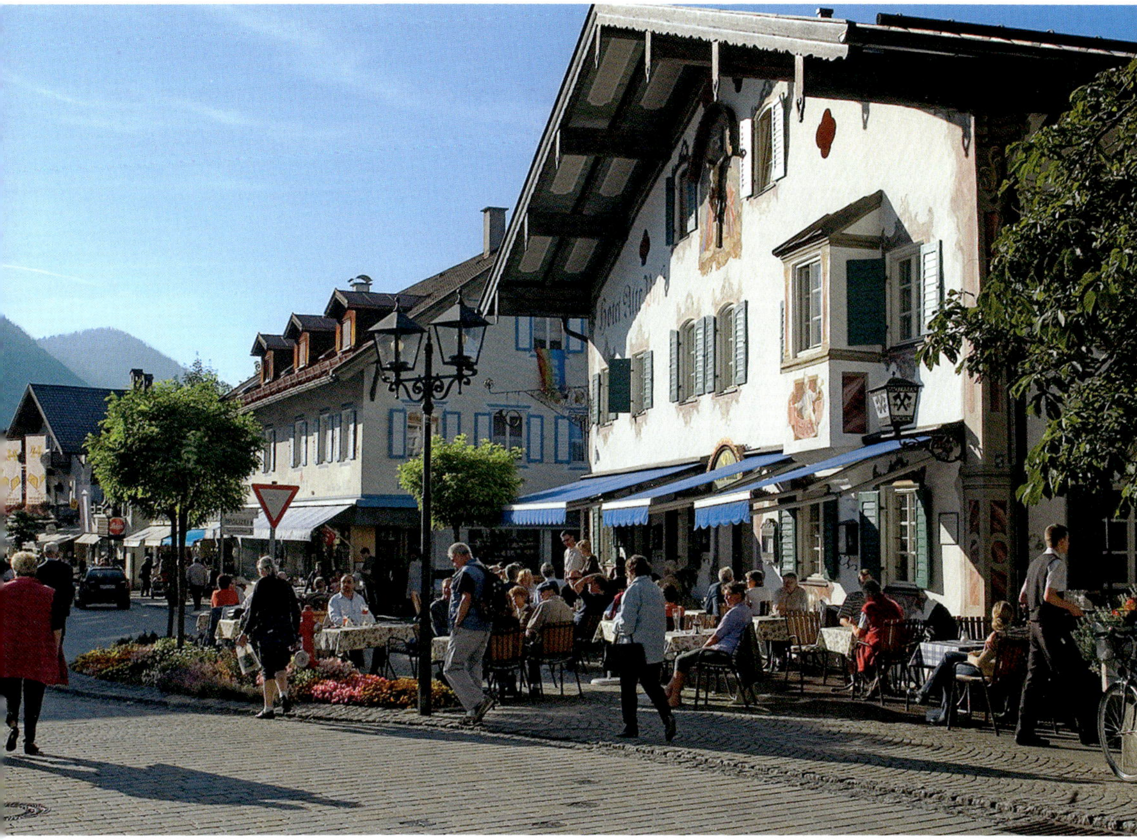

schule säumen den Weg und die eine oder andere Holzliege verführt zu einer Rast.

Zeit für die Besichtigung Oberammergaus sollte man sich nach der Tour nehmen.

Auf den Wiesen blühen im späten Frühjahr Enzian, Mehlprimeln und die Echte Schlüsselblume, im Herbst sind sie mit Herbstzeitlosen übersät. Wir passieren einen Brunnen mit Kreuz aus Stein und stoßen schließlich auf eine Fahrstraße, auf der es kurz, aber steil aufwärtsgeht. Oben haben wir das Gasthaus Romanshöhe erreicht.

Seinen Namen hat das Gasthaus von Roman Bierling bekommen, dem Großvater der heutigen Besitzerin des Hauses. Er hat hier oben 1922 das erste Gast-

Oberammergau

In Oberammergau lohnt sich ein Abstecher zu dem mit zahlreichen Fresken geschmückten Pilatushaus (von der Dorfstraße rechts durch die Ludwig-Thoma-Straße). Bei freiem Eintritt können Sie im Erdgeschoss Schnitzern und anderen Kunsthandwerkern bei der Arbeit zusehen und ihre Erzeugnisse im Handwerkerladen auch erwerben.

haus erbaut. Es sollte ein leicht zu erreichendes Ausflugsziel für die Gäste sein, die vor nun mehr fast 100 Jahren das Oberammergauer Tal langsam als Tourismusgebiet eroberten. Das heutige Gebäude wurde 1977 neu aufgebaut, nachdem das alte

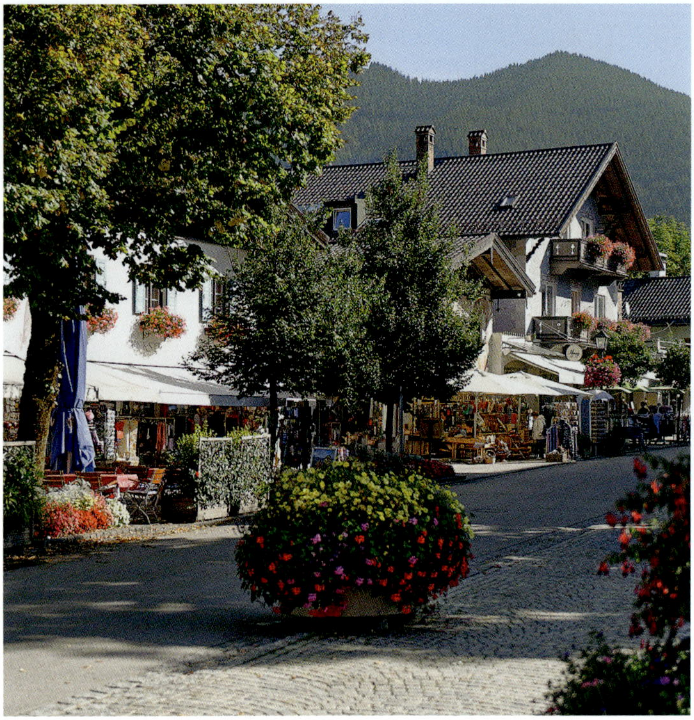

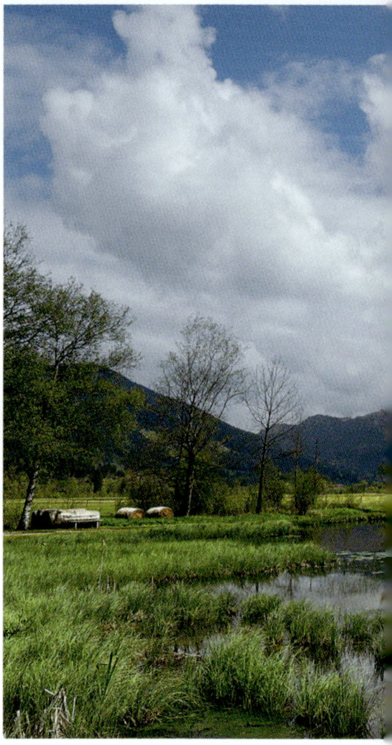

In Oberammergau

baufällig geworden war. Von der Terrasse aus blicken wir weit über den Talkessel der Ammer mit seinen großen Moorflächen. Links beginnt der Laber den Bergreigen, dann folgen etwas zurückgesetzt Notkarspitze und Kofel, der auch das Wahrzeichen Oberammergaus genannt wird. Es folgt der lange Bergrücken, der das Graswangtal nach Norden begrenzt, mit dem Pürschling und den Hennenköpfen.

Nach einer Pause führt unser Weg geradeaus vom Gasthaus weiter. Er heißt jetzt Feuchtenrainweg und das wird schnell verständlich, wenn man auf die Hänge hinunterblickt. Großflächig sickert das Hangwasser aus dem Boden, wodurch sich dort im Gegensatz zu den Graswiesen eine ganz eigene Vegetation entwickelt.

Einkehr

Berggasthof Romanshöhe mit herrlicher Aussicht sowie zahlreiche Gaststätten in Oberammergau und Unterammergau (Mo Ruhetag)

Nach etwa einer Dreiviertelstunde erreichen wir bei der Brücke über die Enge Laine Unterammergau.
Wir wandern auf dem Weiherweg bis fast zur Bundesstraße und biegen dort links in die Hofstadelstraße ein. Auf ihr überqueren

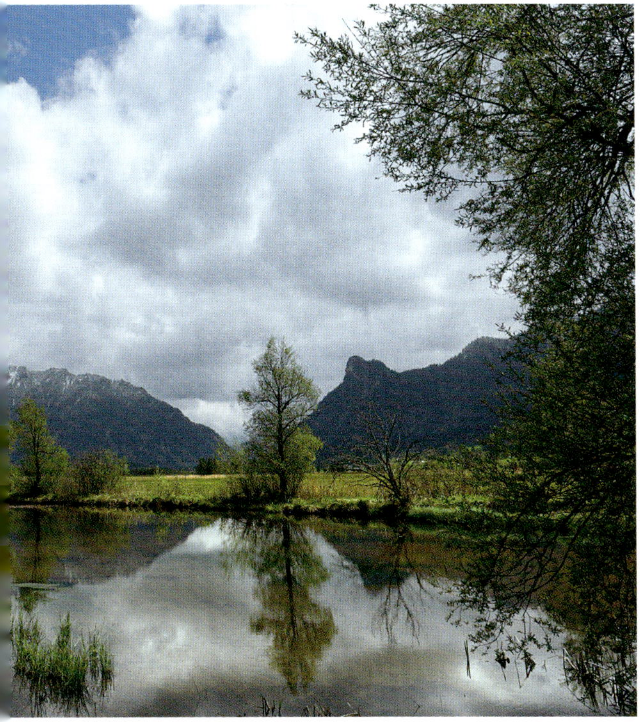

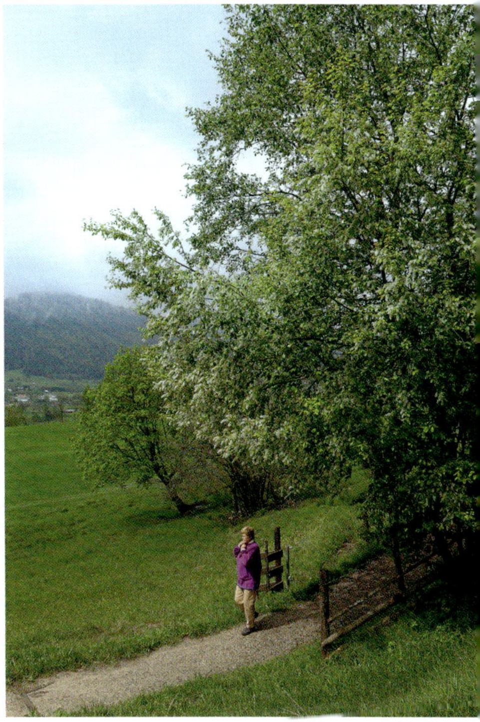

wir nochmals die Enge Laine, gehen dann unmittelbar nach der Brücke rechts zur Ammer und folgen ihr flussaufwärts. Völlig entspannt, weil brettleben, geht es nun durch das Pulvermoor im lieblichen Ammertal, an Wiesen und Moorflächen vorbei. Am Gewerbegebiet sind wir schon in Oberammergau. Die Feldiglgasse bringt uns zum Passionstheater. An ihm vorbei treffen wir auf die Dorfstraße, der wir nach links in die Sankt-Lukas-Straße folgen. Dort, wo sich die Straße verzweigt, halten wir uns kurz rechts und finden den Sankt-Gregor-Weg.
Auf diesem Fußweg kommen wir entlang der Großen Laine zum Schwimmbad Wellenberg. Hier überqueren wir den Bach auf einer Brücke und gehen dann rechts zwischen dem Zaun des Bades und dem Lainebach zur Autostraße und schließlich zum großen Parkplatz, von dem aus wir die Wanderung begonnen haben.

Auf der Romanshöhe

Mitte: Auf dem Rückweg passieren wir das Naturschutzgebiet Pulvermoos an der Ammer.

14 Zum Steckenbergkreuz

Ein stiller Gipfel und eine Klamm

Leicht | 5,5 km | 250 m | 2 Std.

Tourencharakter
Einfache Wanderung, Aufstieg jedoch auf steilen und schmalen Bergpfaden. Abwärts geht es über eine breitere Forststraße und durch die Schleifmühlenklamm mit ebenfalls schmalen Wegen und Stegen. Bei Dämmerung aufpassen!

Ausgangs-/Endpunkt
Wanderparkplatz Steckenberg bei Unterammergau

GPS-Daten
47.609992, 11.019727

Anfahrt
Auto: Über die Garmischer Autobahn A 95, weiter nach Oberau, dort rechts auf die B 23. Über Ettal und Oberammergau bis zum Ortsanfang von Unterammergau. Links zu den Wanderparkplätzen Steckenberg; wir wählen den zweiten nach dem Wirtshaus Schleifmühle (gebührenpflichtig).
Bus/Bahn: Von München in Richtung Oberammergau bis Haltestelle Unterammergau, zusätzlich 20 Min. Fußweg

Karte
Kompass Nr. 7 Murnau/Kochel, 1:50 000

Information
www.ammergauer-alpen.de

Die meisten Wanderer pilgern von Unterammergau auf den auch lohnenswerten, aber sehr bekannten Pürschling. Wir steuern hingegen den ruhigen, kleinen Buckel des Steckenbergkreuzes an. Beim Rückweg gehen wir durch die interessante Schleifmühlenklamm.

Wir starten am Wanderparkplatz und gehen zunächst geradeaus auf der leicht ansteigenden Forststraße in Richtung Pürschling. Die Abzweigung nach rechts in die Schleifmühlenklamm lassen wir vorerst unberücksichtigt; die Klamm werden wir erst am Ende der Tour von oben kommend durchwandern. Das Steckenbergkreuz ist hier schon ausgeschildert, zunächst geht es auf der Pürschlingstraße geradeaus. Nach wenigen Minuten trennen wir uns von den vielen Pürschling-Anwärtern und biegen links auf einen sehr schmalen Bergpfad ab, der zum Steckenbergkreuz ausgezeichnet ist. Aber Vorsicht, diese Abzweigung kann man leicht übersehen! Sollten wir die vielen kleinen Almhütterl am Weg sehen, sind wir schon zu weit gegangen.
Nun geht es steil aufwärts, im Zickzack stets an der Hangkante entlang. Der Weg ist von frei liegenden Baumwurzeln überzogen, und bei Nässe muss man hier etwas aufpassen. Ab und zu finden wir an den Bäumen ein weißes Schild mit einem kleinen grünen Pfeil, dem wir folgen. Nach einem ersten steileren Stück treffen wir oberhalb der Skipisten – die im Sommer allerdings als solche schwerer zu identifizieren sind – auf eine breitere Forststraße. Dieser folgen wir nach rechts; kurz darauf weist uns jedoch der grüne Pfeil wieder nach links auf einen Wanderweg in den Wald. Wieder steigen wir auf einem wurzeldurchsetzten Pfad an der Hangkante aufwärts, bis sich der Wald langsam lichtet. Das letzte Stück geht es nun nochmals steil entlang eines Zauns hinauf zum Gipfelkreuz auf dem Steckenberg (1228 m). Das Kreuz steht auf einem winzigen Wiesenbuckel hoch über dem Ammertal. Unter uns liegt Unterammergau, direkt nördlich davon erhebt sich das Hörnle. Eine Lücke gibt leicht westlich

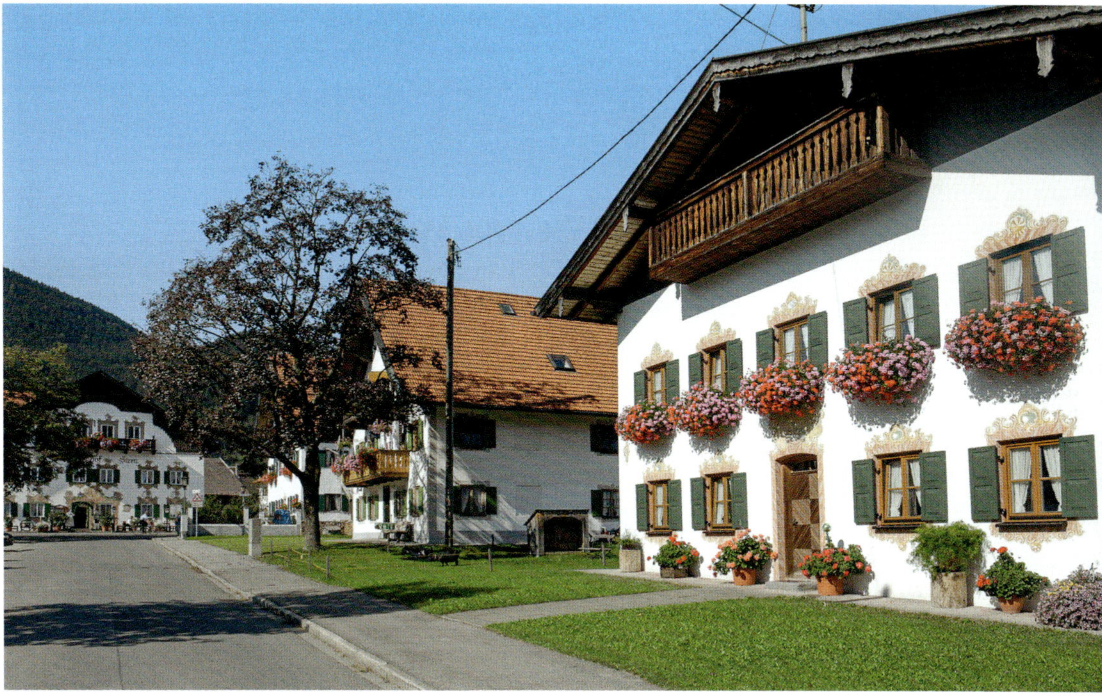

In Unterammergau stehen einige beachtliche Bauernhöfe.

davon den Blick auf den Hohen Peißenberg frei, und bei guter Sicht sind die kleine Wallfahrtskirche und die Wetterstation auf seinem Gipfel mit bloßem Auge zu erkennen. Noch weiter in der Ferne macht man die Satellitenschüsseln der Erdfunkstelle von Raisting und dahinter sogar das Südufer des Ammersees aus. Richtung Süden sind wir leider zu niedrig, um eine freie Sicht auf die Ammergauer Berge zu haben, aber das August-Schuster-Haus mit dem Pürschling und den vielen anderen Gipfeln drum herum sind ganz nah.

Bevor wir uns aber von der sommerlichen Nachmittagssonne durchbräunen lassen, wollen wir uns Abkühlung in einer Klamm verschaffen. So geht es anfangs das erste steile Stück auf dem Weg zurück, den wir gekommen sind. Wir können die Tour nun zu einem Rundweg gestalten – dafür brauchen wir nur etwas Orientierungssinn und ein wenig Gespür für ein kurzes Wegestück, auf dem der Pfad schlecht auszumachen ist. Wenn wir nach dem ersten Steilstück vom Gipfel wieder in den Wald

Fahrtwind im Gesicht

Fast direkt am Startplatz zur heutigen Wanderung liegt die Steckenbergalm mit ihrer Sommerrodelbahn. Am Wochenende und in den bayerischen Schulferien können wir hier noch bis 18.00 Uhr rodeln!

hinunterkommen, sehen wir links von uns zwischen den Bäumen eine grüne Almwiese, auf der wir weiter in Wanderrichtung gehen. Anfangs ist der Boden noch sehr feucht, aber nach wenigen Minuten stoßen wir auf einen breiteren, hier beginnenden Forstweg. Wenn wir diesem Weg folgen, erreichen wir über ein kleines Brücklein wieder die breitere Pürschlingstraße. Dieser folgen wir nach rechts und bald steil bergab. Von links stößt noch einmal ein breiterer Forstweg zu uns, wir bleiben aber rechts und wandern weiter hinunter. Bald passieren wir viele kleine Berghütten, dann weist uns ein Schild nach links in die Schleifmühlenklamm. Diese Stelle liegt nur unweit der Abzweigung, die wir schon vom Aufstieg her kennen. Wenn sich also jemand zu unsicher fühlt, um die Rundtour zu wagen, der nimmt lieber den gleichen Weg zurück, hält sich dann auf der Pürschlingstraße für wenige Meter nach links und trifft so auch auf das obere Ende der Schleifmühlenklamm.

Einkehrtipp

Zum Glück hat der Gasthof Stern »Zum Ratscherwirt« in Unterammergau bis 22 Uhr geöffnet (Di und Mi Ruhetag). Das dürfte für ein Feierabend-Weißbier nebst Brotzeit im Biergarten nach der Wanderung zeitlich zu schaffen sein.

Nun geht es gleich steil hinunter und vorbei am ersten großen Wasserfall. Der Weg ist schmal und führt z. T. über Stege und eiserne Brücken. Das Wasser rauscht, blubbert und brodelt gleich über mehrere Wasserfälle und Kaskaden abwärts. Erst im unteren Teil der Klamm nähern wir uns dem Wasser und können hier an mehreren Stellen einen Platz für eine erfrischende Pause suchen. Nichts wie raus aus den Schuhen und mit den Füßen ins Wasser – das haben wir uns nun verdient!

Hier kann man noch Spuren des Wetzsteinabbaus erkennen. Wer sich etwas mit dem bäuerlichen Leben auskennt, dem sind Wetzsteine, wie sie zum Schleifen für Sensen benutzt werden, nicht unbekannt. Kaum einer weiß jedoch, dass einige dieser Wetzsteine »Ammergauer« genannt werden und diese noch dazu extrem langlebig und von bester Qualität sind. Mitunter können sie uralt, vom vielen Benutzen abgeschliffen und krumm geworden und nicht mehr in der ursprünglichen Schiffchenform erhalten sein.

Sie stammen allesamt aus Unterammergau. Hier in der Schleifmühlenklamm wurde etwa 300 Jahre lang ein Kalkstein abgebaut, der hervorragende Eigenschaften als Schleif- und Wetzstein hatte und in Süddeutschland und den Ländern der Donau-

Rechts: Rauschendes Wasser in der Schleifmühlenklamm

monarchie einen ausgezeichneten Ruf besaß. Immerhin waren es noch im ausgehenden 19. Jahrhundert vierzig Familien, die vor allem im Winter den Stein brachen, bearbeiteten und dann an Großhändler verkauften. Über die Donau gelangte er bis an das Schwarze Meer. Nach und nach gaben die Wetzsteinmacher ihr Handwerk auf, als die viel billigeren künstlich hergestellten Wetzsteine auf den Markt kamen und vor allem Mähmaschinen die anstrengende Handarbeit mit der Sense überflüssig machten.

Je nach Tageszeit mag es zum Lesen der vielen Tafeln mit Informationen rund um die erdgeschichtliche Entstehung und den Abbau des Gesteins für die Wetzsteinherstellung schon ein wenig zu dunkel werden. Aber es sind von hier nur noch fünf Minuten auf einem sicheren und breiten Weg bis zurück zum Parkplatz, an dem wir gestartet sind.

Unterammergauer Wetzsteine

In der Schleifmühlenklamm kann man die Spuren der Steinbrecher noch deutlich sehen. Im Wetzsteinmuseum neben dem Gasthof Schleifmühle lernt man, wie aus einem groben Steinblock ein Wetzstein wird. Das Wetzsteinmuseum kann zu den Öffnungszeiten des Gasthofes (täglich von 10.00–22.00 Uhr, Tel. 08822/1323) kostenlos besichtigt werden.

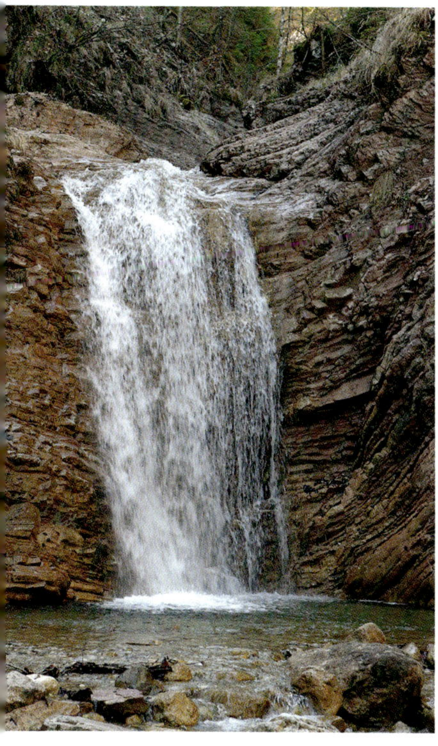

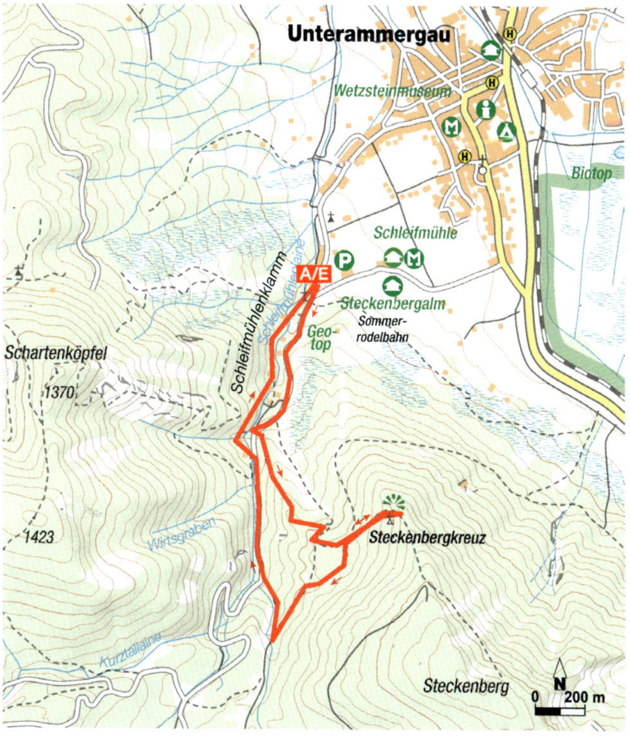

15 Kult, Kofel, Königsweg und Kolbensattel

Hoch über Oberammergau

Schwer | 9 km | 650 m | 3.30 Std.

Tourencharakter
Anspruchsvolle Wanderung mit einem steilen Aufstieg. Im Gipfelbereich braucht man Trittsicherheit und Schwindelfreiheit, dort erwartet uns eine mit Drahtseil gesicherte, einfache Kletterpassage. Der Abstieg ist mit der Sommerrodelbahn oder dem Lift verkürzbar.

Ausgangs-/Endpunkt
Kolbensesselbahn/Oberammergau

GPS-Daten
47.597548, 11.048381

Anfahrt
Auto: A 95 nach Eschenlohe, weiter über die B 2 Richtung Garmisch, in Oberau rechts Richtung Oberammergau. Auf der B 23 über den Ettaler Sattel nach Oberammergau, über die zweite Ortseinfahrt nach dem Tunnel zum Parkplatz der Kolbensesselbahn.
Bus/Bahn: Mit der Bahn oder dem Bus bis Oberammergau. Dort wandert man auf der Bahnhofstraße nach rechts und biegt dann links in die Kolbengasse ein. Sie führt in ca. 15 Minuten zum Parkplatz.

Karte
Kompasskarte Nr. 7, Murnau/Kochel 1:50000

Information
www.ammergauer-alpen.de

Nicht nur ausdauernd, sondern auch etwas mutig muss man bei dieser Bergtour sein. Wer das aufbringt, wird mit einer sensationellen Aussicht vom markanten Felszinken des Kofel auf das Ammertal und Oberammergau belohnt. Neben dieser Aussichtsloge gibt es noch viel mehr Interessantes und Spannendes am Wegrand zu entdecken.

Aber selbst wenn man nicht ganz so mutig und schwindelfrei ist, lohnt sich diese Wanderung. Die wunderbaren Wälder geben immer mal wieder Aussichten frei und allein schon der Grottenweg sowie die Kolbensattelhütte sind einen Besuch wert. So beginnen wir die Wanderung und steigen vom Parkplatz der Kolbensesselbahn hinauf zur Talstation des Kolbenliftes. Unterhalb der Liftgebäude führt der Weg nach links. So umrunden wir die Gebäude bis zu einer Ski-Bar und von dort führt dann der Weg weiter zum Waldrand, wo wir auf unseren richtigen Wanderweg stoßen. Dieser führt uns zunächst durch den Wald am Kolbenbach entlang. Munter plätschert der Bergbach links und rechts unseres Weges. Kurz darauf verlassen wir den Wald und erreichen einen breiteren Weg. Familien mit Kindern, die direkt zur Kolbensattelalm wollen, gehen hier nach rechts. Alle anderen halten sich links, es geht ein Stück bergab, bis uns schließlich ein Wegweiser nach rechts auf den Grottenweg schickt. Kaum sind wir wieder im Wald, wird es wildromantisch. Immer wieder liegen große Felsbrocken links und rechts des Weges. Ein richtiger Feen- und Zwergenwald, denn diese würde man hier zwischen all den moosbewachsenen Steinen vermuten. Der Grottenweg führt fast eben am Fuße des Kofel vorbei. Ein Höhenweg mit Kultpotenzial, und das schon seit vielen Jahrhunderten (siehe Kasten). Schließlich passieren wir die Mariengrotte und kurz darauf trennen sich die Wege. Jetzt geht es nach rechts bergauf, der Beschilderung zum Kofel folgend. Gleich zu Beginn wandern wir noch über eine kleine Almwiese, auf der von links noch ein

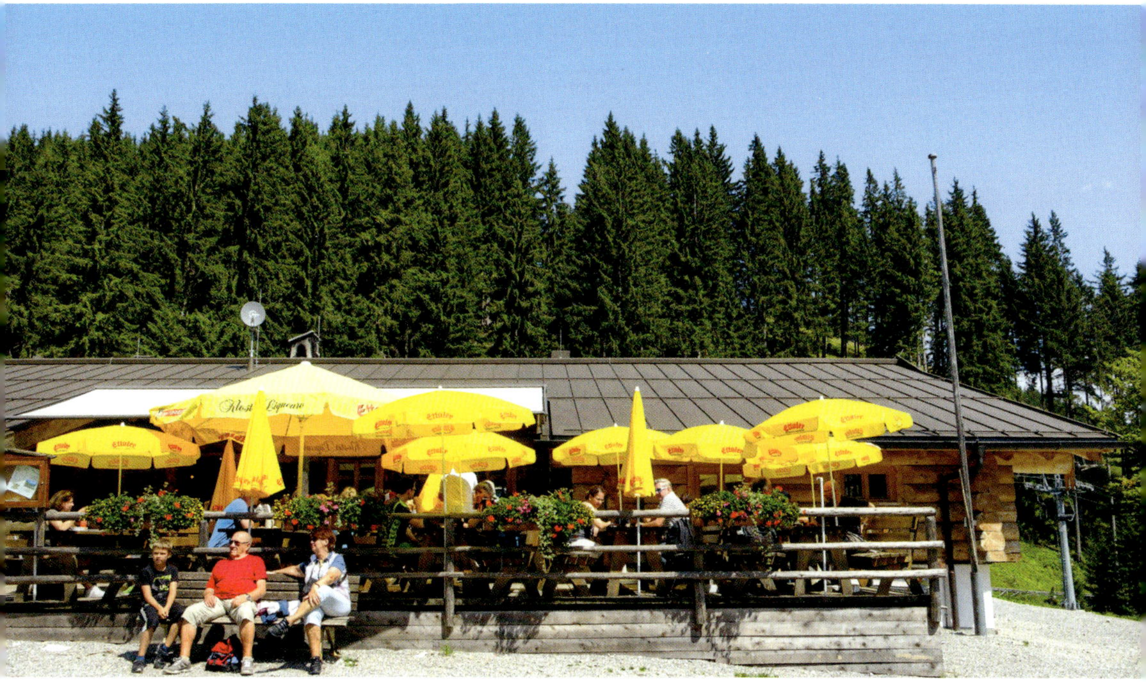

Am Ende der Wanderung genießen wir die Einkehr in der Kolbensattelhütte.

weiterer Wanderweg hinzustößt. Der Pfad wird immer steiler, aber zum Glück führt er wieder in den Wald hinein, sodass wir nicht zu sehr ins Schwitzen kommen. Schließlich nähern wir uns der ersten Felswand des Kofel, dort wendet sich der Weg nach links. Im Bergwald liegen viele größere und kleinere Steine, vor allem an Baumstämmen. Hier ist die Schutzfunktion des Bergwaldes mehr als deutlich sichtbar, aber auch wir sollten verstärkt aufmerken, denn der Kofel ist in Bewegung. Bald queren wir ein Schuttkar. Dieser Wegabschnitt ist überschaubar, aber wir stellen nun das erste Mal unsere Schwindelfreiheit auf die Probe. Dafür werden wir aber auch mit einer ersten Aussicht belohnt. Jetzt ist es nicht mehr weit, vorbei an ein paar Felswänden erreichen wir den Kofelsattel.

Weniger geübte Bergsteiger werden hier eine Rast einlegen, während sich die Profis hinauf auf den Gipfel wagen. Für wenige Minuten geht es anfangs noch harmlos durch den Wald. Dann stehen wir am Fuße des felsigen Gipfelaufbaus.

Einkehr

Die gemütliche Kolbensattelhütte liegt auf 1270 Metern hoch über Oberammergau. Sie ist vor allem ein Eldorado für Familien mit Kindern, die den großen Abenteuerspielplatz und die Freizeitangebote wie den Hochseilgarten oder den Alpine Coaster sehr schätzen.

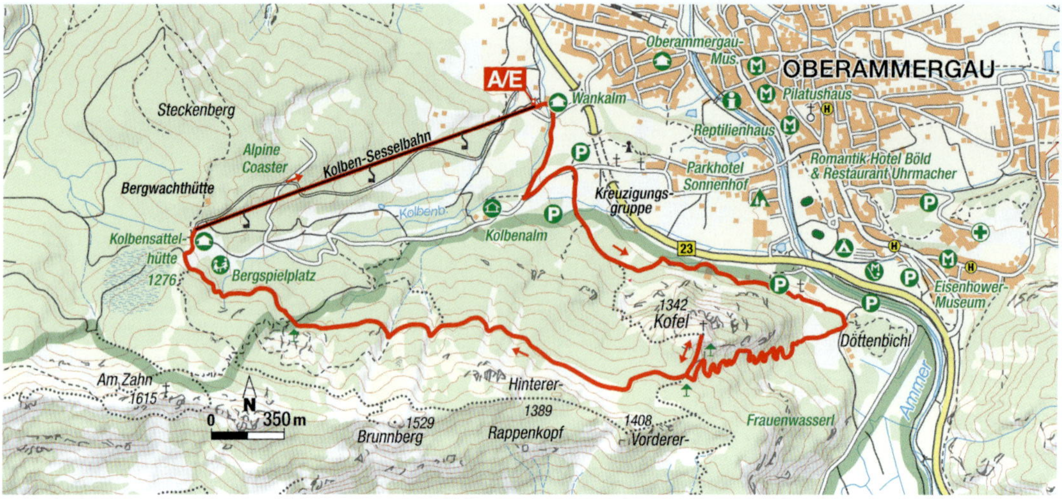

Das erste Drahtseilstück ist schnell geschafft, einige Treppenstufen führen zum nächsten Sicherungsseil. Ab hier ist nun wirklich Trittsicherheit und Schwindelfreiheit erforderlich. Vom Gipfel trennen uns noch 15 Minuten. Im Zickzack führt der Klettersteig über Felsschrofen hinauf. Unter einer Felsnase vorbei wird der Weg noch einmal ruhiger, bis wir über eine weitere Stufe und Rinne das Gipfelkreuz erreichen. Die Aussicht ist einmalig schön! Fast senkrecht unter uns liegt Oberammergau. Dahinter erheben sich der Laber mit dem Ettaler Manndl, der Große Aufacker und das Hintere Hörndl. Das grüne Band der Ammer zieht sich durch das ganze Tal. Im Osten liegt hinter Ettal bereits das Estergebirge. Nach dieser genussvollen Schaurast steigen wir wieder vorsichtig zurück bis zum Sattel.

Kult am Grottenweg

Am Grottenweg windet sich der Wanderweg um viele große Felsen, die sich vor vielen Jahrhunderten vom Kofel lösten. Ein wirklich kultiger Platz. An einigen glatten Stellen der Felswände finden sich Felsritzungen aus den unterschiedlichsten Epochen: Drudenfuß, Römerkopf, Teufelsfratzen, Jahreszahlen oder klassische Liebesbeweise in Form von Anfangsbuchstaben. Es zeigt, wie seit vielen Jahren die Felsbrocken die Menschen in ihren Bann ziehen.

Nun wenden wir uns nach rechts, also weiter in der ursprünglichen Wanderrichtung, und folgen der Beschilderung zur Kolbensattelhütte. Vorbei an dem kleinen Regenunterstand geht es nun ziemlich lange auf dem Königssteig im leichten Auf und Ab durch den Wald. Wir queren einige Rinnen und Bachläufe, nach wie vor ist etwas Trittsicher-

heit gefragt. Eine einzige Stelle ist nochmals etwas ausgesetzt. Leider war das kaum mehr vorhandene Geländer bei unserer Begehung nicht wirklich als sicher zu bezeichnen. Aber die Stelle lässt sich gut meistern. Dann passieren wir an einem weiteren Regenunterstand eine erste Abzweigung hinunter nach Oberammergau. Wir Genießer setzen unseren Weg jedoch weiter fort, denn wir wollen ja noch in der Kolbensattelhütte einkehren.
Diese ist bald schon zwischen den Bäumen sichtbar und kurz darauf stehen wir auch schon auf der sonnigen Wiese, von wo wir in wenigen Minuten die große Terrasse des Berggasthofes erreichen. Nun können wir unseren Hunger und Durst stillen und nebenbei die einmalige Aussicht genießen. Vor allem der Blick hinüber zum Kofel zeigt uns die markante Felsnadel

Der Kolbenbach plätschert sachte vom Berg.

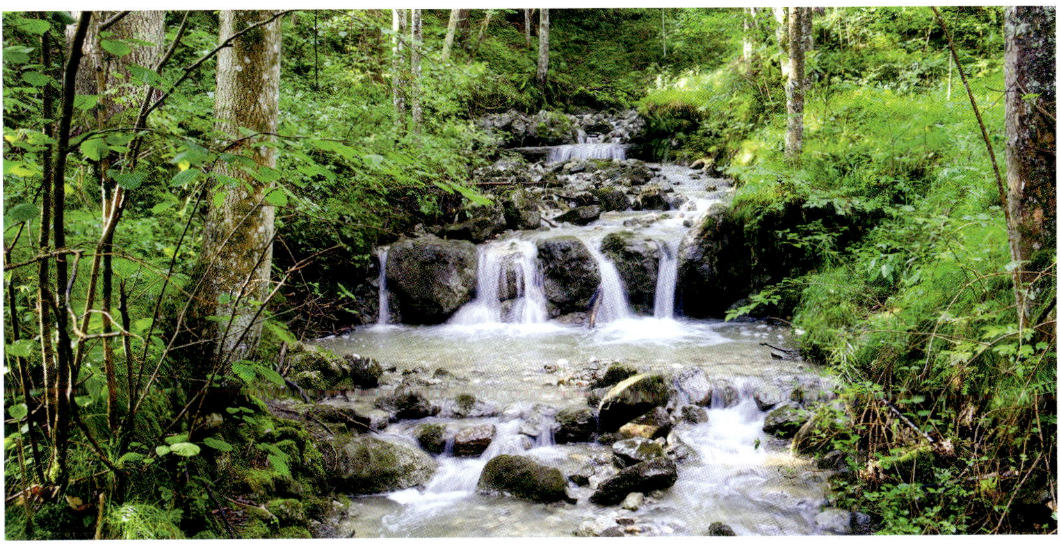

noch einmal ganz genau. Der Hausberg der Oberammergauer ist wirklich eine unübersehbare Landmarke. Nachdem wir unsere Rast ausgiebig genossen haben, machen wir uns entweder an den Abstieg, der unterhalb der Hütte beginnt. Viel lustiger und knieschonender ist aber die rasante Abfahrt mit dem Alpine Coaster. Der Zugang zu der Sommerrodelbahn beginnt an der Bergstation der Kolbensesselbahn (Tickets kauft man am Hochseilgarten oder fragt an der Bahn). Dann steht der rasanten und sehr vergnüglichen Abfahrt nichts mehr im Wege und ehe wir uns versehen, sind wir mit einem breiten Lächeln im Gesicht wieder im Tal bei unserem Ausgangspunkt angekommen.

16 Auf den Osterfeuerkopf

Hoch über dem Loisachtal

Mittel | 8 km | 550 m | 3 Std.

Tourencharakter
Eine Tour auf schmalen Bergpfaden; kurz vor dem Gipfel muss man schwindelfrei und trittsicher sein; der Rückweg verläuft auf dem Hinweg.

Ausgangs-/Endpunkt
Eschenlohe, Parkplatz am Ende der Walchenseestraße

GPS-Daten
47.591368, 11.205127

Anfahrt
Auto: Auf der A 99 Richtung Garmisch, Ausfahrt Eschenlohe links nach Eschenlohe fahren, im Ort über die Loisachbrücke, dann der Beschilderung zum Tonihof folgen, am Tonihof vorbei bis ans Ende der Walchenseestraße; es gibt einige Parkplätze am Wegrand, bevor die Straße für den Verkehr gesperrt ist.
Bus/Bahn: Eschenlohe liegt auf der Bahnstrecke München–Garmisch, aber nicht jeder Zug hält hier; zusätzlich 30 Min. Gehzeit .

Einkehr
Unterwegs keine, bester Rastplatz am Gipfel oder nach der Tour in Eschenlohe

Karte
Kompass Nr. 5, Wettersteingebirge, 1:50 000

Information
www.eschenlohe.de

Durch herbstlichen Nebel steigen wir aufwärts zum Osterfeuerkopf. Auf halber Höhe bricht die Sonne durch und wir wandern auf einsamen Bergpfaden durch alten, knorrigen Kiefernbestand zum Gipfel, der mit seiner 360-Grad-Szenerie auch alle begeistern wird, die ohne dieses Nebel-Schauspiel unterwegs sind.

Die Wanderung beginnt direkt an der Stelle, ab der die Straße für den öffentlichen Verkehr gesperrt ist. In Blickrichtung Berge parken die Autos auf der rechten Straßenseite und auf der linken beginnt unser ansteigender Wanderweg, der zum Osterfeuerkopf beschildert ist. Zunächst noch auf einem etwas breiteren Weg gewinnen wir rasch an Höhe. Rechts von uns erhaschen wir durch die Bäume einen Blick auf das private Schloss Wengwies, das einsam im Eschenlainetal zwischen den Bergen gebettet liegt. An dessen Grundstücksgrenze steigen wir bis zum Halsgraben, einer tiefen Schlucht, hinauf. Nun wendet sich der Pfad nach links, die erste weite Sicht über das Loisachmoor bis zur Zugspitze genießen wir, denn bald geht es wieder in den lich-

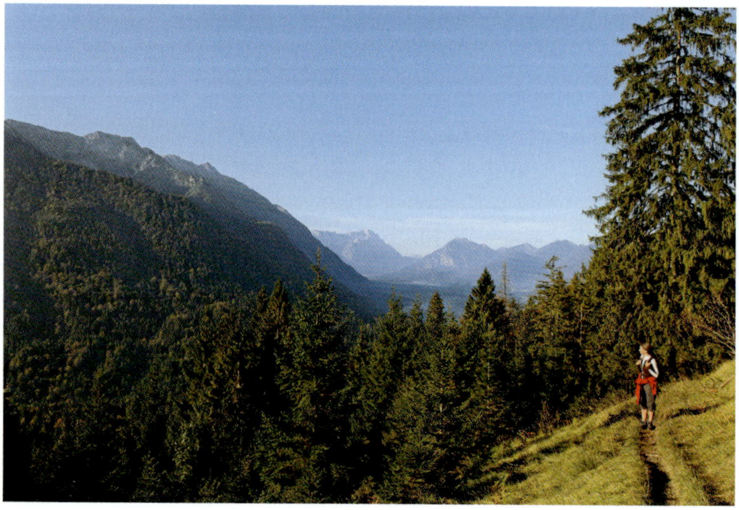

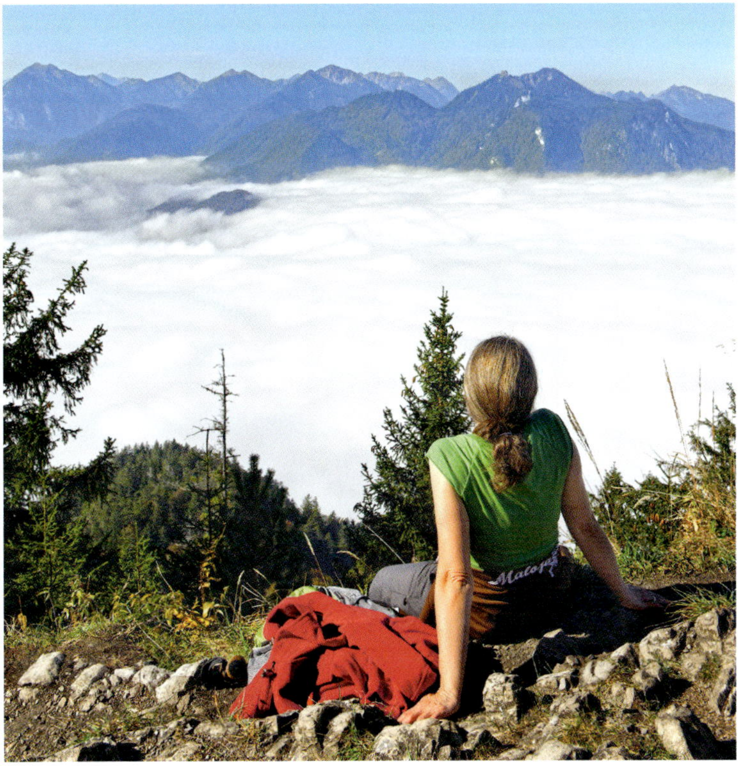

Bei so viel herbstlichem Talnebel schlägt das Langschläferherz gleich höher.

ten Föhrenwald. Nun steigen wir im Zickzack höher, erreichen einen weiteren Aussichtspunkt, der uns diesmal den Blick über das Murnauer Moor freigibt. An einer kleinen Hütte vorbei geht es zunächst etwas bergab in eine Senke, bevor wir den finalen Gipfelangriff wagen. Der Pfad wird schmäler, an einigen Stellen fällt er steil ab. Ganz unvermittelt erreichen wir plötzlich das große Gipfelkreuz des Osterfeuerkopfes, das aber auf einem Miniplateau steht.

Mehr als zehn Wanderer finden hier kaum Platz, um die beachtliche Aussicht zu genießen. Im Osten reihen sich durch das Eschenlainetal bewaldete sanftere Hügel aneinander, während genau im Süden das Estergebirge mit der Hohen Kiste zum Greifen nah liegt. Rechts davon, hinter dem Loisachtal, sehen wir Garmisch mit der markanten Zugspitze. Im Westen liegen die Ausläufer der Ammergauer Berge mit dem Ettaler Manndl und dem Hörnle. Zu dessen Füssen breitet sich das Naturschutzgebiet Murnauer Moor aus. Der Abstieg erfolgt auf dem Hinweg.

Linke Seite. Gleich zu Beginn der Tour können wir die Aussicht auf das Estergebirge genießen.

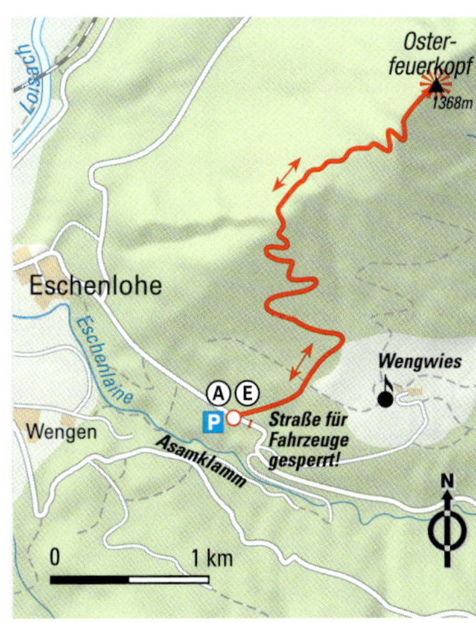

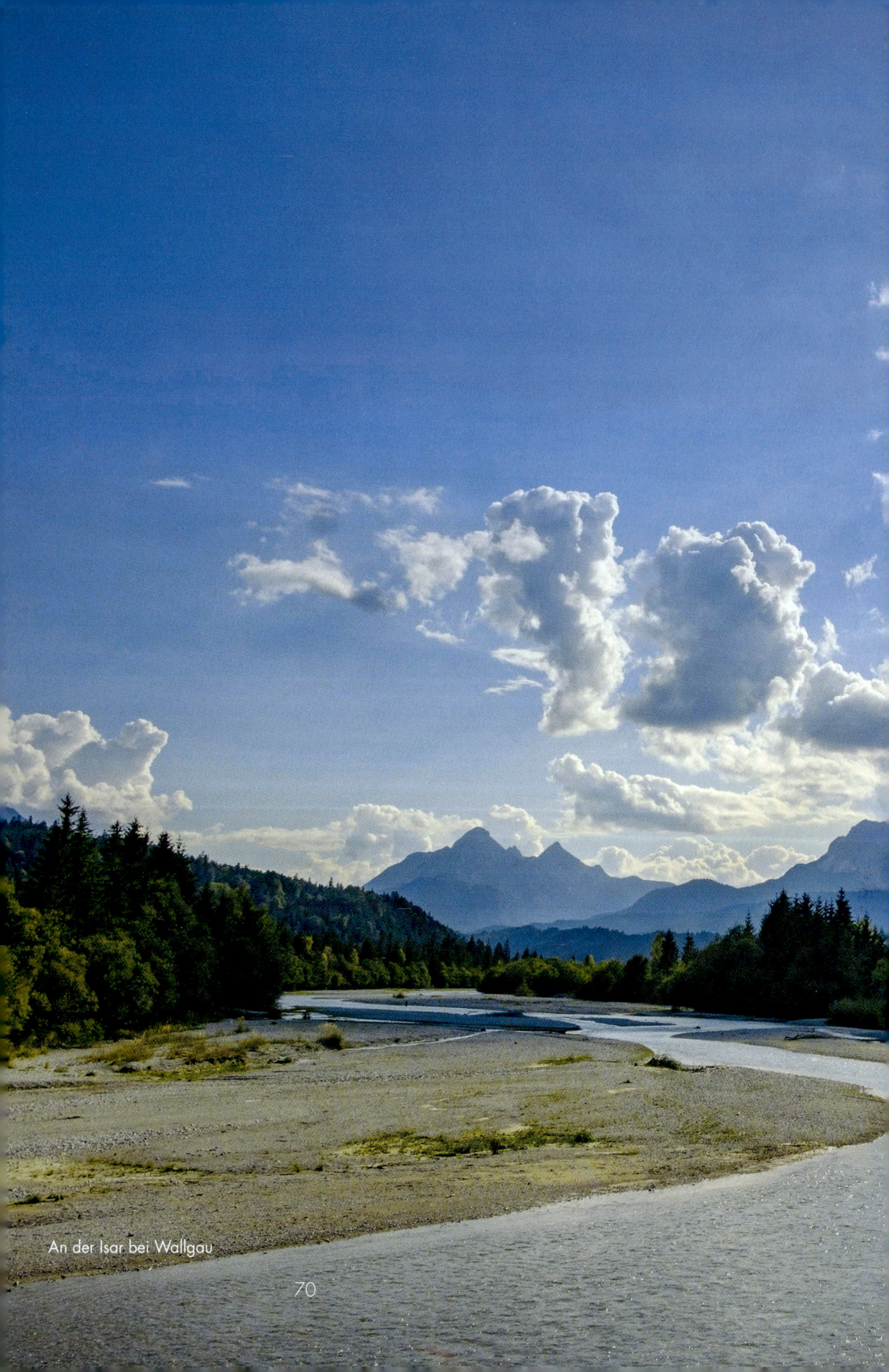

An der Isar bei Wallgau

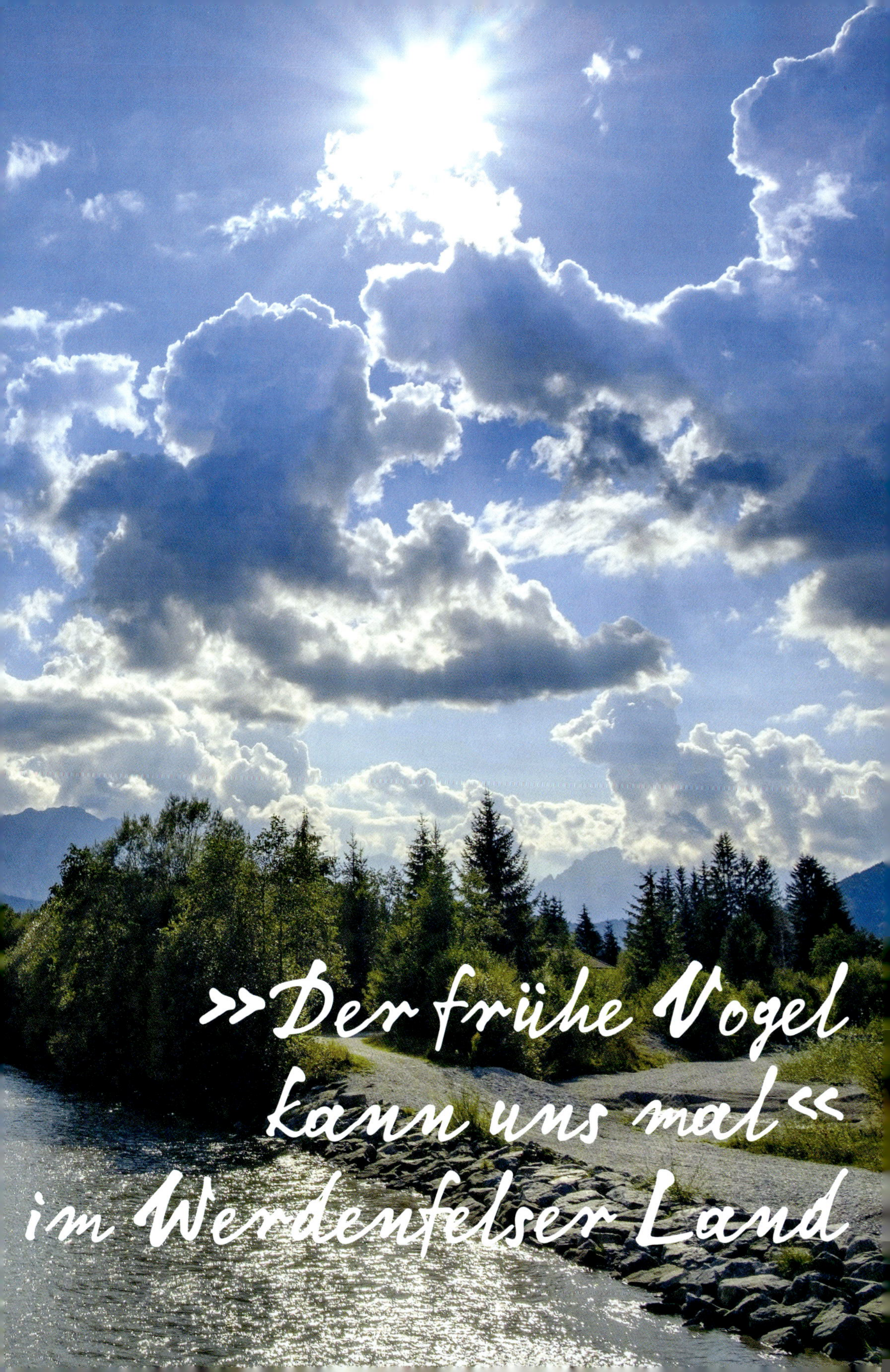

»Der frühe Vogel kann uns mal« im Werdenfelser Land

17 Schafkopf

Schau-nicht-runter-Tour

● Schwer | 9,5 km | 700 m | 4 Std.

Tourencharakter
Eine ausschließlich auf Bergwegen und schmalen Pfaden verlaufende Bergtour; kurz vor dem Gipfel muss man schwindelfrei und trittsicher sein; ohne diese, leider unumgängliche Stelle wäre es eine als einfach einzustufende Tour; auch beim Abstieg gibt es kritische Stellen.

Ausgangs-/Endpunkt
Farchant, am Ende des Spielleitenweges

GPS-Daten
47.531970, 11.102986

Anfahrt
Auto: Von München auf der A 99 Richtung Garmisch, am Autobahnende auf der B 2 durch Oberau, dann vor dem Tunnel rechts nach Farchant, von der Hauptstraße rechts auf die Kirche zufahren, rechts von der Kirche in den Spielleitenweg; Parkplätze liegen am Ende der Straße, bevor sie für den öffentlichen Verkehr gesperrt ist.
Bus/Bahn: Farchant liegt auf der Bahnstrecke München–Garmisch.

Einkehr
Unterwegs keine, bester Rastplatz am Gipfel

Information
www.farchant.de

Die Aussicht alleine ist es schon wert, den Gipfel mehrfach zu besteigen. Tief unter uns liegt Garmisch in einem Kessel, dahinter erhebt sich fast auf Augenhöhe das Wettersteinmassiv. Der Gipfel bietet nicht vielen Leuten Platz, aber wegen der steilen Wiesenquerung trauen sich auch nicht viele hier herauf.

Wir wandern auf der Teerstraße ein Stück Richtung Westen auf den Berg zu. Am Kinderspielplatz beginnt unser zum Schafkopf ausgeschilderter Wanderweg, der sich gleich steil neben dem Wasserfall bergauf zieht. Anfangs noch mit schöner Aussicht auf den Ort, queren wir eine Kaskadenstufe des Wasserfalls, der über glatten Stein plätschert. Wir folgen dem Bergpfad und erreichen eine kleine Lichtung. Hier halten wir uns geradeaus, stets der Beschilderung Bergziele Ammergebirge folgend. Angenehm schattig im Wald steigen wir immer höher. Einige Male queren wir die Forststraße, einmal mit einem Rechts-Links-Knick. Solange wir auf die Beschilderung Schafkopf achten, können wir uns nicht verlaufen. Nachdem wir einige nett beschriftete Wegpunkte, wie den Trog, den Gletscherschliff oder die Wasserrinnen passiert haben, sehen wir durch die Bäume zum ersten Mal Richtung Zugspitze. Nach insgesamt gut zwei Stunden erreichen wir schließlich die einzige wirklich etwas kritische Stelle der Tour. Wir queren fast eben einen Wiesenhang, der jedoch zu unserer

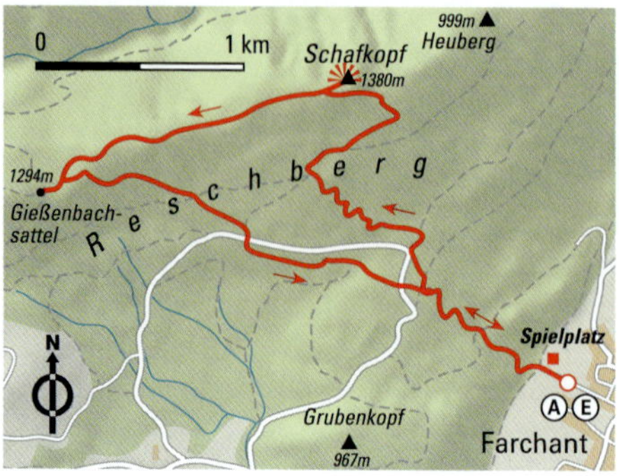

linken Seite stark abfällt. Der Pfad ist nicht sehr breit, und wenn uns jemand entgegenkommt, wird es schwierig auszuweichen. Also diesen Abschnitt bitte vorausschauend bewältigen! Wer Probleme hat,

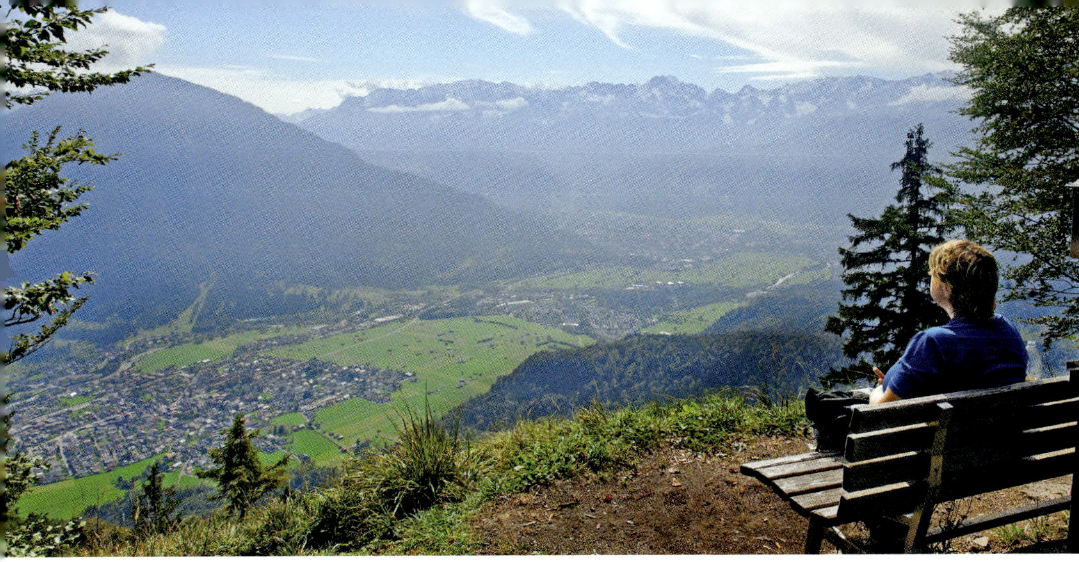

Hier kann man die Aussicht auf Garmisch und seine Berge voll genießen.

schaut sowieso am besten nicht den Abhang hinunter, sondern konzentriert sich allein auf den Weg. Die Stelle ist nicht sehr lang und unmittelbar nach zwei kleinen Spitzkehren ist schon alles überstanden. Wir passieren noch eine Abzweigung im Wald, und nun trennen uns nur noch wenige Schritte vom Gipfelkreuz des Schafkopfes.

Nachdem wir die herrliche Aussicht genossen haben, steigen wir ab. Dazu wandern wir die wenigen Schritte bis zur letzten Abzweigung im Wald und folgen nun der Beschilderung Gießenbach. Im leichten Auf und Ab wandern wir auf dem Bergrücken in westlicher Richtung durch den Wald. Unser Pfad wird zu einer breiteren Forststraße und nach etwas mehr als einer halben Stunde erreichen wir eine beschilderte Abzweigung. Geradeaus geht es zum Brünstelkopf und nach links ist Farchant ausgeschildert, auch wenn das Schild nur von der anderen Seite zu lesen ist. Nun geht es ziemlich steil auf einem schmalen Pfad bergab. In vielen Zickzackkehren windet sich der Weg schlangengleich den steilen Hang hinunter. Noch einmal passieren wir eine ausgesetztere Stelle, die wir aber wegen der vielen Bäume nicht als so extrem empfinden. Wenn wir die kleine Quelle des Gießenbachs erreicht haben, sind wir wieder unter normalen Bedingungen unterwegs. Mehrfach queren wir breite Forstwege, Farchant ist immer gut ausgeschildert. Schließlich stoßen wir auf unseren Hinweg, und nun ist es nur noch eine halbe Stunde auf bekanntem Weg zurück ins Tal.

Achtung

Bitte den Weg nicht mit einer Schneedecke oder nach Regentagen begehen. Auch wenn die kritische Stelle nicht lang ist, ausrutschen darf hier niemand!

18 Über die Kuhfluchtwasserfälle auf dem Frickenweg

Aussichtskanzel über dem Loisachtal

Mittel	5 km	650 m	2.30 Std.

Tourencharakter
Eine leichte, schattige Bergtour. Bis zu den Wasserfällen ein breiter Wanderweg und bestens für Kinder geeignet; danach ein schmaler, steiler Bergpfad. Hin- und Rückweg sind gleich.

Ausgangs-/Endpunkt
Farchant, Wanderparkplatz im Ortsteil Mühldörfl am Freibad

GPS-Daten
47.523313, 11.117451

Anfahrt
Auto: A 95 von München Richtung Garmisch bis Autobahnende, vor dem Tunnel rechts nach Farchant; der Wanderparkplatz liegt links der Hauptstraße, durch die Mühldörflstraße und die Esterbergstraße der Beschilderung Freibad folgen.
Bus/Bahn: Bis Farchant an der Strecke München–Garmisch; vom Bahnhof ist es nur ein kurzer Weg zum Waldlehrpfad.

Einkehr
Unterwegs keine, im Anschluss gibt es den Alten Wirt in der Dorfmitte von Farchant oder das Eiscafé Bella.

Karte
Kompass Nr. 6, Walchensee/Wallgau 1:50 000

Information
www.farchant.de

Die Luft ist klar und frisch. Milliarden mikroskopisch kleiner Wassertröpfchen haben sich in ihr verteilt, und das können wir schmecken und riechen. Wild rauschen die Wasserfälle der Kuhflucht über Steinkaskaden abwärts. Einer der schönsten Wasserfälle des Werdenfelser Landes wartet auf uns.

Wir wandern vom Parkplatz auf dem Waldlehrpfad durch den lichten Föhrenwald – immer der Beschilderung zu den Kuhfluchtfällen nach. Die interessanten Infotafeln des Waldlehrpfades machen auch Erwachsenen Spaß und so erreichen wir auf unterhaltsame Art die untere Brücke der Kuhflucht. Wir bleiben auf unserer Uferseite und wandern auf dem Königsweg den Fluss entlang bergauf. Bald haben wir die obere Brücke an den Wasserfällen erreicht. Die Kuhfluchtfälle sind ein rauschendes Wasserspiel über drei Ebenen von beeindruckender Naturgewalt. Hier strömt und fällt das Wasser von mehreren Seiten nach unten, vereinigt sich und rauscht wild brausend hinab ins Tal. Die meisten Wanderer kehren hier wieder um. Wir aber überqueren die Brücke und steigen nun auf dem schmalen und steilen Pfad weiter hinauf. Mächtige, alte Föhren klammern sich an

Übler Gestank

Nach schweren Regenfällen, die Schutt und Geröll in den Kuhfluchtfällen mit sich reißen, liegt über der Klamm der Geruch von faulen Eiern. Er entweicht dem hier anstehenden Hauptdolomit. Dieser Kalk ist sehr brüchig, in seinen Schichten hat sich vor über 200 Millionen Jahren Faulschlamm gesammelt, der heute nur noch versteinert zutage tritt. Wenn das Gestein jedoch auseinanderbricht, werden schwefelhaltige Dämpfe freigesetzt, die den entsprechenden Geruch verbreiten.

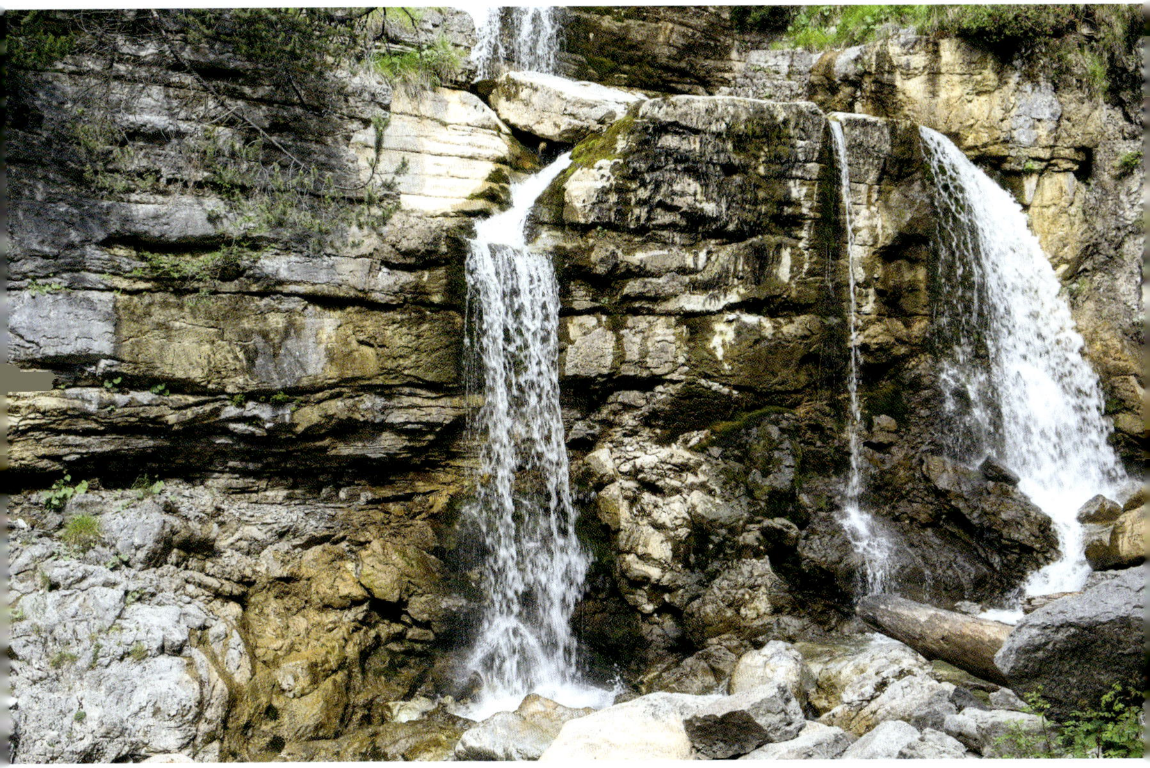

In Kaskaden stürzt das Wasser über die Terrassen der Kuhfluchtfälle nach unten.

den Berghang. Etwa 30 Gehminuten nach der Brücke erreichen wir die erste Aussichtsstelle, die rechts von unserem Weg liegt. Es ist ein paradiesischer Rastplatz unter einem Baum. Die Aussicht über das Loisachtal nach Süden über Partenkirchen und Garmisch bis hin zur Zugspitze ist in den späten Nachmittagsstunden besonders schön. Dann wird das Licht ganz warm und zeichnet plastisch die Konturen der Berge nach. Unter uns liegt Farchant, gegenüber stehen der Kramer und die Berge des Loisachtales. Nur Kinder müssen hier etwas aufpassen. Dies ist kein Platz zum Rumtoben, denn der Hang fällt an drei Seiten extrem steil ab. Wer noch mehr schöne Aussichtspunkte erleben möchte, steigt für eine weitere halbe Stunde bergan. Hier öffnet sich der Blick auch in das nördliche Loisachtal. Der Rückweg erfolgt auf dem Hinweg. Mit Staunen stellen wir fest, wie sich die Kuhfluchtfälle nur zwei Stunden später im Wandel des Lichts verändert haben.

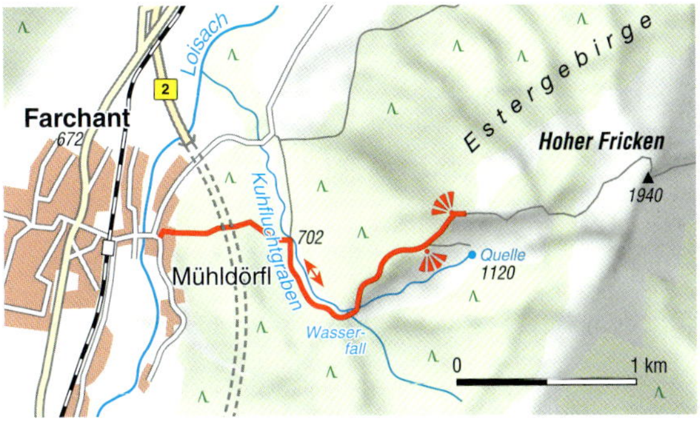

19 Über den Kramerplateauweg zum Pflegersee

Exkurs in bayerische Wirtschaften

Leicht	10 km	250 m	2.30 Std.

Tourencharakter
Sehr leichte Höhenwanderung auf gut ausgebauten Wegen und Bergstraßen. Die Tour ist optimal für Kinder – wenn man die Martinshütte auslässt, ist der Weg sogar mit einem Kinderwagen befahrbar.

Ausgangs-/Endpunkt
Parkplatz am Gasthaus Almhütte bei Garmisch

GPS-Daten
47.492752, 11.061806

Anfahrt
Auto: Auf der A 95 zum Autobahnende. Weiter auf der B 2, nach dem Tunnel rechts Richtung Garmisch/Grainau/Fernpass. Achtung im Bereich Garmisch Zentrum: vor der Loisachbrücke rechts zum Sportplatz, hier rechts den Schildern »Almhütte/Maximilianshöhe« folgen.
Bus/Bahn: Zugverbindung München–Garmisch, die Almhütte liegt westlich des Bahnhofs, ca. 2 km Anmarsch.

Karte
Kompass Nr. 7, Werdenfelser Land 1:35 000

Information
www.gapa.de

Zugegeben – dieser Rundweg fällt ein bisschen aus dem Rahmen und kann sich nicht wirklich Bergtour nennen. Aber den Sinn erfüllt die Wanderung voll und ganz: Wir wandern mit traumhafter Aussicht auf das Tal, die Stadt Garmisch und die umliegenden Berge. Berggefühl ist also sicher dabei.

Wenn Sie Freude an bayerischer Küche haben, dann wird der Weg mit seinen drei Wirtschaften eine wahre Schmankerlreise: in die St. Martinshütte zum Frühschoppen, am Pflegersee zu Mittag essen und zum Kaffee dann in die Almhütte. Ein bayerisch-kulinarischer Wirtschafts-Wanderweg.

Gegenüber dem Gasthaus Almhütte beginnt das Kramer-Wandergebiet. An der kleinen Kneippanlage zeigt uns ein großer geschnitzter Holzwegweiser den Weg nach rechts an. Die ersten Kilometer wandern wir über den Kramerplateauweg am Waldlehrpfad entlang. Etwas oberhalb der Kriegergedächtniskapelle biegen wir links auf die breite Almstraße in Richtung St. Martinshütte ab. Ein paar Serpentinen bringen uns höher. Wer keine Lust zur Rast in der St. Martinshütte hat, biegt etwas unterhalb davon rechts auf den Kellerleitensteig ab. Die St. Martinshütte ist von hier nur 15 Min. entfernt. Der kleine Berggasthof lohnt aber nicht nur wegen seiner Küche. Durch die exponierte Lage steil am Hang über dem Loisachkessel hat man den schönsten Blick auf Garmisch. Gekrönt wir das Ganze dann durch das mächtige Felsmassiv des Wettersteins. Wolken formieren sich bedrohlich um die Gipfel der Alpspitze, des Waxensteins und der

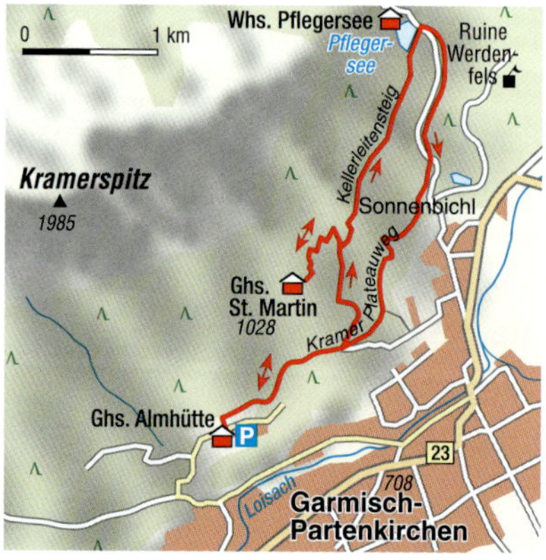

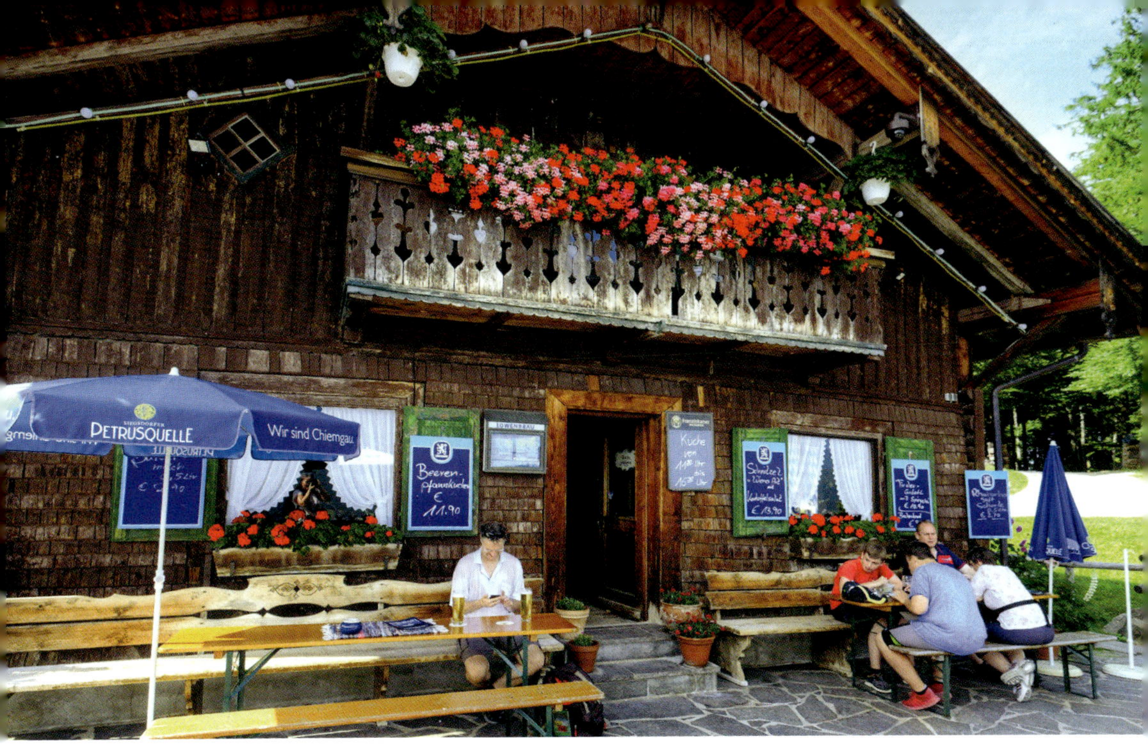

Zugspitze. Einem dramatischen Schauspiel gleich können wir diese Szene stundenlang von der sonnigen Terrasse der Hütte aus beobachten. Weiter geht es zunächst von der St. Martinshütte zurück auf dem bekannten Weg zur Abzweigung, von der wir in den Kellerleitensteig einbiegen. 30 Min. später kommen wir über eine Brücke zur nächsten Wirtschaft, dem Bergasthaus Pflegersee. Die Terrasse schwebt fast über dem See, in dem sich ein paar Karpfen dick und feist gefressen haben. An Sommertagen, wenn auch noch Badegäste das Strandbad bevölkern, ist hier viel los.

Die Aussicht von der St. Martinshütte ist eine der schönsten über das Garmischer Becken. Lassen Sie sich überraschen!

Für den Rückweg gehen wir zunächst auf dem Gehweg links neben der Teerstraße talwärts, bis uns die Schilder auf den Kramerplateauweg leiten. Nun geht es gemütlich, eben und mit schöner Sicht immer südlich zurück bis zum Gasthaus Almhütte.

Auf dem Rückweg kann man noch einen kurzen Abstecher in die Geschichte des Werdenfelser Landes machen: Wir besuchen die Ruine Werdenfels, die nur 15 Gehminuten von der Straße zum Pflegersee entfernt ist.

Einkehr

St. Martinshütte am Grasberg: Von hier hat man die schönste Aussicht auf Garmisch. Berggasthaus Pflegersee am gleichnamigen See. Außerdem viele »Brotzeitbankerl« und Picknicktische entlang des Weges. Gasthaus Almhütte oder auch »Windbeutelhütte« genannt: Lassen Sie sich von diesen überirdischen riesigen Kreationen am Rückweg überraschen.

20 Am Wank

Bergtour bergab

Mittel | 12 km | ↓1000 m | 4 Std.

Tourencharakter
Trotz der Aufstiegshilfe durch die Gondel ist die Tour konditionell anspruchsvoll. Technisch ist die Tour einfach, festes Schuhwerk aber ein Muss. Der Großteil der Strecke geht bergab. Es ist sinnvoll, Stöcke mitzunehmen.

Ausgangs-/Endpunkt
Talstation der Wankbahn in Garmisch-Partenkirchen

GPS-Daten
47.504119, 11.106410

Anfahrt
Auto: Auf der A 95 von München Richtung Garmisch bis zum Autobahnende, dann durch den Tunnel Richtung Garmisch/Mittenwald. Am Ortseingang von Garmisch ist links die Wankbahn ausgeschildert.
Bus/Bahn: Zugverbindung München–Garmisch, vom Bahnhof ist es ca. 1 km Fußweg zur Bahn.

Karte
Kompass Nr. 7, Werdenfelser Land 1:35 000

Information
www.gapa.de

Es muss ja nicht immer schweißtreibend und anstrengend sein, um eine nachmittagfüllende Bergtour zu erleben. Da wir uns den Aufstieg mit der Bahn erleichtern, geht es fast nur bergab. Dabei umrunden wir den Wank auf seiner südlichen Flanke. Die Aussichten sind einmalig und auch die Einkehrmöglichkeiten kommen nicht zu kurz.

Gleich zu Beginn schweben wir mit der Wankbahn 1000 Höhenmeter bis zum Gipfel hinauf. Die Aussicht ist einmalig: Die Zugspitze mit dem Wetterstein und das Karwendel sind zum Greifen nahe, außerdem ist das Wankhaus mit großer Sonnenterrasse in drei Minuten erreichbar. Rund um die Bergstation ist meist ziemlich viel los, schon ein paar Schritte weiter wird es viel ruhiger. Stundenlang könnte man am Startplatz den Gleitschirmfliegern zusehen, wie sie sich in die Lüfte heben. An manchen Tagen ist der Himmel ganz bunt. Leider drängt die Zeit, denn auch wenn es auf der Tour fast nur bergab geht, müssen wir für den Abstieg doch ein strammes Wanderpensum absolvieren. An der Bergstation der Bahn wählen wir den Wanderweg »W4 Esterberg/Gschwandtnerbauer« rechts Richtung Skilifte. Wir passieren den Startplatz der Gleitschirmflieger und wandern an der Südflanke des Wanks entlang. Am Weg liegen einige überdachte Picknickplätze und bald schon sehen wir vor uns im Tal den Wagenbruchsee bei Krün. Nun geht es bergab (Schild »Esterbergalm«). Rasch tauchen wir in die Latschen ein, die aber immer wieder schöne Ausblicke freigeben. In dieser Höhe

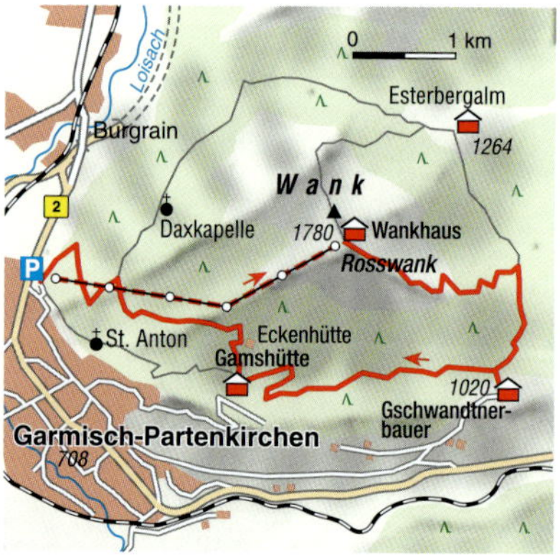

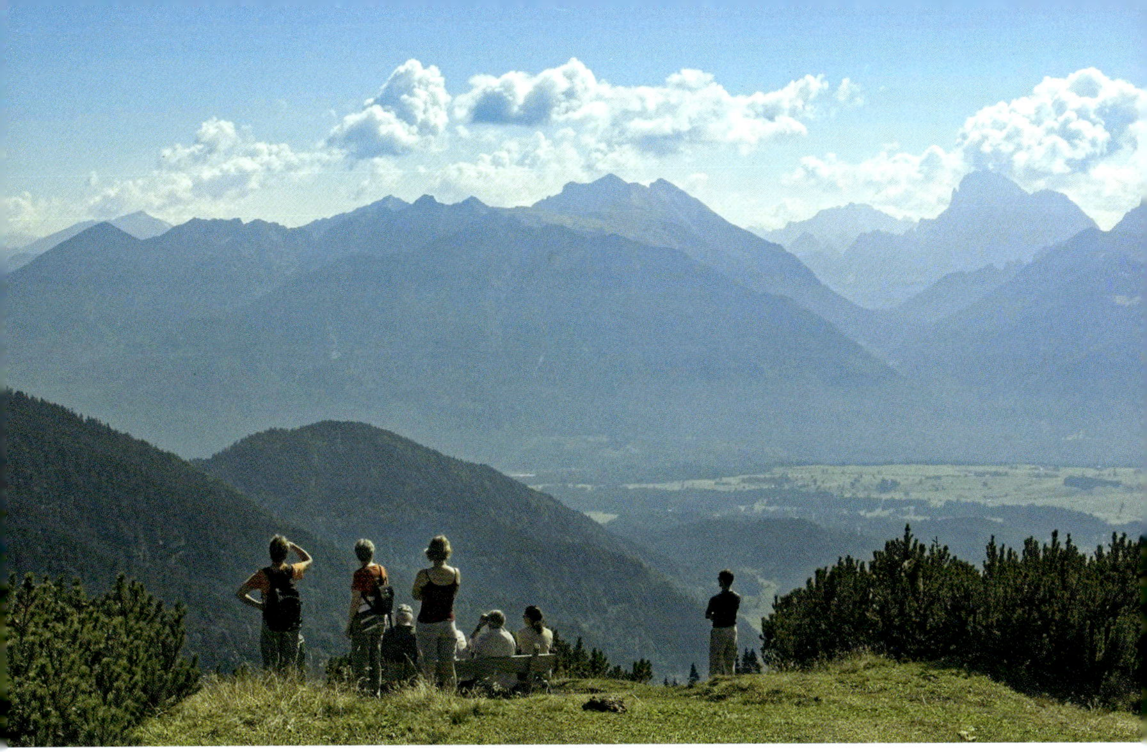

Am Gipfel heißt es: staunen und genießen!

schaffen es Bäume kaum, hoch aufzuwachsen. Schnell haben wir jedoch die Baumgrenze erreicht und wandern im lichten Mischwald. An der Wegkreuzung wenden wir uns rechts und folgen dem Schild »Gschwandtnerbauer«. Auf dem schmalen Pfad geht es im Zickzack den Berg hinunter. Wir erreichen die Abzweigung zum Gschwandtnerbauer. Wer Lust auf eine Brotzeit hat, geht in fünf Minuten zum Gasthaus und kommt anschließend hierher zurück. Ansonsten wandern wir an dieser Stelle rechts weiter (Schild »Tannenhütte«). Jetzt steigt der Weg an. Zum Glück gibt es viel Schatten und wir haben es bald geschafft. Es geht flach über eine kleine Hochebene. Neben dem Weg findet man viele große Ameisenhaufen und der feuchte Boden verschafft seltenen Pflanzen einen eigenen Lebensraum. Schließlich erreichen wir den Waldrand und endlich ist die Sicht auf die Berge wieder frei. Entlang einer großen abgeholzten Fläche mit zahlreichen Baumstümpfen wandern wir mit Blick auf die Zugspitze, Alpspitze und den markanten Waxenstein weiter. An der breiten Forststraße halten wir uns nun rechts

Einkehr

Unterwegs hat man die Qual der Wahl: Der Gschwandtnerbauer liegt romantisch inmitten grüner Wiesen, man sitzt neben einer Kapelle und blickt auf die Zugspitze. Die moderne Tannenhütte ist ebenfalls eine Rast wert. Eine mitgebrachte Brotzeit ist auch nicht zu verachten, denn das Gipfelplateau des Wanks bietet Freiluftsitzplätze mit unbezahlbarer Aussicht.

und erreichen wenige Minuten später die Tannenhütte. Hier ist einer der besten Plätze, um noch einmal Rast zu machen. Von der Terrasse schauen wir weit über das Garmischer Becken auf das Wettersteingebirge mit Zugspitze und Alpspitze. Die Speisekarte erfreut nicht nur deftige Gaumen, der frische Kaiserschmarren, auf Wunsch mit Rosinen und Mandeln, lässt die Tannenhütte in den Himmel der bayerischen Mehlspeisen aufsteigen.

Der Abstieg zur Talstation der Wankbahn ist von hier gut ausgeschildert. Dafür müssen wir aber noch einmal etwa 45 Minuten einrechnen. Der Abstieg beginnt hinter der Tannenhütte und führt über Stufen steil bergab in den Wald. Nach den ersten paar Höhenmetern passieren wir in einer Linkskurve einen kleinen Bergrutsch. Eine

Garmisch und Partenkirchen

Beim Blick vom Wank auf die Stadt Garmisch-Partenkirchen kann man anhand der Straßenführung, der beiden Kirchen und der Verteilung der Häuser deutlich die einst unabhängigen Gemeinden erkennen. Garmisch und Partenkirchen wurden 1936 kurz vor den Olympischen Spielen gegen den Willen der Bewohner zwangsvereint.

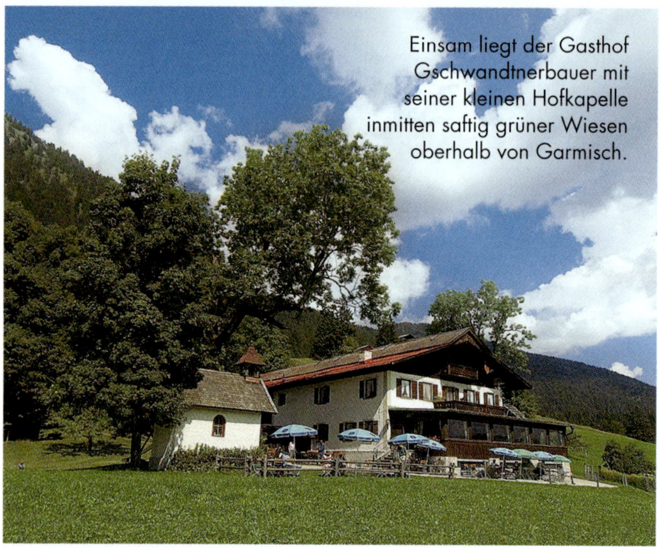

Einsam liegt der Gasthof Gschwandtnerbauer mit seiner kleinen Hofkapelle inmitten saftig grüner Wiesen oberhalb von Garmisch.

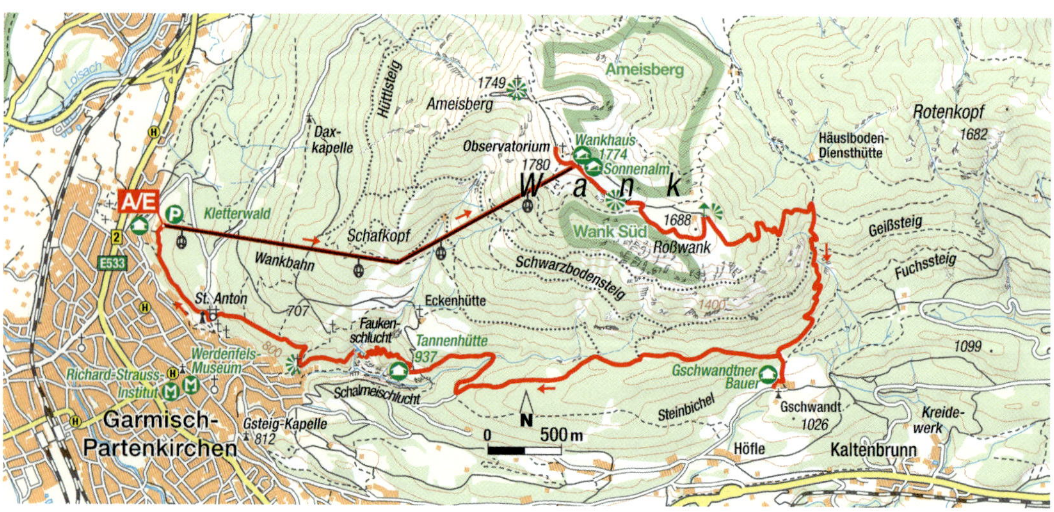

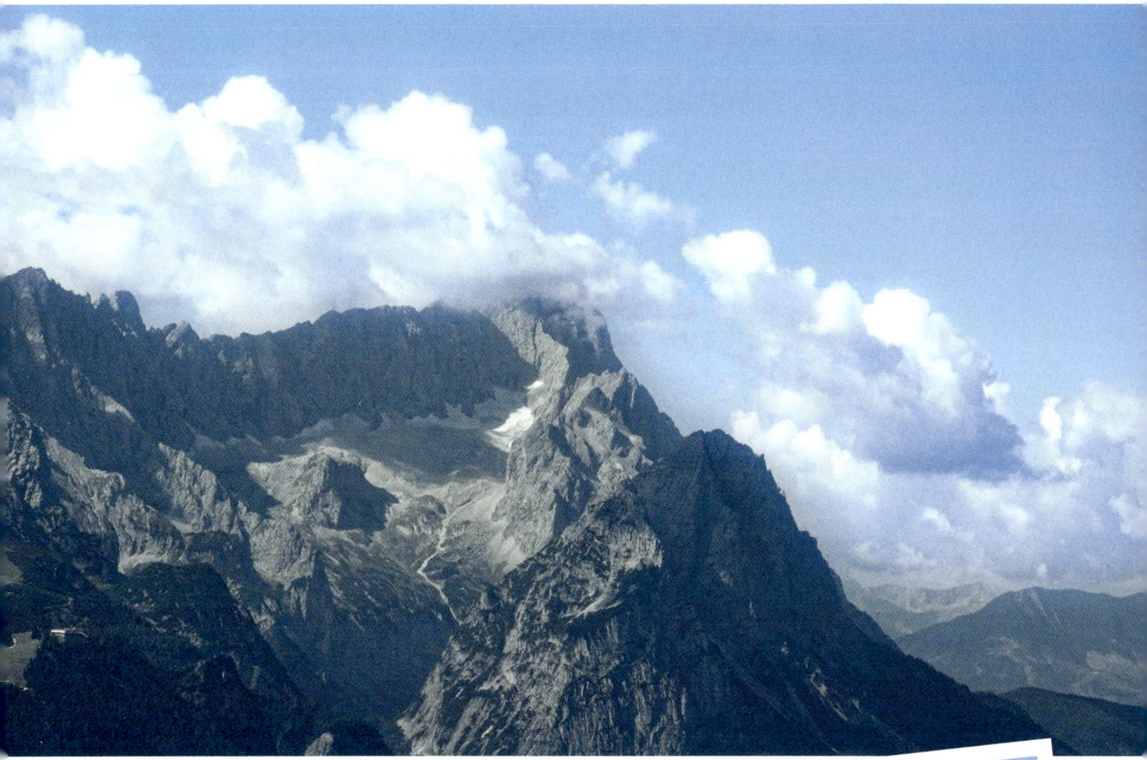

Brücke bringt uns dabei über den Bach. So erreichen wir die große Wiese mit dem Josefikreuz. Hier teilt sich der Weg. Alle, die mit öffentlichen Verkehrsmitteln angereist sind, steigen hier direkt hinab und erreichen so die ersten Häuser von Partenkirchen. Alle anderen bleiben auf halber Höhe am Hang und folgen der Beschilderung zur Wankbahn-Talstation nun über den Philosophenweg. Wer noch etwas Kultur in seine Nachmittagsrunde packen möchte, besucht die kleine Wallfahrtskirche St. Anton, die direkt am Weg liegt. Ihr Inneres ist ausgeschmückt mit dem einzigen erhalten gebliebenen Freskenzyklus des jungen Künstlergenies Johann Baptist Holzer. Das Besondere an den Bildern sind die detailgetreuen Porträts. Sie zeigen Werdenfelser Bürger und Bauern in ihren Trachten. Weiter dem Weg folgend, kommen wir dann ebenfalls zur Talstation der Wankbahn zurück.

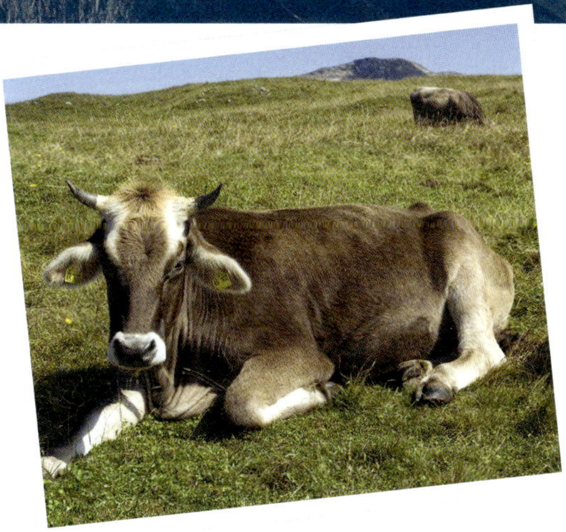

Untypisch für Oberbayern, aber trotzdem wunderschön: Ein Allgäuer Grauvieh rastet am Wank.

Ganz oben: Die Zugspitze scheint zum Greifen nah.

21 Der Philosophenweg zur Tannenhütte

Aussichtstour über Garmisch

Leicht | 6,5 km | 380 m | 3 Std.

Tourencharakter
Eine leichte Wanderung auf Wanderwegen und breiten Almsträßchen. Für die Hängebrücke sollte man schwindelfrei sein. Sie ist jedoch kurz und lässt sich im Notfall umgehen.

Ausgangs-/Endpunkt
Wankbahn in Garmisch-Partenkirchen, Ortsteil Partenkirchen

GPS-Daten
47.504288, 11.106947

Anfahrt
Auto: Auf der A 95 von München Richtung Garmisch zum Autobahnende, dann durch den Tunnel Richtung Garmisch/Mittenwald, am Ortseingang von Garmisch-Partenkirchen ist links die Wankbahn ausgeschildert. Dort gibt es gebührenpflichtige Parkplätze. **Bus/Bahn:** Mit der Bahn bis Garmisch, weiter mit dem Bus nach Partenkirchen bis Haltestelle Wankbahn

Einkehr
Tannenhütte, Dienstag, Donnerstag, Freitag, Samstag, Sonntag von 10–18 Uhr und Mittwoch von 10–21 Uhr (Hüttenabend), Mo Ruhetag

Karte
Kompass Nr. 182 Isarwinkel, 1:50 000

Information
www.gapa.de

Diese Wanderung ist auch ohne Gipfelhöhepunkt äußerst abwechslungsreich. Kunstinteressierte werden von der barocken Wallfahrtskirche begeistert sein, Wanderer vom Panorama und Bergsteiger mit Einkehrambitionen von der wunderschönen stylischen Tannenhütte.

Wir starten unsere Wanderung am großen Parkplatz der Wank-Seilbahn. An seinem südöstlichen Ende beginnt der Philosophenweg, der auf halber Höhe des Hangs mit wunderbaren Aussichten über das Garmischer Becken entlangführt. Wir folgen diesem Wanderweg und halten uns an die Beschilderung Richtung Wallfahrtskirche St. Anton, die wir bald darauf erreichen. Dieses wunderbare barocke Kleinod ist einen Stopp wert – und die zahlreichen Votivtafeln, die man sogar an den Außenwänden der Kirche findet, zeigen, wie sehr heute noch der heilige

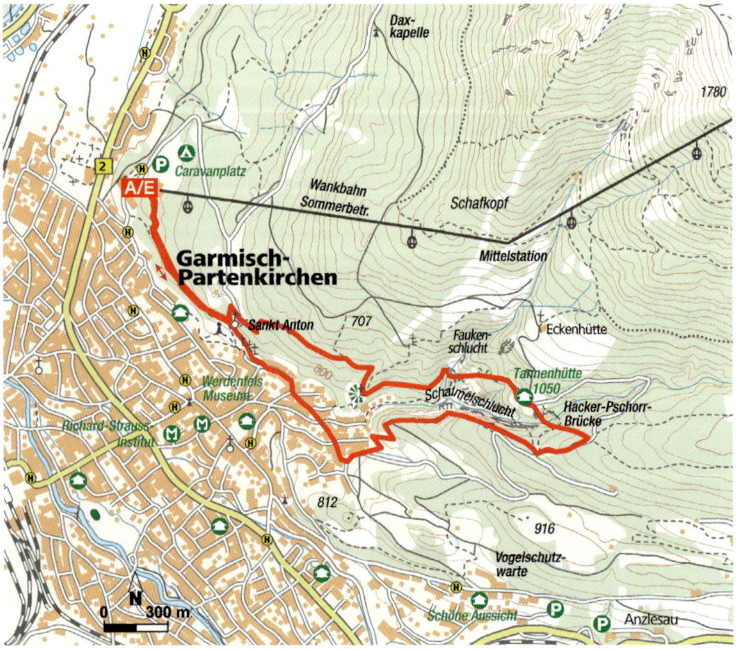

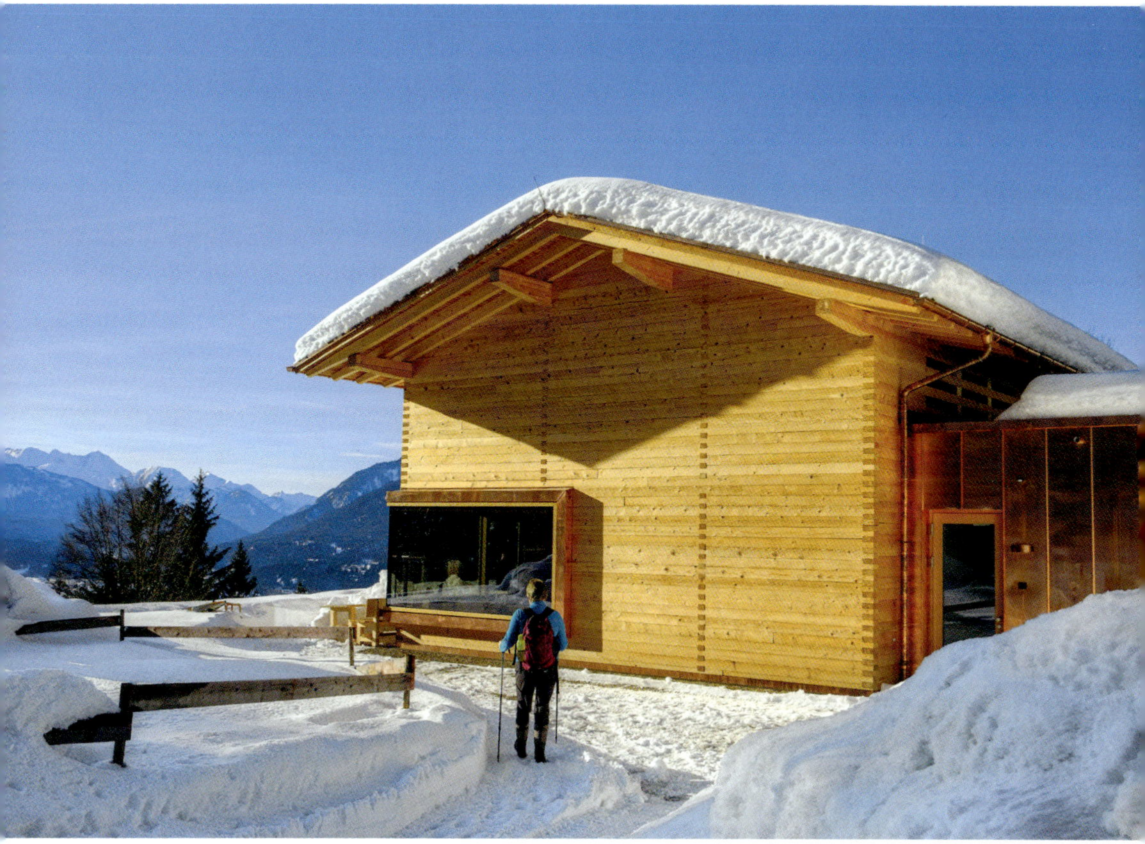

Die Tannenhütte ist das Ziel unserer Wanderung.

Antonius von Padua von den Bürgern Partenkirchens verehrt wird. Die vom Südtiroler Freskant Joh. Ev. Holzer gemalte Kuppel sollte man länger betrachten, auch wenn man dabei fast Genickstarre bekommt. Das Hauptthema »Not leidende Menschen bitten die himmlischen Mächte und vor allem den hl. Antonius um Hilfe« findet man in vielen Wallfahrtskirchen. Doch wie der Künstler das Motiv gemalt hat, ist einzigartig, ob es die berühmte Putte ist, deren Hinterteil aus der Wolke schaut, oder die vielen hübschen Trachten, die gleichzeitig Zeitzeugen der damaligen Kultur sind. Der Maler selbst müht sich am Bildrand mit einem riesigen Kissen ab, während sich seine Frau dahinter mit errötenden Backen, wohl in Anspielung auf die Hochzeitsnacht des jung verheirateten Paares, mehr oder weniger versteckt.
Nach diesem kulturellen Zwischenspiel steigen wir die Straße vor der Kapelle etwas aufwärts und biegen dann hinter dem Häuschen an der Kapelle rechts in den Wanderweg ein, der nun bereits zur Tannenhütte über den Josefsbichl beschildert ist. Wie-

der geht es durch den lichten Bergwald; die hohen Kiefern lassen viel Sonnenschein hindurch. Der Wanderweg verläuft nun im steten Auf und Ab, dann passieren wir die freie, aussichtsreiche Wiese am Josefsbichl mit dem aufgestellten Wegkreuz.

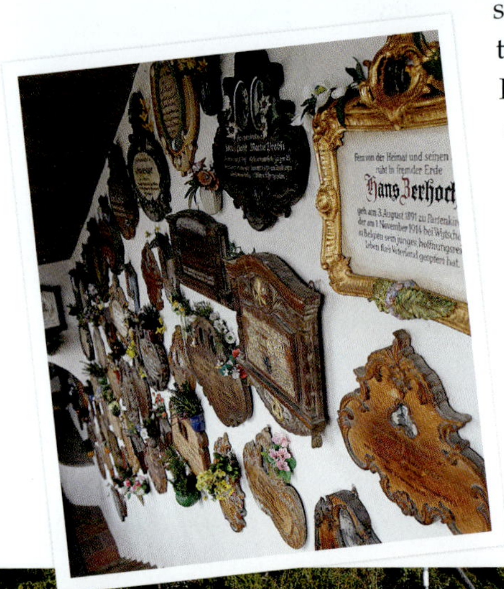

Hier halten wir uns nun links und folgen der Beschilderung zur Tannenhütte. Zunächst kommen wir zum Wasserfall, der hier ziemlich wild aus der engen Schlucht schießt. Der Wegverlauf ändert sich besonders nach Hochwasser oft, denn das lockere Gestein wird einfach mitgerissen, und es kommt an dieser Bergflanke zu Murenabgängen. Dahinter steigt der Weg noch einmal spürbar an, viele Stufen führen hinauf. Dann treten wir an der Hangkante aus dem Wald und erreichen mit wenigen Schritten den hellen, modernen Holzbau der Tannenhütte.

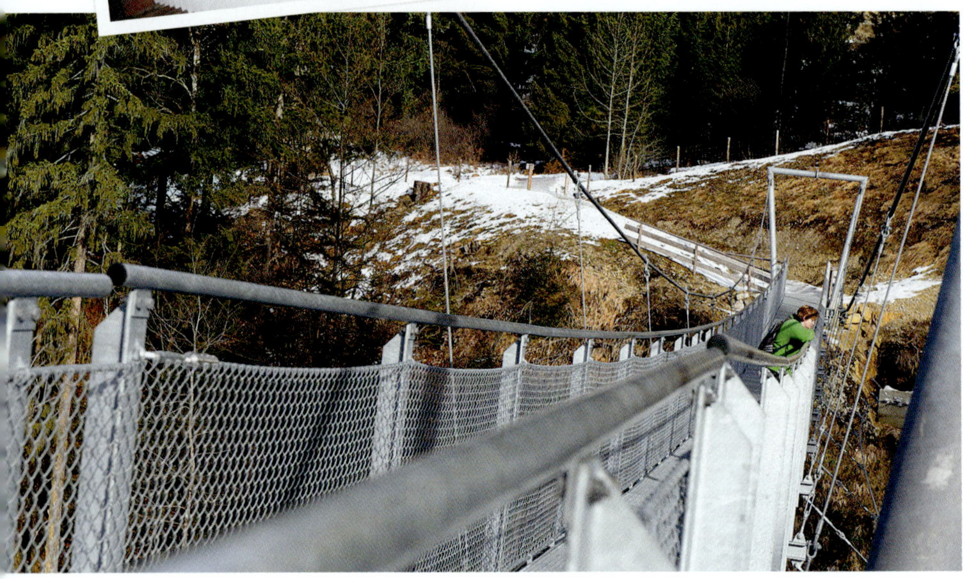

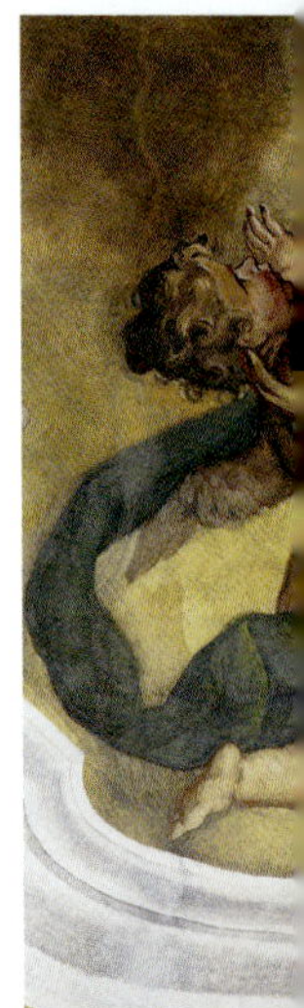

Die Hacker-Pschorr-Brücke über dem Schalmei-Graben

Ganz oben: Gedenktafeln zieren den Aufgang zur Wallfahrtskirche.

Sie wurde nach einem Brand anstelle der alten Gamshütte neu erbaut. Ein – in unseren Augen – sehr gelungenes Beispiel moderner Architektur in den Bergen. Das ganze Haus scheint nur aus Glas und Tannenholz zu bestehen. Puristisch und doch sehr gemütlich. Sogar die Toiletten im ersten Stock überzeugen, und das vor allem wegen ihrer Aussicht! Links blicken wir auf die Zugspitze, geradeaus vor uns liegt Garmisch, und dahinter erhebt sich ein auffälliger Berg – der Daniel bei Ehrwald in Tirol. Zu unserem Glück scheint bis zum Spätnachmittag die Sonne auf die nach Südwesten hin ausgerichteten Tische der Hütte. Wenn es irgendwann wieder Zeit für unseren Heimweg wird, gehen wir, um unseren Rundweg zu vollenden, an der Gamshütte vorbei und folgen für wenige Meter der Zufahrtsstraße. Dann biegen wir rechts ab und wandern abwärts zu der 2011 erbauten, spannenden Hängebrücke. Auf der Brücke überquert man den tiefen Schalmei-Graben, und wer anfällig für Höhenschwindel ist, wird vielleicht mit den leichten Schwankungen zu kämpfen haben – im Härtefall kann man auch einen Umweg über die Zufahrtsstraße gehen oder sich einfach mit geschlossenen Augen über die Brücke führen lassen. Auf der anderen Seite folgen wir dann der Beschilderung Richtung Partenkirchen. Der Weg führt zunächst an der Hangkante der Schalmei-Schlucht entlang und über einige Wegwindungen hinunter nach Partenkirchen. Wir erreichen den Ort in der Hasentalstraße, und ab dort ist der Rückweg zur Wankbahn-Talstation vorbildlich ausgeschildert. Es macht Spaß, zwischen den ehemaligen Bauernhäusern von Partenkirchen hindurchzuwandern. Partenkirchen wirkt einfach so ganz anders als das mondänere und städtischere Garmisch. Bald steigen wir, der Beschilderung zur Wankbahn folgend, wieder zur Antoniuskapelle hinauf. Dort treffen wir auf den bekannten Hinweg, auf dem wir nun in entgegengesetzter Richtung zur Wankbahn zurückspazieren.

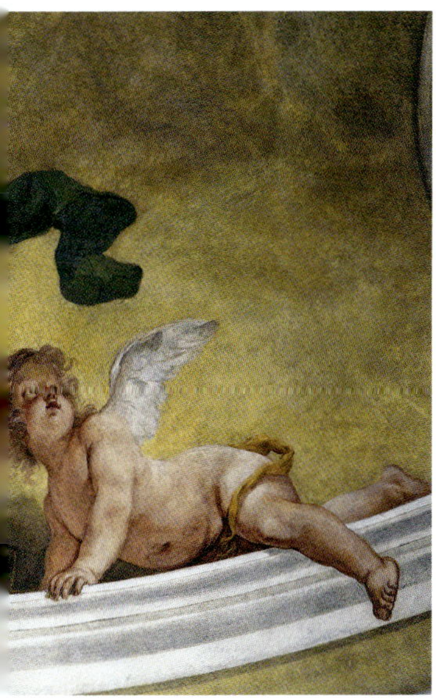

Links: Viele Putten tummeln sich auf dem Deckenfresko in der Antoniuskirche.

Die Antoniuskirche

1703 trafen Bayern und Tiroler bei Oberau im Spanischen Erbfolgekrieg bei Oberau aufeinander. Die Bayern wurden geschlagen, blieben aber von Brandschatzung und Mord verschont. Man schrieb das dem hl. Antonius von Padua zu, dem schon eine Kapelle unter dem Wank geweiht worden war. Zum Dank ersetzte man sie durch eine größere Kirche.

22 Über den Rießerseer Höhenweg

Almenrunde mit Blick zum Kramer

leicht | 10 km | 400 m | 3.30 Std.

Tourencharakter
Eine leichte Wanderung auf Wanderwegen und Pfaden, im Tal dann längerer Rückweg, der sich aber abkürzen lässt. Im Frühsommer, wenn die Almwiesen blühen, eine wunderbare Runde

Ausgangs-/Endpunkt
Olympia-Eissport-Zentrum in Garmisch-Partenkirchen

GPS-Daten
47.488542, 11.094053

Anfahrt
Auto: Auf der A 95 von München Richtung Garmisch zum Autobahnende, durch den Tunnel in Richtung Garmisch/Mittenwald, zunächst der Beschilderung Richtung Bahnhof folgen, dann den Schildern Alpspitzbad/Eissport-Zentrum und bald links in die Olympiastraße. Dort viele Parkmöglichkeiten.
Bus/Bahn: Mit dem Zug nach Garmisch, zusätzlich 10 Min. Fußweg; die Gleise queren und die nächste Straße links ist die Olympiastraße, die zum Eisstadion führt.

Karte
Kompass Nr. 25 Zugspitze, 1:50 000

Information
www.gapa.de

Die Kochelbergalm und der Rießersee sind beliebte Ausflugsziele oberhalb von Garmisch. Sie sind mit einem herrlich ruhigen und aussichtsreichen Höhenweg verbunden, auf dem wir sogar die Reste der historischen Bobbahn besichtigen können.

Vom Parkplatz vor dem Eissport-Zentrum folgen wir zunächst der kleinen Straße, die am Alpspitz-Wellenbad vorbei, entlang eines Baches, Richtung Süden auf den Hausberg zuführt. Kurz darauf queren wir die Gleise der Zugspitzbahn geradeaus. An den nächsten Häusern gabelt sich die Straße, wir halten uns links und passieren so wenig später, nun schon auf leicht ansteigendem Weg, den Pferdereitstall Bichlerhof. 100 Meter danach halten wir uns rechts, die Kochelbergalm ist bereits ausgeschildert. Auf der weiter leicht ansteigenden Almstraße erreichen wir

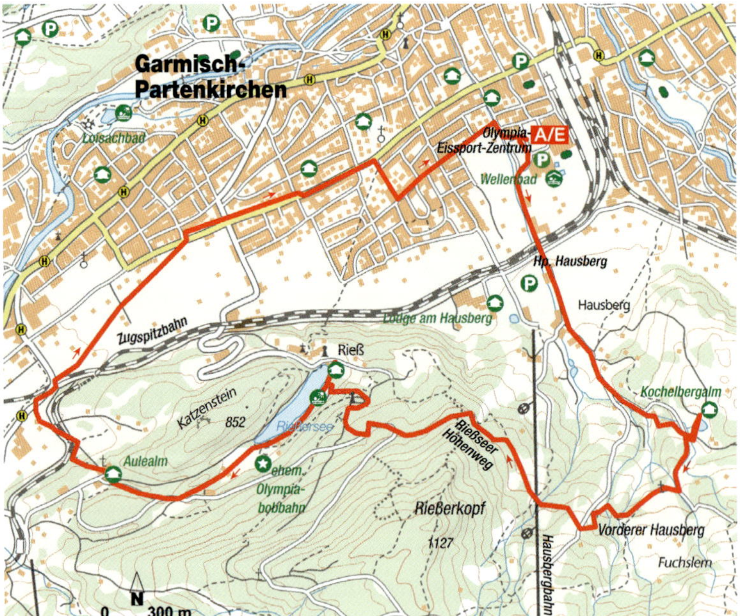

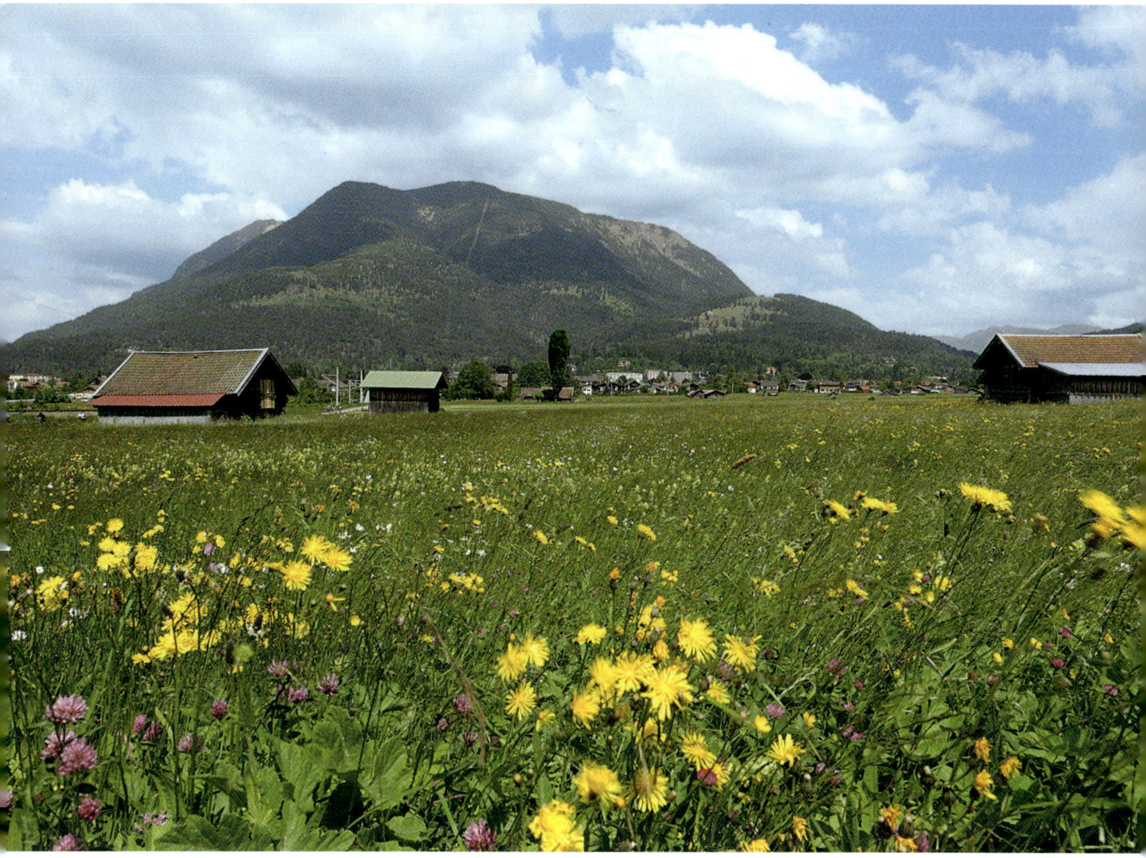

Über die Wiesen bei Garmisch haben wir freien Blick auf den Wank.

ein kleines Bächlein. Unmittelbar daneben können wir auf den schmalen, nun mit einigen Treppenstufen steiler ansteigenden Wanderweg ausweichen. Etwas weiter oben trifft dieser wieder mit der Almstraße zusammen und wir folgen ihr bis zur nächsten Wegekreuzung. Nach links gelangen wir in wenigen Minuten zur Kochelbergalm, die sehr idyllisch hinter einem großen Fischteich liegt. Zum Einkehren ist es fast zu früh, deshalb wenden wir uns an der Kreuzung nach rechts und wandern auf dem breiten Rießerseer Höhenweg.

Der Beschilderung folgend, biegen wir kurz danach erneut nach rechts ab und wandern nun schon mit bester Aussicht auf Garmisch über die Skipisten der Alpspitzbahn. Dann wird unser Wanderweg deutlich schmäler und führt im Zickzack durch ein kleines Wäldchen. Unmittel-

Einkehr

Kochelbergalm (Di und Fr Ruhetag), Rießersee Hotel, Aule Alm (Mi und Do Ruhetag), alle sind eher richtige Gasthäuser als echte Almen.

bar dahinter queren wir erneut eine Almstraße geradeaus in den Wiesenweg, um auf einem viel spannenderen Wanderweg zur Schnitzschulhütte zu gelangen. Hier halten wir uns links stets weiter auf dem Rießerseer Höhenweg, der nun im leichten Auf

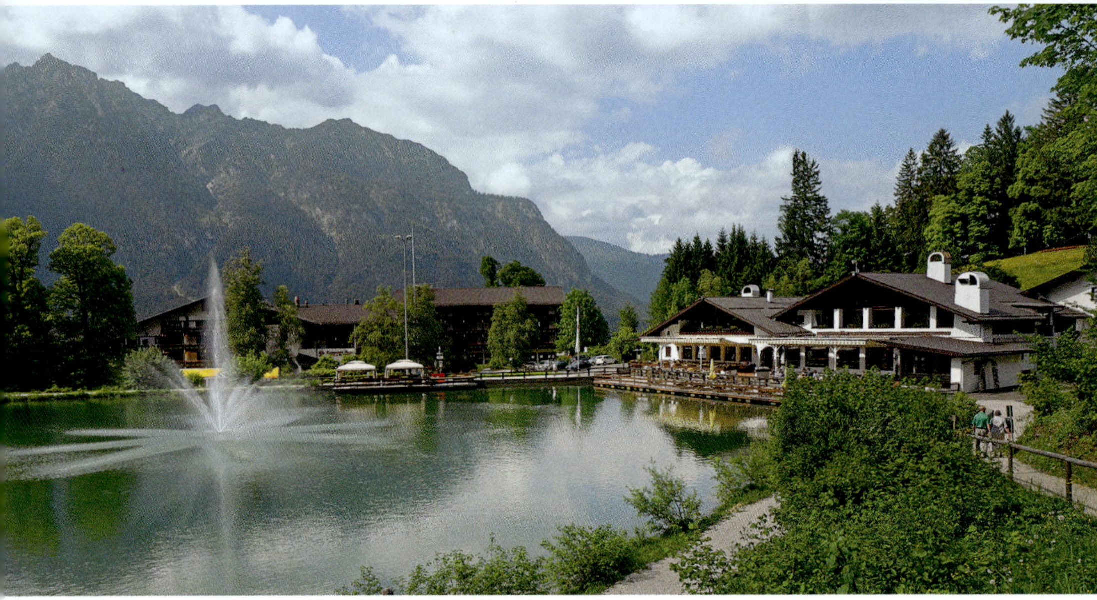

Am Rießersee liegt das gleichnamige Hotel mit einem Café und einem Restaurant.

und Ab den Berghang entlangführt. So umrunden wir die Bergflanken. Schließlich wird der Weg wieder zu einem breiteren Forstweg. Diesem folgen wir ein Stück und biegen dann rechts in den Waldweg ein, der uns zur historischen Olympia-Bobbahn bringt.

Eigentlich können wir auch auf dem kleinen Fußweg direkt der Bobbahn folgen, aber dann würden wir am ehemaligen Zielhang auf das Südwestufer des Rießersees treffen und so die Einkehrmöglichkeit und den Spaziergang entlang des Sees verpassen.

Wer dies nicht missen möchte, folgt der daneben verlaufenden breiteren Forststraße abwärts. So treffen wir nach wenigen Minuten am Strandbad des Rießersees auf den Uferweg. Nach rechts gelingt uns ein Einkehrschwung auf die sonnenverwöhnte Terrasse des großen Cafés Rießersee, das zum gleichnamigen Hotelresort gehört. Wir ergötzen uns bei Kaffee und Kuchen

Unser Badetipp

Im Sommer unbedingt Badesachen nicht vergessen! Der Rießersee eignet sich hervorragend zum Schwimmen.

am Blick über den See zur Zugspitze und dem vorgelagerten Waxenstein. Nach der verdienten Pause gilt es zu entscheiden, ob man noch bis zur Aule Alm weiterwandern oder lieber gleich über den Rießerseer Fußweg, der hinter dem Hotel beginnt, absteigen möchte. So wäre die Tour um eine Stunde kürzer; man versäumte jedoch den schönen Talweg über die weiten Almwiesen.

Wer also noch Energie hat, wandert auf dem Uferweg. Wir empfehlen aufgrund der schöneren Sicht das südliche Ufer, das am Zielhang der Bobstrecke vorbeiführt. Am Seeende bleiben wir in Wanderrichtung. Über die Wiesen passieren wir so die Gebäude mit dem ehemaligen Bob-Aufzug und halten uns danach rechts zur Aule Alm. Auch diese hat mit einer eigentlichen Alm gar nichts gemein, aber die Aussicht von der Terrasse ist sicherlich nicht verkehrt.

Gleich hinter der Alm führt unser Wanderweg nach rechts in den Wald, den wir gleich wieder verlassen. Mit schönster Sicht auf Waxensteine und Zugspitze queren wir die Gleise der Zugspitzbahn und wandern die letzten Meter hinunter ins Tal. Dort treffen wir auf eine Autostraße, der wir nach rechts bis zur Bahnschranke folgen. Hier beginnt, links der Gleise, der Hammersbacher Fußweg, der uns quer über die Felder mit Blick auf den Wank nach Garmisch zurückführt. Nun folgen wir der langen St.-Martin-Straße in Richtung Ortsmitte. Mit einem Schwenk nach rechts über die Windschäufelnstraße und nach links in die Riffelstraße erreichen wir stur geradeaus wieder unseren Ausgangsort, das Eissport-Zentrum von Garmisch.

Die historische Bobbahn

Die Bobbahn am Rießersee stammt aus dem Jahr 1909 und hat die Olympischen Spiele 1936 sowie zahlreiche Weltmeisterschaften gesehen, bis sie 1966 geschlossen werden musste. Nach über 40 Jahren wurde sie unter Denkmalschutz gestellt und wieder freigelegt. Im Februar 2013 fand nach 47 Jahren Stillstand wieder ein Rennen auf der Bobbahn statt.

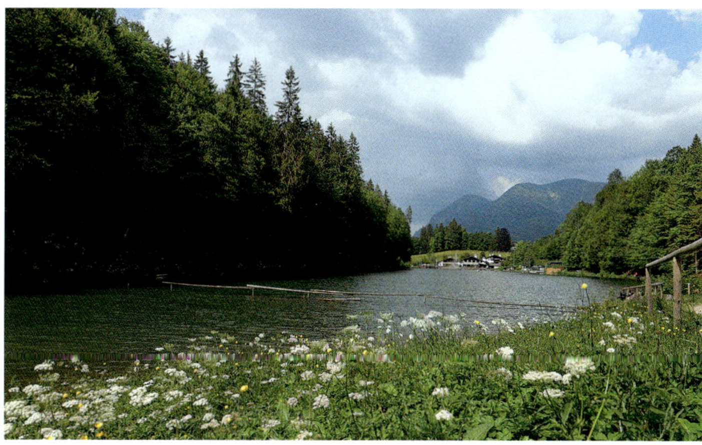

Im Rießersee können wir auch baden.

23 Über Wamberg durch die Partnachklamm

Zum höchsten Dorf Deutschlands

Mittel	11,5 km	500 m	3.30 Std.

Tourencharakter
Die Wege sind solide ausgebaut und sicher. Ein bisschen Kultur ist auch dabei, passieren wir doch das höchste ganzjährig bewohnte Dorf Deutschlands. Für die Klamm sollte man eine wärmende Jacke mitbringen. Sie ist das ganze Jahr begehbar, nur zur Frühjahrsschmelze kann sie wegen Hochwassers gesperrt sein.

Ausgangs-/Endpunkt
Olympisches Skistadion Garmisch-Partenkirchen

GPS-Daten
47.482468, 11.118055

Anfahrt
Auto: Auf der A 95 Richtung Garmisch bis Autobahnende, dann durch den Tunnel Richtung Garmisch/Mittenwald, an der Ortsausfahrt rechts zu den Skisprungschanzen und dem Stadion.
Bus/Bahn: Zugverbindung München–Garmisch, vom Bahnhof ist es etwas über 1 km zum Stadion.

Karte
Kompass Nr. 7, Werdenfelser Land 1:35 000

Information
www.gapa.de

Eine der schönsten Wanderungen führt über bunt blühende Wiesen hinauf zu Deutschlands höchstgelegenem ganzjährig bewohnten Dorf Wamberg. Mit gigantischen Aussichten über das Werdenfelser Land geht es dann vom Eckbauern über das Graseck und durch die Partnachklamm, wo wir ein wildes Naturschauspiel erleben.

Ausgangspunkt ist das Olympiastadion Garmisch-Partenkirchen. Wer es eilig hat, kann die ganze erste und anstrengende Hälfte der Wanderung abkürzen. Mithilfe der Eckbauernbahn schwebt man in 20 Minuten hinauf zum Eckbauern und spart sich fast 670 Höhenmeter.

Wanderlustige gehen zu Fuß auf der Auenstraße an den Tennisplätzen vorbei, dann kurz an der Bahnstrecke entlang, passieren das Schwimmbad und biegen am Krankenhausparkplatz rechts in die Kainzenbachstraße ein. Dort, wo die Kainzenbachstraße links abbiegt, geht es geradeaus weiter, wir folgen der Beschilderung nach Wamberg. Jetzt wird es anstrengend. Recht steil führt der Weg abwechselnd durch Wald und über Wiesen nach Wamberg hinauf. Kurz vor Wamberg haben wir die ersten schönen Aussichten auf Alpspitze, Waxenstein und Zugspitze. Dann kommen wir am Bergfriedhof vorbei und erreichen das Dorf Wamberg. Natürlich werfen wir einen Blick in die 1720 erbaute Kirche von Wamberg, die der heiligen Anna geweiht ist.

Von der Kirche aus gehen wir weiter zur Kreuzung, biegen rechts ab und wandern jetzt Richtung Eckbauer. Der Weg führt weiter steil aufwärts und erlaubt uns noch einen schönen Rückblick auf das kleine Dorf. Über den Wiesen taucht die Alpspitze auf, die wegen ihrer pyramidenartigen Form der viel höheren Zugspitze immer wieder die Schau stiehlt. An der Abzweigung zur Elmauer Alm halten wir uns rechts und erreichen auf leicht ansteigendem Weg einen Wiesenrücken, der uns eine außergewöhnlich schöne Sicht auf das ganze Wettersteingebirge, das Karwendel um Mittenwald und auf die nördlichen Vorberge bietet. Wer nicht vorhat,

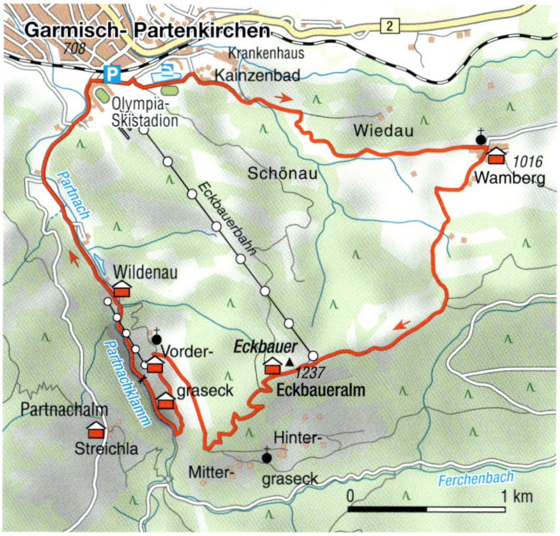

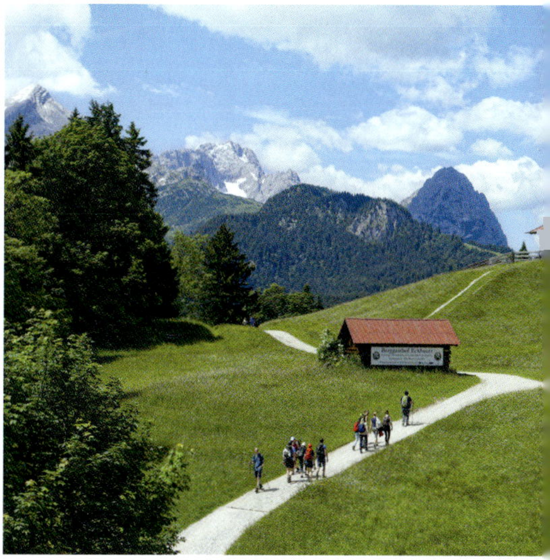

beim Eckbauern einzukehren, sollte hier rasten und die Aussicht genießen. Danach passieren wir die Bergstation der Eckbauer Seilbahn und stehen kurz darauf beim Gasthaus Eckbauer mit seiner schönen Aussichtsterrasse.

Wer möchte, kann sich den Aufstieg bis hierher mit der Eckbauernbahn erleichtern.

Vom Gasthaus Eckbauer folgen wir der Beschilderung »Graseck« auf dem Weg, der direkt über die Terrasse verläuft. Zunächst steigen wir über viele Serpentinen auf einem schmalen Wanderweg bergab. Dann halten wir uns an der Forststraße rechts und wandern nach Graseck. An der Kaiserschmarrn-Alm geht der Weg weiter zur Partnachklamm.

Nach den letzten Häusern von Graseck steigen wir auf einem schmalen Pfad steil zur Partnach hinunter. Wir gehen nach rechts und erreichen das obere Ende der Klamm. Seit über 100 Jahren ist die Partnachklamm für Touristen erschlossen. Der Weg wurde aufwendig in die Felsen geschlagen und führt über gut gesicherte Stege und Brücken. An ein paar Stellen müssen wir den Kopf einziehen, Felsvorsprünge und einige Tunnel sind niedrig. Der ständig erforderliche Unterhalt der Wege wird durch den »Wegzoll« finanziert, der am Ende der Klamm zu entrichten ist. Viel zu schnell haben wir das untere Klammende erreicht und wandern noch gut 30 Minuten auf der Zufahrtsstraße zu unserem Ausgangspunkt zurück.

Einkehr

Unterwegs kann man zwischen dem Gasthof Wamberg, Gasthof Eckbauer oder in Graseck unter dem modernen Berghotel »Das Graseck«, der Almwirtschaft Hanneslabauer oder der Kaiserschmarrn-Alm wählen.

24 Im Wettersteingebirge

Bergauf-bergab-Tour

Leicht | 6,5 km | ↑200 m ↓550 m | 3.30 Std.

Tourencharakter
Mithilfe der beiden Garmischer Hausbahnen bewältigen wir den des An- und Abstieg; die eigentliche Tour beginnt zunächst mit einem gemütlichen Abstieg auf breiten Pfaden; später geht es durch von Kalkstein übersätes Gelände.

Ausgangs-/Endpunkt
Alpsitz-/Kreuzeckbahn Garmisch

GPS-Daten
47.471339, 11.062469

Anfahrt
Auto: Auf der A 95 und B 2 nach Garmisch; die Lifte der Alpspitz- und Kreuzeckbahn sind dort ausgeschildert.
Bus/Bahn: Nach Garmisch, weiter mit Bussen

Einkehr
Es lohnt sich, wegen des freundlichen Personals und der sonnigen Terrasse in die wenige Gehminuten unterhalb der Bergstation liegende Kreuzalm einzukehren.

Karte
Kompass Nr. 5, Wettersteingebirge Zugspitzgebiet, 1:50 000

Information
www.gapa.de

Auch wenn wir auf dieser Runde keine echte Gipfelerrungenschaft mit nach Hause bringen, wandern wir doch durch eine einzigartig hochalpine Berglandschaft. Die uns umgebenden steilen Felswände verändern sich unermüdlich je nach Tageszeit und Lichteinfall. Der Weg ist abwechslungsreich und spannend, die Aussichten sind wild und rau.

Dem Wanderfreund zuliebe gibt es in Garmisch ein sehr praktisches Liftticket, mit dem wir zwei verschiedene Bergbahnen benützen können, deren Parkplätze praktisch nebeneinander liegen. Die Alpspitzbahn vereinfacht uns den Aufstieg. Zum Abstieg benützen wir die Kreuzeckbahn. So schweben wir flugs und völlig entspannt mit der Gondel 1283 Höhenmeter nach oben. An der Bergstation steigen wir natürlich zuerst zur Aussichtsplattform AlpspiX hinauf. Dieser Skywalk des Wettersteingebirges ragt mit seinen begehbaren Stahlarmen schwindelerregend über den Abgrund des Höllentals hinaus. Neben dieser Attraktion verblasst der benachbarte Gipfel des Osterfelderkopfes fast. Nun beginnt unsere eigentliche Tour. Wir folgen dem breiten Bewirtschaftungsweg, der in einen Erlebnisweg umgebaut wurde, bergab. Nicht nur Kinder haben Freude an den vielen netten Stationen entlang der Strecke. Hier ist von Bergeinsamkeit aber wenig zu spüren. Kurz nach dem engen Felsdurchgang locken schwingende Holznester zu einer längeren Rast mit feinster Aussicht auf die imposanten Kletterwände, die Schöngänge. Nur noch ein

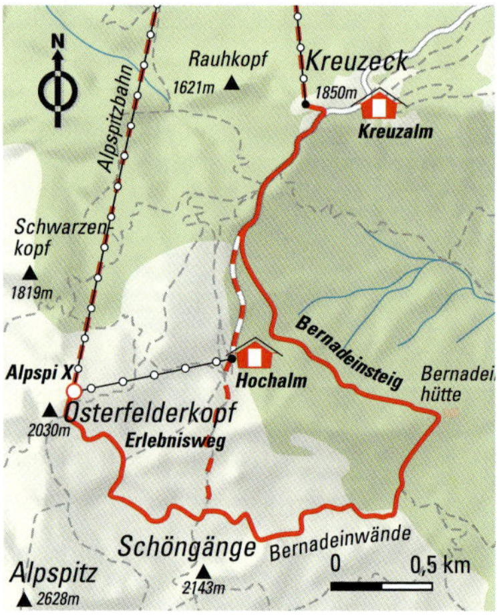

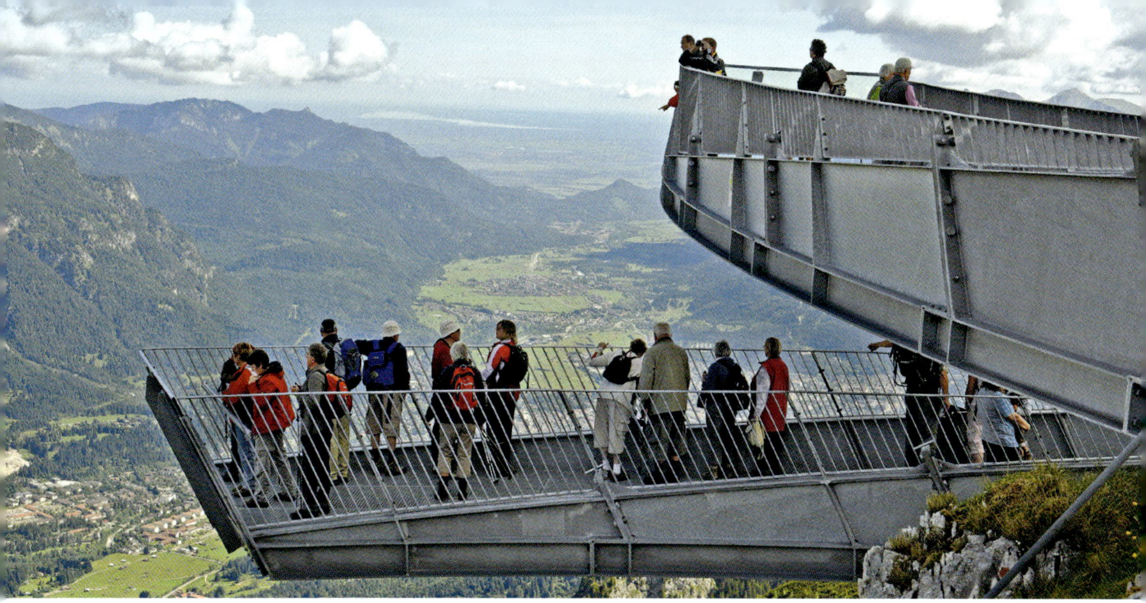

Schwindelerregend stehen wir auf dem AlpspiX über dem Abgrund.

kurzes Stück und wir verlassen den belebten Weg und folgen der Beschilderung Bernadeinweg/Stuiben nach rechts auf einen schmalen Pfad. Wenige Meter weiter wandern wir nun schon fast einsam dahin. Es geht weiterhin bergab, an steinigen Geröllfeldern vorbei und zwischen zahlreichen Kalkfelsen hindurch. Rechts von uns erheben sich nun die karstigen Bernadeinwände fast senkrecht in die Höhe. Wir können uns gut vorstellen, dass die bizarren Felsformationen die Fantasie für zahlreiche Sagen und Märchen angeregt hat. Bald stoßen wir an der Talsohle auf einen breiteren Wanderweg, den Bernadeinsteig, der von rechts aus dem Reintal heraufführt. Hier wenden wir uns nach links und wandern zunächst fast eben bis zur unbewirtschafteten Bernadeinhütte. Nun steht der einzige Anstieg dieses Tages bevor, versüßt durch den weiten Ausblick über den Talkessel auf die Wettersteinwand mit der Wettersteinspitze und der dahinter aufragenden Karwendelkette. Direkt links von uns erheben sich karstige Felstürme, während rechts von uns der Weg steil zwischen Latschen abfällt. Der Pfad ist jedoch breit und an den wenigen kritischeren Stellen durch eine Absperrung oder ein Seil gesichert. Oben stoßen wir wieder auf den breiten Erlebnisweg, dem wir nun weiter talwärts nach rechts folgen. So erreichen wir kurze Zeit später die Bergstation der Kreuzeckbahn, wo unsere Wanderung mit einer bequemen Talfahrt endet.

Tipp

Für Kinder ist diese Tour hervorragend geeignet. Je nach Alter und Lust und Laune können Familien auch einfach auf dem Erlebnispfad bleiben und so den direkten Weg über die Hochalm zur Kreuzeckbahn wählen.

25 Von Krün auf den Schwarzkopf

Wassermarsch mit Aussicht

Leicht	5 km	300 m	2.30 Std.

Tourencharakter
Bergwanderung auf breiten Almstraßen und gut gepflegten, aber schmalen Bergwegen

Ausgangs-/Endpunkt
Krün, Isarbrücke

GPS-Daten
47.503131, 11.286327

Anfahrt
Auto: Auf der A 95 und der B 2 über Garmisch-Partenkirchen nach Krün, in die Schöttlkarstraße abbiegen, den Isarkanal überqueren und zum Wanderparkplatz an der Isar fahren.
Bus/Bahn: Nach Mittenwald, dann weiter mit dem Bus nach Krün; zusätzliche Anmarschzeit

Einkehr
Nur in Krün, unterwegs keine

Karte
Kompass Nr. 6, Walchensee Wallgau Krün, 1:50 000

Information
www.kruen.de

Diese gemütliche Tour eignet sich sogar für den späten Nachmittag, wenn wir uns nach einem gemütlichen Kaffee noch etwas bewegen wollen. Oder als Eingehwanderung im Frühjahr und als Erstlingsrunde für Kinder, die die Hüttlebachklamm bestimmt spannend finden.

Wir starten an der Isarbrücke von Krün hinter dem Wanderparkplatz (bitte nicht mit der Brücke über den Isarkanal verwechseln, über die wir zum Parkplatz gefahren sind), überqueren den Fluss und wenden uns dann nach rechts. Auf der Forststraße geht es einen guten halben Kilometer mehr oder weniger nah an der Isar entlang. Dann treffen wir an einer Wegeverzweigung auf das Geröllbett des Hüttlebachs. Bereits hier sehen wir, mit wie viel Gewalt und Kraft das Wasser Tonnen an Gestein bewegt. Wir biegen links ab und folgen dem steinigen Bachlauf bergauf.

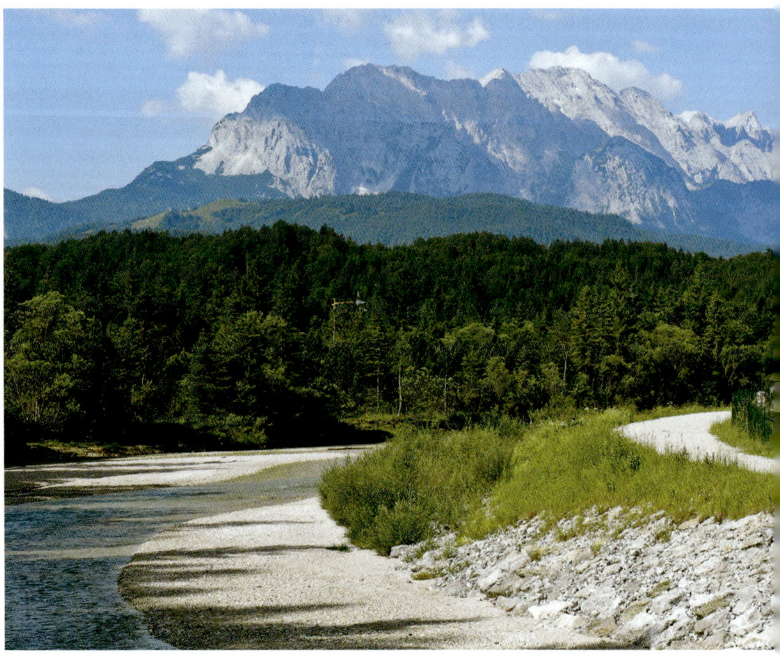

In Krün wird der Isar bereits Wasser für das Walchenseekraftwerk angezapft. Nur noch ein kleiner Teil verläuft im natürlichen Flussbett.

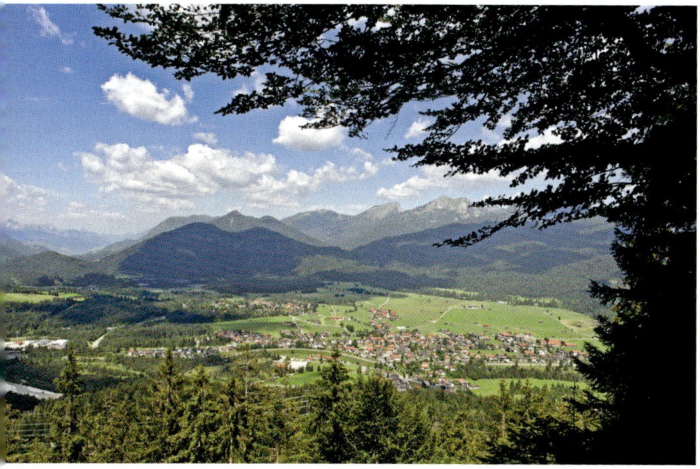

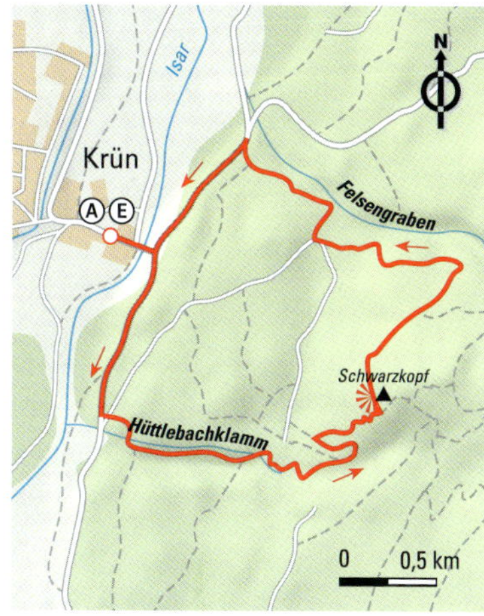

Weit reicht der Blick von der Aussichtskanzel.

Unser Weg führt uns jetzt in die Hüttlebachklamm. An sonnigen Tagen kann man sich kaum vorstellen, dass der gemütlich plätschernde Bach eine solche Wucht entfesselt. Aber je weiter wir in die Klamm wandern, umso mehr sehen wir, wie tief er sich bereits in den Hang einschneiden konnte. Am Ende der Klamm wird es steil, mit einigen Serpentinen überwinden wir die Stelle. Eine erste Brücke bringt uns über einen der Quellbäche des Hüttlebaches, dann lässt uns eine Aussichtskanzel tief in die Schlucht blicken. Wir folgen der Beschilderung zum Schwarzkopf. Dafür queren wir dann den Hüttlebach gänzlich und biegen danach rechts auf den ansteigenden Weg. Nun steigen wir noch einmal ziemlich steil durch den lichten Wald bergauf und treffen auf einen quer verlaufenden Weg. Diesen queren wir mit einem minimalen Rechts-links-Schwenk und stehen wenige Minuten später am Buckel des Schwarzkopfes. Eine Bank kommt perfekt für eine Rast gelegen, von ihr haben wir die beste Sicht ins Tal. Unter uns liegt Krün, im Hintergrund steht das Estergebirge mit dem Wank. Links wird das Tal vom Wettersteinmassiv begrenzt, die Zugspitze, Deutschlands höchster Berg, schaut von der Ferne herüber. Zurück gehen wir die wenigen Meter bis zum querenden Weg und folgen diesem nun nach Norden, also nach rechts. Der Weg führt in einem weiten Linksbogen zu einer Forststraße. Ihr folgen wir zur nächsten Spitzkehre nach rechts. Dort beginnt ein schmaler Weg, der uns direkt ins Tal zur Forststraße führt. Nun stehen wir ein Stück nördlich unseres Startpunktes, sodass wir nur noch wenige Meter auf der Forststraße nach links bis zur Isarbrücke zurückgehen müssen.

26 Von Wallgau auf den Krepelschrofen

Werdenfelser Einblicke

Leich | 3 km | 300 m | 2 Std.

Tourencharakter:
Einfache Bergwanderung, meist auf breiten Bergwegen

Ausgangs-/Endpunkt
Wallgau, Dorfplatz bei der St.-Johannes-Kirche

GPS-Daten
47.52195, 11.28231

Anfahrt
Auto: Auf der A 95 und der B 2 über Garmisch-Partenkirchen nach Krün, dort links auf der B 11 nach Wallgau; wenig Parkmöglichkeiten in der Dorfmitte, ein Wanderparkplatz liegt in der Nähe der Isar.
Bus/Bahn: Von München nach Mittenwald, dann weiter mit Bussen bis Wallgau

Einkehr
Nur in Wallgau, unterwegs keine

Karte
Kompass Nr. 6, Walchensee Wallgau Krün, 1:50 000

Information
www.wallgau.de

Der Krepelschrofen war fast nur Einheimischen bekannt. Jetzt haben die Wallgauer den Weg hinauf ihrer bekanntesten Bewohnerin gewidmet. Zum Glück ist es am Magdalena-Neuner-Themenweg weiterhin ruhig. So lässt sich die sensationelle Aussicht, die man von dem unscheinbaren Wiesenbuckel nicht erwarten würde, genießen.

Unsere Tour beginnt am Wallgauer Dorfplatz. Am Posthotel vorbei nehmen wir die Straße Sonnleiten und folgen ihr bis zum Waldrand. Dort biegen wir rechts in den Weg ein, der am Waldrand entlang aufwärtsführt. Dieser Weg ist der Biathlon-Weltmeisterin und Olympiasiegerin Magdalena Neuner gewidmet, die in Wallgau zu Hause ist. Wir wandern im schattigen Wald auf dem gut ausgebauten Panoramaweg um das Dorf Wallgau herum. Wenn wir schon fast vermuten, wir hätten die Abzweigung zum Krepelschrofen übersehen, kommt der lang ersehnte Wegweiser nach links aufwärts. Der Weg wird schmaler, teilweise ist er etwas ausgewaschen und steinig. Schilder an jeder Abzweigung oder auch quer gelegte Äste lassen keine Zweifel über den richtigen Weg aufkommen. Immer wieder verlocken Ruhebänke am Wegrand zu einer ersten Pause. Die Plätze, perfekt bei Baumlücken im Wald gewählt, bieten oft schon tolle Ausblicke über das Tal und die angrenzenden Berge. Zum Finale erreichen wir dann aber eine Höhe, in der der Wald nicht mehr geschlossen wächst. Wir sind am Gipfel, der eigentlich nur ein lang gezogener Wiesenbuckel ist, der mit einem Kreuz markiert wurde.

Spektakulär ist jedoch die Aussicht. Links schauen wir ins Isartal hinein, sehen hier allerdings mehr Geröll als einen glänzenden Wasserlauf. Der Grund ist ganz einfach: Beim Bau des Walchenseekraftwerkes hat man der Isar etwas oberhalb von Krün das meiste Wasser abgezapft. In einem Kanal wird es nach Wallgau geführt und von dort unterirdisch in den Walchensee geleitet.

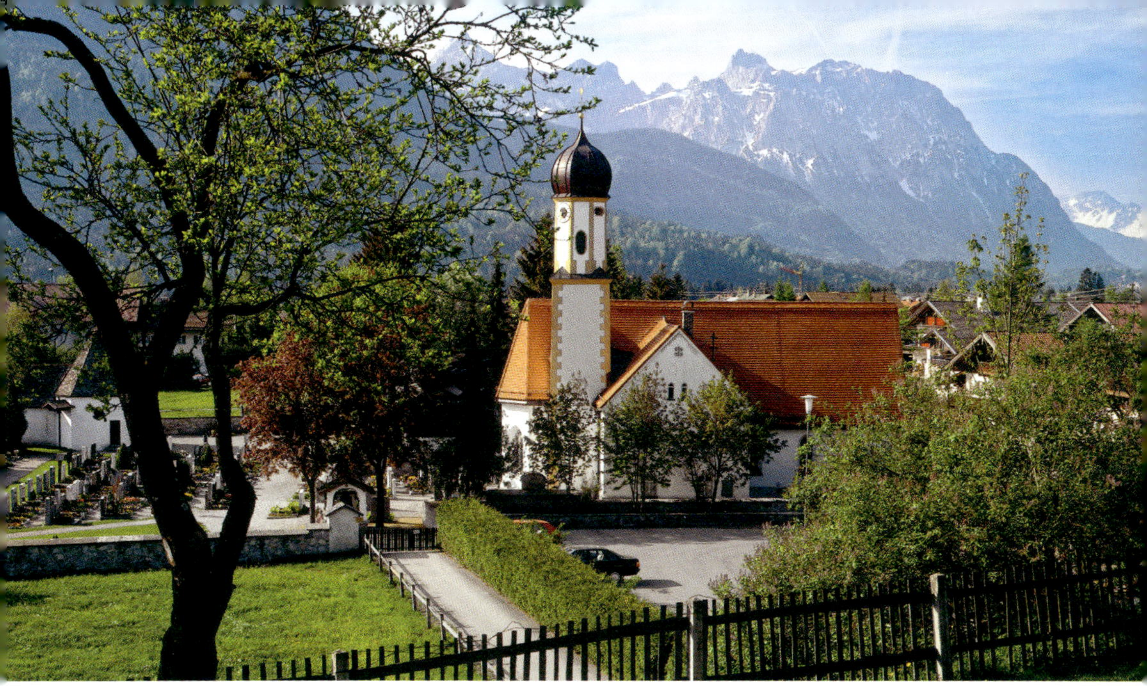

Ähnlich erging es dem Rißbach, der ebenfalls in den Walchensee umgeleitet wurde und deshalb nicht mehr in die Isar fließt. Nur dadurch erhält der Walchensee ausreichend Wasser für das große Kraftwerk.

Äußerst malerisch ist der Ausgangsort Wallgau mit seiner Kirche St. Johannes.

Rechts vom Isartal steht die Soierngruppe, die bereits zum Karwendel gerechnet wird. Sie war einst ein beliebtes Jagdgebiet der Wittelsbacher. Weiter im Süden ragen die Felswände des Hochkarwendels in den Himmel. Zur Westlichen Karwendelspitze bringt die Karwendelseilbahn von Mittenwald wahre Scharen von Besuchern, die Tiefkarspitze und der Wörner dagegen bleiben nur erfahrenen Kletterern vorbehalten. Dann schauen wir nochmals auf das Isartal, jetzt flussaufwärts über Mittenwald zur Enge von Scharnitz. Die Große Ahrnspitze leitet uns schließlich in das Wettersteingebirge mit dem krönenden Höhepunkt Zugspitze auf der rechten Seite.

Wer übrigens rasten oder Brotzeit machen will, tut das bequem ein paar Meter unterhalb des Gipfels. Dort steht eine kleine Unterstandshütte, die man aber vom Gipfelkreuz aus kaum sieht. Zum Abstieg gehen wir zunächst ein Stück auf dem gleichen Weg zurück und nehmen die erste Abzweigung nach links. Sie ist nicht mit einem Wegweiser gekennzeichnet, aber nicht zu verfehlen. Dieser Weg führt am Hang entlang abwärts zum Wallgauer Panoramaweg, auf dem wir nach rechts in das Dorf zurückkehren.

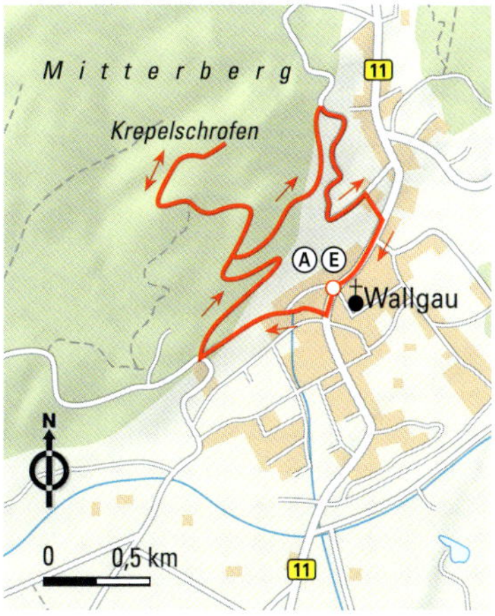

27 Zur Maxhütte bei Wallgau

Waldspaziergang mit Aussicht

Leicht | 7 km | 200 m | 2 Std.

Tourencharakter
Sehr leichte und kurze Wanderung auf breiten Wegen und Nebenstraßen; beste Jahreszeit: Frühling oder Herbst

Ausgangs-/Endpunkt
Wallgau, Wanderparkplatz an der Isar

GPS-Daten
47.519169, 11.295482

Anfahrt
Auto: Auf der A 95 nach Garmisch, weiter auf der Bundesstraße Richtung Mittenwald, bei Klais abbiegen über Krün nach Wallgau; ein kostenpflichtiger Wanderparkplatz ist ausgeschildert und liegt am Isarufer am Ortsrand.
Bus/Bahn: Von München nach Mittenwald, dann weiter mit dem Bus nach Wallgau

Einkehr
Maxhütte (Mo und Di Ruhetag)

Karte
Kompass Nr. 6, Walchensee Wallgau Krün, 1:50 000

Information
www.alpenwelt-karwendel.de

Die Berge rund um Wallgau sind hoch mit Wald bewachsen. Trotzdem gibt es immer wieder Lücken, die uns den Blick auf die nahen Karwendelberge erlauben, ohne dass wir hoch hinaufsteigen müssen. Wenn dann auch noch ein so nettes Einkehrdomizil wie die Maxhütte am Weg liegt, ist es eine Nachmittagstour wert.

Wir starten vom Wanderparkplatz, der am Ende der Kalkofenstraße fast direkt am Isarufer liegt. Wir bleiben auf dieser Flussseite und marschieren zunächst brettleben an der Isar flussabwärts. Nach nicht einmal 500 Metern teilt sich der Weg. Wir halten uns links, ebenso 100 Meter später, sodass wir nun über das Gelände des Golfplatzes wandern. Kurz darauf zweigt in einem spitzen Winkel rechts ein Weg ab. Diesem folgen wir und erreichen so am Clubhaus Golf-Alm die geteerte Straße nach Hinterriß. Auf ihr geht es für wenige Meter nach rechts bis zum Mauthäuschen. Hier halten wir uns links auf dem ansteigenden Forstweg, der bereits zur Maxhütte ausgeschildert ist. Ohne große Anstrengung gewinnen wir nun ein bisschen an Höhe. Bald erreichen wir das Filzmoos, eine kleine, sumpfige Lichtung im Wald. An deren

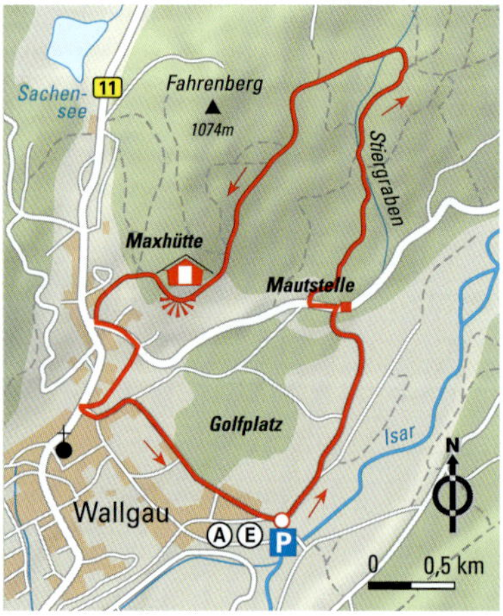

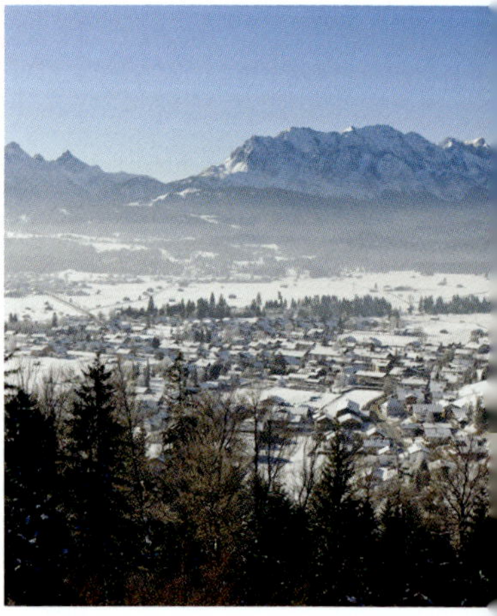

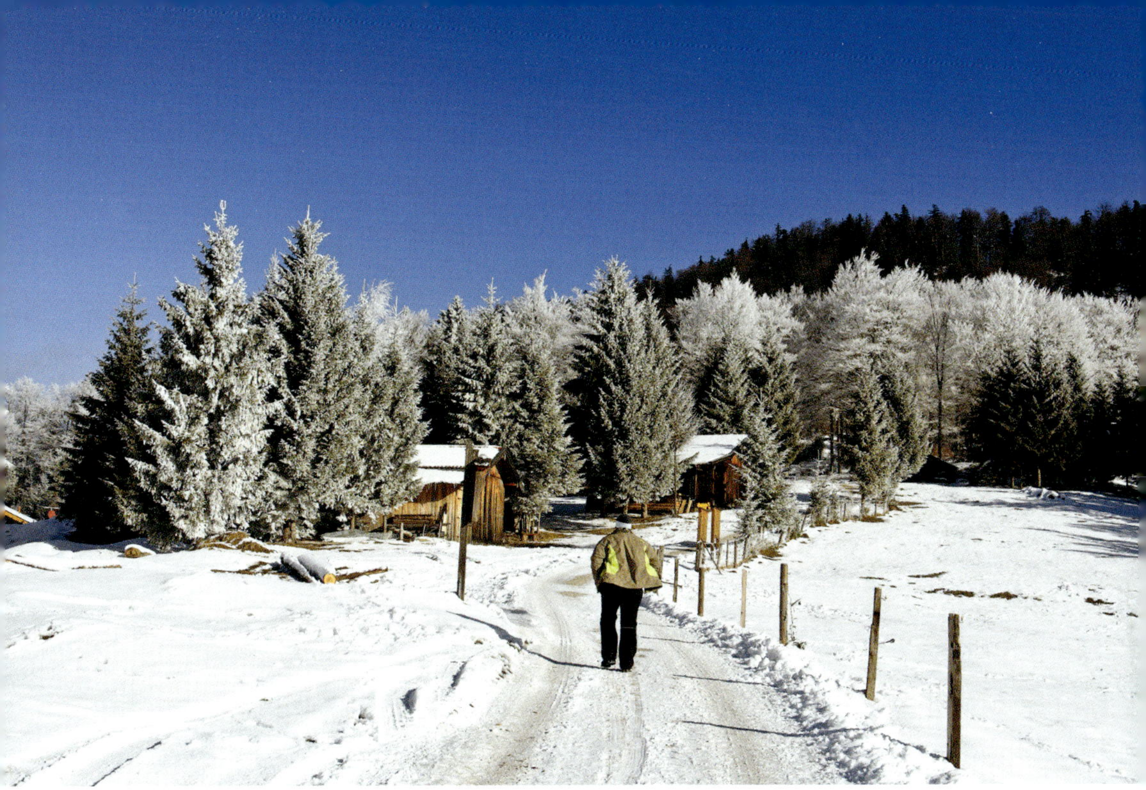

Ende biegen wir links ab und folgen weiter stets der Beschilderung zur Maxhütte. Es geht durch lichten Wald, der uns auch immer wieder ein paar Aussichtspunkte in das Wallgauer Becken gönnt. Das letzte Stück zur Hütte steigen wir bereits wieder ab und treffen dabei auf einen direkt aus Wallgau emporkommenden Weg. Auch den lassen wir unbeachtet und fixieren stur unser eigentliches Ziel, die Maxhütte. Dort sind an sonnigen Tagen die Stühle auf der Terrasse heiß umkämpft. Kein Wunder, denn die Aussicht über Wallgau und Krün auf das Karwendel und das Wettersteinmassiv mit seiner Zugspitze ist wirklich sehr schön.

Nachdem wir uns dann satt gegessen und geschaut haben, geht es auf direktem Weg unterhalb der Terrasse hinunter. Der steile Wirtschaftsweg endet an einer geteerten Straße in Wallgau. Hier geht es rechts bis zur nächstgrößeren Straße, der B 11. Diese überqueren wir etwas nach links in die Krepelschrofenstraße und wandern nun auf dem Jakobsweg zwischen den Häusern hindurch. Nach der Pension Pax halten wir uns links, abwärts in den Ortskern von Wallgau. Hier können wir noch nach Lust und Laune die malerischen Fresken der Häuser bewundern, Kaffee trinken gehen oder einen Blick in die Dorfkirche St. Jakob werfen. Unseren Ausgangspunkt erreichen wir am einfachsten wieder durch die Flößerstraße und die Isarstraße.

Die Maxhütte ist für den Winter besonders gut geeignet.

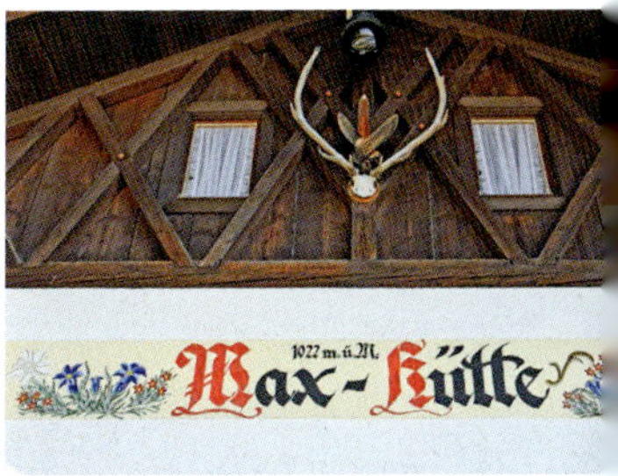

Unbekannt ist die Maxhütte schon lange nicht mehr.

Linke Seite: Die Aussicht über das Isartal auf die Zugspitze ist zu jeder Jahreszeit schön.

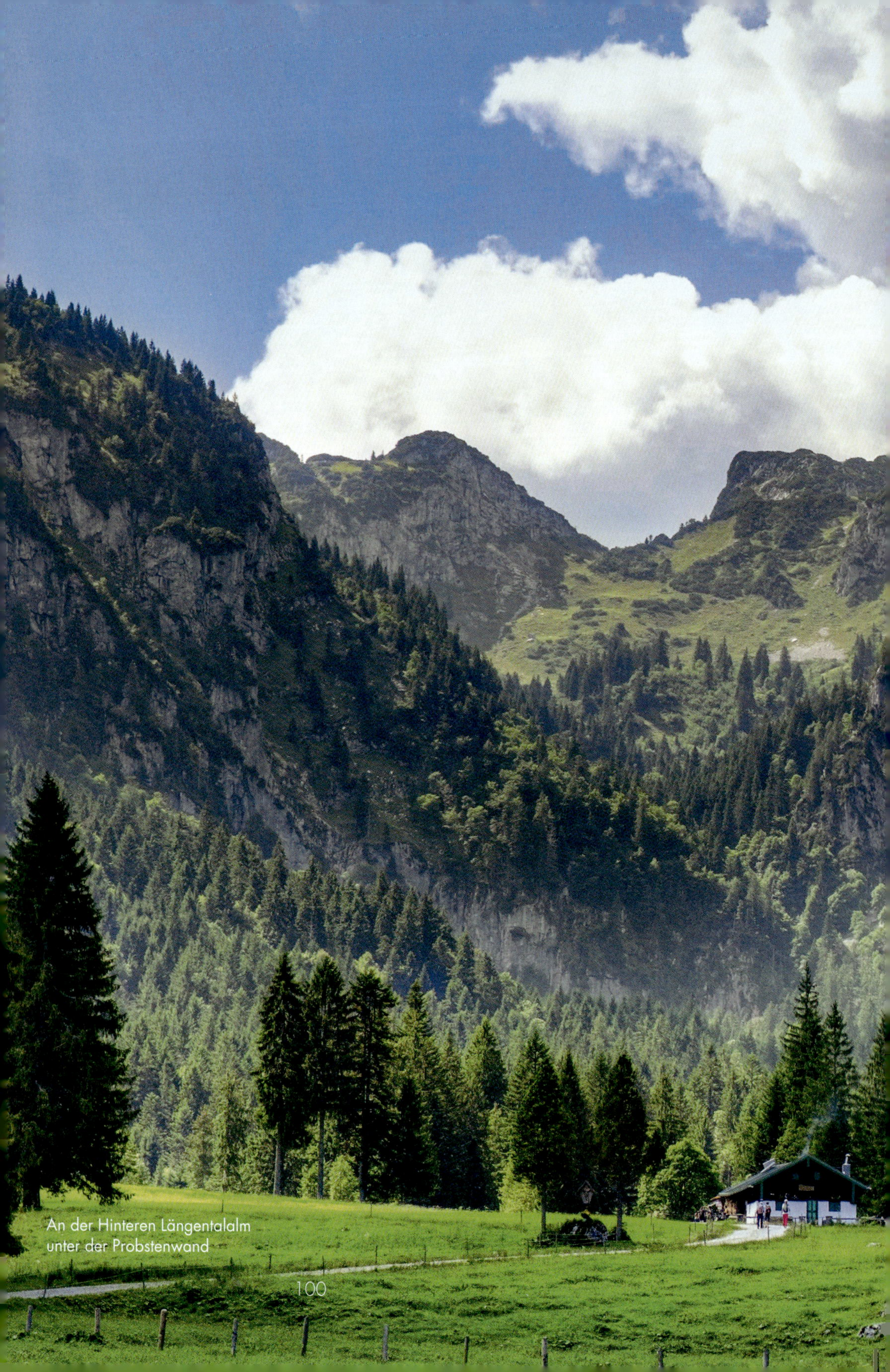

An der Hinteren Längentalalm
unter der Probstenwand

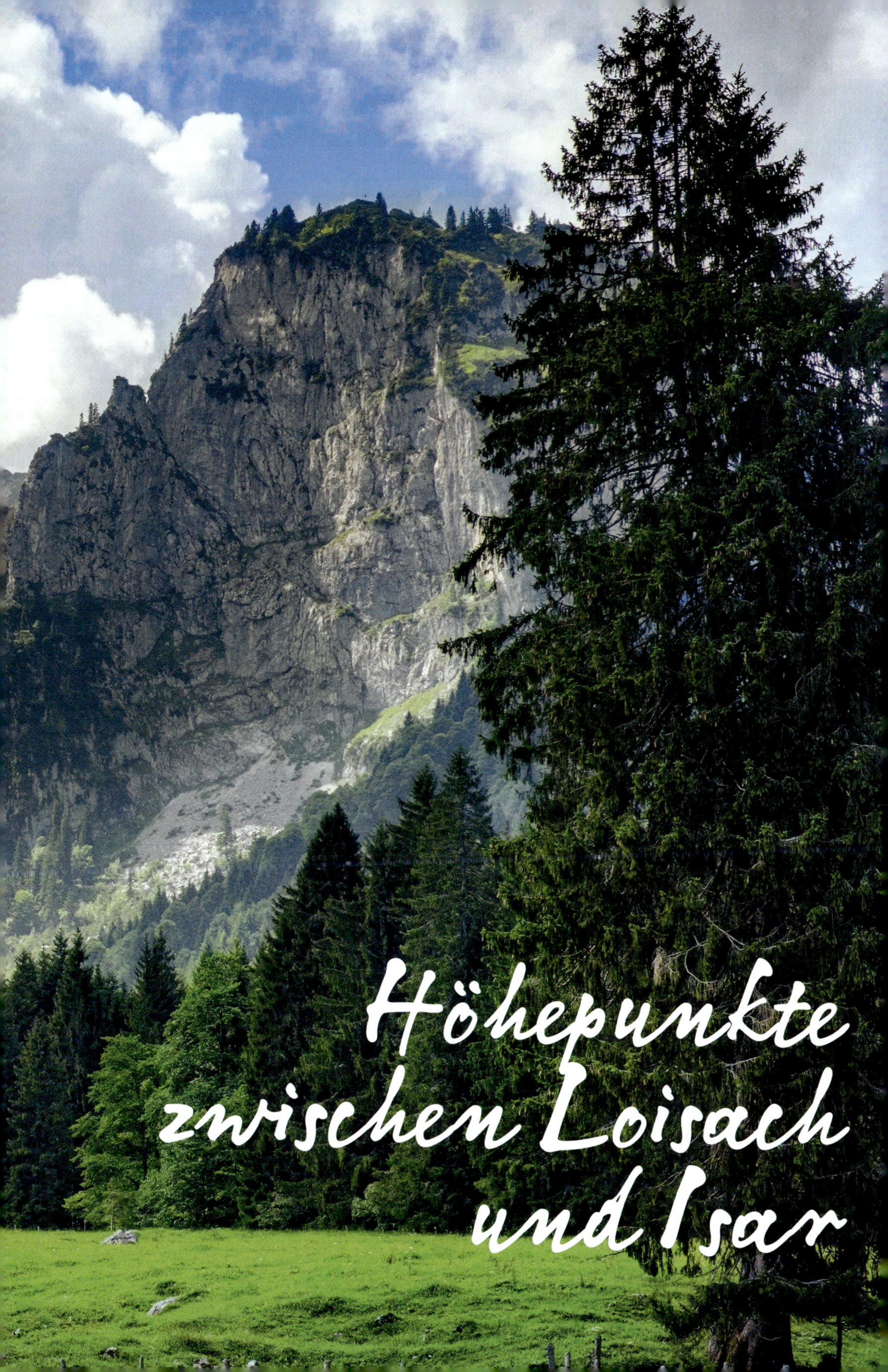
Höhepunkte
zwischen Loisach
und Isar

28 Zur Veste Schaumburg

Burgruine hoch überm Murnauer Moos

Leicht | 5,5 km | 250 m | 2 Std.

Tourencharakter
Wanderung auf breiten Wegen und kleineren Pfaden. Das letzte Stück führt teilweise über glatte Steine auf den Burgfelsen. Leichte Trittsicherheit erforderlich. Achtung! Oben gibt es tiefe Löcher im Boden, die nur mit einem sehr niedrigen Geländer vor dem Absturz schützen.

Ausgangs-/Endpunkt
Kirche St. Laurentius in Ohlstadt

GPS-Daten
47.633682, 11.232919

Anfahrt
Auto: A 95 bis Ausfahrt Eschenlohe, links in Richtung Eschenlohe, dann erneut links auf die B 2 Richtung Murnau/Ohlstadt. So kommen wir von Süden nach Ohlstadt. Rechts in der Ortsmitte Parkplatz bei der großen Dorfkirche St. Laurentius.
Bus/Bahn: Von München in Richtung Garmisch bis Haltestelle Ohlstadt. Zusätzlich 20 Min. Anmarsch zur Kirche; oder mit dem Zug bis Murnau und dann weiter mit Bus nach Ohlstadt

Karte
Kompass Nr. 7 Murnau/Kochel, 1:50 000

Information
www.ohlstadt.de

Kaum einer kennt die Burgruine der Veste Schaumburg über Ohlstadt. Es ist auch nur ein kurzer Weg dort hinauf, aber gerade in den Nachmittagsstunden ist die Aussicht von dort über das Murnauer Moos wirklich unbeschreiblich schön.

Wir starten an der Kirche St. Laurentius in Ohlstadt und wandern auf der Hauptstraße dorfeinwärts in südöstlicher Richtung. An der nächstgrößeren Wegverzweigung wenden wir uns nach rechts in die Heimgartenstraße und folgen ihr weiter bergauf. Die Heimgartenstraße biegt bald scharf nach links ab, wir bleiben geradeaus – der Weg wird zur Wankstraße. Sie führt zu einem kleinen Wanderparkplatz an der Kaltwasserlaine. Hier weisen bereits viele Wanderwegschilder in Richtung Heimgarten. Diese ignorierend, queren wir den Bach und bleiben dann

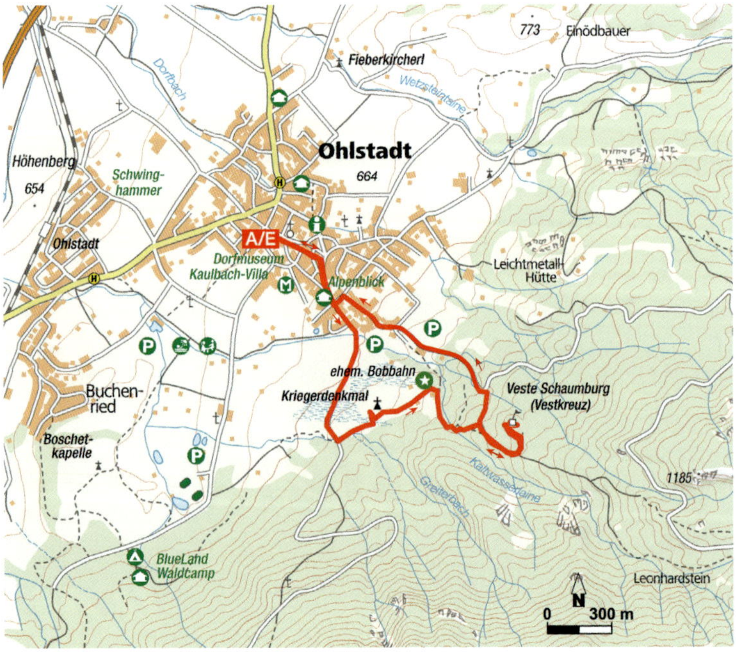

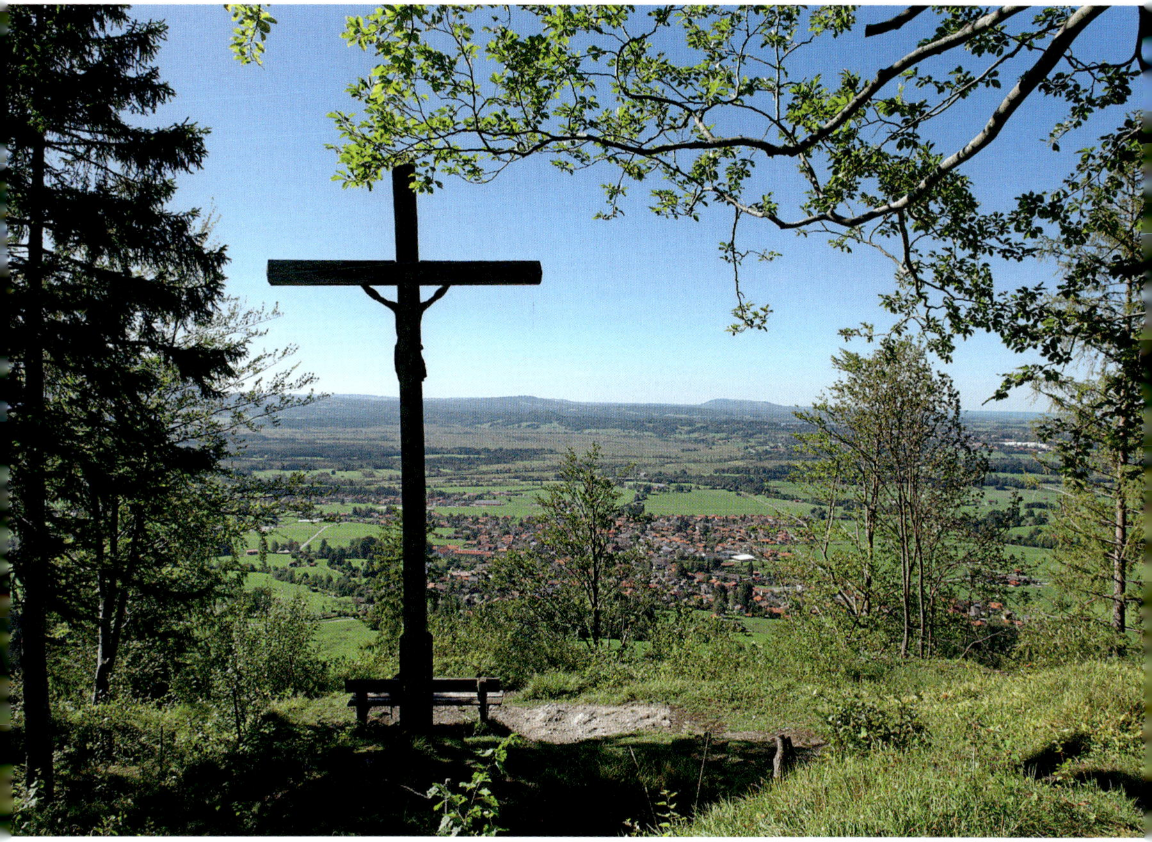

Von der Veste Schaumburg blicken wir über Ohlstadt auf das Murnauer Moos.

geradeaus auf dem Feldweg, der über die Wiesen führt. Der Weg steigt gemächlich an. Wir genießen die weite Sicht auf die nahen Werdenfelser und Ammergauer Berge. Schließlich nähern wir uns vielen sehr großen Fichten, die, weil sie doch in größerem Abstand zueinander stehen, Platz genug hatten, um als breite Solitärbäume zu wachsen.

Hier stoßen wir auf einen querenden Wanderweg und folgen ihm nach links. Nach gut 200 Metern können wir einen kleinen Abstecher zur Kriegergedächtniskapelle unternehmen. Danach geht es weiter in Wanderrichtung, bis wir am höchsten Punkt der Wiese, auf der im Winter ein kleiner Skilift betrieben wird, auf einen Pavillon treffen. Unter dem schützenden Dach wird die Ohlstädter Bobfahrgeschichte erklärt: In den 1950er-Jahren gab es an dieser Stelle eine erste kleine Bobbahn. Das erklärt dann auch die eigenartigen Einkerbungen und Kurven, die wir

Einkehr

Unterwegs keine, erst am Schluss mehrere Möglichkeiten in Ohlstadt

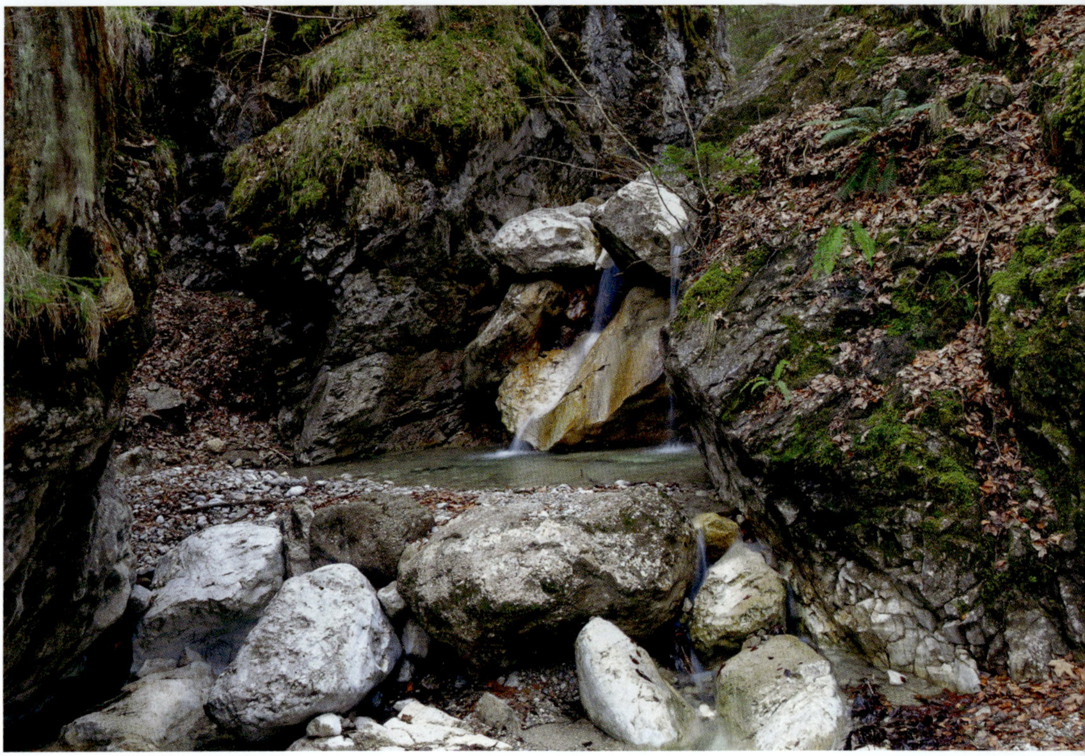

Die Kaltwasserlaine ist ein herrlicher, aber auch ein wilder Bach.

zuvor schon in der Wiese bemerkt haben. Immerhin fand im Winter 1968 die erste Deutsche Meisterschaft im Bobfahren in Ohlstadt statt.

Am Waldrand folgen wir nun der Beschilderung zu den Kaltwasserfällen und steigen auf einem schmalen Pfad etwas abwärts zum Bach, der Kaltwasserlaine. Wir folgen dem Wanderweg entlang des Bachs nach rechts; die Schilder zu den Kaltwasserfällen weisen uns den Weg. An den Wasserfällen rauscht und plätschert das Wasser zwischen großen Steinen zu Tal. Mithilfe einer kleinen Brücke kann man trockenen Fußes von einer Seite auf die andere wechseln. Bachaufwärts gesehen, folgen wir an seiner linken Seite nun der Beschilderung zum Heimgarten steil über einige Stufen aufwärts. So treffen wir wieder auf eine breitere Forststraße, diese werden wir später für den Abstieg benutzen. Zunächst wenden wir uns auf ihr nach rechts und wandern nun ein gutes Stück oberhalb der Kaltwasserlaine bis zur nächsten, nach links führenden Abzweigung, die mit »Veste« ausgeschildert ist. Über viele Wurzeln steigen wir nun auf einem deutlich schmäleren Weg zu einem großen, frei stehenden Felsblock. Bei

näherem Hinsehen wundert man sich, wie man es hier ohne Kletterseil hinaufschaffen soll, vor allem weil man einige Karabiner und Haken in den Steilwänden entdecken kann. Wir müssen den Felsblock aber nur etwas nach links umrunden, dann ist es leichter als gedacht – ein schmaler Pfad ist in den Fels gehauen und Stufen führen zum ehemaligen Burgenstandort hinauf. Inzwischen zeugen nur noch eine geebnete Fläche und der in den Fels geschlagene Zugang von der einstigen Burg, die mit sage und schreibe fünf Namen überliefert ist: Schaumburg, Schauenburg, Scovenburg, Scoynburg und Schuvenburg …
Oben erwartet uns dann eine kleine Rastbank unter dem Gipfelkreuz, von der wir die wunderbare Aussicht über Ohlstadt und das Loisachtal genießen dürfen. Das weite Murnauer Moos liegt vor uns, die Stadt Murnau mit dem Staffelsee grüßt von rechts herüber. In unserem Rücken bauen sich mächtig der Illingstoa und der Heimgarten auf – diese Gipfelziele haben wir heute mal anderen Bergsteigern überlassen. Im Boden finden wir einige tiefere Löcher, die nur durch ein etwas wackeliges Geländer geschützt sind. Welchen Zweck die manchmal als Geheimgang bezeichneten höhlenartigen Gänge in dem Burgfelsen wirklich hatten, müsste erst eine genaue wissenschaftliche Untersuchung klären. Außerdem können wir einige wenige Mauerreste der einstigen Veste erkennen.

Die Veste Schaumburg

1096 war Rudolf von Ovelstad (= Ohlstadt) erster Besitzer der Veste. Ab 1414 gehörte sie den Herren von Kammer aus dem heutigen Hohenkammer nördlich von München, die im Streit mit den Münchnern lagen. Sie wurde zerstört und diente einem Straßenräuber namens Schneeberger als Unterschlupf. Der Räuber wurde in Murnau geköpft, und die Burg verfiel.

Nach einer verdienten Pause steigen wir vom Felsen hinunter und laufen das Stück bis zur größeren Forststraße zurück. Dieser folgen wir jetzt nach rechts. Der restliche Rückweg ist nun sehr simpel und auch am Spätnachmittag für Wanderer gut zu schaffen: Wir bleiben einfach auf der breiten Forststraße. Diese mündet erneut in eine größere Straße; nun müssen wir nach links, weiter bergab, und kurz darauf verlassen wir an einem Wanderparkplatz den Wald und wandern auf die ersten Häuser von Ohlstadt zu. Wir sind nun wieder in der Heimgartenstraße. Wenn wir dieser abwärts durch den Ort folgen, ist es bis zur Ohlstädter Kirche nicht mehr weit.

29 Auf den Rötelstein

Im Schatten des Herzogstands

Mittel | 11 km | 600 m | 4 Std.

Tourencharakter
Eine fast einfache, aber längere Wanderung auf Forstwegen und Bergpfaden. Nur beim letzten finalen Gipfelanstieg sind Trittsicherheit und etwas Schwindelfreiheit erforderlich. Der Abstieg erfolgt über den Aufstiegsweg.

Ausgangs-/Endpunkt
Freilichtmuseum Glentleiten, Großweil

GPS-Daten
47.663880, 11.284250

Anfahrt
Auto: Auf der A 95 von München nach Garmisch, Ausfahrt Kochel/Murnau, Richtung Kochel/Großweil, in Großweil ist das Freilichtmuseum ausgeschildert. Großer Parkplatz.
Bus/Bahn: Von München nach Kochel, Endstation Kochel, weiter mit dem Bus bis zum Freilichtmuseum.

Einkehr
Kreutalm, am Ende der Tour, oberhalb des Museums. Ganzjährig geöffnet, bayerische Küche und traumhafter Blick von der Terrasse über das gesamte Loisachmoor

Karte
Kompass Nr. 6, Walchensee, 1:50 000

Information
www.großweil.de

Am Rötelstein kann man Gipfelglück mit grandioser Aussicht fast für sich alleine genießen. Dagegen erstürmen wahre Heerscharen den nahen Herzogstand und Heimgarten. Unberührt davon liegt der Rötelstein in ihrem Schatten. Dabei ist die Aussicht über das Voralpenland mit seinen Seen genauso schön.

Vom Parkplatz an der Glentleiten folgen wir der Straße bergaufwärts bis zur Kreutalm. An der Holzscheune entdecken wir bereits das erste Hinweisschild für den Rötelstein, wobei die Angabe von 1,5 Std. Aufstieg nicht ganz stimmt. Zwei Stunden für den Aufstieg sollte man schon einkalkulieren und sich im weiteren Wegverlauf nicht von den etwas widersprüchlichen Zeitangaben der Wanderschilder irritieren lassen. Jetzt geht es geradeaus in den lichten Mischwald hinein. Anfangs ist der Weg noch sehr gemütlich, bei dem flachen Auf und Ab merkt man kaum, dass wir doch etwas an Höhe gewinnen. Wir lassen alle Abzweigungen unbeachtet und folgen den Schildern »Rötelstein« bzw. »Heimgarten«. Bald begleitet uns ein Bergbächlein und wir passieren immer noch sehr gemütlich eine kleine Lichtung. Kurz darauf weist uns das Wanderschild nach links auf einen kleineren Weg, der ebenfalls zum Rötelstein ausgeschildert ist. Jetzt gewinnen wir deutlich an Höhe. Unser Weg entpuppt sich als ziemlich steiniger Karrenweg, der zwar immer noch ein gemütliches Nebeneinandergehen erlaubt, trotzdem erfordert er einige Aufmerksamkeit, wobei das später vor allem für den Rückweg zutreffen wird. Nach einem ersten Aufschwung lichten sich die Bäume und erlauben erste Aussichten auf Murnau und auf den Kochelsee und wir erhaschen schon einen Blick auf den Felsblock des Rötelsteins. Von dieser Seite wirkt er fast unbezwingbar. Unser Weg führt

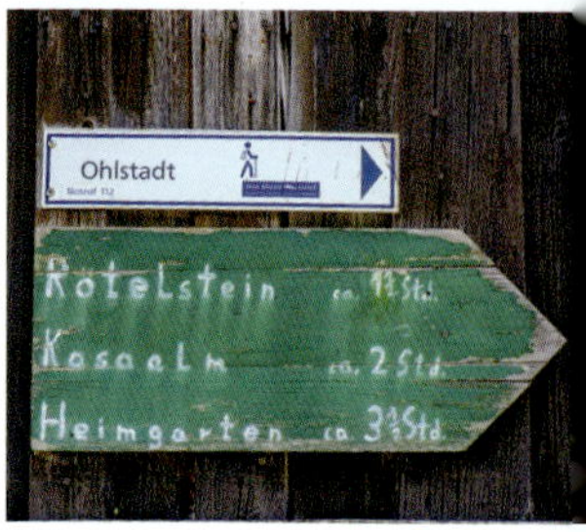

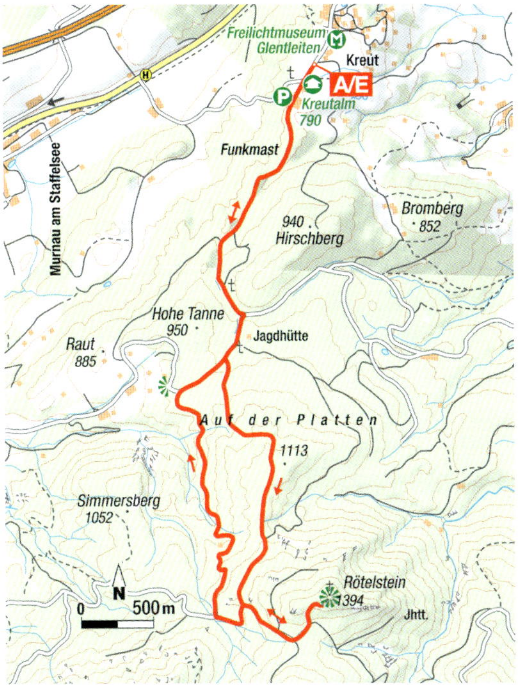

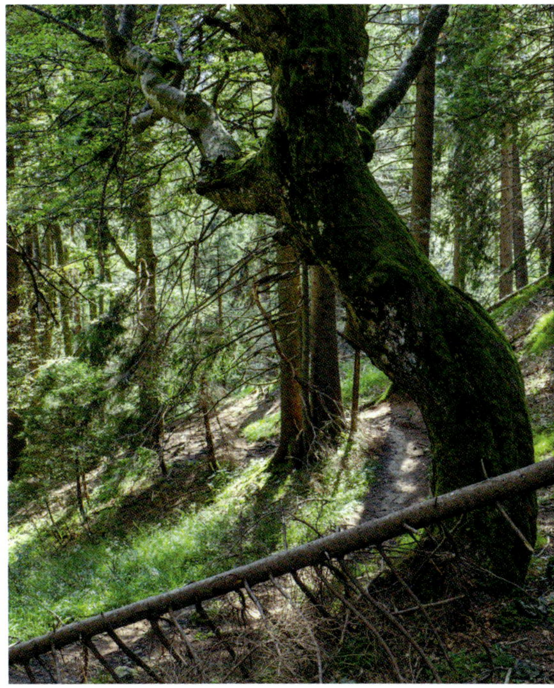

Knorrige Bäume beim Aufstieg

Linke Seite: Die Zeitangabe am handgeschriebenen Wegschild stimmt nicht ganz.

nun erst einmal wieder deutlich gemütlicher zu einer breiteren Forststraße, der wir aber gleich steiler bergauf nach links folgen. So erreichen wir die Südseite des Rötelsteins. Hier zweigt links der Weg auf den Rötelstein ab, der sich nach ein paar Schritten gabelt. Wir halten uns rechts, gleich darauf geht es links auf einen Pfad, der uns über viele Wurzeln aufwärts zu einem kleinen Sattel bringt. Schon hier haben wir den ersten Vorgeschmack, was für eine Aussicht uns am Gipfel erwartet. Jetzt müssen wir nur noch rechts dem steilen Bergpfad kurz aufwärtsfolgen. Etwas Trittsicherheit ist nötig. Auch wenn man nicht wirklich klettern muss, so geben unsere Hände sicheren Halt und helfen über größere Steine. Dann ist es geschafft und wenige Minuten später ist das Gipfelglück perfekt: ein modernes Kreuz, eine kleine Bank und eine fantastische Aussicht, was wollen wir mehr? Nur nach Süden versperrt uns der Heimgarten mit seinem Felsgrat zum Herzogstand die freie Sicht. Im Norden schauen wir über das Voralpenland mit seinen vielen wunderbaren Seen. Wer möchte, kehrt auf dem Anstiegsweg zurück. Als Alternative führt die breitere Forststraße ebenfalls zurück.

Tipp

In der Kristalltherme Trimini im benachbarten Kochel am See kann man den Tag noch bei einem entspannenden Bad ausklingen lassen.

30 Auf dem Felsenweg bei Kochel

Zwischen Felsen und Wasser

Leicht	5 km	300 m	2 Std.

Tourencharakter
Eine kurze Runde auf breiten Forstwegen und einem schmalen Felsensteig über Wasser; ausgesetzte Stellen sind dort vorbildlich gesichert.

Ausgangs-/Endpunkt
Kochelsee, Altjoch am Walchenseekraftwerk

GPS-Daten
47.630506, 11.339090

Anfahrt
Auto: A 95 Richtung Garmisch, Ausfahrt Murnau/Großweil, links über Großweil, Schlehdorf durch Kochel bis zum großen Walchenseekraftwerk im Ortsteil Altjoch, unterhalb der Kesselbergstraße; kostenlose Parkplätze.
Bus/Bahn: Von München nach Kochel Endstation, dann weiter mit dem Bus

Einkehr
Unterwegs keine, aber nach der Tour gibt es jede Menge Auswahl in Kochel; direkt am Kraftwerk liegt ein Café; leckeren Fisch und die schönste Seeterrasse gibt es beim Restaurant Grauer Bär direkt am Kochelseeufer.

Karte
Kompass Nr. 7, Murnau/Kochel/Staffelsee, 1:50 000

Information
www.kochel.de

Ein schöner Nachmittagsweg, den unsere Freundin Maria, die uns bei den Recherchen begleitet hat, gleich am nächsten Tag noch einmal mit ihrer Familie gegangen ist. Sicherlich kein großer Berg und nur ein paar Höhenmeter, aber mit felsigem Ambiente und toller Aussicht. Und im Anschluss der Runde bietet sich der Besuch des Walchenseekraftwerkes an.

Wir starten vom Parkplatz des Walchenseekraftwerkes und wandern zwischen den großen Werkshallen und dem modernen Informationszentrum zur Rohrleitungsbrücke. Hier lohnt sich schon der erste Stopp, um sich das technische Wunderwerk von Oskar von Miller genau zu betrachten. Weiter marschieren wir über die Brücke und wandern dann nach rechts auf einem breiten Weg auf den See zu. Der Weg teilt sich, wir wählen den linken, der mit Jocher Höhenweg beschildert ist. Nun geht es steil bergauf, anfangs hören wir nur das Summen und Brummen des nahen Kraftwerks, aber wenn wir das Plätschern des Jochbaches vernehmen, ist der Anstieg schon fast geschafft. Es wird wieder deutlich flacher. Die prächtigen Kletterfelsen, die wir nun in einer weiten Rechtskurve umrunden, heißen schlicht Stein. Die erste Abzweigung nach rechts, ein Wegkreuz, das heimische Jäger errichtet haben, lassen wir unberücksichtigt. Hier haben wir auch schon einen herrlichen Ausblick auf den Herzogstand, den

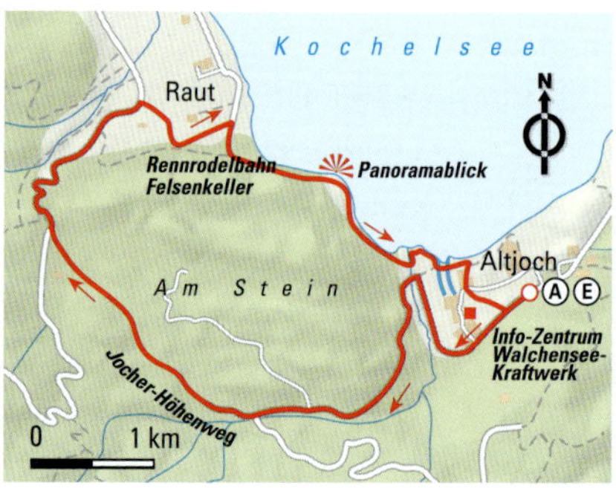

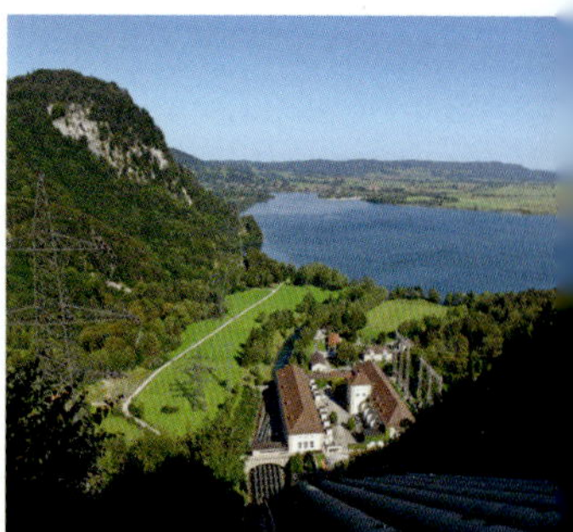

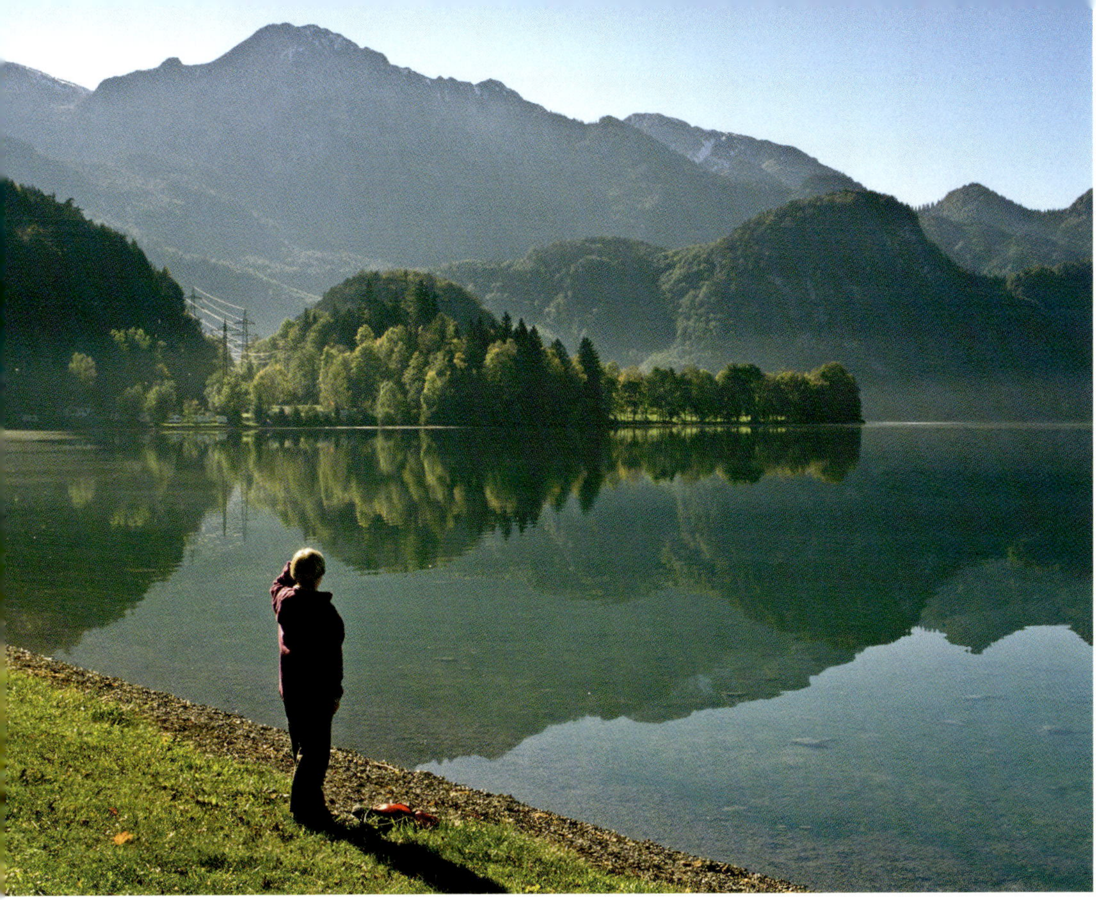

wir von der nächsten Kreuzung über den Pionierweg besteigen könnten. Wir bleiben aber rechts, stets weiter auf dem Jocher Höhenweg. Der Weg kann aufgrund der nahen Bäche auch sehr nass sein. Bald schon geht es bergab. Mit Blick auf den See kommen wir aus dem Wald und wandern entlang der ehemaligen Bobbahn, von der leider heute nicht mehr viel zu sehen ist, bergab. Nach dem ersten, aber einsam gelegenen Wohnhaus teilt sich der Weg. Wir gehen rechts, am Felsenkeller, dem ursprünglichen Lagerkeller der Klosterbrauerei Schlehdorf, vorbei ans Kochelseeufer hinunter. Hier geht es erneut rechts und schon sind wir auf dem schmalen Pfad unterwegs, der zum Felsenweg wird. Nun steht einer der schönsten Wegabschnitte des Tages bevor. Eigentlich bedarf es keiner Beschreibung mehr, denn verlaufen können wir uns nicht. Nur den Aussichtspunkt links von uns, mit dem großen Kreuz, sollten wir nicht übersehen. Viel zu schnell sind wir wieder in Kraftwerksnähe. Als Alternative für den Rückweg können wir uns am See etwas links halten und über die Brücke des Kraftwerkswassers wandern, um dann auf einem Wiesenweg nach rechts zurück zum Parkplatz zu gelangen.

An den meisten Tagen im Jahr ist es am Kochelseeufer sehr ruhig.

Linke Seite: Einmal im Jahr, am Tag des offenen Denkmals, besteht die Möglichkeit, auf das Wasserschloss des Walchenseekraftwerks hinaufzufahren.

31 Auf die Kochler Sonnenspitze

Wo, bitte, geht's zur Sonnenspitz?

Schwer | 8,5 km | 700 m | 4 Std.

Tourencharakter
Einsame Tour mit sensationeller Aussicht, aber mit einem sehr steilen Anstieg und einer ausgesetzten Stelle, die Schwindelfreiheit voraussetzt; trittsicher sollte man sein; nicht nach einer Regenperiode marschieren, das wird zu rutschig.

Ausgangs-/Endpunkt
Kochel, Franz Marc Museum

GPS-Daten
47.650710, 11.365800

Anfahrt
Auto: Auf der A 95 Richtung Garmisch, Ausfahrt Großweil, links über Großweil nach Kochel; Parkplätze gibt es unterhalb des Museums oder an der Kristalltherme Trimini am großen Trimini-Parkplatz, zusätzlich 15 Min. Anmarsch über die Uferpromenade.
Bus/Bahn: Von München nach Kochel Endstation; zusätzlich 20 Min. Gehweg

Einkehr
Unterwegs keine, aber der Gipfel ist prädestiniert als Brotzeitplatz; in Kochel empfehlen wir das Bauerncafé Giggerer hinter dem Rathaus.

Karte
Kompass Nr. 7, Murnau/Kochel/Staffelsee, 1:50 000

Information
www.kochel.de

Auf der Suche nach einsameren Bergzielen sind wir auf die Kochler Sonnenspitze gestoßen. Ganz so topsecret ist sie nun nicht mehr, trotzdem macht es Spaß, am Nachmittag auf ein aussichtsreiches Platzerl zu stürmen. Vor allem, weil im Sommer im Anschluss zur Belohnung der Kochelsee zum Sundowner lockt.

Wir starten am Franz Marc Museum und wandern, den Kochelsee im Rücken, über den kleinen Parkplatz, der direkt hinter dem Museum liegt, in die Straße Rothenberg Süd hinein. Nach einer Linkskurve mündet sie in die Alte Straße, die wir geradeaus queren, und auf dem Wiesenweg gehen wir unter der Hochspannungsleitung hindurch bis zur nächsten Straße am Waldrand hinauf. Hier wenden wir uns für wenige Meter nach rechts. Dann beginnt links unser zunächst breiter Wanderweg, der mit Jochberg/Sonnenspitz/Hirschhörnl beschildert ist. Wir folgen der Beschilderung über eine Brücke, dahinter beginnt links ein schmaler, steiniger Weg, der schöner zu begehen ist als die Forststraße. Diese queren wir kurz darauf noch einmal etwas nach links versetzt, und nun kann man sich eigentlich nicht mehr verirren. Stets bergauf durch den Wald wird der Pfad langsam steiler und wir nähern uns der Kletterwand des Kiensteins. Zwischen den Bäumen haben wir die ersten Aussichten auf das blaue Kochelseewasser unter uns. Nun steht das anstrengendste Teilstück bevor. Hinter dem Kienstein geht es den Hang in vielen steilen Zickzackkehren hinauf. Das Ganze erinnert eher an eine Trainingseinheit aus dem Fitnessstudio für seinen Allerwertesten. Langsam nähern wir uns einer Abrisskante. Das ist die einzige Stelle, an der wir schwindelfrei sein sollten, denn sie ist nicht durch eine Absperrung gesichert. Direkt davor führt der Pfad in der Kehre wieder in sichereres, aber immer noch steiles Gelände. Plötzlich stoßen wir auf einen breiteren Weg, der von links kommt. Hierher kommen wir nach dem Gipfelsturm zurück. Wir bleiben weiter auf dem schmalen Pfad bergauf und halten uns am

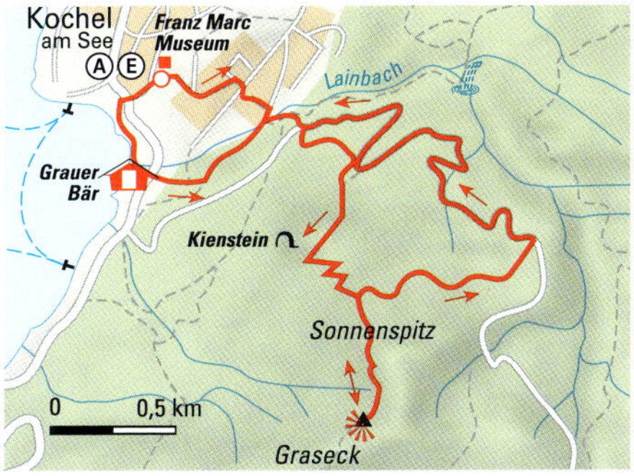

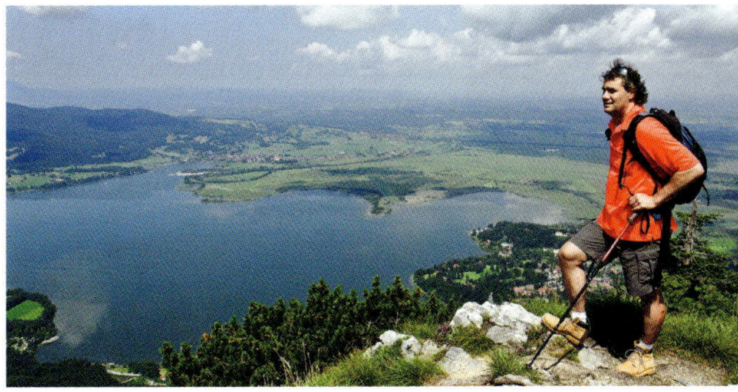

Unvorstellbar schön ist die Aussicht vom kleinen Gipfel der Sonnenspitze.

leicht verbeulten einsamen Wanderschild rechts. Kurz hinter der in einer Mulde liegenden Felshöhle haben wir es dann endlich geschafft. Wir treten aus dem Wald und stehen auf dem winzigen Gipfelplateau der Sonnenspitze hoch über dem Kochelsee.

Nach einer langen Aussichtsrast, verbunden mit einer leckeren Brotzeit, steht nun der Rückweg an. Zunächst steigen wir den gleichen Weg hinab bis zu dem Schild, das nach Kochel weist. Diesmal folgen wir der Beschilderung und wandern gleich darauf auf einem breiteren Waldweg abwärts. Auch hier ist der Wald in einem fast schon ursprünglichen Zustand. Oft liegen Stämme kreuz und quer zwischen gesunden Bäumen. Schließlich mündet unser Weg in eine noch breitere Forststraße. Dies ist die Stelle, bis zu der die etwas weniger konditionierten Bergsteiger auf der Forststraße hinaufsteigen, um so die Sonnenspitze zu bezwingen. Wir wenden uns nach links und steigen bergab. Bald erreichen wir die Abzweigung unseres Pfades, den wir vom Hinweg kennen. Diesem folgen wir zurück bis zum Ausgangspunkt.

Tipp

Bitte die Tour nicht in anderer Richtung marschieren. So steil bergab ist es wirklich schwieriger als bergauf. Es gibt auch einen einfacheren Zugang für alle, die den steilen Aufstieg scheuen. Er ist aber bei Weitem nicht so schön wie der hier beschriebene Weg. Dafür gehen wir einfach sowohl auf dem Hin- wie auf dem Rückweg über die Forststraße.

Alternative

Beim Rückweg, wenn wir schon fast im Tal sind, bietet sich ein netter Umweg an. Wir bleiben in Lainbachnähe und wandern nicht über die Wiese zurück, sondern wenden uns am Waldrand links. So erreichen wir auf einem malerischen Weg die B11. Diese überqueren wir und wandern entlang des Seeufers zu unseren jeweiligen Parkplätzen oder zum Bahnhof zurück.

32 Auf den Stutzenstein

An den herrlichen Lainbachfällen vorbei

Mittel | 9 km | 460 m | 2.30 Std.

Tourencharakter
Wer nur über den Wasserfallweg und die Kohlleite wandert, kann mit einer leichten Wanderung auf Forstwegen und schmalen Waldpfaden rechnen. Der Aufstieg zum Stutzenstein ist steil, nicht ausgeschildert und kein gepflegter Wanderweg. Auch er führt zum Großteil über einen steinigen, breiten Holzarbeiterweg. Für den Gipfel braucht man Trittsicherheit.

Ausgangs-/Endpunkt
Parkplatz an der Loisach bei Kochel

GPS-Daten
47.657329, 11.355780

Anfahrt
Auto: A 95 bis Murnau/Großweil. Links über Großweil und Schlehdorf nach Kochel. Kurz nach der Ortseinfahrt rechts zum Parkplatz an der Loisach einbiegen.
Bus/Bahn: Mit der Bahn bis Kochel, von dort zum Schmied-von-Kochel-Platz, entlang der B 11 nach Süden gehen und nach dem Franz Marc Museum die Runde starten

Karte
Kompass Nr. 7 Murnau/Kochel, 1:50 000

Information
www.kochel.de

Der Stutzenstein bei Kochel ist nirgends ausgeschildert und ziemlich unbekannt. Wer ihn erklimmen möchte, muss also etwas Abenteuerlust mitbringen! Auch kommen wir an einem der schönsten Wasserfälle des bayerischen Oberlandes vorbei.

Wir beginnen unsere Wanderung am Parkplatz, der direkt am Ausfluss der Loisach aus dem Kochelsee liegt. Mit dem See zu unserer rechten Seite wandern wir in Richtung Badepark, bleiben dann jedoch unten am Ufer und passieren die vielen kleinen Bootshäuschen, die sich immer wieder als schönes Fotomotiv entpuppen. Der herrliche Uferweg biegt bald wieder nach links weg und wir folgen ihm durch den Kurpark, wo wir uns etwas rechts halten. Dann stoßen wir auf die große Ortsdurchgangsstraße, die B 11, und müssen ihr ein Stück lang auf dem Gehweg

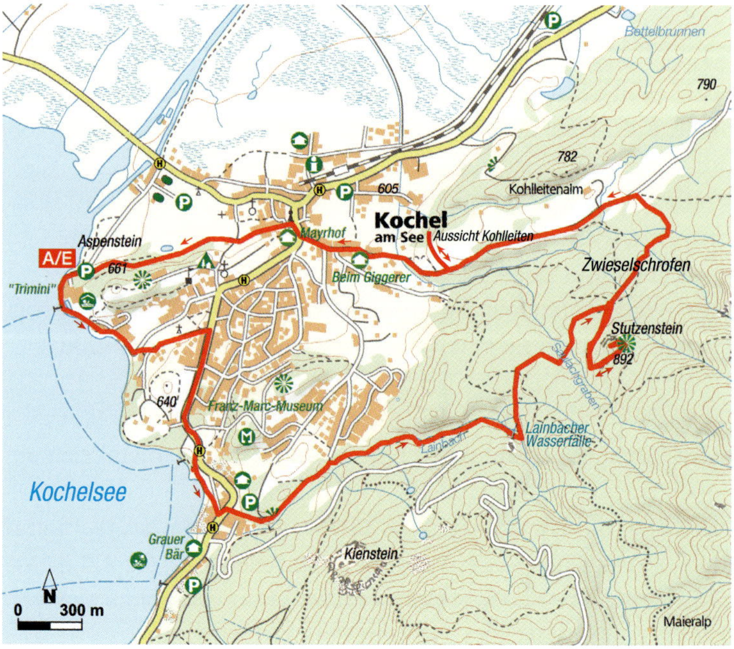

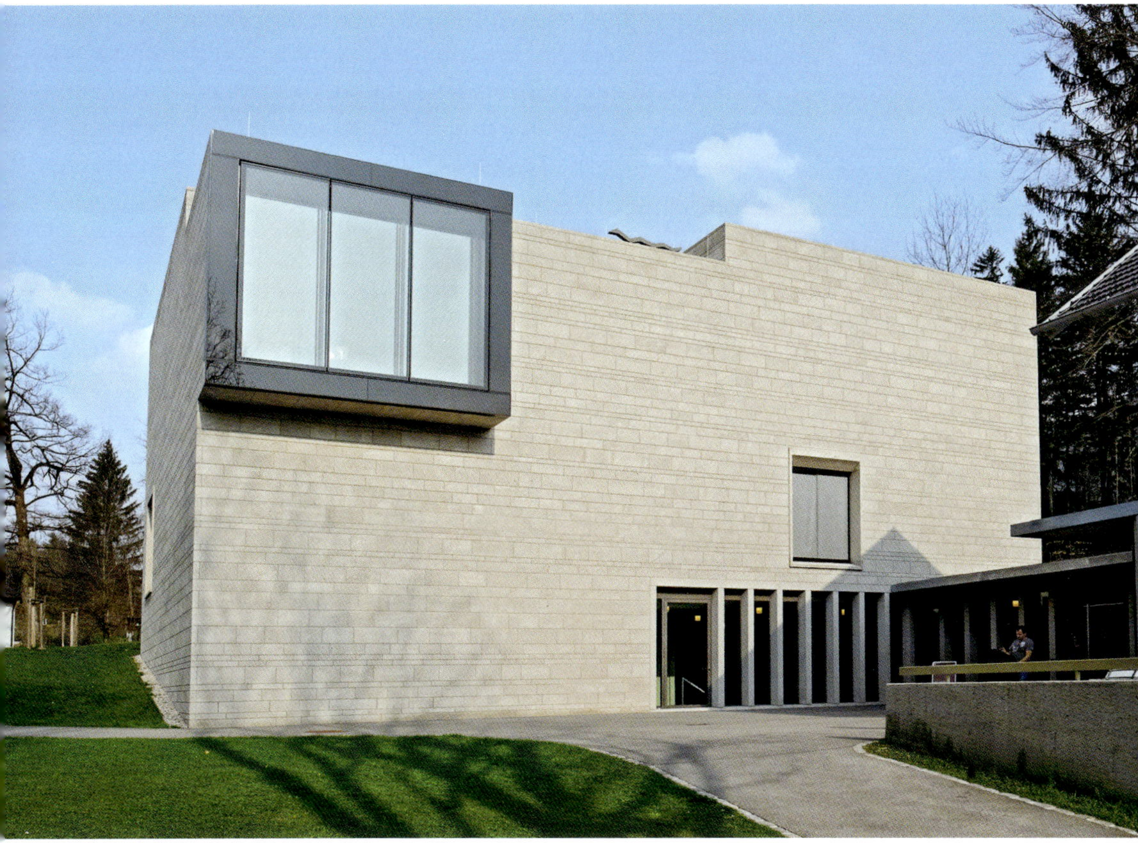

In Kochel befindet sich das berühmte Franz Marc Museum.

nach rechts folgen. Leicht bergab treffen wir so am Parkplatz des Franz Marc Museums wieder auf das Kochelseeufer und gehen an ihm noch ein kurzes Stück entlang. Bei der großen Firma Dorst queren wir die B 11 ein Stück nach links versetzt und beginnen mit dem Aufstieg ins Lainbachtal auf dem nur für Fußgänger freigegebenen Weg. Die Firma Dorst und bald darauf der Lainbach liegen zu unserer rechten Seite.

Nun können wir uns nicht mehr verlaufen. Wir bleiben auf dieser Bachseite und folgen dem tief unter uns rauschenden Bach aufwärts. Es ist herrlich kühl unter den Bäumen und auch vom Bachlauf her weht eine angenehme Brise. Wir stoßen am Waldrand auf eine Teerstraße – rechts geht es hinauf zur Kocheler Sonnenspitze, von links kommen die Wanderer direkt aus dem

Einkehr

Unterwegs keine, aber es gibt schöne Aussichtsrastplätze und in Kochel empfehlen wir das Bauerncafé Zum Giggerer direkt an der Strecke beim Rathaus (Montag und Dienstag Ruhetag, nur bis 19 Uhr geöffnet). Wer später dran ist, sitzt hier ebenfalls sehr schön am Kochelseeufer im Restaurant/Hotel Grauer Bär.

Ort. Wir bleiben unserem Bachlauf treu, der immer noch zum Lainbachfall und überdies nun als Vogellehrpfad beschildert ist. Kurz darauf queren wir den Bach und folgen dem von Wurzeln und Steinen durchzogenen, jetzt ansteigenden Weg. Schließlich nähern wir uns einem hohen Wasserfall. Im Frühjahr liegen hier oft entwurzelte Stämme, die von der Kraft des Wassers mitgerissen wurden. Jetzt sind wir an den Lainbach-Wasserfällen angekommen, aber der schönste Moment liegt noch vor uns. Der Pfad steigt steil an der Kante des Wasserfalls hinauf und dann stehen wir am oberen Wasserfall. Wie ein Schleier fällt meterhoch das Wasser vom Fels herab. Ein magischer Anblick und eine natürliche »Rainshower«-Dusche. Das Wasser ist äußerst kühl, wie es sich für ein ordentliches Bergwasser halt gehört, und prickelt angenehm auf der Haut!

Nach dieser erfrischenden Rast folgen wir dem Weg weiter bergauf. Diejenigen, die sich den Stutzenstein als Ziel fest vorgenommen haben, müssen nun etwas aufpassen. Die Abzweigung zu ihm erreichen wir ca. 15 Minuten nach dem oberen Wasserfall. Bis dorthin gehen wir zunächst alle gemeinsam weiter und folgen dabei der weiß-roten Markierung in Richtung Kohlleite. Wir passieren eine Abzweigung, die nach links in den Ort Kochel führt. Kinder spielen hier gerne und bauen sich kleine Hütten. Weiter dem Weg folgend, geht es nun im Auf und Ab durch den Wald. Auf dieser Strecke queren wir über Brücken zwei Bergbäche. Dann fällt der Weg leicht ab, wir queren noch ein Rinnsal (ohne Brücke) und treffen nach dem nächsten Minihügel wieder auf Wanderwegschilder. An dieser Stelle stößt von rechts im spitzen Winkel ein breiterer Forstweg auf unseren Wanderweg. Dies ist die Abzweigung zum Stutzenstein. Es ist ein Abstecher, wir kommen also hierher zurück. Alle anderen folgen dem Heilklimaweg 42, der weiter durch den Wald führt.

Brotzeit gefällig?

Wer sich für diese Wanderung mit einer stilvollen Brotzeit eindecken möchte, dem empfehlen wir die Dorfmetzgerei Pfleger am Schmied-von-Kochel-Platz. Vegetarier oder Käsefreunde finden Käse in großer Vielfalt im Naturkost- und Käseladen wenige Meter weiter in der Bahnhofstraße.

Der kleine Aussichtsgipfel ist in gut einer halben Stunde erreichbar. Dafür folgt man einfach dem breitesten Haupt-Forstweg. Zunächst noch wenig anstrengend, steigt die Forststraße an, dann geht es steil in einer langen Gerade hinauf. Dieses Stück muss man schaffen! Links vom Weg liegt nun der Felsklotz des Stutzensteins. Auf zwei kleinen Pfaden lässt er sich leicht in we-

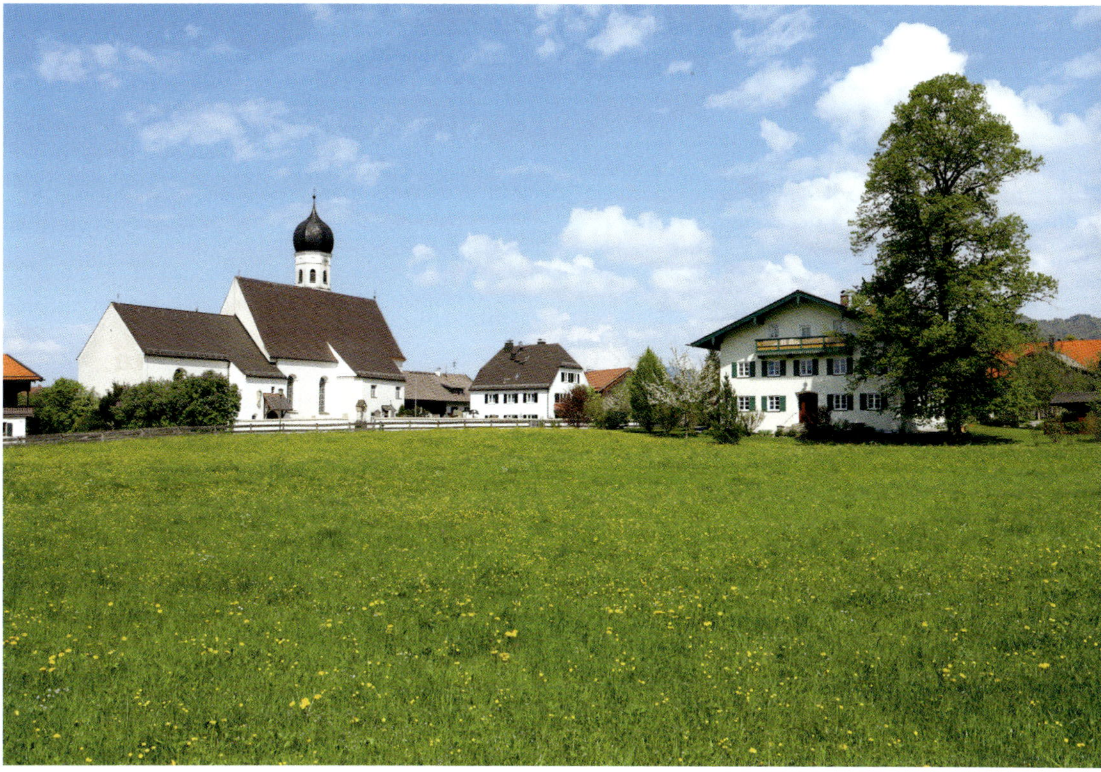

Am Rückweg passieren wir die kleine Dorfkirche St. Michael.

nigen Minuten ersteigen. Das Plateau auf dem Felsen entpuppt sich als sehr klein und nur wenige Wanderer haben darauf Platz. Natürlich ist Vorsicht geboten! Der Fels fällt steil ab und die vorderste Kante ist sicher nur etwas für Schwindelfreie.

Die Sicht ist fantastisch! Tief unter uns liegen Kochel und der See. Nach Westen erstreckt sich die weite Moorebene, die Kochel und Benediktbeuern miteinander verbindet. Auch ohne richtiges Gipfelkreuz ist jetzt Zeit für eine Gipfelbrotzeit.

Zurück geht es auf gleichem Weg bis zur beschriebenen Abzweigung. Hier folgen wir nun ebenfalls weiter der Beschilderung zur Kohlleite bzw. dem Heilklimaweg 42. Nach einer nächsten Bachquerung steigen wir zu einer wunderschönen Almwiese hinab, der Kohlleite. Hier treffen wir auf eine breitere Almstraße, der wir nach links folgen. Die Almen auf der Wiese sind allesamt in Privatbesitz und leider nicht bewirtschaftet. Trotzdem hat man auch von hier eine wunderschöne Aussicht über den Kochelsee hinweg auf Herzogstand und Heimgarten.

Kurz bevor es endgültig nach Kochel hinabgeht, biegen wir am Wasserreservoir rechts mit einem Abstecher zum herrlichen

Rechte Seite: Der Uferweg in Kochel

Der Aussichtspunkt Kohlleite über dem Ort

Aussichtspunkt Kohlleite ab. Die Rastbänke gruppieren sich unter drei mächtigen Bäumen, einer Buche, einer Eiche und einer Linde. Franz Marc malte hier eines seiner berühmten Bilder: »Zwei Frauen am Berg«. Für uns ist es als krönender Abschluss

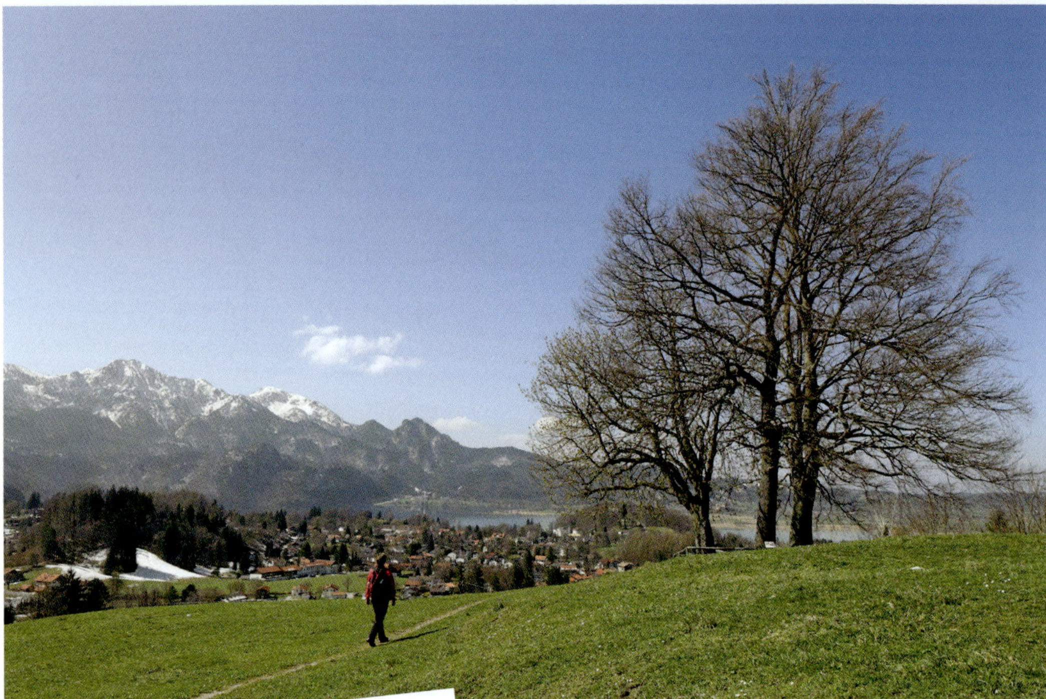

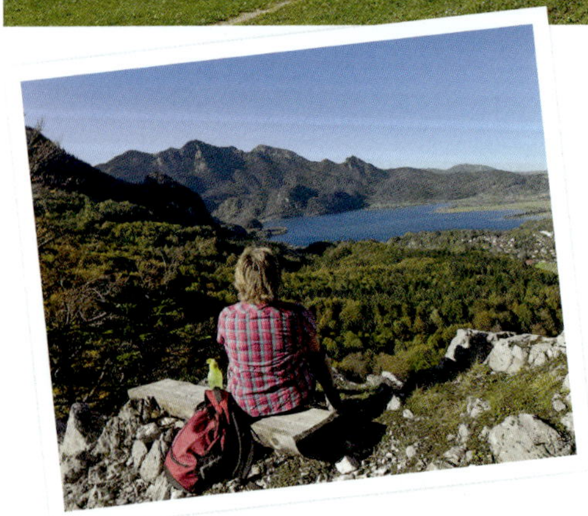

Am Gipfel des Stutzensteins

zu dieser Wanderung der zweitschönste Rastplatz der Tour, und vor allem für all diejenigen bestens geeignet, die nicht auf den Stutzenstein gestiegen sind.

Zurück an der Almstraße geht es die letzten Höhenmeter hinunter in den Ort, wo wir durch die Kalmbachstraße, vorbei am Bauerncafé Zum Giggerer und dem Rathaus, bis zur B 11 gehen, auf die wir am Schmied-von-Kochel-Platz treffen. Wir queren die Straße, wandern etwas nach rechts und biegen dann vor dem Gasthaus zur Post links in die kleine Hanersimmergasse ein. Diese führt südlich der kleinen Dorfkirche alsbald über die Felder in den Seeweg, der am neuen Friedhof entlangzieht. So kommen wir absolut verkehrsberuhigt zurück zu unserem Ausgangspunkt, dem Parkplatz an der Loisach.

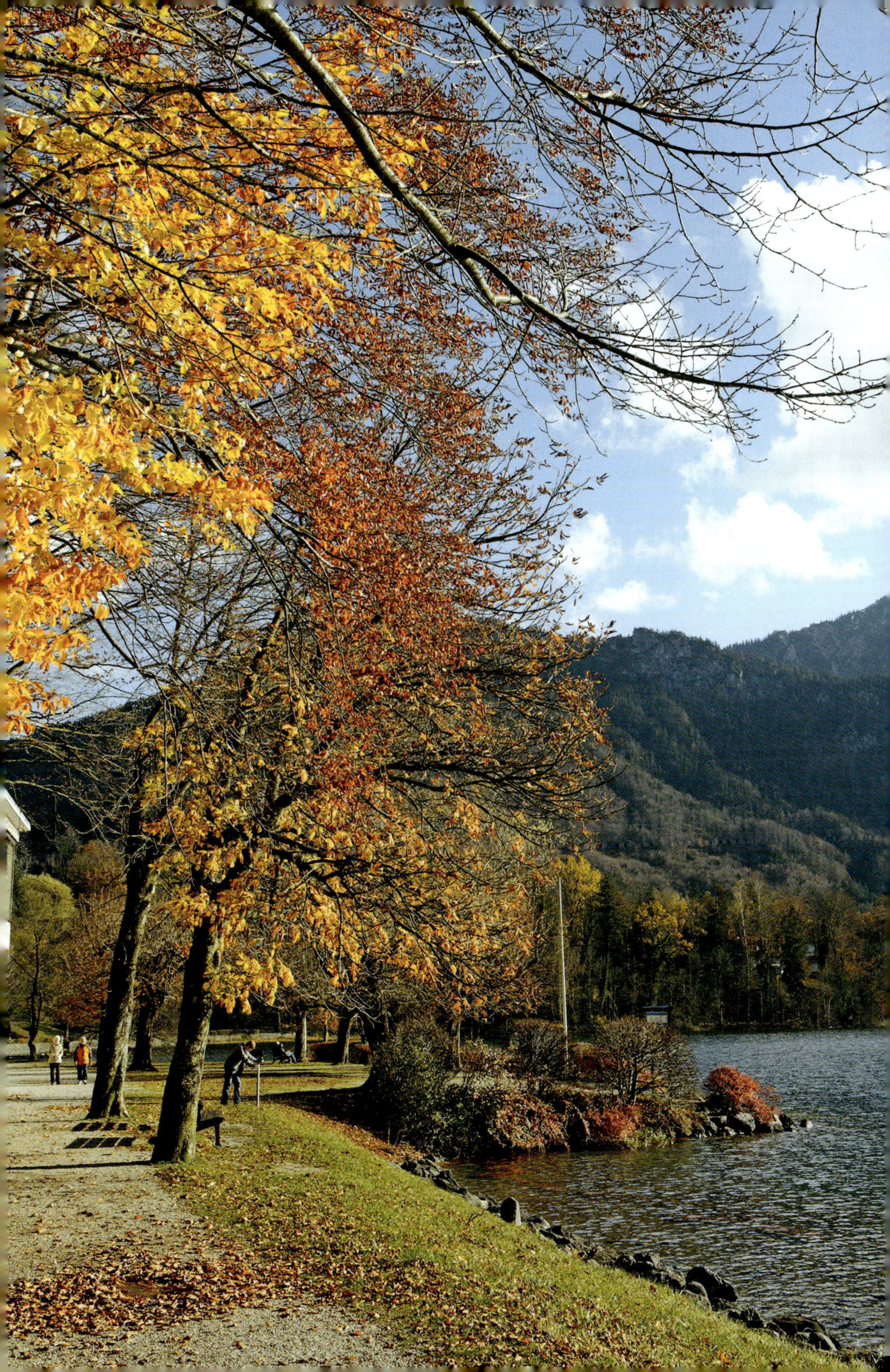

33 Auf die Pessenbacher Schneid

Zwischen Jachen und Loisach

Mittel | 8 km | 650 m | 3 Std.

Tourencharakter
Eine gemütliche Runde auf anfangs sehr steinigen Bergwegen, der Abstieg erfolgt auf der breiten Forststraße; bei genügend eingeplanter Zeit kann auch der Rabenkopfgipfel bestiegen werden (zusätzlich 1 Std. 30 Min.)

Ausgangs-/Endpunkt
Wanderparkplatz in Pessenbach

GPS-Daten
47.675348, 11.396944

Anfahrt
Auto: Auf der A 95 Richtung Garmisch, Ausfahrt Benediktbeuern, über Benediktbeuern und Ried weiter Richtung Kochel. Im Weiler Pessenbach gibt es einen Wanderparkplatz auf der rechten Bundesstraßenseite.
Bus/Bahn: Von München nach Kochel oder Benediktbeuern, dann weiter mit dem Bus

Einkehr
Die Orterer Alm hat nur am Wochenende bei schönem Wetter von Juni bis Oktober geöffnet.

Karte
Kompass Nr. 7, Murnau/Kochel/Staffelsee, 1:50 000

Information
www.kochel.de

Unsere Tour führt zur Pessenbacher Schneid, die unter dem Rabenkopf liegt. Sie ist nicht ganz so hoch wie der berühmte Gipfel, aber auch hier haben wir eine herrliche Aussicht nebst Gipfelkreuz, sodass wir uns die letzten und vor allem schweißtreibenden Höhenmeter bis zum Rabenkopf ersparen.

Wir starten vom Parkplatz in Pessenbach und überqueren die B 11. Hier führt ein breiter Feldweg direkt auf den Wald zu. Gleich am Waldrand halten wir uns geradeaus auf den kleineren, sehr steinigen Weg, der mit einem gelben Schild bereits zur Pessenbacher Schneid und dem Rabenkopf ausgeschildert ist. So steigen wir schön schattig auf dem etwas unebenen Untergrund aufwärts und gewinnen rasch an Höhe. Dann wird der Weg schmäler und führt im Zickzack einen Wiesenhang hinauf. Hier lohnt es sich, umzudrehen und die weite Sicht über das Moor zu genießen. Nach etwas über einer Stunde treffen wir auf eine breitere Forststraße. Hierher kommen wir beim Abstieg zurück. Wir wenden uns nach links, der Weg wird angenehm flacher. Kurz darauf weist uns ein Schild rechts zur Pessenbacher Schneid. Nun sind es nur noch wenige Schritte und wir stehen vor der netten Orterer Alm, die jedoch nur an Sommerwochenenden bewirtschaftet wird. Auf der kleinen hölzernen Bank vor der Hütte findet sich hoffentlich noch ein freies Plätzchen. Eingelullt vom trägen Plätschern des Almbrunnens vergessen wir den Alltag und genießen den schönen Almboden. Hinter diesem Kessel steigen die steilen Hänge des Rabenkopfs empor.

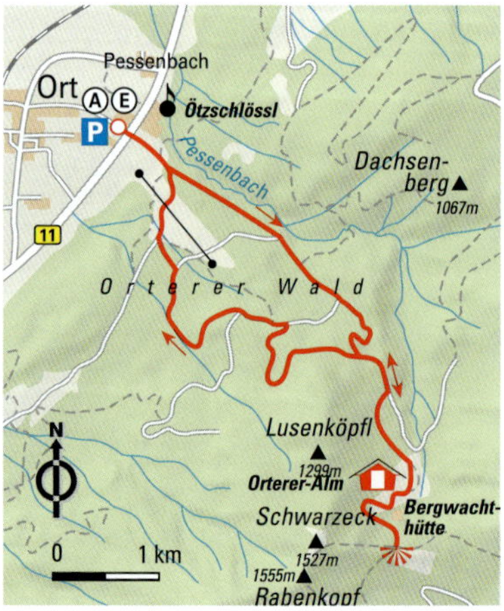

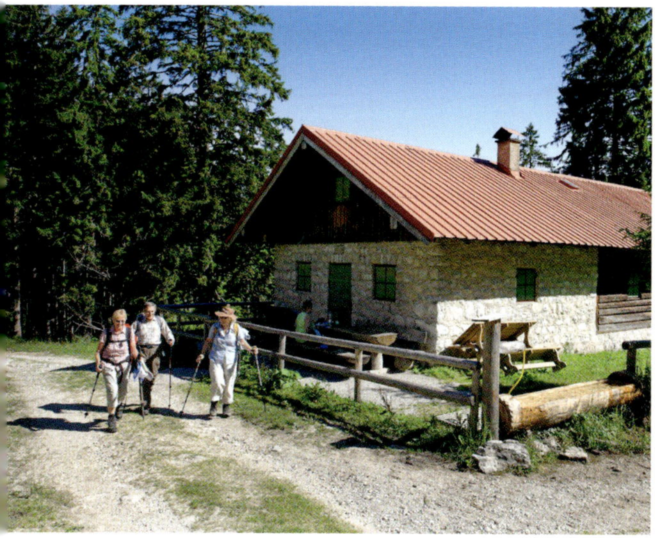

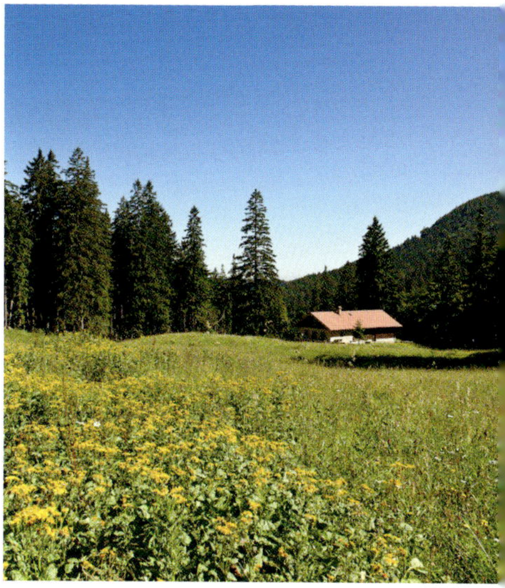

Im Sommer sind die Almwiesen unter dem Rabenkopf in voller Blüte.

Links: Wer nicht verdursten oder verhungern will, sollte unbedingt auf die Öffnungszeiten der Orterer Alm achten.

Bis zur schönen Aussicht ist es nun nicht mehr weit, auch wenn unser Weg, der hier Girgl-Fischer-Steig heißt, nun merklich ansteigt. Herr Fischer war ein engagiertes Mitglied der Penzberger Bergwacht und maßgeblich am Bau der Diensthütte, die wir bald sehen werden, beteiligt. Das letzte Stück geht es dann fast wieder eben und plötzlich stehen wir an der Pessenbacher Schneid, einem Übergang zwischen der zur Benediktenwand gehörenden Glaswand und dem Rabenkopf. Zum perfekten Glück gibt es ein Ruhebankerl, ein hübsches Gipfelkreuz und neben uns liegt die Penzberger Bergwachthütte.
Aber nun heißt es erst einmal ausschnaufen, die Sicht genießen und die Brotzeit auspacken. Wir sitzen hoch über der Jachenau und der Blick reicht weit bis ins Karwendel hinein.
Zum Abstieg wählen wir zunächst den gleichen Weg bis unterhalb der Orterer Alm. Nun bleiben wir einfach auf der breiten Forststraße und wandern diese gemütlich und knieschonend bergab. Von dort haben wir immer wieder schöne Aussichten bis zum Starnberger See und zum Ammersee. Kurz nach den Ötzliften stoßen wir wieder auf den bekannten Hinweg und nun ist es nicht mehr weit zurück bis zum Parkplatz.

Gipfelsturm

Direkt von der Pessenbacher Schneid führt nur ein wirklich sehr exponierter und steiler Steig auf den Rabenkopfgipfel. Leichter ist der Weg in einem Südbogen über die Staffelalm.

34 Durch Benediktbeuerns Lainbachtal

An wildem Wasser

Leicht | 11 km | 350 m | 3 Std.

Tourencharakter
Rundtour, meist auf breiten Waldwegen; nur ein steiler Anstieg steht bevor; die Bauernalm ist privat, es gibt keine Einkehrmöglichkeit.

Ausgangs-/Endpunkt
Benediktbeuern, Parkplatz am Alpenwarmbad

GPS-Daten
47.697427, 11.417336

Anfahrt
Auto: Auf der A 95 Richtung Garmisch, Ausfahrt Sindelsdorf, dort weiter nach Benediktbeuern; das Alpenwarmbad liegt am südlichen Ortsende und ist ausgeschildert.
Bus/Bahn: Von München Richtung Kochel, Haltestelle Benediktbeuern; zusätzliche 30 Min. Anmarschzeit

Einkehr
Unterwegs keine, nach der Tour gibt es in Benediktbeuern das Klosterbräustüberl mit Biergarten; gerne sitzen wir in Otti's Eis- und Cafégarten, Ignaz-Günther-Straße 2, etwas versteckt beim Bahnhof.

Karte
Kompass Nr. 7, Murnau/Kochel/Staffelsee, 1:50 000

Information
www.benediktbeuern.de

Für seine Berge ist Benediktbeuern eher weniger bekannt, denn die meisten Besucher wollen zum berühmten Kloster. Dennoch gibt es einen herrlichen, vor allem ruhigen Wanderweg durch das kühle Lainbachtal hinauf zur kleinen privaten Bauernalm. Dort erwartet uns ein netter Benediktenwandblick, bevor wir auf einer ruhigen Bergstraße absteigen.

Wir starten vom Parkplatz vor dem Alpenwarmbad und wenden uns gleich nach den Bäumen und Sträuchern, die den Parkplatz teilweise zum Freibad abgrenzen, links auf den schmalen Pfad. So wandern wir am Wiesenrand entlang in Richtung Osten und erreichen nach wenigen Minuten Mariabrunn. Die in einem Bildstock stehende Muttergottes mit ihrem Brünnlein wird vor allem von Einheimischen sehr verehrt. Fast täglich bringen Gläubige frische Blumen und holen sich sogar Wasser aus der Quelle, von dem sich manche Heilwirkung versprechen, obwohl die Gemeinde das Wasser gar nicht als Trinkwasser freigegeben hat. Alles in allem ist der Platz aber wirklich idyllisch und zeugt vom tief verwurzelten christlichen Glauben in der Bevölkerung. Unmittelbar hinter Mariabrunn queren wir die Teerstraße und wandern geradeaus in die Forststraße, die parallel zum links von uns gelegenen Lainbach verläuft. Hier wurde ein interessanter Wildwasserlehrpfad mit neun Stationen angelegt, auf dem wir alles Wichtige rund um das Wasser und seine Zähmung erfahren. Unser Weg steigt nur unmerklich an. Neben uns rauscht und gurgelt das Wasser. An einigen Stellen stürzt es kleine Staustufen hinab, an anderen bil-

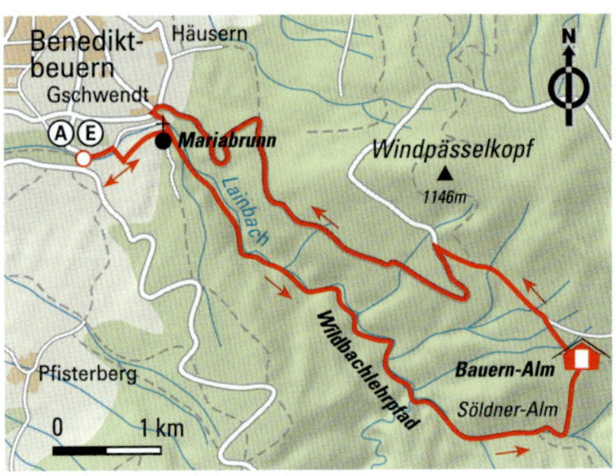

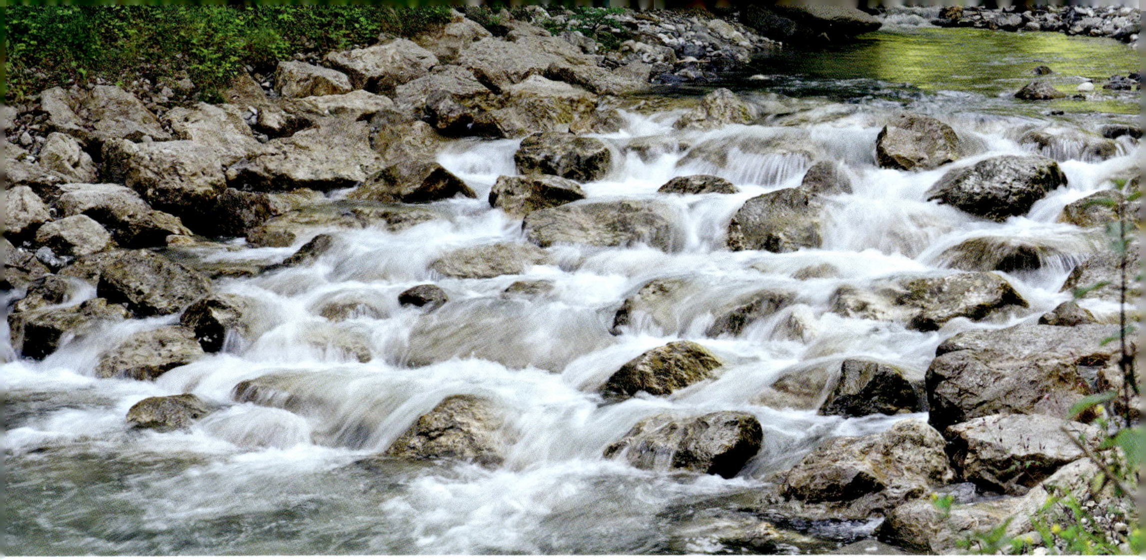

den sich grüne, tiefe Gumpen und manchmal zwängt es sich durch natürliche steinerne Kanalrinnen, die durch geologische Verformung entstanden sind. Kurz nach der neunten und letzten Wildwasserstation an der Söldner-Alm halten wir uns links und queren auf einem kleinen Steg den Bach. Nach ca. 100 Metern wenden wir uns erneut links auf den schmalen Pfad, der zur Bauernalm ausgeschildert ist. Nun erfolgt der einzige richtige Anstieg, ohne den wir hier ja heute kaum von einer Bergtour sprechen würden. Für einen Kilometer geht es steil den Berg hinauf durch einen Wald. Nur an wenigen Stellen erhaschen wir zwischen den Bäumen einen Blick auf die Felsen der Benediktenwand. Kurz vor der Bauernalm führt der Weg leicht bergab, wir queren ein Bachbett und stehen schon auf einer kleinen Lichtung. Hinter Fichtenhecken versteckt liegt die private Bauernalm (nicht bewirtschaftet). Abgesehen vom Plätschern des kleinen Brünnleins ist es hier sehr ruhig und einsam. Den schönsten Rastplatz haben wir links von der Hütte am einige Meter höher gelegenen Waldrand. Hier können wir nicht nur unsere Brotzeit verzehren, sondern genießen überdies die schöne Aussicht auf die Benediktenwand. Für den Rückweg wandern wir auf der kleinen Almstraße zunächst fast eben talauswärts und stoßen bald auf eine breitere Forststraße, in die wir links einbiegen und der wir nun stets bergab folgen (ein weiteres Mal müssen wir uns links halten). Nach vielen Kehren erreichen wir die ersten Häuser von Benediktbeuern. Hier wenden wir uns links über den Lainbach und sind wieder an der Gedenkstätte Mariabrünnlein, die wir vom Hinweg bereits kennen. Nun ist es nicht mehr weit zurück bis zu unserem Startplatz.

Aufwendig wurde der Lainbach gegen das Hochwasser verbaut.

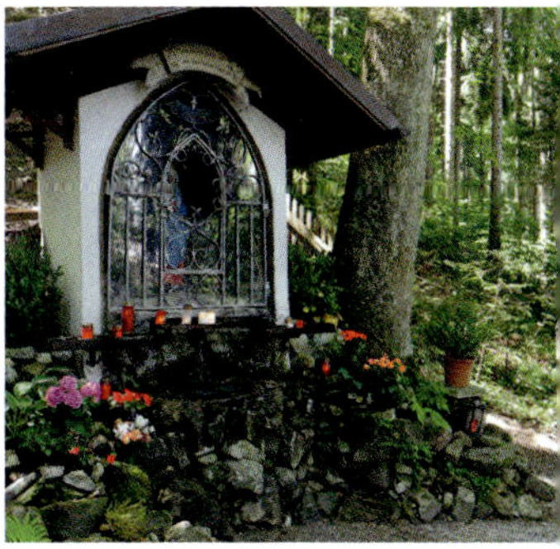

Mariabrünnlein ist eine lokale Andachtsstätte.

35 Aufs Stallauer Eck

Der Halbtags-Aussichtsgipfel

Leicht | 9 km | 500 m | 3 Std.

Tourencharakter
Einfache, schattige Tour überwiegend auf schmalen Bergpfaden und Forststraßen

Ausgangs-/Endpunkt
Bad Heilbrunn, Wanderparkplatz gegenüber des Sportplatzes am Wörnerweg

GPS-Daten
47.749860, 11.463083

Anfahrt
Auto: Von München auf der A 95, Ausfahrt Sindelsdorf/ Bad Tölz und weiter über Bichl nach Bad Heilbrunn; der Parkplatz liegt in der Ortsmitte, in der Nähe der Kurklinik/ Schule.
Bus/Bahn: Mit dem Zug nach Bad Tölz oder Bichl, weiter mit Bussen nach Bad Heilbrunn. Haltestelle Birkenallee

Einkehr
Unterwegs keine Möglichkeit. Bad Heilbrunn-Ramsau: Gasthof RamsAu mit einem Biergarten unter riesigen Kastanienbäumen. Bad Heilbrunn: Restaurant Parkvilla in der historischen Seidlvilla, mit mediterraner Küche

Karte
Kompass Nr. 6, Walchensee 1:50 000

Information
www.bad-heilbrunn.de

Eine ideale Tour für einen heißen Sommernachmittag, zieht sich doch der Großteil des Aufstieges durch schönen, schattigen Mischwald, der sich erst direkt unter dem Gipfel zu einer Almwiese lichtet. Das Stallauer Eck, das fast unscheinbar neben dem bekannten Blomberg liegt, besitzt noch weitere Vorzüge.

Es ist ziemlich unbekannt und schenkt uns mit Sicherheit das Gefühl von Bergeinsamkeit. Einziger Nachteil ist die fehlende Bergwirtschaft oder Alm. Aber ein Picknick unter freiem Himmel mit Sicht auf die Benediktenwand oder den Starnberger See ist auch ein Erlebnis.

Wir wandern vom Parkplatz am Fußballplatz entlang Richtung Schule und Kurklinik. Gegenüber der Schule flanieren wir geradeaus durch den herrlich duftenden, riesigen Kräuterpark bis zur Birkenallee. Hier wandern wir rechts und queren an ihrem Ende durch eine Unterführung die große Autostraße. Auf der anderen Seite steigen wir dann, rechts haltend, »Am Zwieselhang« aufwärts. Die kleine, geteerte Straße führt rasch in den Wald. Wir bleiben zunächst geradeaus auf dem Hauptweg. Nach dem Wasserbehälter und dem Funkmast wird der Weg zu einer ungeteerten Forststraße. Wir folgen dieser nur kurz und biegen bei der Beschilderung »Zum Stallauer Eck« links auf einen kleinen Pfad ab. Nun steigt der schmale Weg im Wald weiter an. Wir passieren ein Marienbild, das fast immer mit Blumen geschmückt ist. Ein gutes Stück später öffnet sich zweimal der Wald und lässt uns auf Bad Heilbrunn schauen. Wir queren nochmals die Forststraße ein Stück nach links und nun führt unser Weg in einem langen Bogen am Berghang entlang. Durch einen dichten Wald erfolgt der letzte Anstieg und schon stehen wir auf der sonnigen Almwiese mit dem kleinen Gipfelkreuz und der Rastbank. Zwischen den Bäumen hindurch schauen wir auf die Benediktenwand, dann folgen die Berge um den Kochelsee und im Hintergrund das Hörnle bei Bad Kohlgrub. Im Nordwesten glänzen

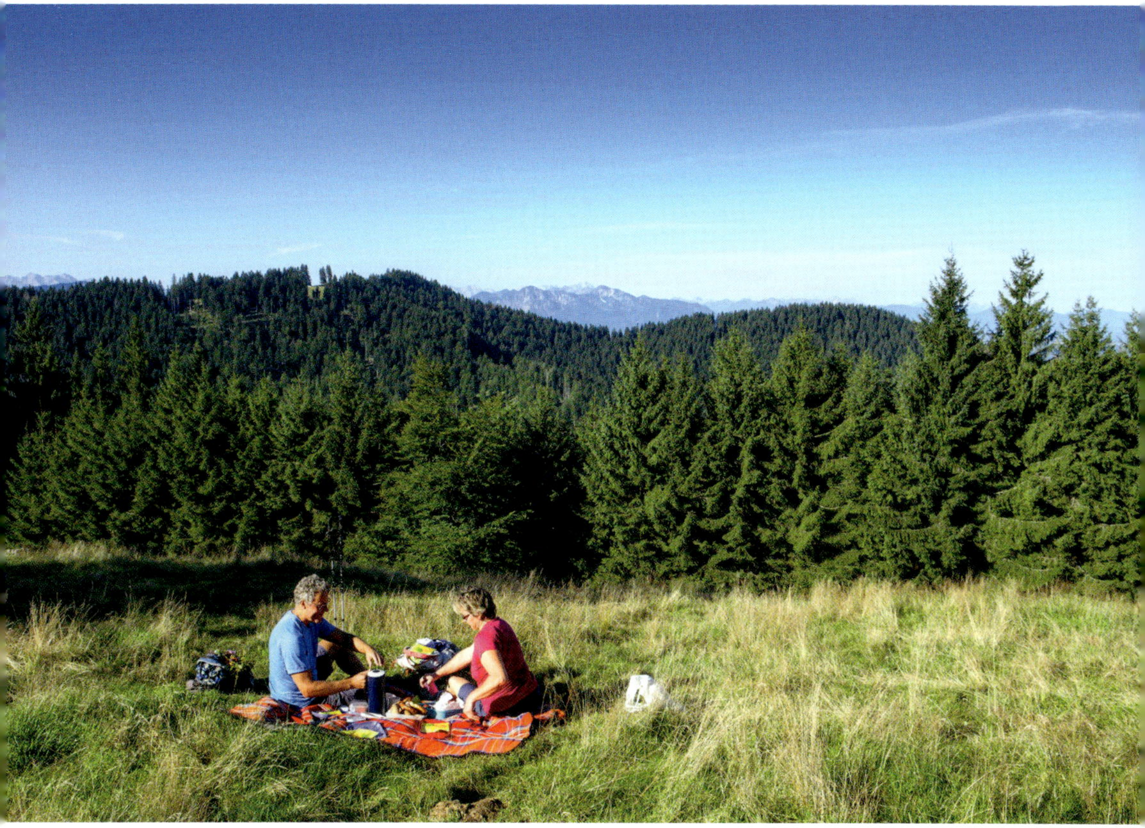

der Starnberger See und die Osterseen. Nach der Schaurast steigen wir zunächst auf dem gleichen Weg ab. Als Alternative zum Anstieg können wir auch auf der Forststraße weiter ins Tal wandern. Sie führt am rauschenden Schellenbach entlang, der sich tief ins Gestein eingegraben hat. Nach dem Wasserspeicher gibt es dann links noch eine Variante über den Lindenhügel (Wegweiser) zurück zum Ortskern von Bad Heilbrunn. Der Weg mündet an der großen Autostraße, die wir vorsichtig überqueren. Etwas nach rechts, dann sind wir wieder in der Birkenallee und auf dem schon vertrauten Weg.

Die selbst mitgebrachte Brotzeit schmeckt auf der Gipfelwiese besonders gut.

Krönender Abschluss der Tour ist ein Besuch im Bad Heilbrunner Kräutergarten. Der riesengroße Kräuter-Erlebnispark beinhaltet u. a. einen großen Teich mit Bachlauf, ein Labyrinth und einen Spielplatz. Es gibt Tee-, Duft-, Wild- und Heilkräuterzonen, aber auch einen Zauberwald und einen Hexenring.

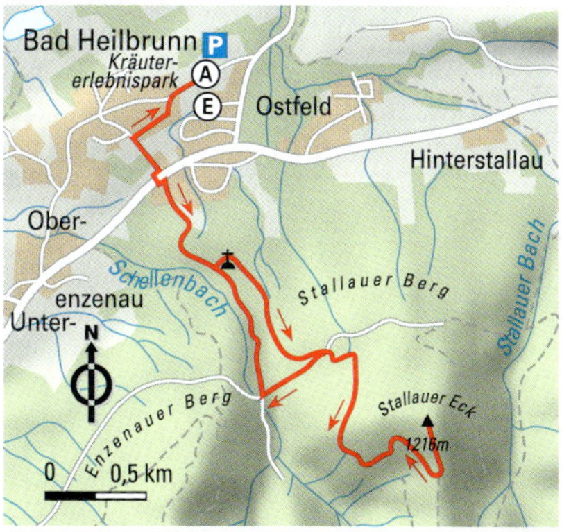

36 Auf den Heigelkopf

Abendschau über dem Isarwinkel

Mittel | 7 km | 550 m | 3 Std.

Tourencharakter
Der Aufstieg ist relativ steil. Meist auf breiteren Forstwegen und im Gipfelverlauf über Wiesenpfade

Ausgangs-/Endpunkt
Parkplatz Lehen/Wackersberg

GPS-Daten
47.723053, 11.532004

Anfahrt
Auto: A 8 bis Holzkirchen, weiter nach Bad Tölz, dort rechts auf die Umgehungsstraße Richtung Kochel. Nach Isarüberquerung an der Abzweigung (Ampel) rechts Richtung Stadtmitte. An der Isar rechts auf die Arzbacher Straße (St2072) in Richtung Lenggries. In Steinbach rechts in Richtung Wackersberg, dann links der Beschilderung nach Lehen zum Gasthaus WaldherrAlm mit Parkplatz.
Bus/Bahn: Mit BOB bis Lenggries oder Bad Tölz und mit Bus bis Höfen bei Wackersberg, 20 Min. Fußweg

Einkehr
Waldherralm am Ende der Tour (Ruhetag: Mo, Di)

Karte
Kompass Nr. 182 Isarwinkel, 1:50 000

Information
www.bad-toelz.de

Gar nicht so hoch über Isar- und Loisachtal liegt mit Blomberg, Zwiesel und Heigelkopf ein bekanntes Triumvirat an Voralpengipfeln. Letzteren kann man auf einsameren Wegen erreichen, als es die meisten anderen mithilfe der Blombergbahn tun.

Gerade im Sommer sollte man bedenken, dass der Aufstiegsweg zum Großteil der Sonne ausgesetzt ist und es sehr heiß werden kann. Vom Wanderparkplatz am Fuß der WaldherrAlm wenden wir uns nach links auf den ungeteerten Wanderweg, der zunächst in Richtung Blomberg/Zwiesel ausgeschildert ist. 200 Meter später weist uns dann ein Schild unmittelbar vor dem Steinbach nach rechts, und nun ist auch der Heigelkopf ausgeschildert. Irritiert hat uns die dortige Angabe von drei Stunden Gehzeit. Zwei Stunden sollten für den Aufstieg reichen, und wir sollten uns hier nicht von der Zeitangabe entmutigen lassen. Da der Abstieg auf dem Hinweg verläuft, hat jeder die Zeit selbst im Blick.

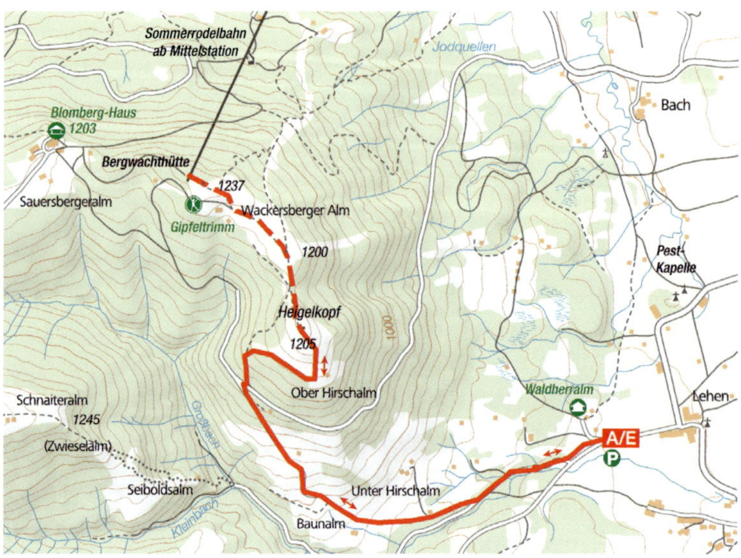

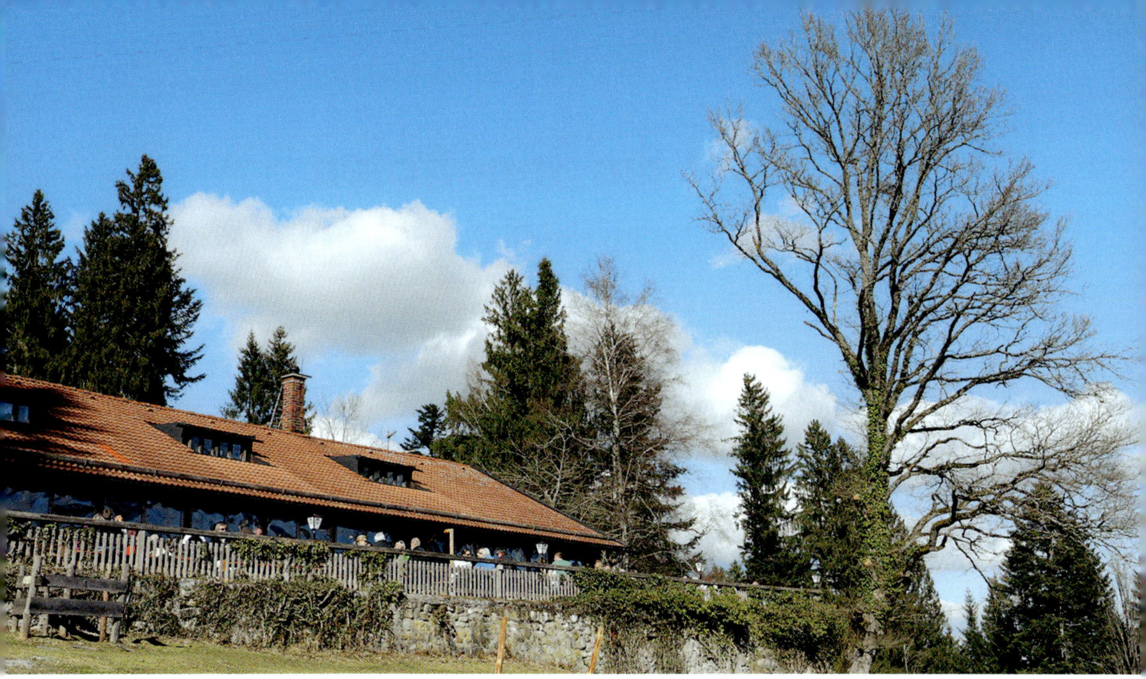

Zunächst geht es relativ flach ansteigend auf der breiten Almstraße dahin. Bald wandern wir über eine große Almwiese, vorbei an ein paar privaten Almhütten. Dahinter steigt der Weg dann schon kräftiger an. Gut, dass uns die Steigung zum Verschnaufen ausbremst, denn so können wir uns umdrehen und die schöne Aussicht über das Isartal genießen. Bald säumen einige mächtige Wetterfichten unseren Weg, und wir treten in den Bergwald ein. Stets folgen wir der Beschilderung zum Heigelkopf. Dann queren wir eine Forststraße geradeaus in den schmäleren, weiter ansteigenden Bergweg. Dieser führt bald über eine Rechtskurve durch den Wald bis an den Rand einer Almwiese. Dort hinauf müssen wir, denn das ist unser Heigelkopf. Also jetzt heißt es ein letztes Mal Kräfte zu mobilisieren, und schon geht es auf einem Wiesenpfad direkt über die Südseite hinauf zum Gipfelkreuz des Heigelkopfs (1205 m).

Vor uns breitet sich der Isarwinkel mit Lenggries aus und am Horizont bilden die Berge um den Sylvensteinspeichersee den Abschluss. Die Sicht auf die große Kette des Karwendels wird uns durch den breiten Rücken der Benediktenwand versperrt. Da der Rückweg auf dem Hinweg verläuft, sollte sich hier keiner mehr verirren. Wieder im Tal angekommen, können wir noch gut in der WaldherrAlm einkehren.

Am Ende der Tour liegt direkt neben dem Startplatz die Waldherralm, der beste Platz zum Einkehren (Mo/Di Ruhetag).

Unser Badetipp

Unweit unseres Startplatzes fließt die Isar. Wer im Sommer auf den Heigelkopf saust, sollte für ein Badevergnügen vor oder nach der Tour seine Badesachen nicht vergessen.

37 Auf die Sonntraten

Seelenberg der Einheimischen

Leicht | 6 km | 350 m | 2 Std.

Tourencharakter
Leichte Bergtour auf ausgeschilderten Pfaden mit vielen Treppenstufen, im Sommer sehr heiß, es gibt kaum Schatten.

Ausgangs-/Endpunkt
Wanderparkplatz Grundern/ Sonntraten

GPS-Daten
47.712605, 11.588386

Anfahrt
Auto: Von Bad Tölz Richtung Lenggries, kurz nach dem Tölzer Ortsende links von der Schnellstraße Richtung Gaißach abbiegen. Weiter geradeaus nach Gaißach/ Mühle (oder Schildern Richtung Reiserliften folgen), nach der Bahnunterführung rechts in die Untermbergstraße. Dann über mehrere kleine Weiler bis kurz hinter Grundern fahren, ein Stück vor den Reiserskiliften befindet sich ein großer Wanderparkplatz.
Bus/Bahn: Von München über Bad Tölz nach Gaißach, Haltestelle Gaißach/Mühle, eine knappe halbe Stunde Fußmarsch bis nach Grundern

Karte
Kompass Nr. 182, Isarwinkel 1:50 000

Information
www.bad-toelz.de

Vielleicht gibt es wirklich ein paar magische Orte auf dieser Welt. Wenn, dann gehört die Sonntraten dazu. Berge haben immer ein starkes Energiepotenzial und beeinflussen das Gemüt der Wanderer positiv. Die Sonntraten ist vielleicht nur einer von vielen. Er tut ganz einfach der Seele gut.

Die gesamte Tour ist perfekt ausgeschildert. Schräg gegenüber des Parkplatzes beginnt die Beschilderung zum Sonntratensteig auf dem nur für Land- und Forstwirtschaft freigegebenen Weg. Nach 200 m halten wir uns an der Gabelung links auf einen Feldweg. Bald wird er schmäler und wir steigen auf einem Almpfad höher. Die Bitte, den Weg nicht zu verlassen, unbedingt beachten – Trampelpfade verursachen schwere Erosionsschäden an den Hängen. Der Weg wird steil und wir gewinnen über viele Stufen rasch an Höhe. Mit jedem Schritt verändert sich die Aussicht. Über

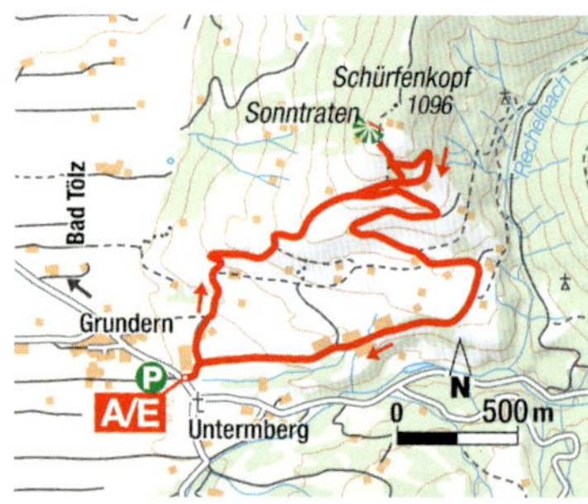

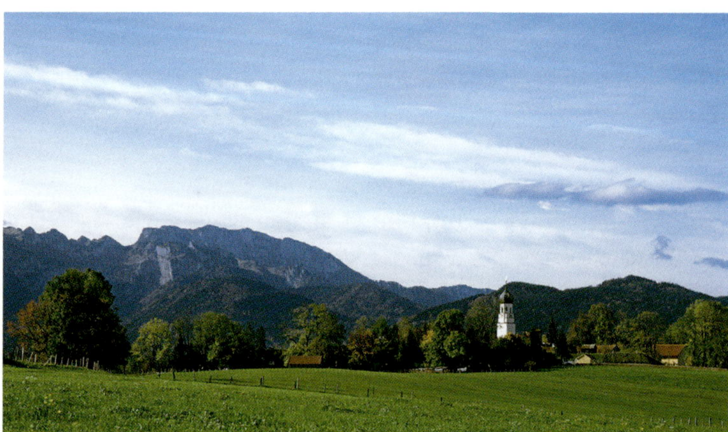

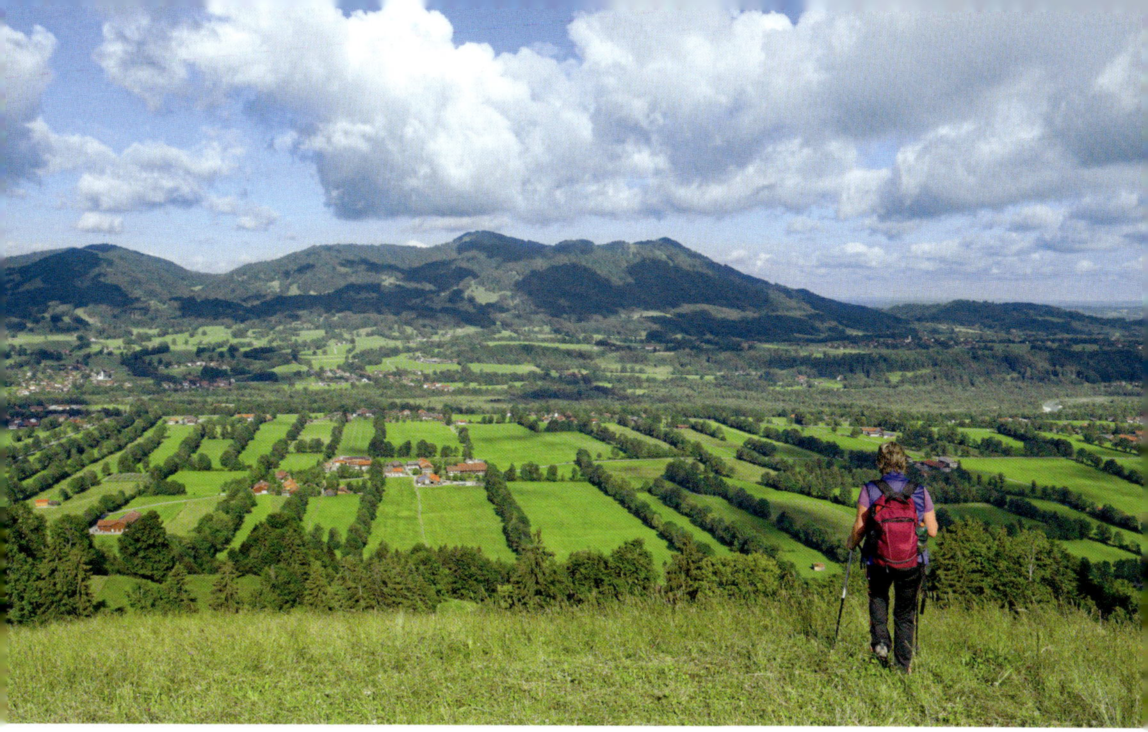

eine etwas flachere Almwiese kommen wir zur ersten Rastbank am Waldrand. Hier halten wir uns links und gehen immer weiter aufwärts in den Wald hinein. Nach etwas über einer Stunde stehen wir auf dem 1092 m hohen Wiesenbuckel der Sonntraten. Eine Rastbank lädt zum Verweilen ein und eine Almwiese bietet Platz für mehr Gäste. Hier schauen wir über das Isartal nach Süden. Dort reihen sich die Berge des Tegernsees mit dem Fockenstein schier unendlich hintereinander auf. Am Horizont erhebt sich der Juifen, die Mondscheinspitze und der Schafreuter im Karwendel. Für den Abstieg geht es entweder auf gleichem Weg zurück, oder wir wählen den etwas breiteren Sonntratenweg, der unterhalb der Almwiese beginnt und ebenfalls wieder zum Ausgangspunkt führt.

Viele Einheimische laufen schnell mal ihre Sonntraten hoch: in aller Früh vor der Arbeit, untertags mit den Kindern oder um den Feierabend zu genießen. Die Tour lässt sich natürlich beliebig verlängern. Von der Sonntraten führt ein Wanderweg weiter zur Schwaigeralm. Von dort können Gipfelsammler noch den Rechelkopf besteigen. Wer über den Ortsteil Gaißach/Lehen absteigt, macht aus der Wanderung eine perfekte Rundtour.

Von der Sonntraten sieht man gut die durch Baumreihen windgeschützen Parzellen der Gaißacher Bauern.

Einkehr

Unterwegs keine. Die vielen Aussichtsbankerl oder die große Almwiese sind ideal für eine Brotzeit. In Gaißach gibt es unter anderen den schönen Landgasthof Zachschuster, gute Küche in einem denkmalgeschützten Bauernhof. Viele Gaststätten in Tölz.

Linke Seite: Gaißach ist ein Dorf mit vielen verstreuten Weilern und Höfen.

38 Zur Denkalm oberhalb von Lenggries

Abendsonne über dem Isartal

Leicht	8 km	400 m	2.30 Std.

Tourencharakter
Sehr leichte Bergtour auf breiteren Wegen

Ausgangs-/Endpunkt
Kirche St. Jakob, Lenggries

GPS-Daten
47.683476, 11.576689

Anfahrt
Auto: Über Bad Tölz nach Lenggries, Parkplätze ausgewiesen.
Bus/Bahn: Von München über Bad Tölz nach Lenggries, Endstation

Einkehr
Die nach Westen ausgerichtete Denkalm mit ihrer großen Sonnenterrasse ist ganzjährig bewirtschaftet (Mittwoch und Donnerstag Ruhetag).

Karte
Kompass Nr. 182, Isarwinkel 1:50 000

Information
www.lenggries.de

Die Wanderung kann man auch im Winter von Lenggries aus starten.

Was dem Münchner der Taxis-Biergarten, ist dem Lenggrieser die Denkalm. Abends noch schnell den Berg hinauf und dann auf der Denkalmterrasse gemütlich ein Bier trinken. Die Abendsonne scheint hier ein bisschen länger als im Tal und die Aussicht über den Isarwinkel auf die Berge gibt die perfekte Kulisse dazu.

Von der Kirche in Lenggries wandern wir durch die Kirchstraße in die Bachmairgasse und folgen dieser über einige Kurven zum Ortsende. Hier führt uns ein gelbes Wanderwegschild »Denkalm« auf einer kleinen geteerten Straße über Felder zum Fuß der Berge. Ab hier ist die Straße für Autos gesperrt. Wir erreichen im Wald eine hölzerne Brücke über den Tratenbach. Links führt der kürzere Weg in 45 Min. direkt zur Denkalm, wir bleiben jedoch rechts und wollen uns mit dem Umweg über den Keilkopf ein

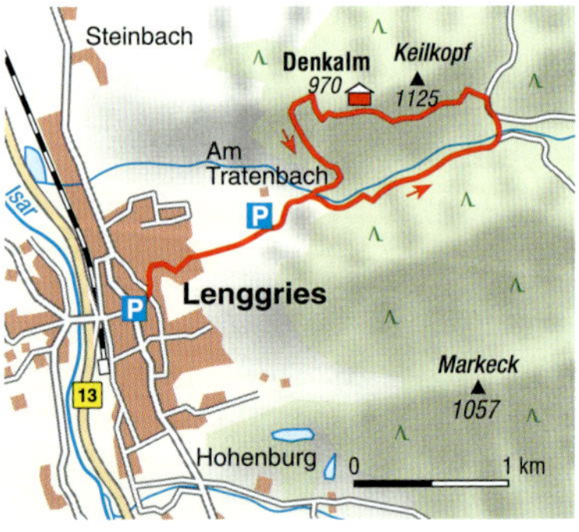

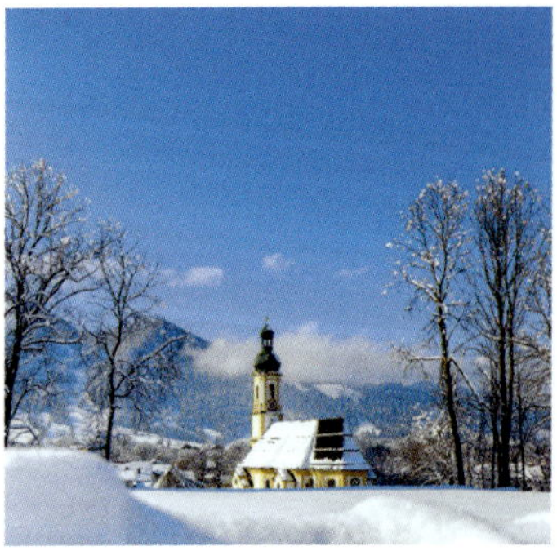

wenig sportlich austoben. Der breite Waldweg steigt zuerst gemächlich an. Bald sind wir wieder in der Nähe des Tratenbaches, den wir über eine Brücke nach links überqueren. Nach ca. 300 m zweigt der Weg erneut links ab. Er wird jetzt schmäler und steiler und zieht sich knapp unterhalb des Keilkopfgipfels Richtung Westen. Schon haben wir den höchsten Punkt der Tour erreicht, ab hier geht es wieder abwärts. Bald darauf verlassen wir den Wald und erreichen über eine Almwiese die Denkalm. Von hier

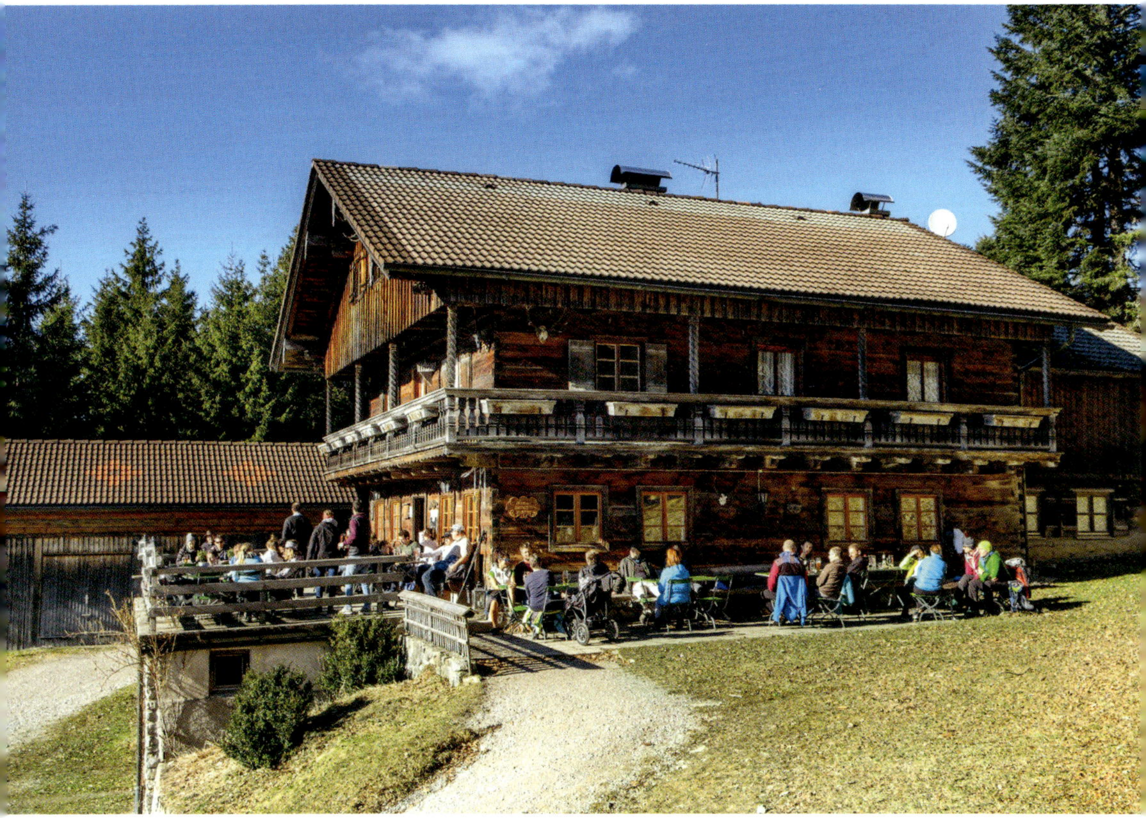

geht es auf direktem Weg ins Tal. An der Brücke über den Tratenbach stoßen wir auf den Hinweg, dem wir jetzt zurück in das Dorf Lenggries folgen.

Es hat sich bei Sonnenanbetern herumgesprochen, dass die Denkalm ganz nach Südwesten ausgerichtet ist.

Lenggries zeichnet sich durch eine altbayerisch gewachsene Dorfstruktur aus, wie sie kaum noch anzutreffen ist. Der Ort hat die Gratwanderung zwischen Tourismus und Tradition, zwischen Neubaugebieten und bäuerlichem Ortskern bravourös gemeistert. Bayerische Kultur und Brauchtum werden hier noch groß geschrieben, ohne deswegen als volkstümlich zu gelten. Im Winter erobern die Skifahrer das Brauneck und im Sommer die Wanderer die Berge entlang der Isar. Der Fluss selbst ist das Revier der Kajakfahrer und Wild-Water-Rafter und natürlich auch zum Baden bestens geeignet.

Tipp

In Lenggries gibt es als neueste Freizeitattraktion die Bullcarts. Während der Sommermonate rauscht man auf überdimensionalen Dreirädern flott die Skipiste des Streidlhangs hinunter. Der Aufstieg erfolgt übrigens bequem mittels Schlepplift. Ein Riesenvergnügen, nach dem man süchtig werden kann.

39 Durch das Längental

Unter der Nordflanke der Benediktenwand

Leicht	11 km	300 m	2.30 Std.

Tourencharakter
Sehr leichte Bergtour auf breiten Wanderwegen im Längental, der Abstieg über den Jägersteig ist etwas steil.

Ausgangs-/Endpunkt
Wanderparkplatz ins Längental bei Arzbach/Bad Tölz

GPS-Daten
47.701858, 11.527997

Anfahrt
Auto: Über Bad Tölz auf der alten Landstraße Richtung Lenggries, in Arzbach an der Kirche rechts zum ersten Wanderparkplatz vor der Brücke über den Arzbach.
Bus/Bahn: Von München nach Bad Tölz, weiter mit dem Bus nach Arzbach, dann Fußmarsch von ca. 15 Min.

Einkehr
Kirchsteinhütte, ganzjährig bewirtschaftet, Dienstag und Mittwoch Ruhetag. Hintere Längentalhütte, nur in den Sommermonaten geöffnet

Karte
Kompass Nr. 182, Isarwinkel 1:50 000

Information
www.bad-toelz.de

Der Reiz der Tour liegt in dem sich so überraschend öffnenden, sonnigen Tal hinter der Kirchsteinhütte unmittelbar unter den Nordhängen der Benediktenwand. Hier im Längental liegen einige besonders schön in die Berglandschaft eingebettete Almen.

Wir wandern vom Parkplatz über den Arzbach und folgen rechts dem Lauf des Wassers nach oben. Zuerst geht es für knapp 20 Min. fast eben dahin, bis wir den hinteren Parkplatz erreichen. Nun ist es vorbei mit dem gemütlichen Schlendern, denn der Weg steigt jetzt steil bergauf. Zur Entschädigung aber endlich ohne Autoverkehr, denn ab hier dürfen nur noch Hüttenbesitzer und Almbauern weiterfahren.
Wir gewinnen rasch an Höhe, halten uns einmal links und verlassen bald den Wald. Das Gelände öffnet sich und im Spätherbst sowie im Frühjahr kann man durch die blätterlosen Bäume manch schönen Blick auf Bad Tölz werfen. Dann wird der Weg wieder flacher, bis wir an ein paar privaten Hütten vorbei die Kirchsteinhütte erreichen. Da die Hintere Längentalalm nicht das ganze Jahr über bewirtschaftet ist, kann man bereits hier zu einer Brotzeit oder zum Nachmittagskaffee einkehren. Die selbst gemachten Kuchen schmecken hervorragend. Richtiges Berggefühl bekommt jedoch nur der Wanderer, der sich von der Kirchsteinterrasse aufrafft und munter weitermarschiert. Nach den nächsten zwei Wegbiegungen weitet sich das Tal und auf einmal erblicken wir vor uns das Hintere Längental in seiner ganzen Pracht. Die kleine sonnige Hochebene wirkt unter den Hängen und Felskuppen des Braunecks wie ein geschütztes irdisches Paradies. Wir passieren zuerst die Hauserbauernalm, überqueren dann den Arzbach und bewundern die schöne private Pfundalm. Vor uns sehen wir bereits die Längentalalm. Die zwei Längentalalmen liegen unmittelbar hintereinander; während die Vordere privat ist, kann man zur Almzeit in der Hinteren Längentalalm einkehren.

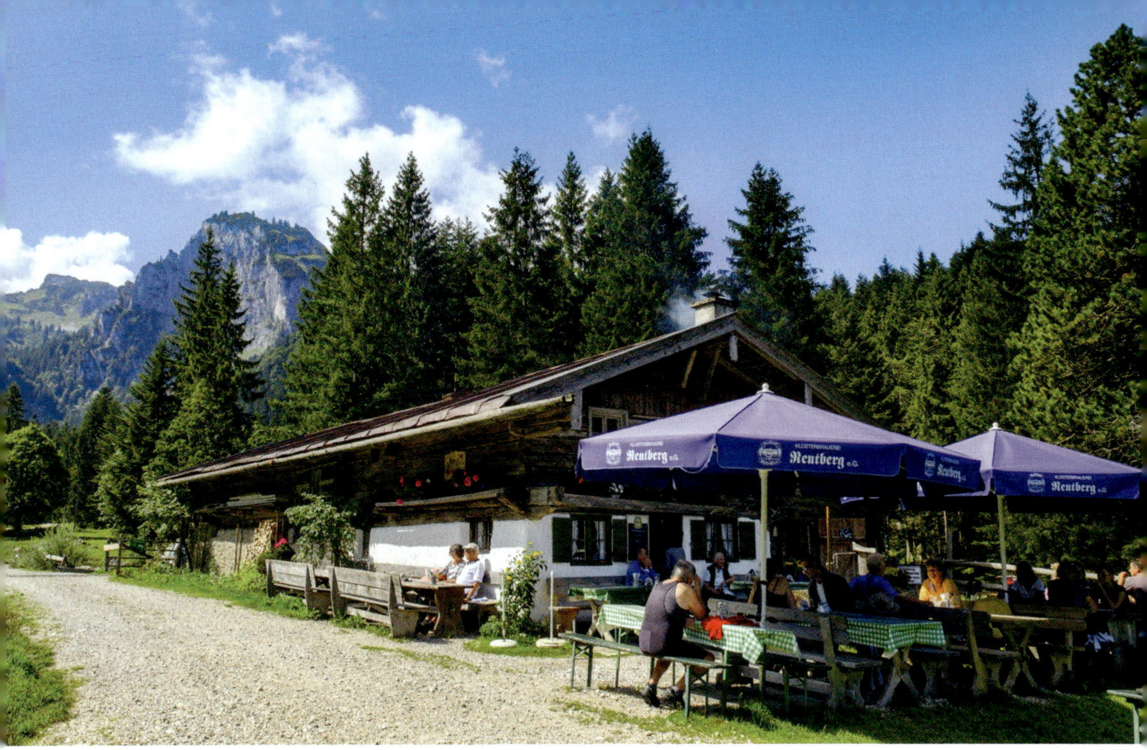

Gemütlich sitzt man an der Hinteren Längentalalm.

Falls die Zeit vor lauter Bergidylle zu schnell dahinrast, ist es sicherlich ratsam, auf gleichem Weg zurück zum Ausgangspunkt zu gehen. Schöner, allerdings länger ist die Rundtour. Dazu wandern wir ein Stück im Längental zurück, biegen dann jedoch unmittelbar nach der Arzbach-Querung rechts auf den Jägersteig ein. Zunächst geht es am Rand einer Wiese und am Arzbach entlang. Dann wird der Weg schmal und führt leicht bergab. Wir queren die steinige Rinne eines Bachlaufs, dahinter steigt der Pfad wieder leicht an. Wir folgen der Beschilderung in Richtung Brauneckbahn-Talstation und bald treffen wir wieder auf einen breiteren Weg. Hier halten wir uns links und wandern nicht mehr Richtung Bergbahn, sondern auf dem ausgeschilderten Weg nach Arzbach über den Vorderleitenberg. Ein kleiner Abstecher führt uns an einem Schuppen nach rechts zu einem letzten wunderbaren Aussichtspunkt an einem Krieger-Gedächtniskreuz mit Rastbank. Vor uns liegt das Isartal mit Lenggries und Bad Tölz. Das letzte Stück ins Tal zurück folgen wir weiter der breiteren Forststraße, vorbei an ein paar privaten Hütten, und wir erreichen über eine Serpentine wieder den Arzbach. Wer mit öffentlichen Verkehrsmitteln angereist ist, wandert hier rechts zurück nach Arzbach. Autofahrer erreichen nach links in wenigen Minuten den Ausgangsort.

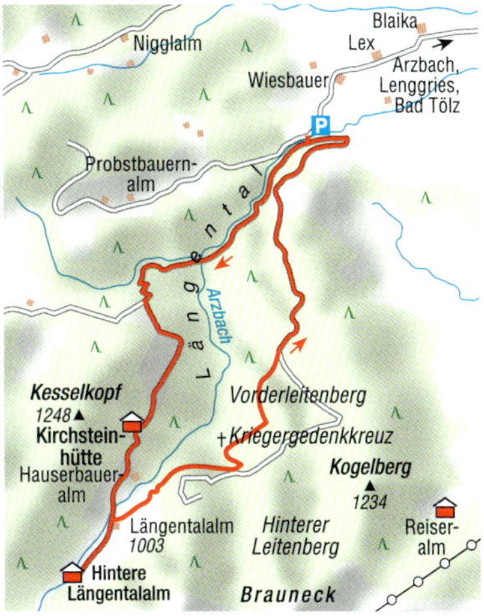

40 Auf die Hochalm

Picknickloge über dem Isarwinkel

Mittel | 7,5 km | 650 m | 4 Std.

Tourencharakter
Schöne Bergtour auf einen aussichtsreichen Gipfel mit anschließender Einkehr in der Alm; gute Wanderwege und Pfade, etwas Trittsicherheit ist erforderlich. Rückweg erfolgt auf dem Hinweg.

Ausgangs-/Endpunkt
Parkplatz an der B 307 nahe dem Sylvensteinspeicher

GPS-Daten
47.583217, 11.597047

Anfahrt
Auto: Von Bad Tölz zum Sylvensteinspeichersee, dort links über den Damm auf der Deutschen Alpenstraße Richtung Achensee. Nach knapp vier Kilometern großer Wanderparkplatz auf der linken Seite.
Bus/Bahn: Nicht möglich

Einkehr
Die Mitteralm ist nur im Sommer bewirtschaftet. Es gibt Getränke und selbst produzierten Käse.

Karte
Kompass Nr. 8, Tegernsee, 1:50000

Information
www.lenggries.de

Der Name Hochalm ist eigentlich irreführend. Mit nur knapp zwei Stunden Aufstieg sind wir sicherlich nicht »hoch« in den Bergen. So unscheinbar der Berg ist – von unten kann man ihn kaum ausmachen –, so spektakulär ist die Aussicht von oben über das Isartal. Es fällt schwer, diesen Logenplatz zu verlassen, um beim letzten Licht sicher den Parkplatz zu erreichen.

Vom Parkplatz an der Alpenstraße steigen wir den kleinen Forstweg hinauf, die Hochalm ist ausgeschildert. Nach nur wenigen Schritten queren wir den Gerstenrieder Graben mit seinem wild sprudelnden Bergbach, dahinter setzt sich unser Weg fort. Der Weg wird schmaler und folgt der Hangkante zum Gerstenrieder Graben nach links. Rasch gewinnen wir an Höhe und erreichen auf einem Sattel die Höllein-Alm, an der auch der Aufstiegsweg vom Achenpass zu uns stößt. Wir halten uns links und durch lichten Mischwald geht es weiter bergan. Schließlich erreichen wir die Wiesen der Mitteralm. Sie besuchen wir beim Rückweg, jetzt steigen wir nach links ein letztes Stück durch den Wald zum flachen Gipfelplateau der Hochalm hinauf. Wir genießen die weite Aussicht über das Isartal und auf alle umliegenden Berge bis weit in das Karwendelgebirge hinein. Und wenn wirklich einmal mehr Wanderer den Weg hierherauf gefunden haben, so bietet das großzügige Gipfelplateau genügend Platz für ruhige, einsame Gipfelpausen.

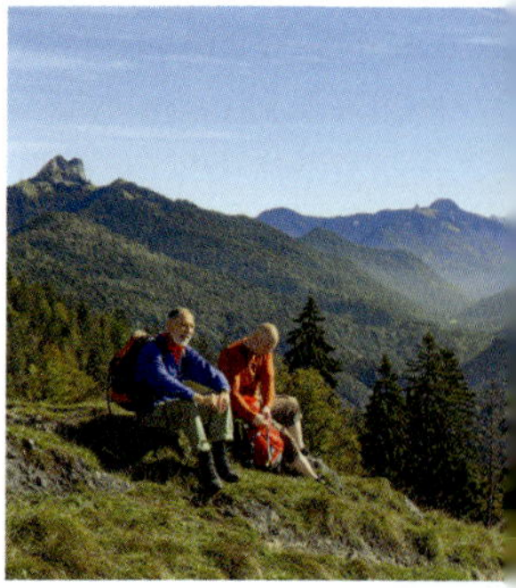

Am breiten Gipfelplateau der Hochalm finden alle einen ruhigen Platz.

Nach der Schaurast geht es wieder zur Mitteralm hinunter, diesmal mit toller Sicht Richtung Süden, denn die ist uns beim Aufstieg, da sie hinter unserem Rücken lag, entgangen. An der Alm angekommen hoffen wir, dass die Sennerin Zeit hat, uns Getränke und etwas von ihrem leckeren Käse zu verkaufen. Rund

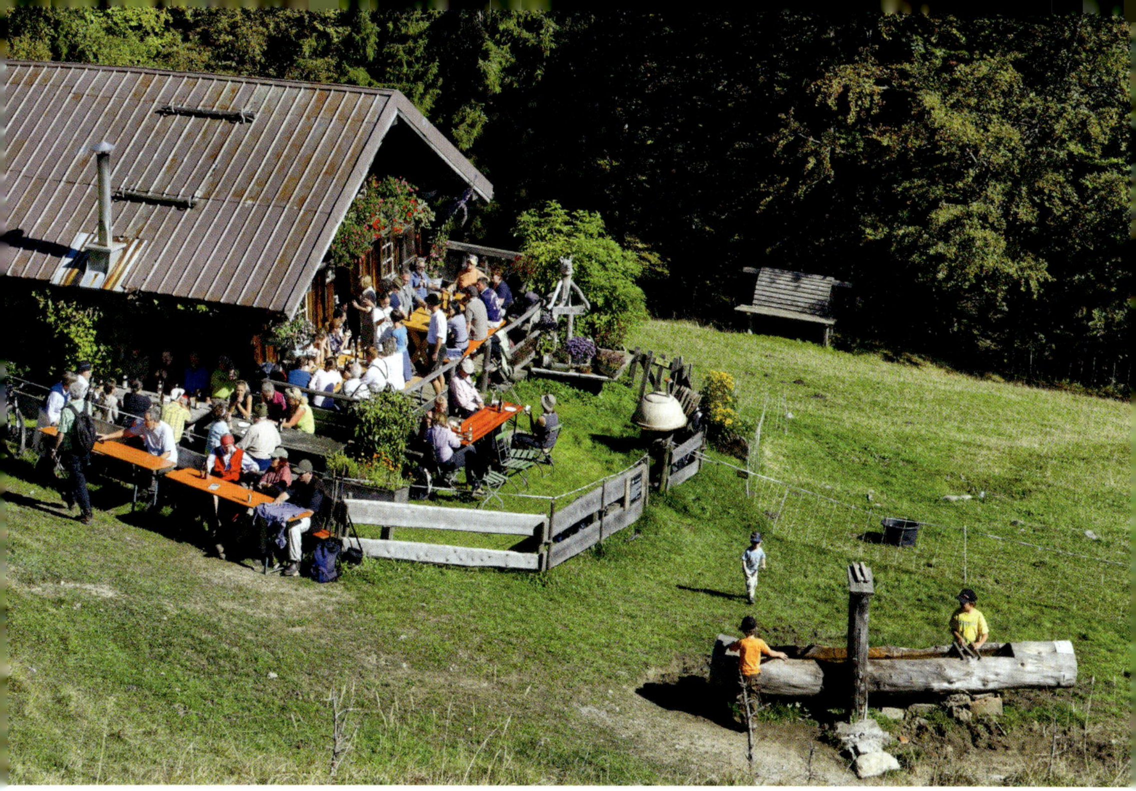

um die Alm grasen einige Schafe und Ziegen, die Rohstofflieferanten für den würzigen Almkäse. Bei genauerem Hinsehen entdecken wir, dass es sich um ganz besondere Schafe handelt: Das Krainer Steinschaf ist eine vom Aussterben bedrohte Rasse und wird oft als »das Milchschaf der Alpen« beschrieben. Da die Sennerin normalerweise sehr beschäftigt ist, deponierte sie bis vor einigen Jahren einen Getränkekasten im Brunnen vor der Hütte. Dort durften sich die Wanderer selbst bedienen und das Geld in eine angebrachte Blechdose stecken – so musste keiner durstig bleiben. Nachdem es mit der Ehrlichkeit einiger Bergsteiger nicht mehr weit her war, musste die Sennerin diese nette Vertrauensgeste einstellen. Jetzt gibt es nur noch etwas zu trinken und zu essen, wenn sie Zeit hat. Dafür schmecken dann die Brotzeiten mit dem selbst gemachten Käse, mit Schinken, Geräuchertem und Würsten aus Schaffleisch besonders gut. Nach dem Besuch der Alm geht es dann auf dem Hinweg wieder zurück ins Tal.

So voll wird es aber nur bei der Bergmesse.

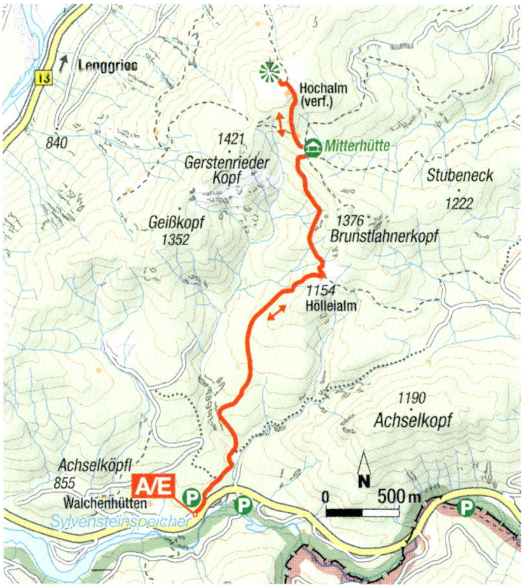

41 Auf die Rotwand über der Jachenau

Aussichtskanzel mit Bachidylle

Leicht | 12 km | 200 m | 3 Std.

Tourencharakter
Leichte, aber etwas längere Halbtageswanderung auf breiten Almstraßen und kleinen Pfaden bzw. Viehsteigen; diese können nach Regen sehr matschig sein; wenig Steigung.

Ausgangs-/Endpunkt
Parkplatz an der Isarbrücke unter dem Sylvensteinstaudamm

GPS-Daten
47.590439, 11.547394

Anfahrt
Auto: Auf der B 13 über Bad Tölz und Lenggries Richtung Sylvensteinsee. Noch am Fuß der Staumauer, bevor wir die Isar queren, gibt es links Parkplätze an den Infotafeln für den Speicherseebau.
Bus/Bahn: Keine Möglichkeit

Einkehr
Unterwegs keine

Karte
Kompass Nr. 182, Isarwinkel, 1:50 000

Information
www.lenggries.de

Die idyllische Rundtour verläuft in der eher einsamen Gegend zwischen den Bergen des Isartales und der Jachenau. Sie entführt zu einem hübschen Aussichtspunkt. Das Highlight der Tour ist der Schronbach, der beim etwas abenteuerlichen Rückweg mit herrlichen Gumpen und ruhigen Rastfleckerln auf uns wartet.

Wir wandern direkt nach der Isarbrücke rechts in die ansteigende Bergstraße, die ins Schronbachtal beschildert ist. Die ersten Meter geht es steil bergauf, aber gleich nach der Spitzkehre wird es schon flacher. Ohne große Anstrengung wandern wir nun über ein paar Viehsperren ins Schronbachtal hinein. Links von uns plätschert der Bach durch sein felsiges Bett und wir passieren die private Schronbachhütte, die links von uns liegt. Wieder im Wald lassen wir die erste Abzweigung einer breiteren Forststraße unberücksichtigt (hierher kommen wir nach der Rotwand zurück). Erst an der nächsten Abzweigung, auf die wir wie bei einer T-Kreuzung stoßen, biegen wir links ab. Schilder, die links zum Fußweg Höfen 3 km, Jachenau 7 km weisen, zeigen, dass wir richtig sind. Noch einmal kommen wir an eine Wegkreuzung, auch hier halten wir uns an die Beschilderung nach Höfen und wandern geradeaus auf die bereits sichtbaren Grabenalmen zu. Leicht bergab sind wir nun schon auf der Jachenauer Tal-

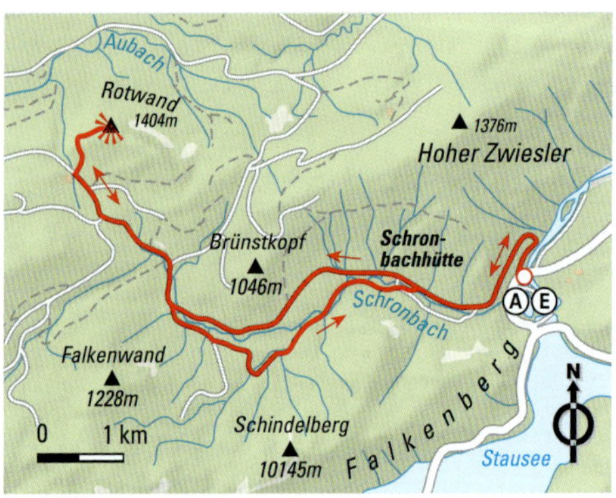

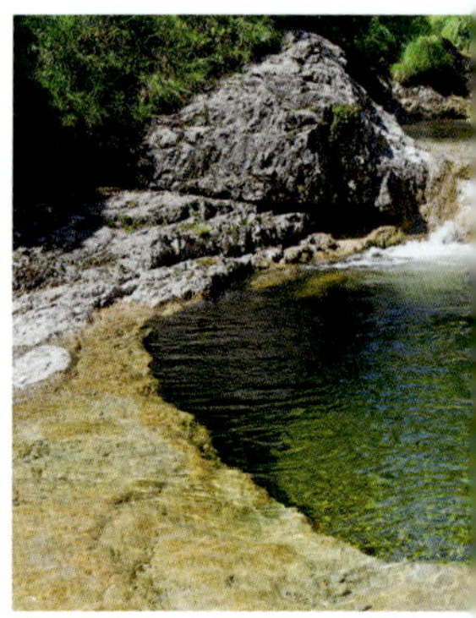

Die Kraft des Schronbaches spült richtige Badewannen aus.

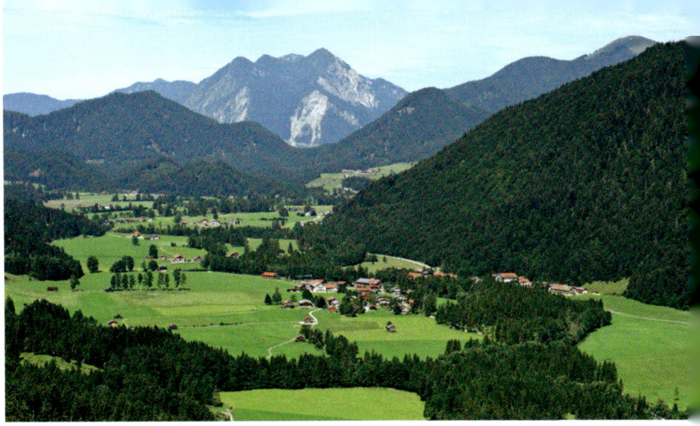

Am Ende der Jachenau erhebt sich der Herzogstand als markantester Gipfel.

seite. Ein kurzes Stück hinter den Almen, bevor wir wieder in den Wald kommen würden, biegen wir rechts durch das kleine Holzgatterl vom Hauptweg ab. Ein Schild, das leider von unserer Seite aus nicht lesbar ist, weist uns den Weg zur Rotwand. Nach wenigen Minuten Aufstieg stehen wir direkt an der Aussichtskanzel hoch über dem Jachenauer Tal – ein herrlicher Picknickplatz, an dem praktischerweise ein paar Holzstämme als Bänke dienen. Zurück wandern wir zunächst wie auf dem Hinweg bis zur besagten ersten Abzweigung. Hier biegen wir nun rechts in den anfangs noch breiten Weg ein und folgen ihm. Leicht bergauf führt er zunächst eher weg vom Bach in südliche Richtung. Aber gleich darauf biegt unsere Forststraße nach links vorbei an kiesigen Hängen, die von Furchen durchzogen sind, in denen sich das Wasser seinen Weg hinunter zum Schronbach erzwingt. Hier im Geröll an einer Lichtung endet unser breiter Weg. Nun müssen wir uns nur geradeaus halten, das kleine Bächlein überqueren, und schon sehen wir einen kleinen Trampelpfad, der auf der rechten Seite des großen Schronbaches verläuft. Je nach vorangegangenen Regentagen kann es rutschig und matschig sein, vor allem weil wir uns den Pfad mit Almtieren teilen. So hüpfen wir an einigen Stellen über die von Kühen ausgetretenen Graswasen, halten uns aber immer in Wassernähe. Der kleine Schronbach gurgelt und schäumt neben uns durch Gumpen und rauscht über Wasserfälle und Steine durch eine enge Schlucht. Kurz darauf kommen wir an eine breite Stelle, an der unser Steig endet und wir an einem großen Felsen das Bachbett überqueren. Hier, an dieser lauschigen Oase, ist die beste Stelle, um sich ein bisschen abzukühlen, zu erfrischen oder einfach nur den Rest des Nachmittags zu genießen. Ein schmaler Pfad führt nun auf der linken Bachseite weiter wasserabwärts. Nach wenigen Gehminuten stoßen wir ein Stück oberhalb der Schronbachalm wieder auf den Hinweg, dem wir nun bis zum Startplatz zurück folgen.

Tipp

Wer die etwas abenteuerliche Variante des Rückwegs scheut, kann natürlich auch auf dem Hinweg zurückgehen. Das empfiehlt sich vor allem nach der Schneeschmelze oder nach Regentagen, denn wir müssen den Schronbach ohne Brücke queren, und das geht natürlich nur bei niedrigem Wasserstand.

42 Zum Jachenauer Wasserfall

Eiskaltes Bad im Hochsommer

Leicht	10 km	250 m	3 Std.

Tourencharakter
Eine kurze Rundtour am Hinweg fast ausschließlich auf breiter Forststraße; der Rückweg verläuft auf Bergpfaden stets entlang des Baches; sehr gut für Familien mit Kindern geeignet.

Ausgangs-/Endpunkt
Jachenau, Wanderparkplatz am Schützenheim

GPS-Daten
47.606177, 11.433189

Anfahrt
Auto: Auf der A 95 Richtung Garmisch, Ausfahrt Bad Tölz/Sindelsdorf, weiter über Tölz nach Lenggries, dann rechts in die Jachenau bis zum Talende in das Dorf Jachenau, dort unterhalb der Kirche rechts zum großen Wanderparkplatz am Schützenheim.
Bus/Bahn: Von München nach Lenggries, dann weiter mit dem Bus

Einkehr
Unterwegs keine, in der Jachenau der Gasthof zur Jachenau oder das Schützenhaus

Karte
Kompass Nr. 6, Walchensee, 1:50 000

Information
www.jachenau.de

Eine erfrischende Runde, vor allem an heißen Sommertagen. Der Lainlbach lädt an vielen Stellen zu einer Rast ein. Der Höhepunkt ist aber der große Wasserfall, bei dem man sogar baden kann. Aber auch im Herbst ist die Strecke wunderschön zu wandern, denn sie verläuft vor allem durch den Wald.

Wir gehen zunächst vom Parkplatz zurück auf die Hauptstraße des Jachenauer Tales. In diese biegen wir links ein und wandern für ca. 500 Meter talauswärts in Richtung Lenggries. Dabei überqueren wir die Große Laine, passieren den Gasthof Jachenau und zu unserer linken Seite eine auf einem Hügel thronende Kapelle. Der Einstieg in unseren Wanderweg ist der Feldweg, der unmittelbar hinter der Kapelle auf der linken Straßenseite beginnt. Auf einem Schild ist unser Wanderweg Zum Wasserfall bereits ausgeschildert. Zu Beginn ist der Weg recht sonnig und steigt gleich einmal ein anstrengendes Stück an. Bis zur privaten Berglalm kann man im Sommer ganz schön ins Schwitzen kommen. Aber gleich danach kommen wir in den Wald, und dort wird es schon erheblich flacher, sodass wir die stete Steigung kaum

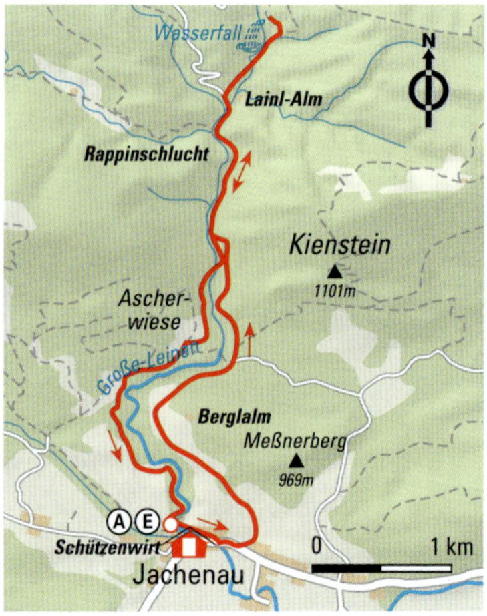

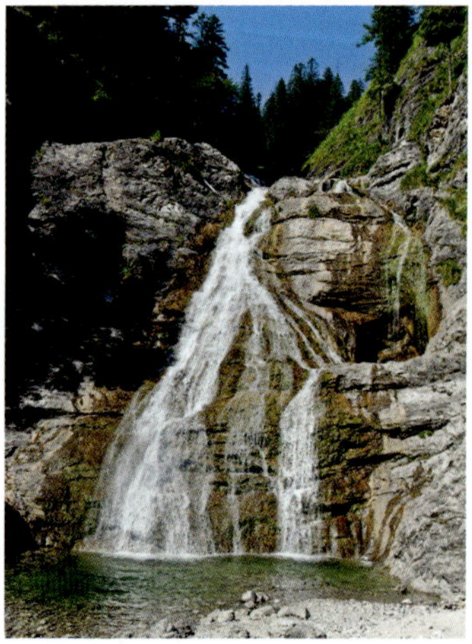

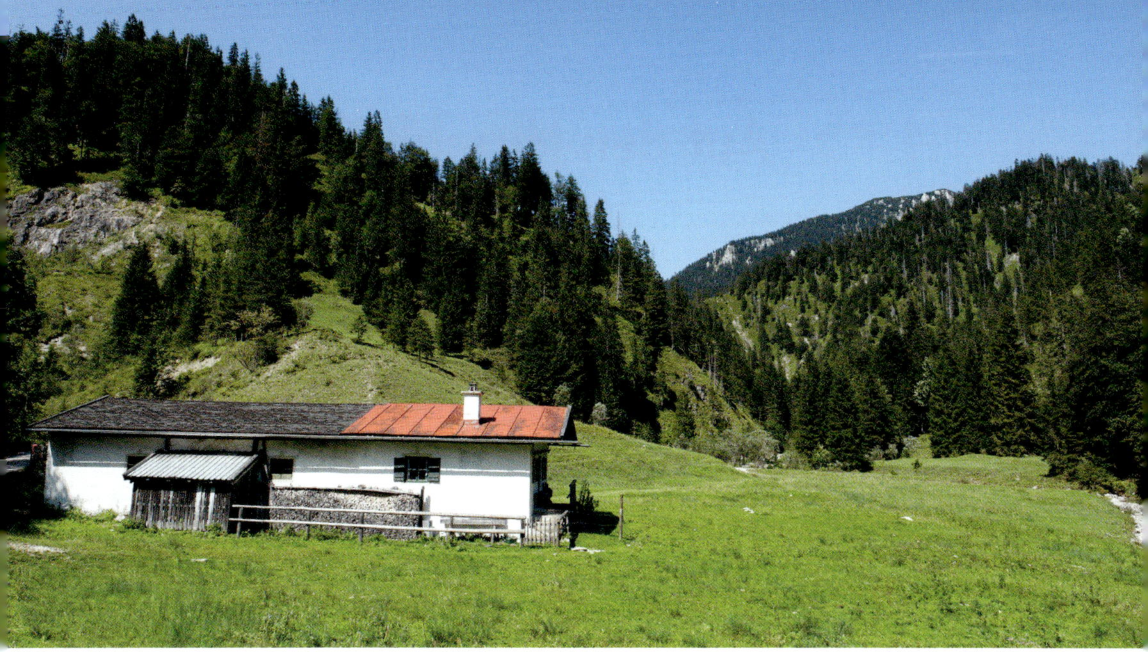

mehr bemerken. In unterschiedlichen Abständen zu unserem breiten Weg rauscht links von uns der Lainlbach. Wir lassen alle Abzweigungen unberücksichtigt und folgen der Beschilderung zum Wasserfall. So erreichen wir entlang der Felswände des Labelsbergs die Abzweigung zur Rappinalm und Rappinschlucht, die wir uns aber für einen anderen Tag vornehmen. Heute gehen wir geradeaus bis zur nur 300 Meter entfernten Lainlalm. Direkt hinter der Alm biegen wir rechts auf einen Wiesenweg. Im Sommer steht hier das Wollgras hoch. Entlang des Lainlbaches sind es jetzt nur noch zehn Minuten, bis wir vor dem Lainlwasserfall stehen, der sich bei genauerem Hinsehen aus drei abstürzenden Wasserschleiern zusammensetzt. Am Fuße der Felswand hat sich eine tiefe Gumpe gebildet. Im eiskalten Wasser kann man sich super erfrischen, es bedarf aber einigen Mutes angesichts der geschätzten 14 °C Wassertemperatur. Den Wasserfall selbst kann man als Dusche benutzen. An dieser Stelle sei aber vor herabstürzenden Steinen gewarnt. Nach der Erfrischung wandern wir zunächst wieder ein gutes Stück auf der Forststraße zurück. Dann biegen wir rechts in den mit Fußweg zur Jachenau und J1 ausgeschilderten Wanderweg ein. Nun queren wir den Bach und laufen auf einem wirklich malerischen Pfad auf der rechten Uferseite bergab. Wir erreichen schließlich ein paar Almwiesen, die Ascherwiesen. Dort wandern wir links und halten uns kurz darauf noch mal links in Bachnähe. So erreichen wir direkt am großen Parkplatz wieder das Dorf Jachenau.

Direkt an der Lainlalm zweigt unser Weg endlich ab.

Linke Seite: Ein Handtuch sollte man sich für den schönen Lainlbach-Wasserfall auf jeden Fall einpacken.

43 Auf den Hirschhörnlkopf

Aussicht de luxe!

Mittel | 11 km | 800 m | 4 Std.

Tourencharakter
Eine etwas längere und anstrengende Wanderung, die über die ersten zwei Drittel der Strecke steil bergauf führt. Ab der Pfundalm ist der Weg zum Gipfel dann unkompliziert. Viel Sonne! Der Rückweg verläuft wie der Hinweg.

Ausgangs-/Endpunkt
Wanderparkplatz am Schützenhaus in Jachenau

GPS-Daten
47.606210, 11.433147

Anfahrt
Auto: Über die A95 bis Ausfahrt Bad Tölz/Sindelsdorf. Weiter über Tölz nach Lenggries, dann rechts in die Jachenau, bis zum Talende in das Dorf Jachenau, dort unterhalb der Kirche rechts großer gebührenpflichtiger Wanderparkplatz am Schützenheim.
Bus/Bahn: Nur unter der Woche günstig, am Wochenende schwierig. Von München mit der BOB nach Lenggries und weiter mit Bus in die Jachenau

Karte
Kompass Nr. 6 Walchensee, 1:50000

Information
www.jachenau.de

Der Gipfel des Hirschhörnlkopfs ist ein Aussichtsberg, wie man sich ihn nach einem Aufstieg auch wünscht. Rundum viele Berge und im Tal jede Menge Seen! Auf einer Karte macht es Spaß, all die Orte, Almen und Gipfel zu identifizieren.

Für diese Tour fahren wir in die Jachenau, ein wunderbares Bergtal, an dessen Ende die kleine gleichnamige Gemeinde liegt. Bis heute hat es die Jachenau geschafft, sämtlichen Touristen-Größenwahn von sich fernzuhalten. Es gibt keine Hotels, keine Liftanlagen, nur einige urige Wirtshäuser, gestandene Bauernhöfe mit Fremdenzimmern und Pensionen. Eine Idylle, wie man sie nur noch selten findet, denn umrahmt von Bergen, verwöhnt von der Sonne und in greifbarer Nähe zum Walchensee gelegen, gibt es südlich von München kein vergleichbares und doch so ruhiges Tal.

Besiedelt wurde die Jachenau vor bald 1000 Jahren, aber nicht von der Isar bei Lenggries her, sondern von Benediktbeuern aus. Der Verbindungsweg führt von Kochel über die Jochalm an der Kleinen Laine entlang in die Jachenau. Das Gebiet um die Jachenmündung in die Isar war für einen Wegebau viel zu sumpfig. Die Jachen, die vom Walchensee her durch das Tal fließt, war nicht immer so zahm, wie sie heute ist. Schon ihr Name deutet auf einen »wilden, ungestümen Bach« hin.

Vom Parkplatz am Schützenhaus in der Jachenau folgen wir der ab hier für den Autoverkehr gesperrten landwirtschaftlichen Straße, die gleich den Bach »Kleine Laine« quert. Die ersten Wanderminuten führen sehr gemütlich und eben am Wasser entlang. Bald sehen wir vor uns den baumfreien Hirschhörnlkopf, den wir heute bezwingen wollen. Wo sich der Weg gabelt, beachten wir rechts die Beschilderung zum Hirschhörnlkopf und gehen auf der nun leicht ansteigenden Forststraße weiter. Das ist jedoch nur das Vorspiel! An einer Wiese mit Wegkreuzung halten wir uns links und nun geht es schon steiler bergauf. Immer noch

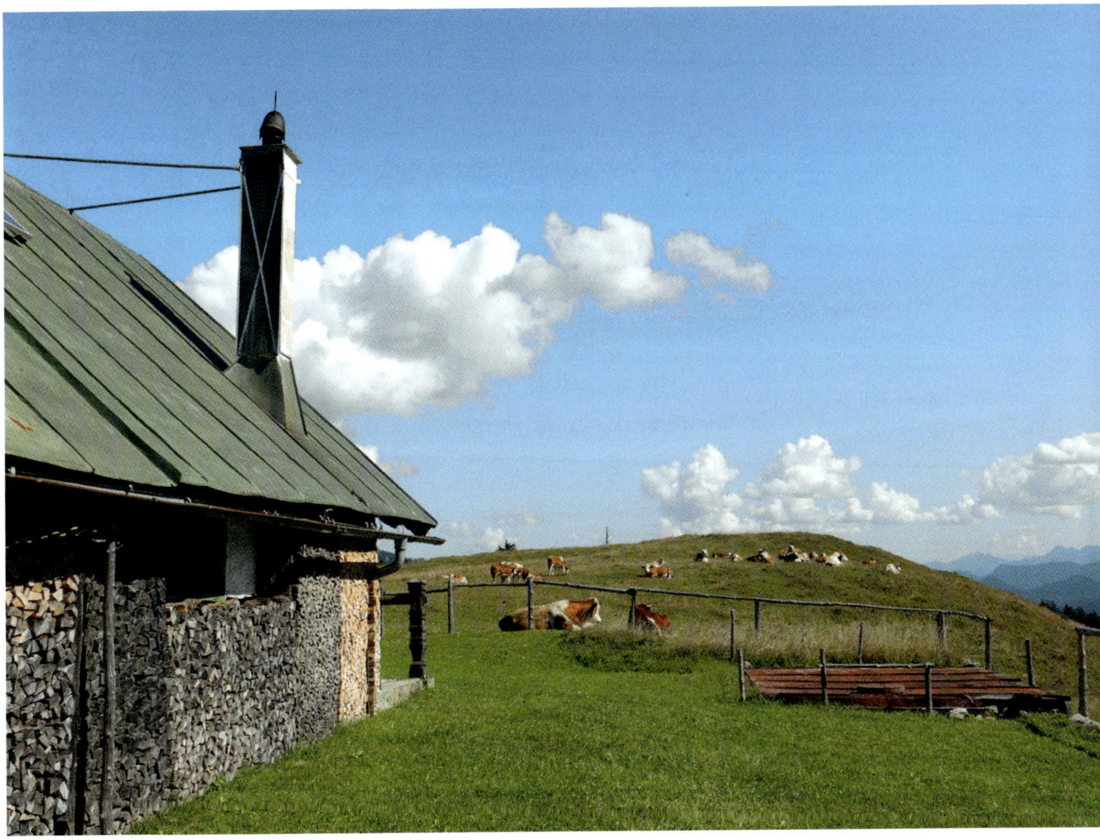

Auf der privaten Pfundalm

sind wir auf einem breiten Weg, dann weist uns ein Schild erneut nach rechts, nun auf einen Bergpfad.

Jetzt wird's zackig und geht es ans Eingemachte! Bis zur Pfundalm, die auch Bärenhauptalm genannt wird, kommen wir ganz schön ins Schwitzen. In vielen Zickzackkehren führt der schmale, oft von Felsen und Wurzeln durchsetzte Wanderweg aufwärts, ohne uns je eine Verschnaufpause durch einen ebeneren Streckenabschnitt zu gönnen. Aber uns versöhnen mit jedem gewonnenen Höhenmeter die Ausblicke auf das Karwendel für diese Plagerei, auch wenn wir uns dafür umdrehen müssen. Wer Glück hat, kann hier übrigens Feuersalamander entdecken. Schließlich passieren wir ein Marienbild und kurz darauf öffnet sich die erste Sicht auf den Walchensee. Nun ist es nicht mehr weit und am Hang über

Einkehr

Unterwegs keine, im Anschluss gibt es in der Jachenau mehrere Möglichkeiten wie den Gasthof Jachenau oder das Schützenhaus. Autofahrer sitzen sehr nett im Café am Staffel im Ortsteil Bäcker auf dem Weg durch die Jachenau zurück nach Lenggries.

unseren Köpfen blinzelt schon das Blau des Himmels zwischen den Bäumen hervor.

Schließlich treten wir an einer Almwiese aus dem Wald und können nun fast eben bis zur Pfundalm wandern. Direkt an der südlichen Hausmauer der privaten Alm gibt es ein aussichtsreiches Rastbankerl. Dort lassen wir zunächst unseren Puls wieder auf Normalniveau sinken, bevor wir zum großen Finale auf den Gipfel stürmen. Von hier sind es nur noch 20 Minuten auf dem deutlich ausgetretenen Bergpfad bis zum Gipfelkreuz des Hirschhörnls. Wobei man meist länger braucht, denn die herrliche Aussicht muss ja genügend gewürdigt und fotografiert werden. Oben an-

St. Nikolaus in der Jachenau

Viele namhafte Künstler waren an der barocken Ausschmückung der Kirche beteiligt, die man auch im Klosterdorf Benediktbeuern wiederfindet. Einen Augenblick sollten wir vor dem Bild über dem Hochaltar verweilen. Wer genau hinsieht, erkennt neben dem Kirchenpatron die Landschaft der Jachenau wieder, sogar die Pfundalm und unseren Hirschhörnlkopf!

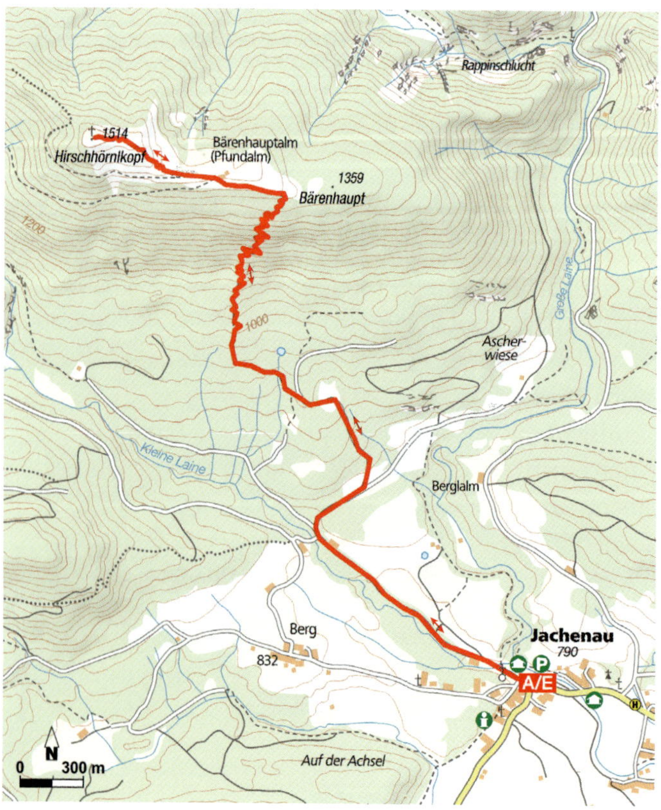

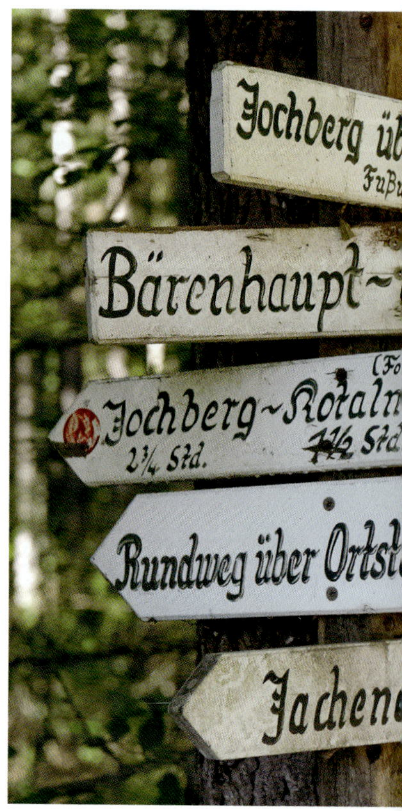

gekommen, suchen wir uns rund um den Gipfel einen Brotzeitplatz. Der kann je nach Vorliebe mit Blick über die Ebene, den Starnberger See und auf das Alpenvorland, über den Walchensee zum Karwendel oder in östlicher Richtung über das Brauneck genossen werden. Die angrenzenden kleineren Gipfel des Jochbergs und des Rabenkopfs sind zum Greifen nah. Es fällt schwer, sich von der schönen Aussicht loszureißen, aber bevor es dunkel wird, müssen wir zumindest wieder auf dem breiten Weg unten im Tal angekommen sein. Wir wandern auf gleichem Weg zurück und merken bald, dass wir uns auch beim Bergabsteigen auf dem schmalen Pfad konzentrieren müssen. Es geht aber sicherlich deutlich schneller als beim Aufstieg. So kommen wir sicher in die Jachenau zum Ausgangsort zurück.

Wenn noch Zeit ist, besichtigen wir nach der Wanderung die Dorfkirche. Um sich vor der Naturgewalt der Jachen zu schützen, brauchten die Jachenauer sogar himmlische Hilfe und weihten ihre Pfarrkirche dem hl. Nikolaus, dem Beschützer vor Wassergefahren.

Links: Die Wanderweg-Schilder sind noch handgeschrieben.

Am Gipfel des Hirschhörnls

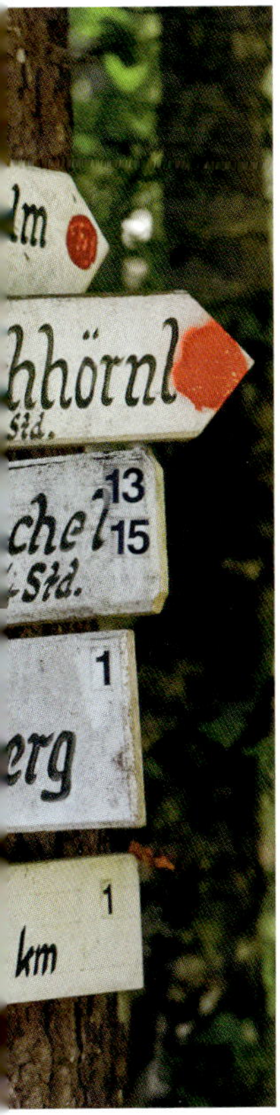

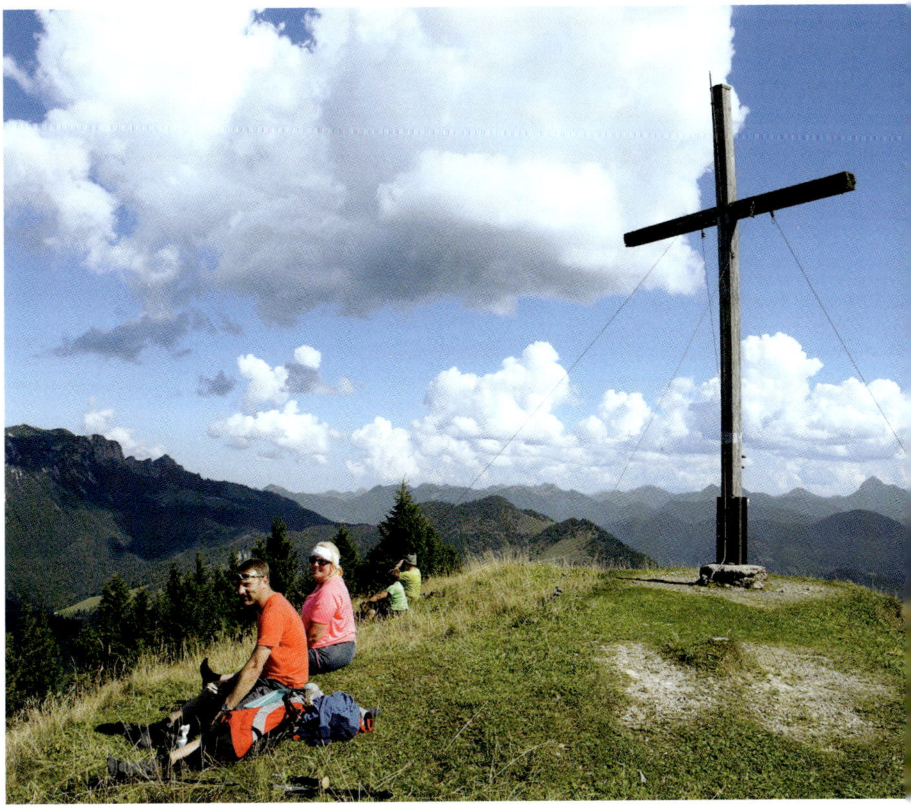

44 Altlacher Hochkopfhütte

Hüttenrefugium eines Märchenkönigs

Leicht | 11,5 km | 500 m | 3.30 Std.

Tourencharakter
Der Aufstieg führt ausschließlich auf schmalen Bergwegen, ohne technische Schwierigkeiten, der Abstieg verläuft knieschonend überwiegend auf einem Forstweg.

Ausgangs-/Endpunkt
Parkplatz Nr. 18 am Walchenseesüdufer bei Altlach

GPS-Daten
47.573371, 11.342484

Anfahrt
Auto: Auf der A 95 Richtung Garmisch, Ausfahrt Kochel, nach Kochel und weiter auf der B 11 zum Walchensee, bei Einsiedl links auf die gebührenpflichtige Mautstraße, entlang des Südufers bis kurz hinter dem großen, einsam auf einer Wiese gelegenen Bauernhof, dem ehemaligen Forsthaus in Altlach; der Parkplatz (Nr. 18) liegt direkt nach der Rechtskurve auf der rechten Seite.
Bus/Bahn: Keine Möglichkeit

Einkehr
Unterwegs keine, bester Rastplatz vor der Hütte

Karte
Kompass Nr. 6, Walchensee Wallgau Krün, 1:50 000

Information
www.jachenau.de

Das eigentliche Ziel unserer heutigen Runde ist kein Gipfel, sondern die Altlacher Hochkopfhütte, eine ehemalige Jagdhütte König Ludwigs II. Der bayerische Märchenkönig hatte großes Gespür für landschaftliche Schönheit. Die bayerischen Berge südlich von München hat er einfach geliebt.

Wir wenden uns am Parkplatz auf den ungeteerten Forstweg, gehen an zwei Hütten vorbei und halten uns dann rechts. Gleich stoßen wir erneut auf die Teerstraße des Walchenseesüdufers, links davon beginnt unser Wanderweg, der zum Altlacher Hochkopf ausgeschildert ist. Hier steht ein Gedenkstein für Richard Wagner, dem wohl engsten Freund Ludwigs II. Er schätze ebenfalls die Hütte und verbrachte dort zehn Tage, um an seinem Parsifal zu komponieren. Zunächst steigen wir auf der breiten, für den öffentlichen Verkehr gesperrten Bergstraße aufwärts, bald weist uns ein Schild auf einen idyllischen kleineren Wanderweg, der sehr viel mehr unserem Geschmack entspricht. Links von uns rauscht der Bach, bildet Gumpen oder fällt in hohen Stufen hinab. Schnell gewinnen wir an Höhe. Immer wieder wandern wir über hölzerne Bohlen und Stege, die uns trockenen Fußes über lehmige und feuchte Abschnitte führen. Nach ca. einer Stunde stoßen wir auf die Forststraße, auf der wir ein Stück nach links bergab wandern. Dann beginnt rechts erneut ein Wanderweg. Das gleiche Spiel erleben wir wenig später, diesmal kürzen wir aber nur eine Serpentine ab. Wieder geht es ein Stück auf der Forststraße, bis uns links das Schild Hochkopf

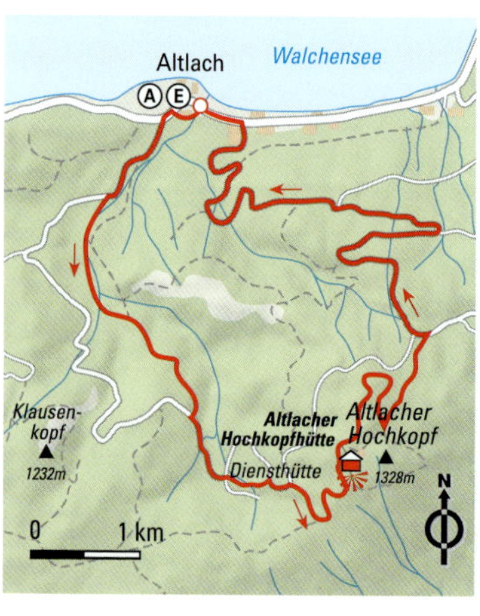

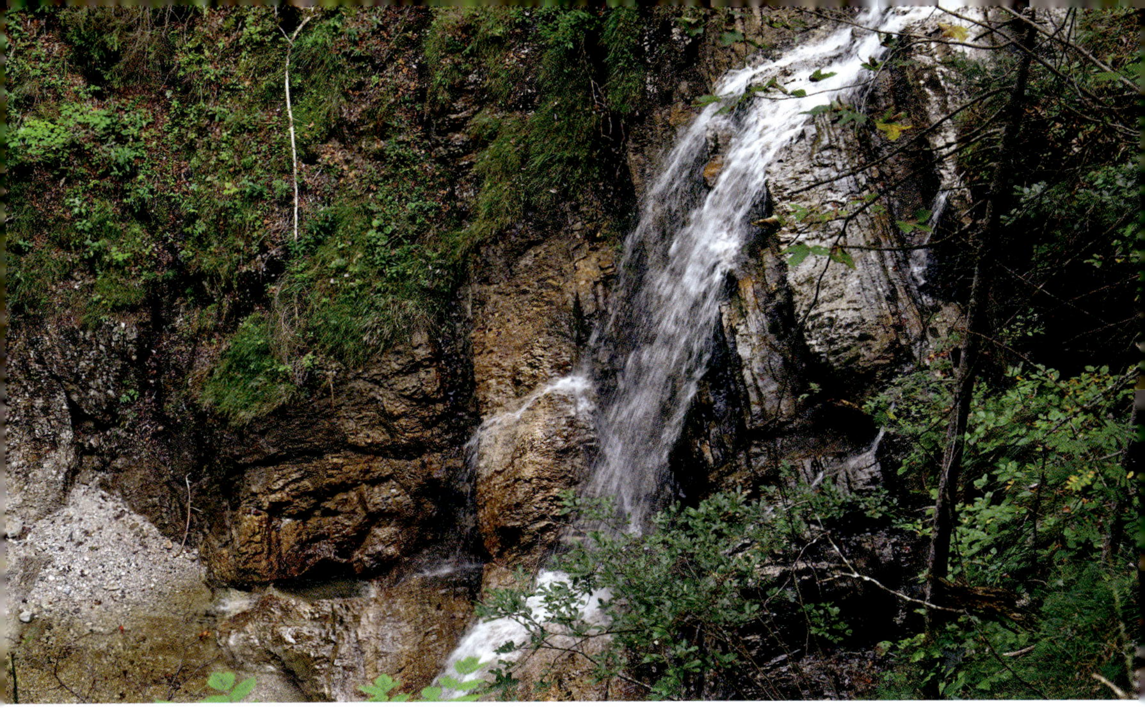

Schon der Aufstieg verläuft idyllisch entlang eines Baches, die Aussicht erwartet uns erst an der Hütte.

zum letzten Anstieg weist. Bald taucht im Wald die kleine Altlacher Hochkopfhütte, die gar nicht so majestätisch wirkt, auf. Heute gehört sie zur Alpenvereinssektion Vierseenland und ist den Mitgliedern vorbehalten. Freundlicherweise stehen auf ihrer südseitigen Terrasse ein Tisch und eine Bank, auf die wir uns trotzdem setzen dürfen. Nun sind auch wir Könige, denn wer diese prächtige Aussicht erleben und genießen kann, versteht, warum König Ludwig hier oben sogar zweimal seinen Geburtstag feierte. Viel zu schnell müssen wir weiter. Da wir den Gipfel mangels Aussicht sowieso ausfallen lassen, gehen wir einen kleinen Umweg auf einem fast ebenen Panoramapfad. Dafür biegen wir gleich am großen Hüttenvorrats-Holzstoß links auf einen schmalen Wiesenweg. Er umrundet die nördliche Flanke des kleinen Hügels und erlaubt einige schöne Ausblicke auf den Walchensee. Nach der Umrundung stoßen wir wieder auf einen breiteren Wanderweg, auf den wir auch gekommen wären, hätten wir uns direkt an der Hütte geradeaus gehalten. Nun geht es bergab, bis wir wieder auf eine breitere Forststraße stoßen. Auf ihr geht es nach rechts, bis uns gleich darauf an der Kreuzung ein Schild nach links zum Abstieg nach Altlach weist. Wir folgen nun stets der Forststraße, noch einmal müssen wir uns links halten, und erreichen so wieder unseren Ausgangsort am Walchenseeufer.

Tipp

Wer keine Lust auf die Rundtour und den Forstweg hat, der steigt auf gleichem Weg zurück.

45 Auf den Rißsattel

Im Zickzack zum Kanapee

Mittel | 5,5 km | 450 m | 2 Std.

Tourencharakter
Kurze, aber knackige Bergtour meist auf sehr schmalen Bergpfaden. Wer nicht ganz schwindelfrei ist, könnte aufgrund der steil neben dem Weg abfallenden Hänge Probleme bekommen. Trittsicherheit ist gefragt! Der Rückweg verläuft auf dem Hinweg.

Ausgangs-/Endpunkt
Mauthäuschen der Straße nach Wallgau in Vorderriß

GPS-Daten
47.559602, 11.435118

Anfahrt
Auto: A 95 bis Bad Tölz/Sindelsdorf. Weiter über Tölz und Lenggries zum Sylvensteinspeicher. Dort rechts und über Fall nach Vorderriß. An der Brücke Parkplätze vor dem Mauthäuschen oder beim Gasthof Post (wenn man dort einkehrt).
Bus/Bahn: Nur in den Sommermonaten möglich. Von München mit der BOB nach Lenggries. Weiter mit dem Bergsteiger-Bus in Richtung Eng bis Haltestelle Vorderriß

Karte
Kompass Nr. 6 Walchensee, 1:50 000

Information
www.lenggries.de

Der Rißsattel verbindet die Jachenau mit den Karwendeltälern, ein uralter, heute kaum noch genützter Bergübergang. Wir erklimmen ihn von Süden bis zu einer aussichtsreich gelegenen Rastbank, die von Einheimischen nur »Kanapee« genannt wird.

Wir starten vom Mauthäuschen an der Straße nach Wallgau und folgen ihr für ca. 100 Meter in Richtung Wallgau. Dann beginnt auf der rechten Seite ein schmaler Wanderweg, der sogleich ansteigt. Ein kleines Schild weist zum Rißsattel hin. Ab hier könnte die Wegbeschreibung nun schon enden, denn es gibt nur diesen einen schmalen Pfad und wir können uns sicher nicht verlaufen. Wer Sonne tanken möchte, ist auf dieser Tour bestens bedient, denn der Pfad verläuft über einen nach Süden ausgerichteten Hang. In unzähligen Serpentinen steigt er somit für uns schweiß-

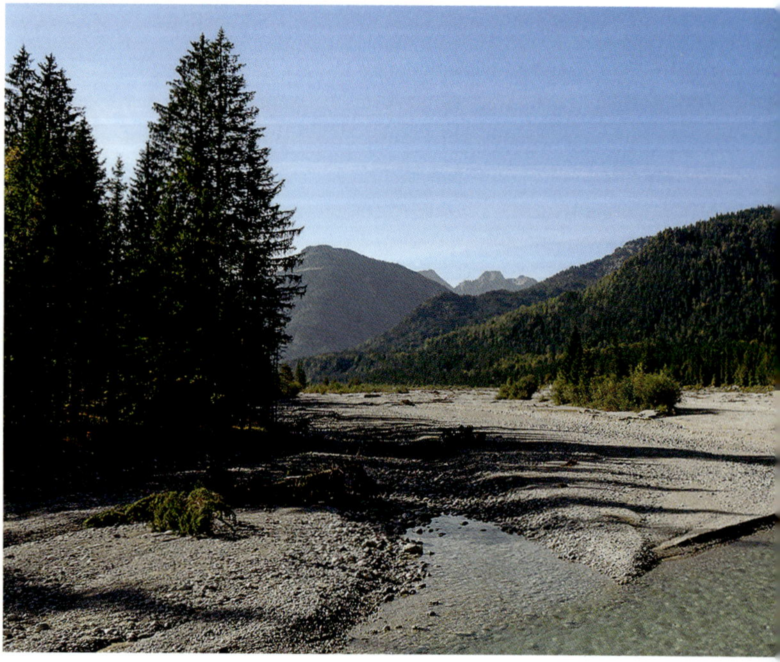

treibend steil nach oben. Deshalb und weil man etwas schwindelfrei sein muss, hat er die Einstufung für eine mittelschwere Wanderung erhalten. Wer konditionell keine Probleme hat und schwindelfrei ist, empfindet diese Tour sicherlich als sehr leicht.

Fast während der gesamten Wanderung genießen wir tolle Aussichten auf das Obere Isartal und das Rißbachtal. Auf dem Weg hinauf bis zur Aussichtsbank queren wir einen kleinen Bachlauf und schließlich erreichen wir nach etwas mehr als einer Stunde das Kanapee. Als solches ist es zwar nirgends beschrieben, aber unter diesem Namen kennen die Einheimischen den Aussichtspunkt. Direkt unter uns erstreckt sich das breite Rißbachtal. Das Kiesbett ist beeindruckend breit. Wir können uns die Kraft des Wassers nach der Schneeschmelze im Frühjahr gut vorstellen, die so viel Gestein bewegt. Am Horizont reihen sich die Karwendelberge auf – diese aufzuzählen, wäre endlos!

Nach der Rast geht es dann deutlich schneller auf gleichem Weg zurück ins Tal. Nun können wir gerne noch den traditionsreichen Gasthof Post in Vorderriß aufsuchen und dort den Tag ausklingen lassen.

Einkehr

Unterwegs keine, im Anschluss gibt es den Gasthof zur Post in Vorderriß (Mo und Di Ruhetag).

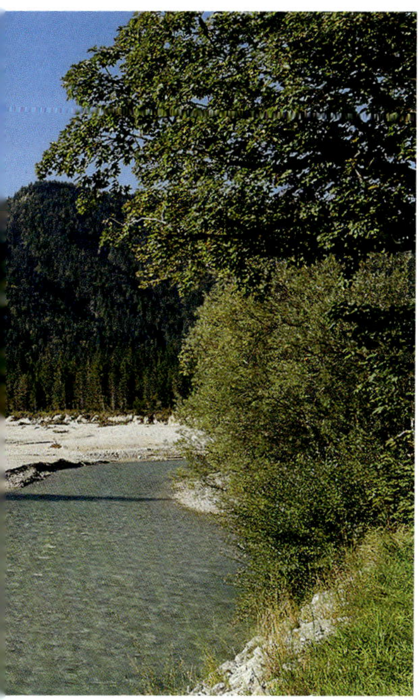

Zusammenfluss des Rißbaches und der Isar

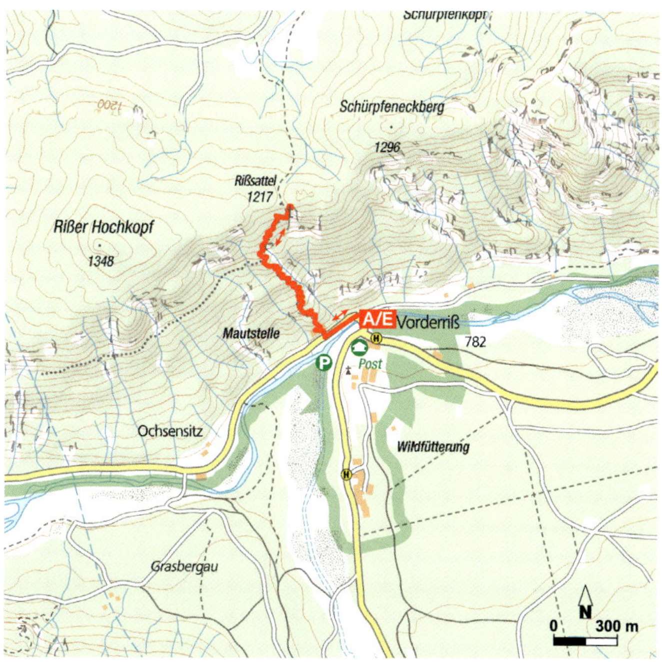

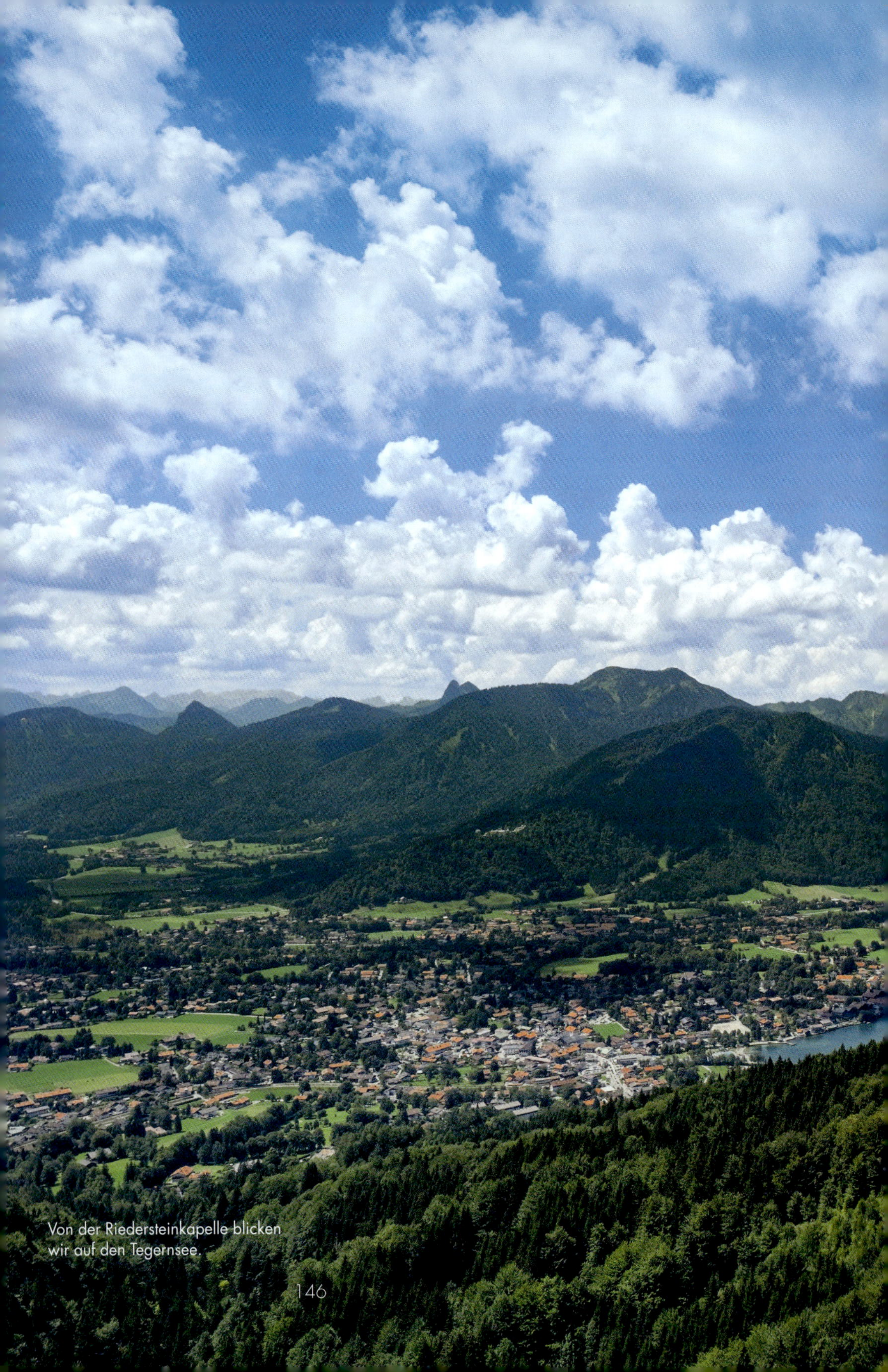

Von der Riedersteinkapelle blicken
wir auf den Tegernsee.

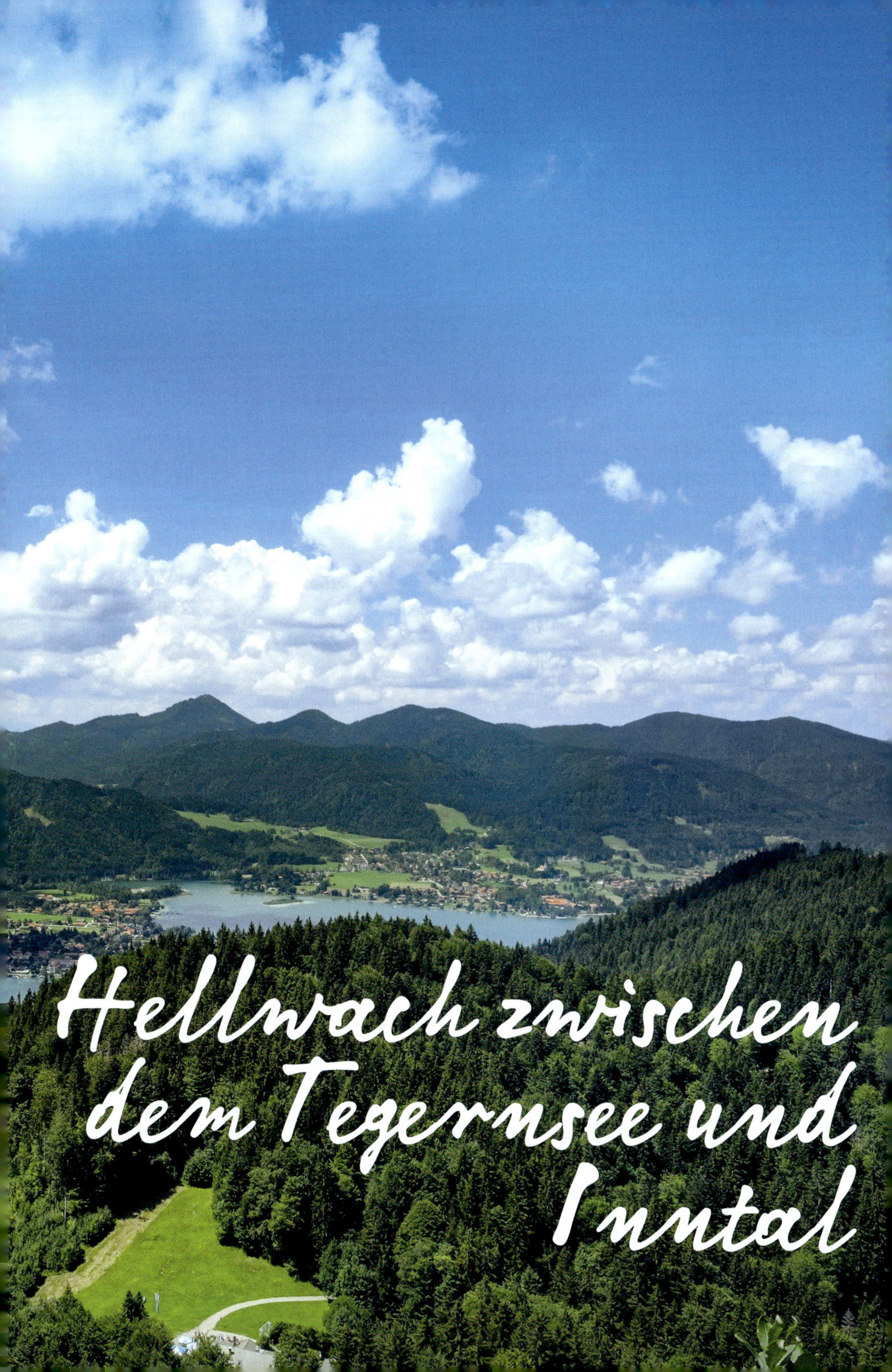
Hellwach zwischen dem Tegernsee und Inntal

46 Auf die Holzeralm

Almidylle mit Hollerbusch

Mittel | 13 km | 550 m | 4 Std.

Tourencharakter
Technisch einfache, aber etwas längere Wanderung meist auf breiten Wanderwegen und schmäleren Waldwegen, ohne technische Schwierigkeiten. Wegen vieler Abzweigungen im Wald ist etwas Orientierungssinn nötig. Der Anstieg erfolgt relativ steil, dafür angenehm schattig im Wald.

Ausgangs-/Endpunkt
Bahnhof von Gmund am Tegernsee

GPS-Daten
47.749986, 11.735129

Anfahrt
Auto: Über die Salzburger Autobahn A 8 bis Ausfahrt Holzkirchen und auf der B 318 Richtung Tegernsee bis zur Ampel in der Ortsmitte von Gmund. Dort rechts weiter bis zum ausgeschilderten Bahnhof und zum Park-and-ride-Platz.
Bus/Bahn: Von München mit der BOB über Holzkirchen Richtung Tegernsee, bis Haltestelle Gmund

Einkehr
Unterwegs keine, erst am Rückweg liegt das Gut Kaltenbrunn

Karte
Kompass Nr. 8 Tegernsee/ Schliersee, 1:50 000

Information
www.bad-wiessee.de

Etwas versteckt auf einer Almwiese hoch überm Nordufer des Tegernsees liegt die Holzeralm mit ihrem wunderbaren Ausblick zum Hirschberg. Die private Alm ist unbewirtschaftet, weshalb wir im oft überfüllten Tegernseegebiet hier für uns allein sind.

Wir starten vom Bahnhof in Gmund und wandern auf dem Gehweg entlang der Bundesstraße nach links in Richtung Bad Wiessee. Wir queren die Gleise und erreichen kurz darauf das Gut Kaltenbrunn, das in herrlicher Lage auf einer Anhöhe über dem Tegernsee thront. Den aussichtsreichen Biergarten oder die Gaststätte können wir uns für den Rückweg merken. In Höhe der Gebäude von Kaltenbrunn queren wir die Straße und wandern auf der kleinen abzweigenden Teerstraße in den Max-Obermayr-Weg. Durch den Wald erreichen wir dann den Weiler Holz.

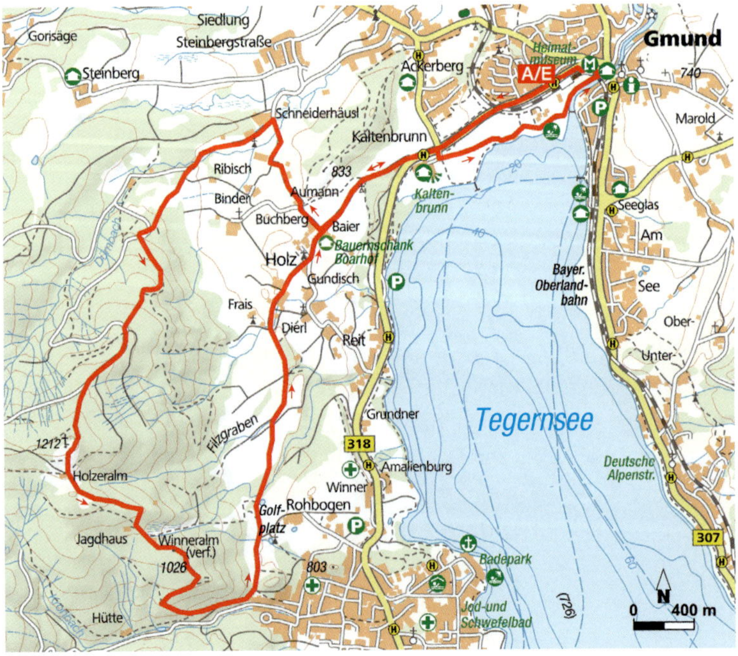

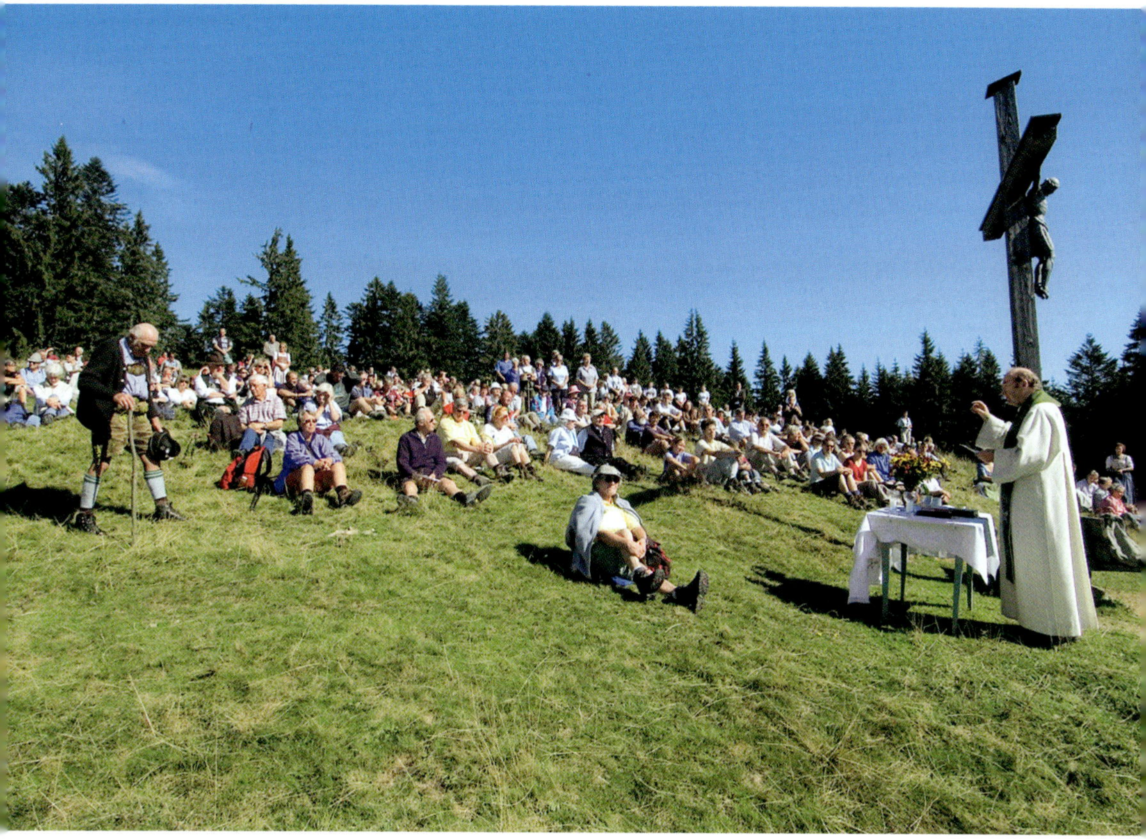

Einmal im Jahr ist Bergmesse auf der Holzeralm.

Dort biegen wir gleich am Beginn nach rechts ein, das ist der Hainznhöhe Weg, an dem die Holzeralm bereits ausgeschildert ist. Leicht bergauf kommen wir zu einem Wegedreieck, hier folgen wir rechts nun stets der Straße, wobei wir uns bei den nächsten Häusern nochmals rechts halten. So kommen wir nach Schneiderhäusl. Wir biegen links ein und passieren die nette Hauskapelle, die Irenenkapelle, die gegenüber eines Privathauses erbaut wurde. Auf einem Feldweg wandern wir nun auf den Waldrand zu. Nachdem wir eine große Stromleitung unterquert haben, halten wir uns links und gehen auf einem deutlich kleineren Weg am Wiesenrand entlang.

Dieser Weg biegt bald leicht nach rechts ab und steigt jetzt steiler bergan. Zum Glück sind wir im schattigen Wald, daher wird es nicht zu anstrengend. Unser Weg stößt an einer Kurve auf eine breitere Forststraße: Ihr folgen wir

Unser Badetipp

Im Sommer Badesachen nicht vergessen! Am Ende der Tour kann man bei Gmund in den Tegernsee hüpfen.

nach links und biegen kurz darauf wieder nach links in den kleineren Wanderweg ein. Dieser führt wieder durch den Wald und stößt dann erneut auf die Forststraße, der wir wiederum nach links folgen. Nach ca. 350 Metern wenden wir uns nach links auf den Wanderweg, der sich sofort teilt. Wir halten uns rechts und steigen das letzte Stück steil im Wald über das Jägerstiegl hinauf.

Gmund am Tegernsee ist Ausgangspunkt der heutigen Tour.

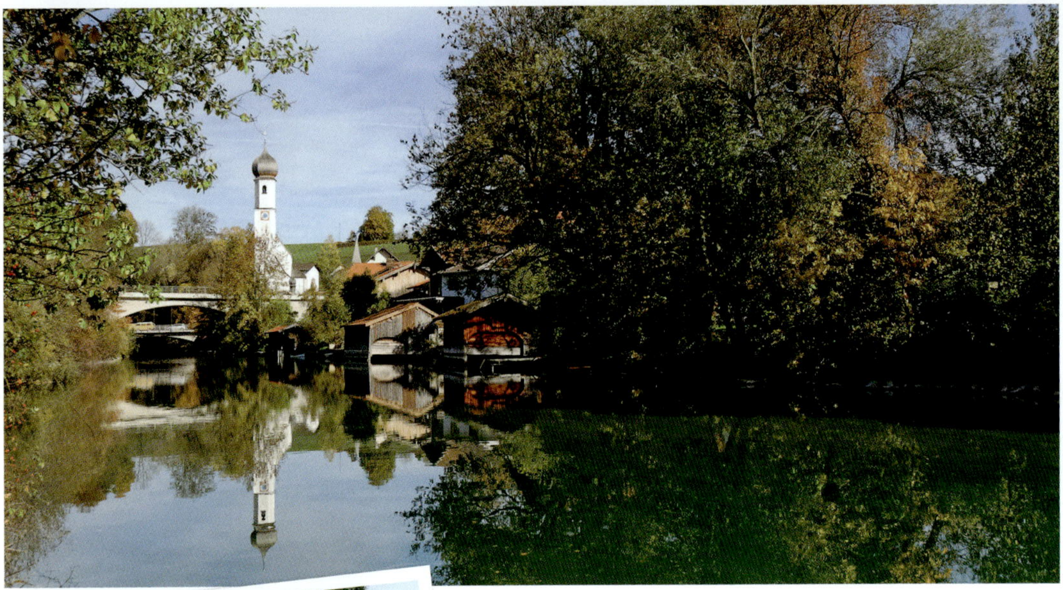

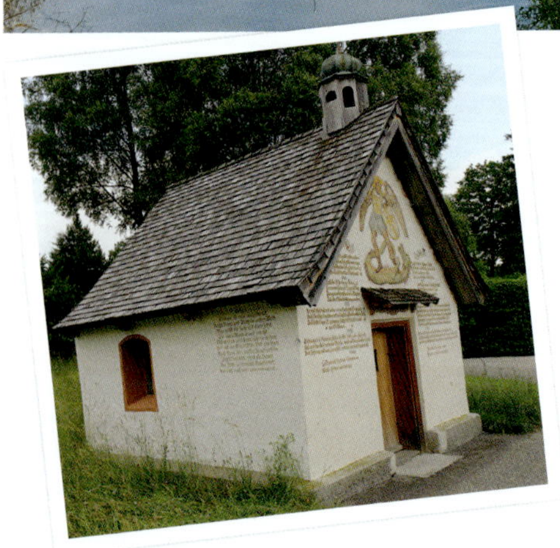

So treten wir vom höchsten Punkt kommend auf die Almwiesen der Holzeralm hinaus. Auf dem Wiesenpfad steuern wir das kleine Gipfelkreuz an. Hier haben wir nun unser Aufstiegspensum für heute geschafft, müssen nur noch auf das Bankerl fallen und die Aussicht genießen. Von links zwinkert uns der Tegernsee mit dem Wallberg zu, vor uns liegen Hirschberg, Roß- und Buchstein sowie Fockenstein. Auffällig ist der große Holunderbusch, der direkt neben uns mitten auf der Almwiese steht und dessen Pflanzung genau an dieser Stelle wohl tieferen Sinn hat.

Am Ende der Wanderung passieren wir die kleine Kapelle mit den gemalten Reimsprüchen im Ortsteil Holz.

Der schwarze Holunder ist in Bayern als Holler bekannt. Dieser Name weist auf die uralte Verbindung des Strauches zur vorchristlichen Erdgöttin Holle hin, die im Märchen der Gebrüder Grimm die Christianisierung überlebt hat. Damit hängt wohl auch der alte Brauch zusammen, neben Scheunen oder Almen

einen Hollerstrauch zu pflanzen. Der soll nämlich gegen Blitzschlag schützen, was augenzwinkernd bestätigt wird, obwohl jeder weiß, dass ein Blitzableiter der sinnvollere Schutz ist.
Nach der Rast steigen wir die wenigen Höhenmeter hinunter zur kleinen privaten Holzeralm. Von dort folgen wir weiter geradeaus dem Wiesenweg. »Bad Wiessee über Jägerwinkel« ist bereits ausgeschildert. Wir kommen wieder in den Wald und, vorbei an einigen mächtigen Wetterfichten, geht es nun eigentlich ständig bergab. Nach einer Regenperiode kann dieser Abschnitt etwas feucht und rutschig sein. Bald kreuzen wir einige Wege und erreichen schließlich nach zwei Kurven den Ortsrand von Bad Wiessee am Breitenbachtal.
Hier halten wir uns links und folgen der Beschilderung nach Gmund/Kaltenbrunn über den Golfplatz von Bad Wiessee. Ab hier ist der restliche Weg nur noch ein gemütlicher Spaziergang, denn Steigungen sind nicht mehr zu meistern. Stets der Beschilderung folgend, erreichen wir so wieder den Weiler Holz, den wir vom Hinweg bereits kennen. Eine kurze Pause sollten wir noch an der Kapelle in Holz einlegen, um die vielen schönen Reimsprüche zu lesen, die auf der Hausmauer stehen. Sie wurden zu wichtigen geschichtlichen Daten verfasst. Gegenüber können wir am Donnerstag und Freitag im urgemütlichen Boarhof einkehren. Neben einem Dorfladen gibt es dort auch einen Bauernschank mit selbst gemachten Brotzeiten.
Ab hier kennen wir den Rückweg, wobei wir allen Wanderern ans Herz legen, ab dem Gut Kaltenbrunn auf den Wanderweg nach rechts hinunter zum See auszuweichen. Dieser ist sehr viel schöner, auch wenn so einige – aber überschaubare – Höhenmeter hinzukommen. Auf diesem Weg passieren wir das Gmunder Strandbad, wo wir im Sommer auch noch in den See springen können. Die letzten Meter dieser Bergtour führen dann bereits am Mangfallufer entlang, dem einzigen Abfluss, den der Tegernsee hat. Dann queren wir wieder die Gleise und müssen uns nur noch links halten, zurück zum Gmunder Bahnhof.

Holunder und mehr

Nicht ins Reich der Sagen und Legenden darf man die heilenden Kräfte des Hollers verweisen. Seine Früchte und Blüten haben den Weg in die moderne Pflanzenheilkunde gefunden. Wobei sie uns auch als Hollerküchlein (in Teig getunkte und herausgebackene Blütendolden) oder als Hollersirup aus den Blüten oder Früchten äußerst gut schmecken.

47 Über die Aueralm zu den Neuhütten

Aussichtsloge mit Hüttenzauber

Mittel | 10 km | 450 m | 3.30 Std.

Tourencharakter
Einfache Bergwanderung auf breiten Waldwegen

Ausgangs-/Endpunkt
Bad Wiessee: Wanderparkplatz Söllbach

GPS-Daten
47.701700, 11.718423

Anfahrt
Auto: Salzburger Autobahn A 8, Ausfahrt Holzkirchen, auf der B 318 Richtung Tegernsee. Bad Wiesee liegt am Westufer, der Parkplatz befindet sich am Ende des Ortes rechts in der Söllbachstrasse.
Bus/Bahn: Von München über Holzkirchen Richtung Tegernsee, Bahnhof Gmund, weiter mit Bussen

Einkehr
Aueralm, fast ganzjährig geöffnet, montags ist Ruhetag.

Karte
Kompass Nr. 8, Tegernsee/Schliersee 1:50 000

Information
www.aueralm.de

Die Aueralm ist neben der Neureuth eines der beliebtesten Ausflugsziele in den Bergen des Tegernseer Tales. Schon ab den frühen Morgenstunden geben sich Bergsteiger, Wanderer und Mountainbiker auf der Hütte ein Stelldichein. Und wo bleibt nun der Spaß an diesem Berg? Schön ist es trotzdem und ein paar Meter hinter der Aueralm ist es erheblich ruhiger.

Vom Wanderparkplatz folgen wir zunächst ein Stück dem leise plätschernden Söllbach in westlicher Richtung. Sonnenflecken, die sich den Weg durch das dicke Blätterdach des Waldes bannen, tanzen auf den Bachkugeln im Wasser. Kurz nach der Söllbachklause, einer Wirtschaft, die aber schon seit einigen Jahren geschlossen hat, biegen wir rechts auf den ansteigenden Waldweg, der zur Aueralm ausgeschildert ist. Rasch gewinnen wir an

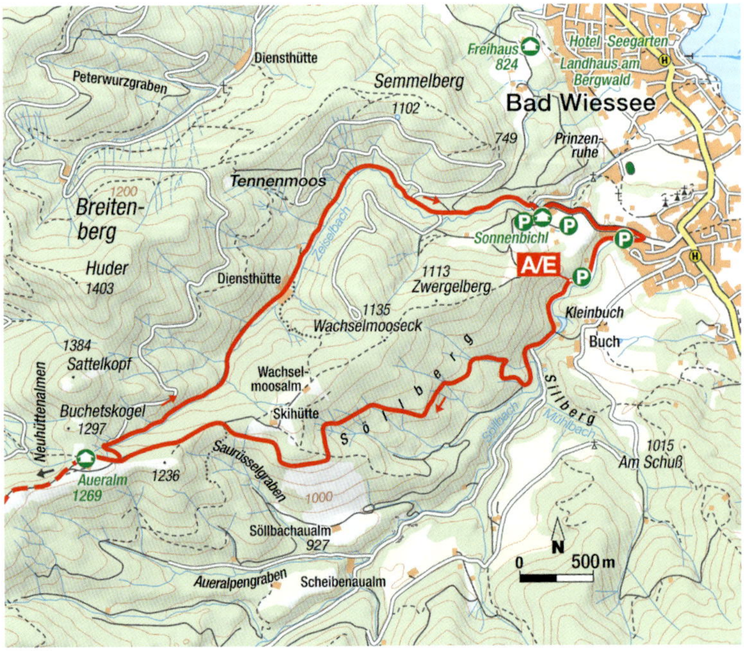

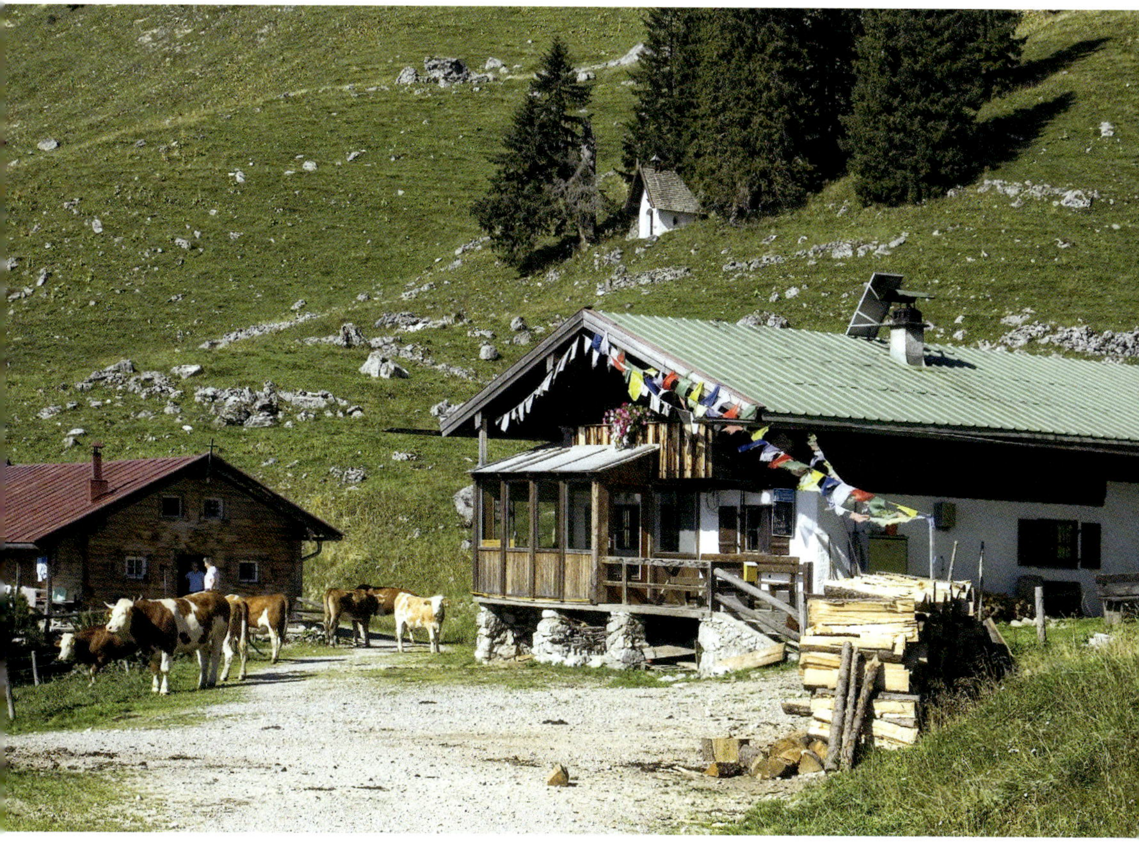

Wie im Himalaja flattern buddhistische Gebetsfahnen an einer der vier Almen von Neuhütten im Wind.

Höhe und wir sind froh über den Schatten im Bergwald. Nach einer knappen Stunde haben wir es eigentlich schon geschafft. Der Weg wird deutlich flacher und wir treten aus dem Wald. Nun haben wir herrliche Ausblicke über das anscheinend unberührte Söllbachtal und auf den Hirschberg.
Fast eben wandern wir einfach auf dem breiten Weg weiter. Er schlägt einen kleinen Bogen, weg von der schönen Aussicht, und führt dann schließlich nach links erneut ein wenig ansteigend durch den Wald. Kurz danach haben wir es geschafft. Von rechts stößt ein weiterer Wanderweg zu uns, den wir uns für den Rückweg merken.
Jetzt treten wir wieder aus dem Wald und sehen vor uns die urige Aueralm mit dem Fockenstein im Hintergrund. In wenigen Minuten sind wir auf der sonnigen Terrasse, wo sich schon viele andere Wanderer eingefunden ha-

Tipp

Im Sommer kann man nach der Tour noch in den Tegernsee hüpfen. Nördlich des großen Medical Parks gibt es das Freibad Abwinkl.

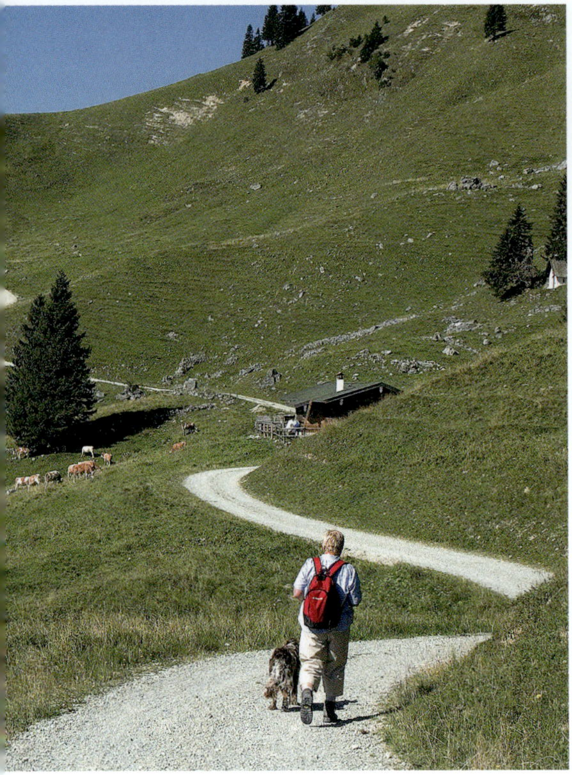

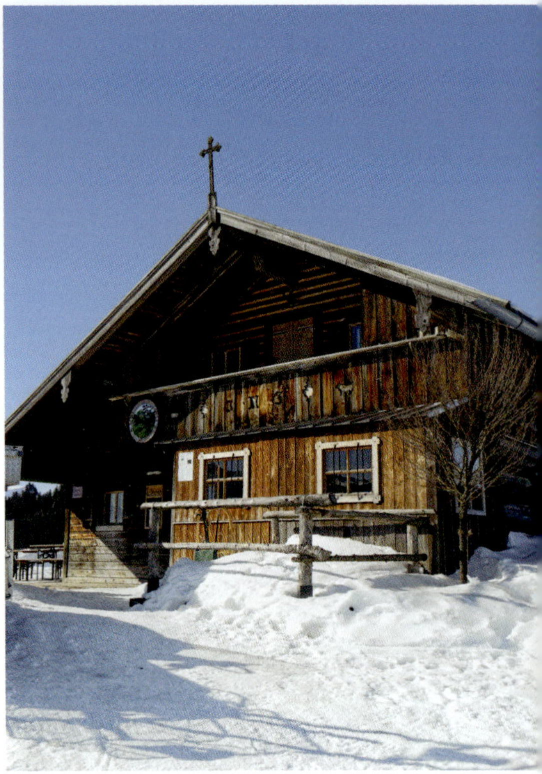

Über Neuhütten zieht sich der gemütliche Wanderweg zum Fockenstein.

Rechts: Die Aueralm lässt sich auch im Winter ansteuern.

ben. Kein Wunder, auch wenn die Speisekarte nicht ellenlang ist, ist die Küche bodenständig bayerisch und sehr gut. Überdies scheint fast den ganzen Tag die Sonne auf die hölzernen Bänke. Trotzdem sind die sonnenbeschienenen, warmen Platzerl an der Hausmauer die begehrtesten. Neben dem leckeren Essen kann die Aueralm mit einer weiteren Trumpfkarte punkten. Die prächtige Aussicht auf die Berge zwischen dem Isarwinkel und dem Tegernseer Tal steigern den Almzauber der Aueralm. Von hier will eigentlich keiner mehr runter.

Wer jetzt keinen Platz findet, versucht es einfach später nochmals, denn am Rückweg kommen wir wieder zur Alm. Weiter geht es an der kleinen Gedenkkapelle und der Abzweigung zum Fockenstein vorbei, wir wandern fast eben auf einem breiten Weg am Hang entlang. Unter uns liegt das Söllbachtal, dahinter erheben sich Hirschberg, Roß- und Buchstein, der Kampen und der grasbewachsene Gipfel des Lenggrieser Seekarkreuzes. Nach einem Weiderost sind wir gleich darauf an den vier Neuhüttenalmen.

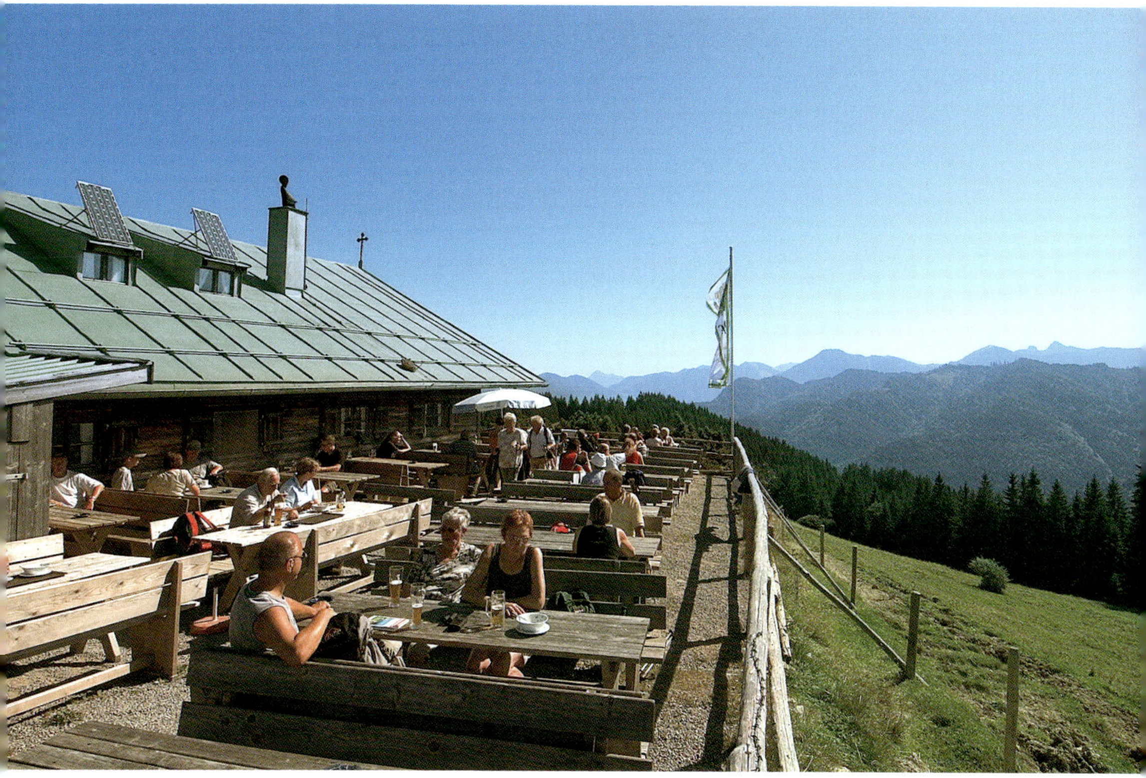

Bis zur großen Terrasse der Aueralm schafft es jeder. Schade nur, dass sie selbst in den langen, hellen Sommermonaten so früh schließt.

Bis zum gut ausgeschilderten Gipfel sind es etwa 45 Minuten. Für den Abstieg wählt man den Weg über die Ostflanke und erreicht dann nach weiteren 45 Minuten die Fockensteinabzweigung, die wir am Hinweg kurz hinter der Aueralm passiert haben. Wenn die Zeit für den Gipfel knapp wird, drehen wir an den Neuhüttenalmen um.

Für den Abstieg starten wir wieder ab der Aueralm. Zunächst geht es auf unserem Aufstiegsweg zum Waldrand zurück. Hier gibt es zwei Möglichkeiten. Entweder wir gehen auf dem Anstiegsweg zurück, oder wir wenden uns nun nach links und folgen dem Maximiliansweg E 4 bergab über das Zeiselbachtal. Das erste Stück des Weges ist relativ steil.

Dann wird der Weg flacher und wir flanieren förmlich neben dem Zeislbach dahin. Am Hotel Sonnenbichl verlassen wir den Wald. Nun müssen wir nur noch der Zufahrtsstraße vom Hotel folgen und danach schließlich noch einmal rechts zum Söllbachparkplatz abbiegen. Dann sind wir wieder zurück an unserem Ausgangspunkt.

48 Auf den Leonhardstein

Felsiger Adlerhorst über dem Weißachtal

Mittel	8 km	680 m	4 Std.

Tourencharakter
Bergwanderung auf gemütlichen, schattigen Waldwegen mit abschließender Kraxeleinlage für geübte Bergsteiger (Trittsicherheit und Schwindelfreiheit vorausgesetzt)

Ausgangs-/Endpunkt
Kreuth, Kirche St. Leonhard

GPS-Daten
47.644961, 11.742266

Anfahrt
Auto: Auf der Salzburger Autobahn A 8 Ausfahrt Holzkirchen, auf der B 318 über Bad Wiessee und Rottach nach Kreuth ins Weißachtal. Parkplätze befinden sich rund um die Schule und Kirche.
Bus/Bahn: Stündlich von München zum Tegernsee, Endstation. Weiter mit dem Linienbus nach Kreuth

Einkehr
Unterwegs keine, in Kreuth gibt es mehrere Gaststätten und Cafés.

Karte
Kompass Nr. 8, Tegernsee/Schliersee 1:50 000

Information
www.tegernsee.com

Vom Weißachtal erhebt sich der Leonhardstein hinter dem Ort Kreuth. Die Gipfelbesteigung ist nur für geübte Bergsteiger. Dafür kann man sich rundum sattsehen an den aneinandergereihten Bergrücken und Pläne schmieden für die nächsten Touren.

Wir starten an der Kirche St. Leonhard im Ortszentrum von Kreuth und wandern, die Kirche im Rücken, in westlicher Richtung auf einem Wanderweg über freie Wiesen. Fast ein wenig vorwitzig und frech ragt aus dem Grün der bewaldeten Berghänge der spitze Felsen des Leonhardsteins hervor. Wir verlieren ihn jedoch bald schon aus den Augen, denn der Weg führt in einem schattigen Mischwald über ein paar Serpentinen bergauf. Wir queren einige Viehgatter und eine kleine Almwiese. An den ersten großen Felsbrocken vorbei geht es zur Abzweigung zum Leonhardsgipfel. Weniger geübten Bergsteigern, aber auch Meniskusgeschädigten sei ab hier der Abstieg geradeaus nach Süden ins Tal über die Schwarztennalm empfohlen. Das wäre eine Rundtour über das Schwarzenbachtal zur Winterstube im Kreuther Weißachtal, von wo aus man mit dem Bus zum Ausgangsort zurückkehren kann. Die abenteuerlustigen Bergsteiger zieht es jedoch links zum Gipfel hinauf. Zwischen den Felsbrocken findet der schwindelfreie Kletterer genügend Halt

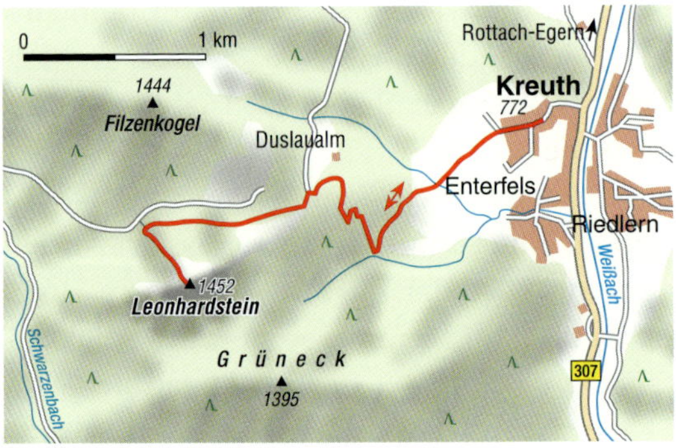

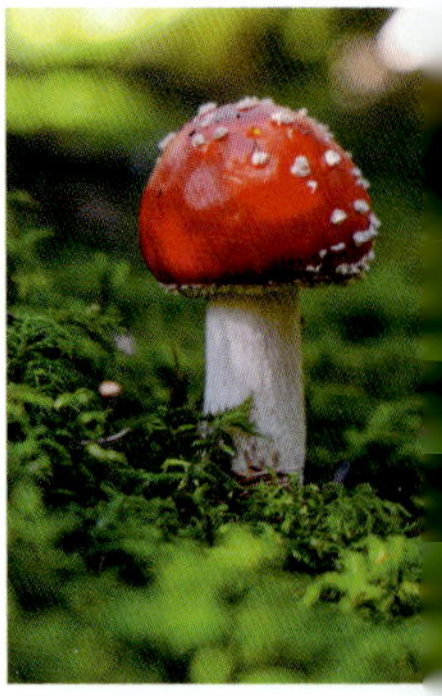

Den Fliegenpilz pflücken wir nicht!

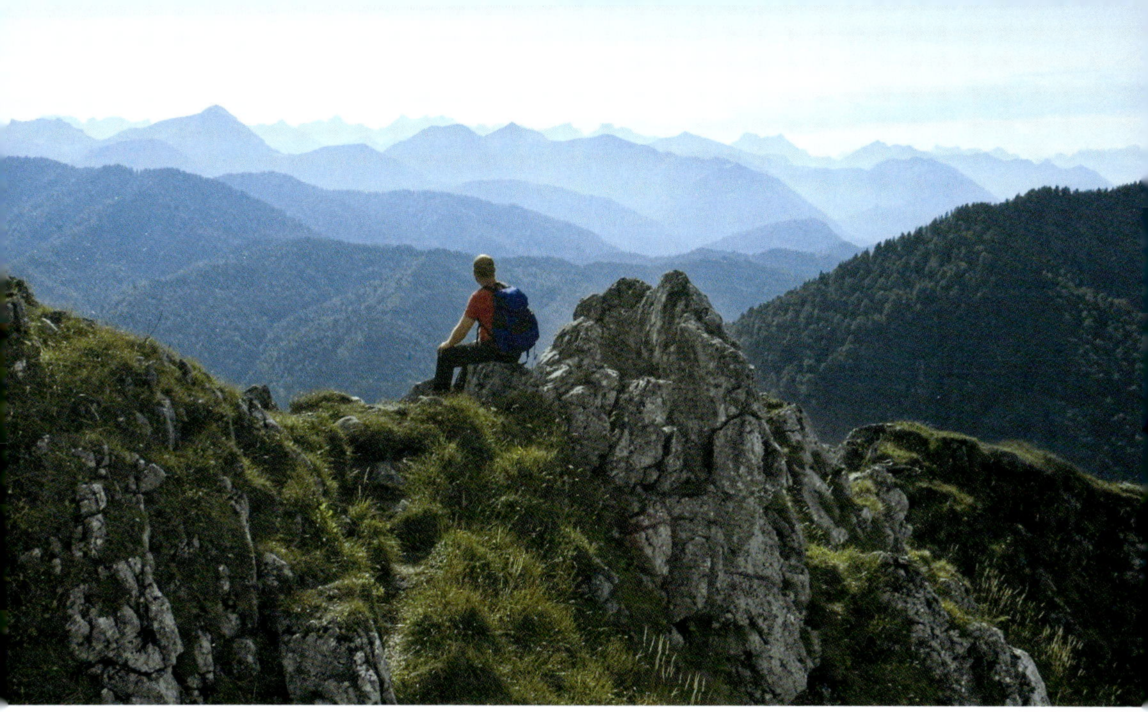

Es gibt nur wenig Platz am Gipfel.

und schon nach wenigen Metern beginnt die Kraxelei so richtig Freude zu machen. Ehe man sich versieht, erblickt man schon steil oberhalb das Gipfelkreuz. Jetzt kann man nur hoffen, dass alle anderen den Berg schon in den frühen Morgenstunden besucht haben, denn für mehr als zehn Kletterfans ist kaum Platz auf dem kleinen Gipfelplateau. Wer jedoch einen Aussichtsplatz erobert hat, genießt den Rundblick über Roß- und Buchstein, den Hirschberg, das tief eingeschnittene Weißachtal mit Kreuth, auf den Wallberg und den Risserkogel bis weit nach Süden zu den Bergen des Hochkarwendels. Zurück nach Kreuth wandern wir auf unserem Hinweg.

Der kleine Ort Kreuth am Südende des Tegernseer Tales besitzt die älteste dem Viehpatron Leonhard geweihte Kirche Bayerns. Wer nach der Tour noch baden möchte, hüpft von Mai bis September in das Warmfreibad in Kreuth. Im Frühjahr und Herbst gibt es im Badepark in Bad Wiessee angenehm warmen Plantsch- und Badespaß und eine herrliche Saunalandschaft.

Tipp

Mit einem Sicherungsseil oder eventuell einem Klettergurt ist diese Tour hervorragend für Kinder geeignet. Hinweise auf »Ab hier nur für Geübte« verleihen den oft gehfaulen Jungalpinisten auf einmal richtig Flügel. Der Klettersteig ist für die meisten Kinder die Kirsche auf der Sahne. Zur Sicherheit wurden unsere Kinder während der Gipfelrast kurzerhand mit dem Seil am Gipfelkreuz festgebunden.

49 Zur Königsalm

Blaublütige Alm

Mittel | 10 km | 400 m | 3.30 Std.

Tourencharakter
Der Aufstieg verläuft auf breiter Bergstraße, beim Abstieg treffen wir auf ausgewaschene Bergpfade, etwas Trittsicherheit ist hier erforderlich.

Ausgangs-/Endpunkt
Wanderparkplatz Siebenhütten

GPS-Daten
47.622664, 11.734294

Anfahrt
Auto: Auf der B 307 von Rottach-Egern Richtung Achenpass, nach der deutlich gekennzeichneten Abzweigung Wildbad Kreuth noch ca. 1 km, dann links oder rechts Parkplätze.
Bus/Bahn: Von München nach Tegernsee, weiter mit dem Bus über Rottach-Egern Richtung Achenpass, Haltestelle Siebenhütten

Einkehr
Königsalm, nur im Sommer bewirtschaftet, Dienstag Ruhetag

Karte
Kompass Nr. 8, Tegernsee/ Schliersee, 1:50000

Information
www.kreuth.de

Eine königliche Runde, die ganz harmlos auf breiten, bequemen Wegen beginnt. Dann öffnet sich ein weiter Almboden, wo uns eine herrliche Aussicht erwartet. Und schließlich erreichen wir die große, geschichtsträchtige Königsalm.

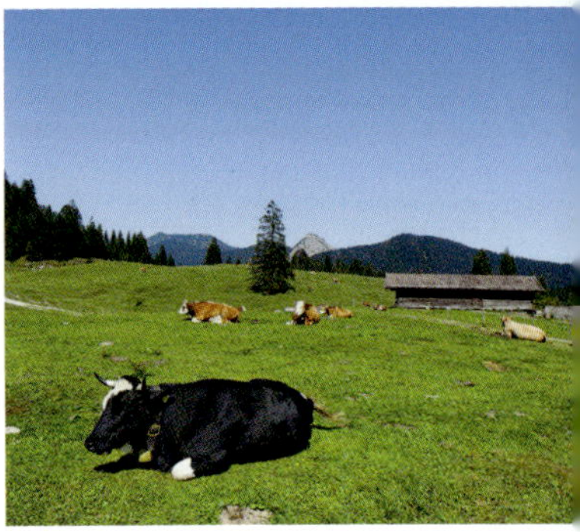

Im Sommer werden viele Kühe hinaufgetrieben.

Auf einem breiten Fußweg wandern wir vom Parkplatz über die Weißach und folgen nicht der Beschilderung über die Geißalm zur Königsalm. Dies wird unser Rückweg sein. Stattdessen halten wir uns gleich auf der anderen Bachseite rechts und folgen für ca. 20 Minuten dem Fluss in Richtung Trifthütten. Leicht auf und ab wird der Bach neben uns enger, bis wir von oben in eine wild sprudelnde Klamm schauen können. Bald sehen wir den nächsten großen Wanderparkplatz mit einer Brücke über die Weißach. Hier halten wir uns links, auf der Bergstraße aufwärts. (Die Beschilderung zur Königsalm ist nur auf den zweiten Blick zu finden.) Nun folgen wir der Natureisrodelbahn, auf der 1984 die WM ausgetragen wurde. Im Winter ist diese Strecke für Wanderer gesperrt, denn noch immer wird der Sport mit großer Leidenschaft betrieben. Die scharfen Kurven tragen fantasievolle Namen wie Klammkehre oder Geißalmreib'n. Bis zum oberen Starthäuschen sind es 1400 Meter. Auch danach steigt die Forststraße noch etwas an, aber schließlich verlassen wir den Wald an einem Viehtritt. Schon stehen wir umgeben von saftig grünen Wiesen auf dem Almboden der Königsalm. Wir können gleich nach dem Viehtritt links auf den Wanderpfad wechseln. Schilder weisen darauf hin, nicht querfeldein zu laufen, um so die empfindliche Flora der Bergwelt nicht zu zerstören. Außerdem sind die Grasflächen natürlich den

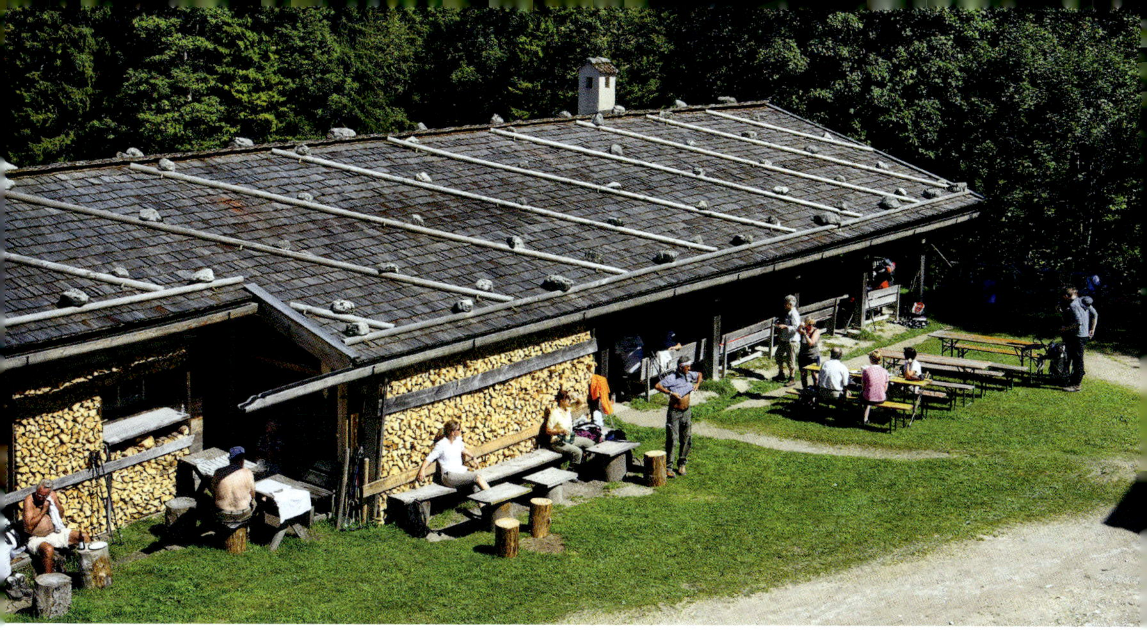

Kühen vorbehalten. Wir treffen wieder auf den breiten Weg, dem wir nur noch ein Stück folgen, dann weist uns ein Schild nach links über einen Wiesenweg zur Königsalm. Kurz darauf stehen wir vor der wirklich königlichen Königsalm. Das Haupthaus ist ein imposanter zweigeschossiger Steinbau. Unten lebt und arbeitet der Senner und oben, im ersten Stock, haben die Wittelsbacher Herzöge bis heute eine Wohnung. Der Viehstall steht als eigener Bau gegenüber. Mitte des 19. Jahrhunderts wurde er imposant auf fast 50 Meter verlängert. Bei den Sennern können wir eine einfache Brotzeit und Getränke kaufen und uns dann einen gemütlichen Platz auf den hölzernen Bänken aussuchen. Nach der Rast steigen wir auf dem Geißalmsteig, der direkt hinter dem Kuhstall beginnt, ab. Wir überqueren nach ein paar Minuten den Klammbach, steigen etwas auf und kommen an der Geißalm vorbei. Wie auf einem Panoramaweg, mit toller Sicht auf den Roß- und Buchstein, wandern wir zuerst fast eben dahin. Aber Achtung: Der Wiesenhang neben uns fällt etwas ab. Dann kommen wir wieder in den Wald und es geht steiler abwärts. Der Regen hat den Weg an einigen Stellen stark ausgewaschen und Wurzeln freigelegt. Schließlich kommen wir ins Tal. Der Weg teilt sich, wir halten uns links und stoßen auf einen breiten Weg, dem wir ebenfalls nach links bis zur wenige Gehminuten entfernten Weißachbrücke folgen, an der wir unsere Tour begonnen haben.

Viele Wanderer nützen die Königsalm als Station zur Besteigung des Schildensteins.

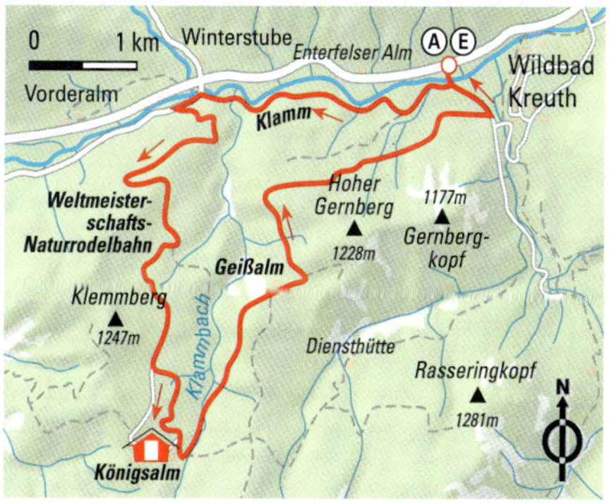

50 Über den Blankensteinsattel

Umrundung der steinernen Finger

Mittel | 11 km | 900 m | 4.30 Std.

Tourencharakter
Rundtour auf Bergstraßen und Pfaden, Trittsicherheit ist unterhalb des Blankensteinsattels erforderlich; steiler Abstieg, Teleskopstöcke sind hilfreich.

Ausgangs-/Endpunkt
Parkplatz Kistenwinterstube

GPS-Daten
47.658227, 11.828394

Anfahrt
Auto: A 8 Richtung Salzburg, bis Holzkirchen, weiter an den Tegernsee, entlang des Ostufers bis Rottach-Egern, links der Beschilderung nach Enterrottach/Valepp folgen, bei Enterrottach beginnt die gebührenpflichtige Mautstraße, Parkplatz Hufnagelstube (ca. 400 Meter vor der Suttenbahn, falls er bereits belegt ist, kann man dort parken).
Bus/Bahn: Von München an den Tegernsee, dann weiter mit Bussen

Einkehr
Unterwegs keine, evtl. Getränke an der Sieblialm, mehrere Möglichkeiten nach der Tour, z. B. Monialm oder Wildbachhütte

Karte
Kompass Nr. 8, Tegernsee/Schliersee, 1:50 000

Information
www.tegernsee.com

Der Blankensteinsattel liegt zwischen dem Risserkogel und der felsigen Kletterwand des Blankensteins. Bei einer Rundtour können wir unsere Vier-Stunden-Grenze nicht ganz einhalten. Aber es lohnt sich: Vom Sattel genießen wir fantastische Aussichten nach Osten.

Direkt am Parkplatz beginnt in westlicher Richtung eine Forststraße, die zum Blankenstein und Risserkogel beschildert ist. Die erste Etappe von ca. 20 Minuten steigen wir auf einer Forststraße gemächlich aufwärts. Kurz vor dem Siebliwasserfall führt uns dann die Beschilderung zum Risserkogel über die Sieblialm nach links. Bis zur Sieblialm stiefeln wir weiter auf der Almstraße, doch schließlich beginnt an der Stallseite der Alm ein aufsteigender Bergpfad. Über große Wurzeln und Steine macht die Tour gleich viel mehr Spaß, auch wenn es hier nach Regen glatt und rutschig sein kann. Von links zieht ein weiterer Wanderweg von der Monialm herauf. Wir bleiben unserem Pfad treu und verlassen kurz vor der kleinen privaten Riedereckalm den Wald. Wenige Schritte später wird uns ein fabelhaftes Bergpanorama präsentiert. Hinter dem Wiesenbuckel erhebt sich der steile Blankenstein. Wie eine felsige Hand strecken sich die steinernen Finger gegen den blauen Himmel. Der links davon liegende Risserkogel mutet dagegen eher unscheinbar an. Kurz darauf haben wir den Riederecksattel erreicht. Die exponierte Stelle ist mit einem Terracotta-Bildstock markiert, der an eine Gruppe Lawinenverunglückter erinnert.

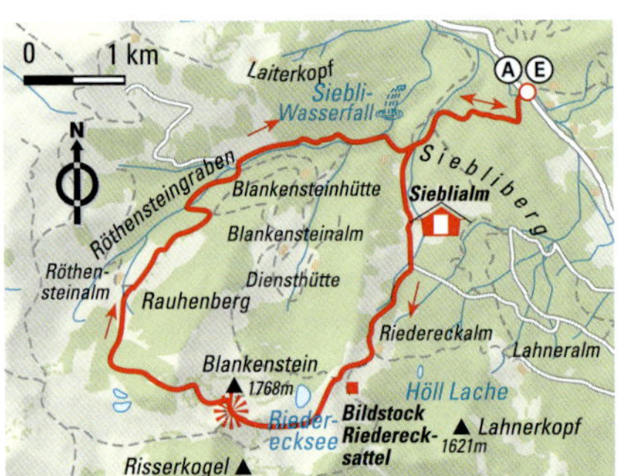

Variante

Wir folgen nun der Beschilderung zum Blankensteinsattel. Dafür umrunden wir im Uhr-

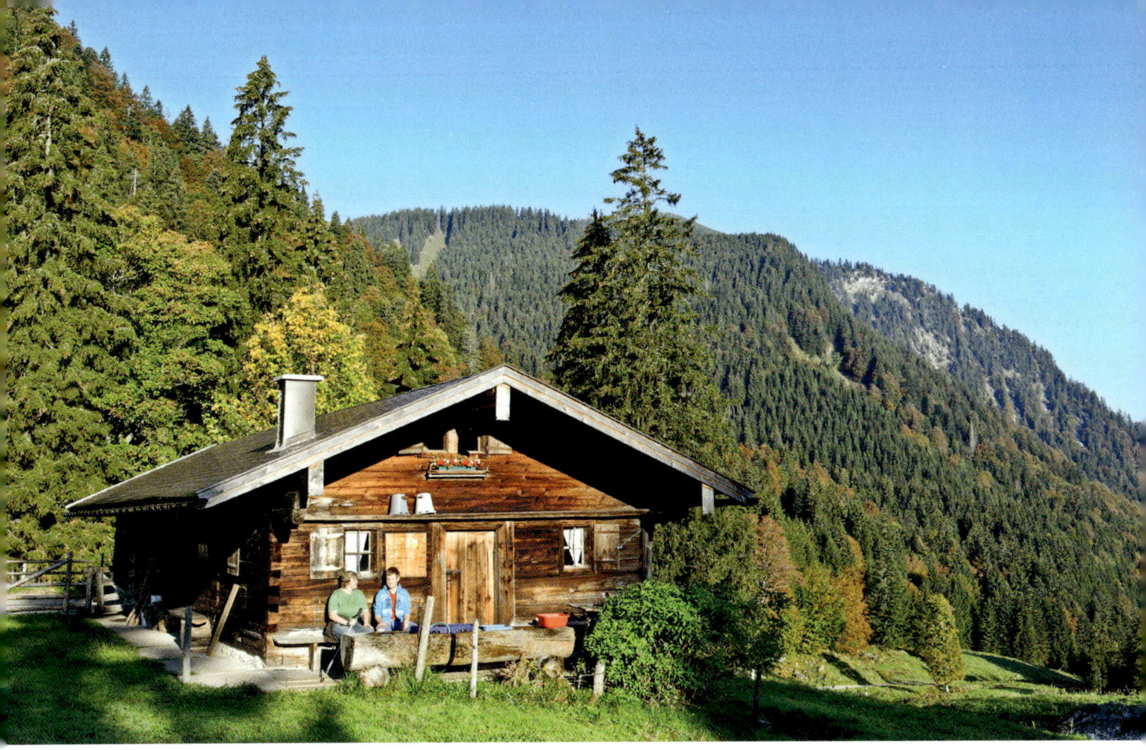

zeigersinn den Kessel, in dessen Talsohle sich eigentlich der Riederecksee befinden sollte. Im Herbst haben wir aber nur den von Steinen übersäten Seegrund gesehen. Im maßvollen Anstiegstempo geht es eher gemächlich auf dem gut sichtbaren Pfad durch einige Latschenfelder. Kurz vor dem Blankensteinsattel müssen wir trittsicher sein, denn der Weg fällt steiler ab und wir queren einen Hang mit Geröll. Gleich danach ist der Anstieg ausgestanden und wir stehen auf dem höchsten Punkt unserer heutigen Wanderung, dem Blankensteinsattel. Auf dem östlich ausgerichteten Wiesenfleckerl finden wir bestimmt einen Platz für die geruhsame Rast und Brotzeit. Wir haben mächtig zu schauen, reihen sich doch hier in jeder Richtung viele bekannte Bergziele und Gipfel aneinander. Routinierte Kartenleser können sie sicher bestimmen. Es macht aber auch Spaß, die Kletterer in den felsigen Wänden der Blankensteinwände mit den Augen zu verfolgen. Wer einen Gipfel sammeln möchte, der steigt weitere 40 Minuten bis zum Risserkogelgipfel empor und im Anschluss zum Sattel zurück. Aber Achtung! Der Weg ist nicht ohne und nur etwas für geübte Bergsteiger, die tritt- und schwindelfrei sind. Der gemütlichere Teil von uns beginnt hier mit dem Abstieg und folgt nun der Beschilderung ins Suttengebiet in westlicher Richtung. Mit Blick auf Roß- und Buchstein sowie den Hirschberg geht es abwärts. Kaum haben wir die felsi-

Gleich zu Beginn der Tour locken die Hausbank und die Brotzeit des Sieblialm-Senners zum Verweilen. Dann wird die Runde halt nur 1,5 Stunden lang.

gen Wände des Blankensteins passiert, weitet sich der Blick und rechts von uns liegt der Wallberg mit seiner charakteristischen Kapelle und dem großen Gipfelrestaurant. Bald schon schwenkt unser Pfad in diese Richtung und wir treffen an einer Almwiese auf eine breitere Fahrstraße. Nun beginnt wieder das geruhsame Forststraßen-Dasein. Wir wenden uns nach rechts, kommen bald an den Röthensteinalmen vorbei und lassen dann die Wanderwegabzweigung nach rechts unberücksichtigt. Sie würde nur wieder auf den Blankensteinsattel führen. Wir bleiben auf dem Sträßchen und folgen den Serpentinen bergab zu den Rottachalmen. Hier überqueren wir den Schiffbach, halten uns rechts und wandern nun in steter Nachbarschaft des gurgelnden Ba-

Kurz nach der Riedereckalm erheben sich die felsigen Nadeln des Blankensteins hinter dem Sattel.

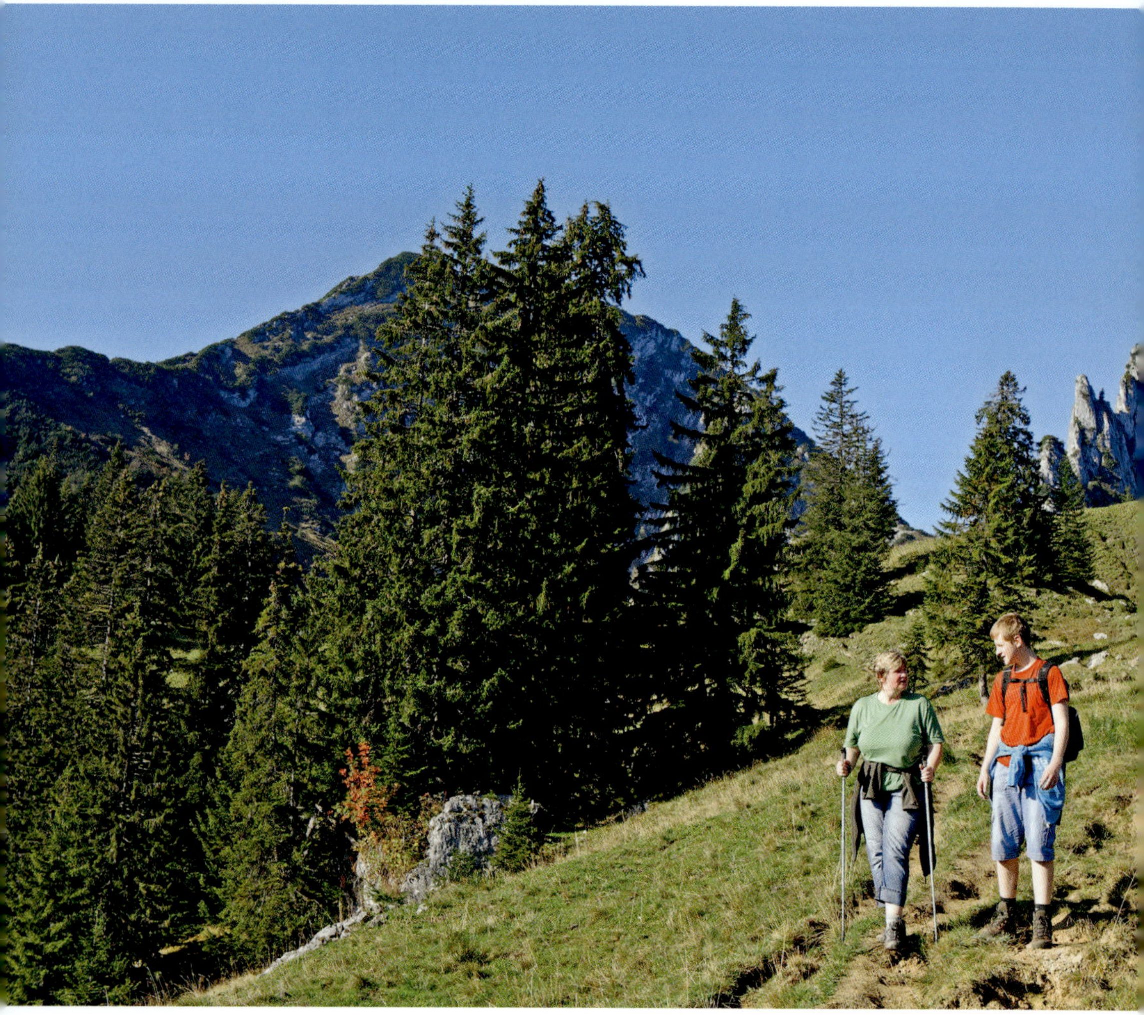

ches abwärts. Den kleinen Umweg links zum ausgeschilderten Siebliwasserfall bergab sollten wir unbedingt miteinbeziehen. Dieser ist schnell erreicht und eine erfreuliche Abwechslung auf dem ansonsten eher monotonen Forstweg. Der Schiffbach stürzt in einem eindrucksvollen Wasserfall über eine Felswand in die Tiefe. Er ist Ziel vieler Familien mit Kindern, die nur das kurze Stück von der Monialm hierherauf wandern mögen. Zum Glück müssen wir nicht wieder zur letzten Abzweigung aufsteigen, sondern marschieren einfach auf dem Waldpfad zur Straße zurück. Diese erreichen wir nach wenigen Metern an einem einsamen Holzhaus. Wir müssen nur nach links weiterlaufen. Nun ist es nicht mehr weit und wir sind am Ausgangspunkt zurück.

Unweit unseres Startplatzes liegt der idyllische Suttensee.

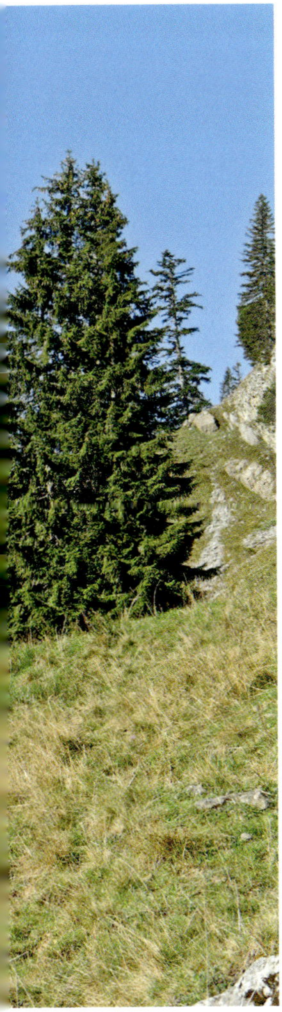

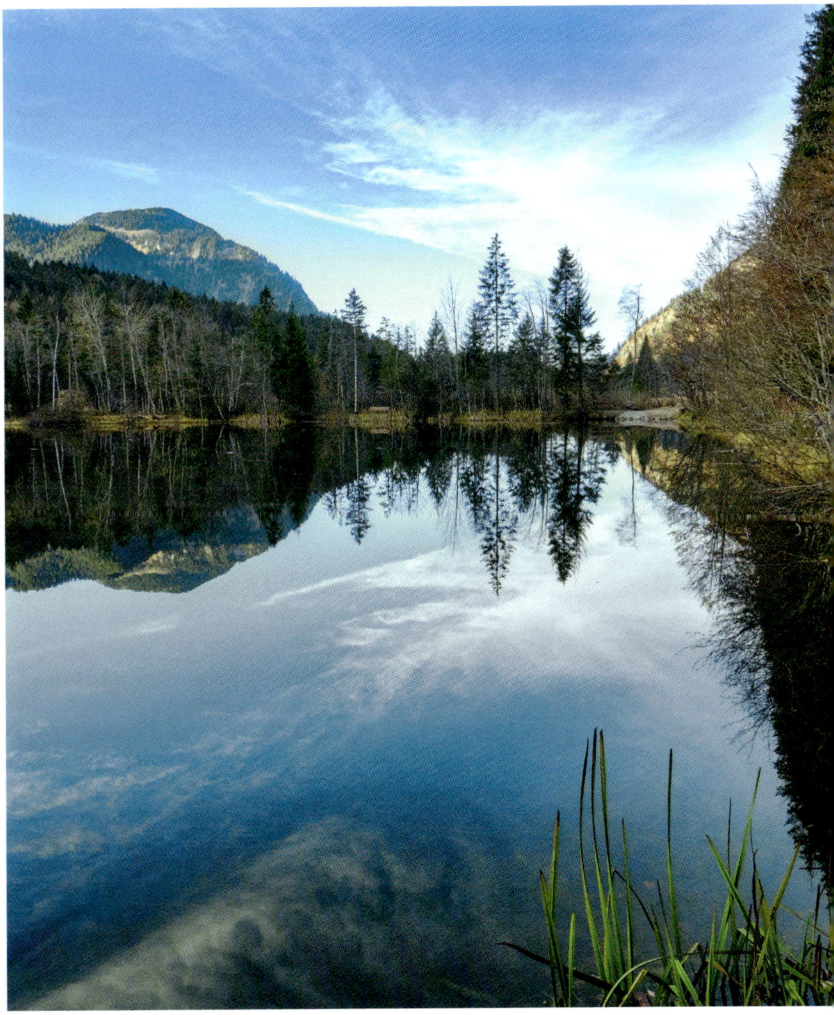

51 Auf den Suttenstein

Zwischen Tegernsee und Spitzinggebiet

Mittel	9 km	650 m	3.15 Std.

Tourencharakter
Meist auf breiten Wanderwegen, nur der Schlussanstieg zum Suttenstein führt über einen Bergpfad. Mit der Bergbahn kann der Abstieg verkürzt werden. Die umgekehrte Reihenfolge ist aufgrund des steilen Wegstücks vom Suttenstein nicht zu empfehlen.

Ausgangs-/Endpunkt
Parkplatz Kistenwinterstube in Enterrottach

GPS-Daten
47.658216, 11.828398

Anfahrt
Auto: A 8 bis Holzkirchen und weiter nach Bad Tölz, weiter an den Tegernsee, entlang des Ostufers bis Rottach-Egern. Hier in der Ortsmitte links der Beschilderung nach Enterrottach folgen. Bei Enterrottach beginnt die gebührenpflichtige Mautstraße, Parken am Parkplatz Hagelstube. (Er liegt ca. 400 m vor der Suttenbahn.)
Bus/Bahn: Von München mit der BOB bis Bahnhof Tegernsee, weiter mit Bus

Einkehr
Neureuth

Karte
Kompass Nr. 8 Tegernsee/Schliersee, 1:50 000

Information
www.tegernsee.com

Das Gebiet zwischen Tegern- und Spitzingsee ist durch die Sutten- und Stümpflingbahn gut erschlossen. Die meisten Wanderer haben jedoch Ziele wie die Bodenschneid oder den Roßkopf und lassen den kleinen, aber feinen Suttenstein unbesetzt.

Wir starten vom Parkplatz Hagelstube, der auch Kistenwinterstube genannt wird, und queren die Mautstraße in Fahrtrichtung gesehen auf ihre linke Seite. Dort beginnt der Wanderweg, der zur Lukas-Alm und Bodenschneid / zum Roßkopf bzw. zum Stümpfling beschildert ist. Der angenehm breite und schattige Weg führt bergauf, von rechts stößt kurz darauf der Wanderweg von der Suttenbahntalstation zu uns. Auf ihm werden wir am Abend zurückkommen. Jetzt geht es zackig aufwärts. Neben uns plätschern Bäche und wir passieren sehr viele private Almhütten, wie es sie in kaum einem anderen Wandergebiet gibt. Man

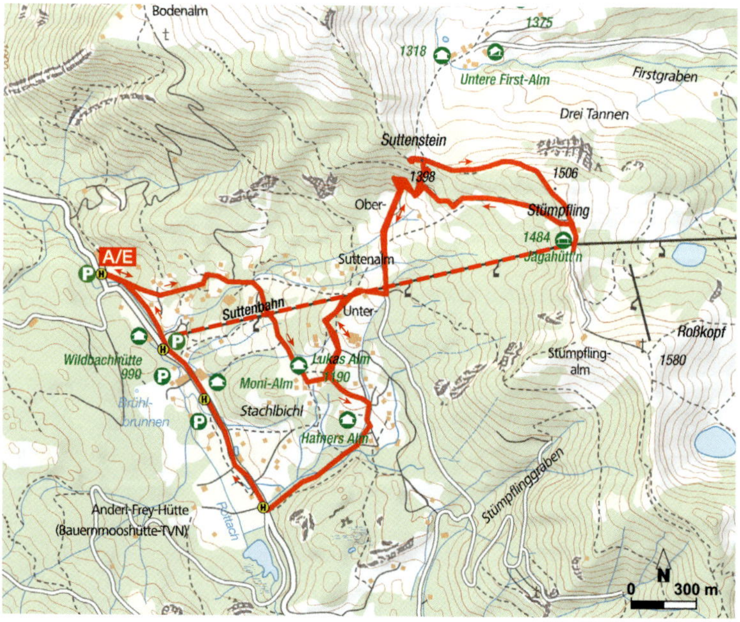

spürt eben auch hier im hintersten Winkel des Tegernseer Tales die Beliebtheit dieser Region, denn sicherlich dient kaum eine dieser Hütten dem Alm- oder Forstbetrieb eines hiesigen Bauern. Bald unterqueren wir die Suttenbahn und erreichen die hübsche Lukas-Alm, die den meisten von uns noch als Bäckeralm in Erinnerung ist und auch als solche in fast allen Karten verzeichnet ist. Kurz dahinter biegen wir links auf den nun steiler

Der steile Aufstieg zum Suttenstein

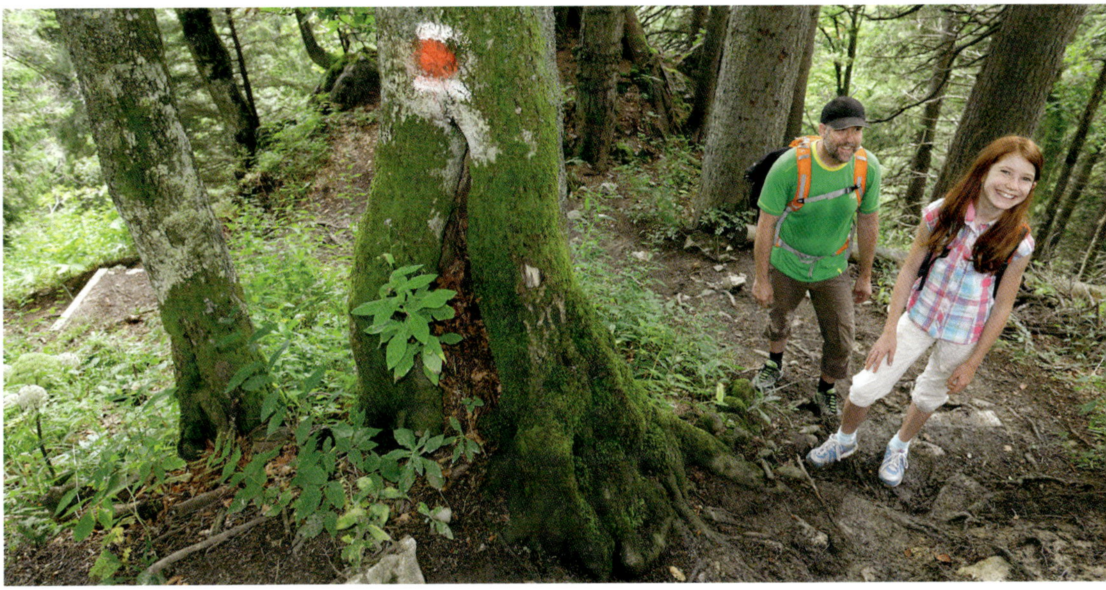

ansteigenden kleineren Wanderweg ein und erreichen auf ihm das Almgebiet der Unteren Suttenalm. Über unseren Köpfen schwebt nun wieder die gleichnamige Bahn, während wir die Almhütte passieren. Dahinter stoßen wir auf eine kleine geteerte Zubringerstraße, der wir bis zur Schranke folgen.

Dann biegen wir links in die nächste Forststraße ein, die vorbildlich zum Stümpfling und Roßkopf beschildert ist. Mit schönster Aussicht nach Westen auf den Blankenstein und Risserkogel und auf die Rückseite des Wallbergs wandern wir zum Waldrand und folgen der neu angelegten Straße noch für eine Serpentine aufwärts. Direkt in der Linkskurve beginnt wieder ein Wanderweg. Rechts führt die schnellere Variante direkt zur Bergstation der Suttenbahn

Einkehr

Unterwegs gibt es die Lukas-Alm (Mittwoch Ruhetag), an der Bergstation die Jagahüttn und beim Abstieg die Hafner Alm (Montag/Dienstag Ruhetag) oder den Berggasthof Moni-Alm.

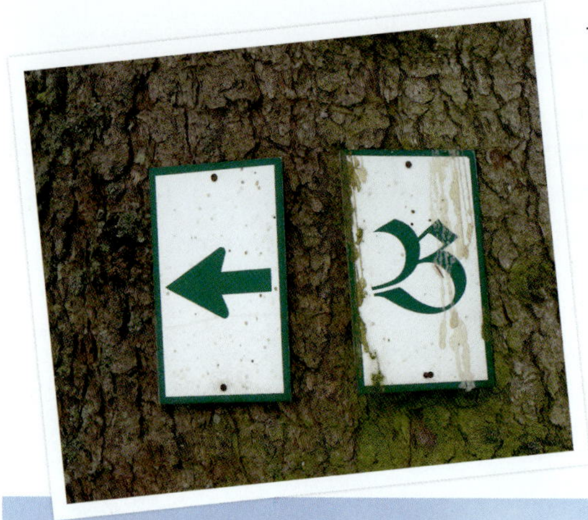

– das wird unser Rückweg sein. Wir wählen links den kleineren und weniger gepflegten Wanderweg, der nun zur Bodenschneid über Suttenstein ausgeschildert ist. Nach Regen kann dieser Aufstieg sehr rutschig sein, denn Lehm drückt überall durch den Erdboden. Ein wenig Vorsicht ist geboten. Schnell gewinnen wir an Höhe und treffen am Fuß des Suttensteins auf die große aufragende Felswand im Wald. Der Weg führt geschickt daran vorbei und wir sehen über uns schon

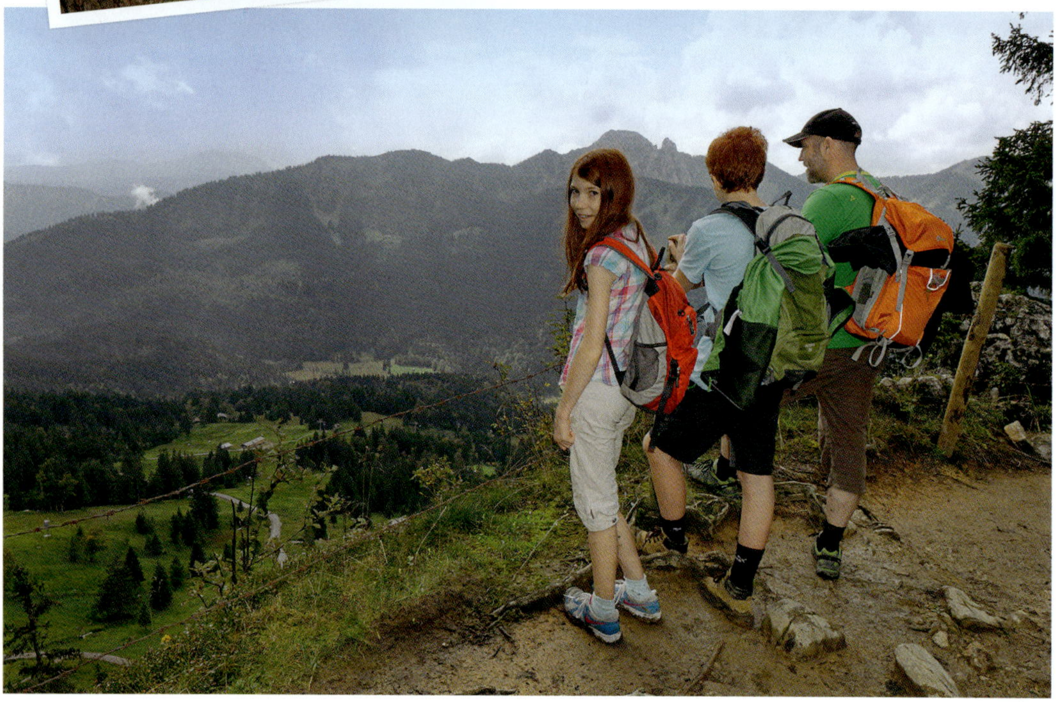

Ausblick vom Suttenstein

Oben: Alte Wanderwegschilder sind überall zu finden.

eine Hangkante. Trotzdem überrascht uns der Anblick, wenn wir durch das Viehgatter auf die freien Almwiesen geschlüpft sind: Ganz unvermittelt sind wir im Spitzingseegebiet gelandet! Etwas tiefer liegt die Untere, darüber die Obere Firstalm. Dahinter ragt die Brecherspitz auf und versperrt den Blick ins Tal zum Schliersee. Etwas nach rechts, in der Senke, können wir den Spitzingsee erahnen, wenn auch nicht erblicken. Dahinter setzt der große Reigen der Spitzingseeberge ein. Nach links sind es nun nur noch wenige Schritte und wir stehen auf dem Suttenstein.

Wie der Name schon sagt, handelt es sich nicht um einen Gipfel, sondern einen Felsen, der nach Westen abfällt. Gekrönt von einer Bank, öffnet sich dort der Blick hinüber zu den felsigen Spitzen des Blankensteins, daneben liegen Risserkogel und Wallberg. Nach Süden hingegen hinter dem Schinder kann man mit etwas Glück bei klarem Wetter sogar bis zu den Zillertaler Alpen sehen. Nach einer Rast können wir noch jede Menge Alternativtouren in Erwägung ziehen. Bis zum Gipfel auf die Bodenschneid ist es von hier noch ca. eine Stunde einfache Gehzeit. Wer einkehren möchte, kann zu den Firstalmen hinübermarschieren, wobei man von dort definitiv weniger Aussicht hat als vom Suttenstein.

Für den Abstieg gehen wir vom Felsen das Stück zurück bis zu der Stelle, wo wir aus dem Wald heraufgestiegen sind. Diesmal bleiben wir geradeaus und wandern mit bester Sicht über die Wiesen ein letztes Stück bergauf, der Beschilderung zur Suttenbahnbergstation folgend. Hier erreichen wir an einem Wiesenbuckel, auf den im Winter ein Schlepplift heraufführt, den höchsten Punkt dieser Tour. Es geht wieder leicht bergab und dann müssen wir uns entscheiden: Wer mit der Bahn bequem abwärtsschweben will, kann sich an der Bergstation ein Ticket kaufen; für Kinder gibt es dort einen netten Spielplatz, während die Großen vielleicht in der Jagahüttn einkehren wollen.

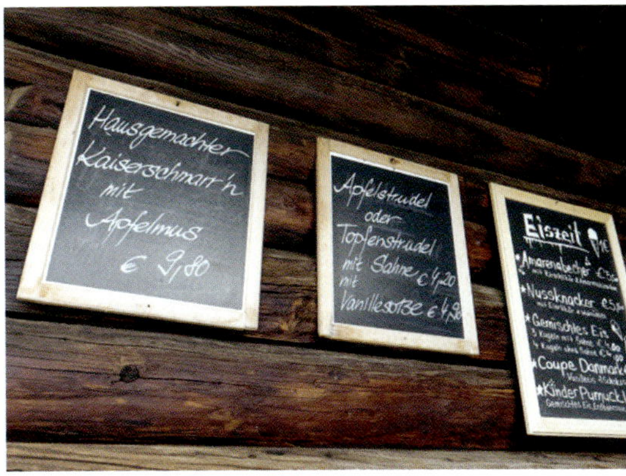

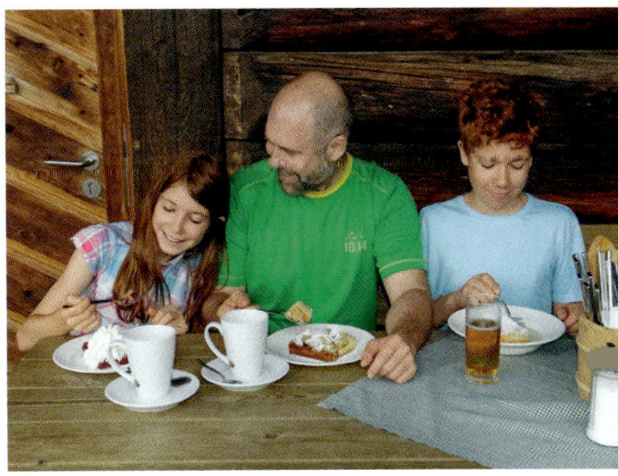

Am höchsten Punkt der Wanderung liegt die Jagahüttn.

Diejenigen von uns, die zu Fuß absteigen wollen, biegen wenige Meter vorher auf die breite Almstraße rechts ein und steigen über die Skipiste hinab, bis wir an der Oberen Suttenalm wieder auf den bekannten Weg stoßen. Diesmal in entgegengesetzter Richtung geht es bis kurz vor die Lukas-Alm zurück. Nun können wir entweder direkt über die Moni-Alm (Einkehrmöglichkeit) oder nach links über den Berggasthof Hafner Alm, die beide mit wirklich leckerer Küche hungrige Bergsteiger verwöhnen, ins Tal absteigen. Für das letzte Stück zurück folgen wir der Mautstraße talauswärts, also nach rechts bis zur Suttenbahntalstation. Vom dortigen Parkplatz gibt es einen Verbindungsweg parallel zur Mautstraße zurück bis zu unserem Startplatz.

52 Auf die Neureuth

Ein Lieblingsplatzerl über dem Tegernsee

Leicht | 9 km | 650 m | 2.45 Std.

Tourencharakter
Einfache Wanderung zunächst auf breitem Forstweg, letztes Stück auf steilem Pfad. Der Abstieg führt auf einem schmalen Pfad in großen Kehren durch den Wald. Bitte mehr Zeit einrechnen als für den Aufstieg, führt er doch bis zum Ort Tegernsee und auf dem Höhenweg zurück.

Ausgangs-/Endpunkt
Wanderparkplatz im Ortsteil Gasse von Gmund

GPS-Daten
47.737003, 11.751110

Anfahrt
Auto: A 8 bis Holzkirchen, auf der B 318 nach Gmund. Weiter auf der B 307 Richtung Tegernsee, links Richtung Schliersee, ca. 500 m nach der Abzweigung rechts zum Ortsteil Gasse. Der Straße folgen, beim letzten Bauernhof rechts abbiegen. Großer Wanderparkplatz auf der linken Seite.
Bus/Bahn: Von München zum Tegernsee. Dafür folgt man am Beginn dem Höhenweg.

Karte
Kompass Nr. 8 Tegernsee/ Schliersee, 1:50 000

Information
www.tegernsee.com

Kein Geheimtipp! Aber die Neureuth ist einfach Kult und sollte unbedingt besucht werden. Die Tegernseer wissen schon, warum sie dieses Ziel so schätzen: wegen der tollen Aussicht, der Einkehrmöglichkeit und weil es perfekt für Langschläfer ist.

Vom Wanderparkplatz folgen wir der kleinen Teerstraße weiter und kommen an den nächsten Bauernhöfen vorbei. Dann beginnt nach dem Café Oberbuchberger nach links der Wanderweg auf der ansteigenden, für den Verkehr gesperrten Forststraße. Im Wald genießen wir zu Beginn zwischen den Bäumen noch eine schöne Aussicht auf das Nordende des Tegernsees.

Stets folgen wir der Beschilderung »Neureuth über die Rodelbahn« auf der Forststraße. Dann zweigt in einer Rechtskurve unser Weg auf die Neureuth nach links ab und teilt sich. Beide Wege

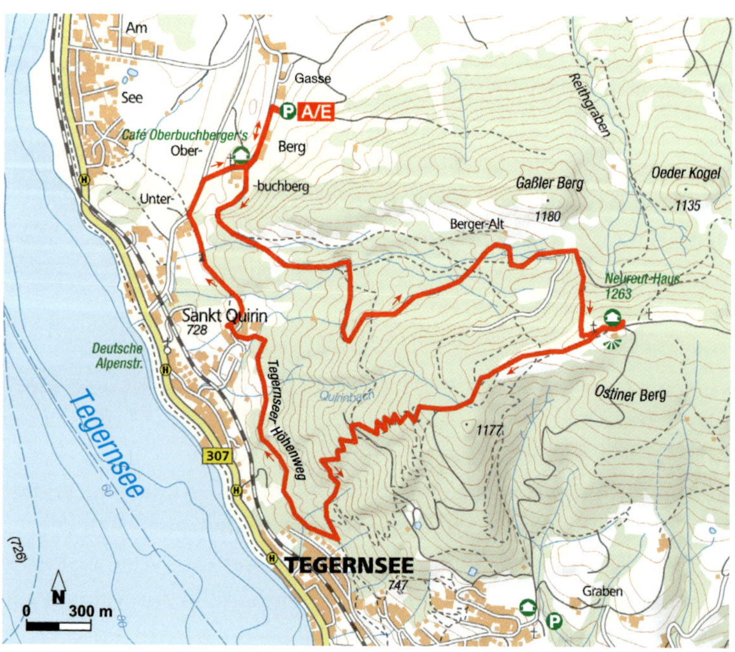

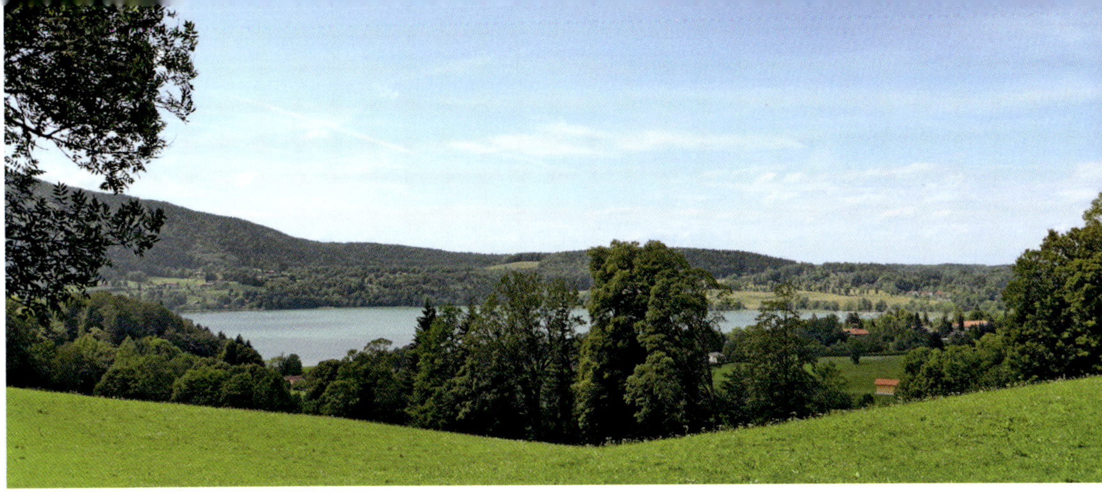

Der Tegernsee von den Wiesen bei Gasse

führen zum Ziel. Damit wir uns das Essen auf der Neureuth so richtig verdienen, wählen wir den rechten Pfad, der sehr viel steiler aufwärtsführt. Doch die Plackerei dauert nicht lange, bald erreichen wir den Waldrand, gehen über einen Wiesenpfad zum größeren Wanderweg und sehen links über uns bereits das Ziel. An der Kriegerkapelle vorbei sind wir gleich auf der Neureuth. Von der Terrasse genießen wir den Ausblick auf den Tegernsee, eingerahmt vom Wallberg, den Blaubergen mit dem Schildenstein, dem Hirschberg und dem Seekarkreuz.

Nach der Pause wandern wir zurück bis zur Abzweigung, die über die Wiese führt. Diesmal bleiben wir geradeaus und gehen bergab zum Wald. Nun folgen wir stur der Beschilderung »Tegernsee über den Sommerweg«, der uns bald nach rechts auf einen schmäleren Waldweg abbiegen lässt. Jetzt geht es in vielen Kehren den Berghang hinunter. Fast im Tal treffen wir an den ersten Häusern vom Ort Tegernsee auf den Höhenweg. Auf ihn biegen wir nach rechts ein und folgen dem Panoramaweg mit herrlichen Aussichten in Richtung Gmund. Bei St. Quirin stoßen wir wieder auf ein geteertes Sträßchen; die wenigen Häuser passieren wir mit einem Rechts-links-Knick. Achtung, der Wanderweg führt gleich nach dem Zaun des linken Hauses ebenfalls links wieder auf dem schmalen Wiesenpfad weiter. Mit herrlicher Sicht geht es voran, dann ein letztes Stück durch den Wald und wir erreichen erneut eine geteerte Straße. Dieser folgen wir jetzt nach rechts und bewältigen ein letztes, kleines Stück bergauf, bis wir in Gasse wieder auf den bekannten Hinweg stoßen. Nun sind es nur noch wenige Minuten zurück bis zum Startplatz.

Rastplatztipp

Etwas unterhalb des Gasthauses Neureuth, bei der Kapelle, gibt es einige herrlich gelegene Rastbänke.

53 Wanderung zum Riederstein

Panoramaweg mit Höhepunkt

Mittel | 8 km | 500 m | 3 Std.

Tourencharakter
Eigentlich eine leichte Bergtour, nur der letzte Anstieg ist etwas steiler.

Ausgangs-/Endpunkt
Ort Tegernsee, Parkplatz Sonnleitenweg

GPS-Daten
47.709068, 11.763900

Anfahrt
Auto: Autobahn A 8, Ausfahrt Holzkirchen, weiter auf der B 318, dann der B 307 entlang des Ostufers bis zum Ort Tegernsee. Am Kloster links in die Bahnhofstraße und dann rechts in den Kleinbergweg. An dessen Ende erneut rechts in den Sonnleitenweg, wo wir auf der linken Seite einen Wanderparkplatz finden.
Bus/Bahn: Von München zum Tegernsee, Haltestelle Tegernsee; auf der Bahnhofstraße zunächst Richtung Ortszentrum, dann links steil hinauf in die Kleinbergstraße und rechts in den Sonnleitenweg

Einkehr
Gasthaus Galaun/Riederstein, mit herrlicher Aussichtsterrasse, Dienstag Ruhetag

Karte
Kompass Nr. 8, Tegernsee/Schliersee 1:50 000

Information
www.tegernsee.de

Der Riederstein mit seiner kleinen Kapelle ist bereits von Weitem sichtbar. Wobei er vom Tal aus fast unbezwingbar scheint und wir uns eher die Frage stellen: Wie kommt man da rauf? Aber keine Bange, es ist keine alpine Klettererfahrung nötig, um diesen Aussichtsthron zu erklimmen.

Vom Parkplatz in Tegernsee aus wandern wir ein kurzes Stück Richtung Süden und halten uns dann links auf den Wanderweg mit der Beschilderung »Galaun«. Im Wald steigt der Weg an und nach weniger als 100 Metern wenden wir uns nochmals nach links auf den Wanderweg »T 4 Riederstein über Pfliegeleck + Galaun«. Stets der Beschilderung folgend, gewinnen wir an Höhe und passieren den Gipfel des Pfliegelecks, der kaum erkennbar mitten im Wald liegt. Nun wandern wir auf dem Bergrücken nur noch leicht bergauf durch den schattigen Wald, wo wir bald wieder auf Wegweiser stoßen, die uns auf einem Forstweg abwärts zum Berggasthof Riederstein/Galaun führen.
Von der sonnigen Terrasse haben wir eine weite Sicht bis ins Weißbachtal. Unser endgültiges Ziel, die Kapelle auf dem Fels, thront direkt über unseren Köpfen. Also sparen wir unsere Rastgelüste noch ein wenig auf und machen uns an die letzten Höhenmeter Aufstieg. Direkt hinter dem Gasthaus beginnen die Stufen. Der steile Weg ist zugleich ein Kreuzweg, der auf 14 Tafeln die Leidensgeschichte Christi erzählt. Wir passieren eine vorspringende Felsnase, an der eine Gedenktafel für den Wildschütz Leonhard Pöttinger hängt. Etwas atemlos erreichen wir schließlich das kleine Felsplateau, auf dem die Kapelle erbaut wurde. Die Aussicht ist einmalig, denn gleich einem Adler-

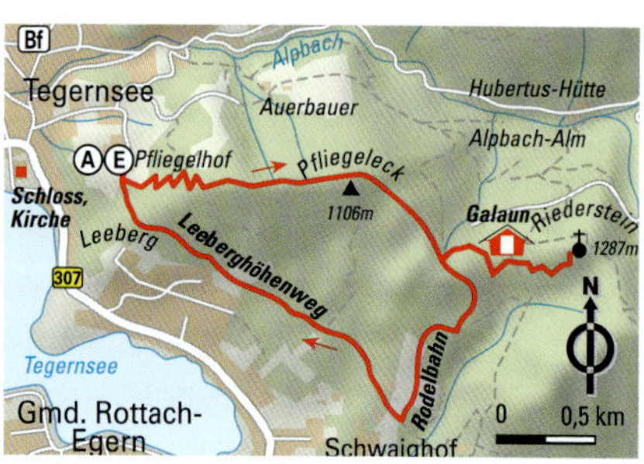

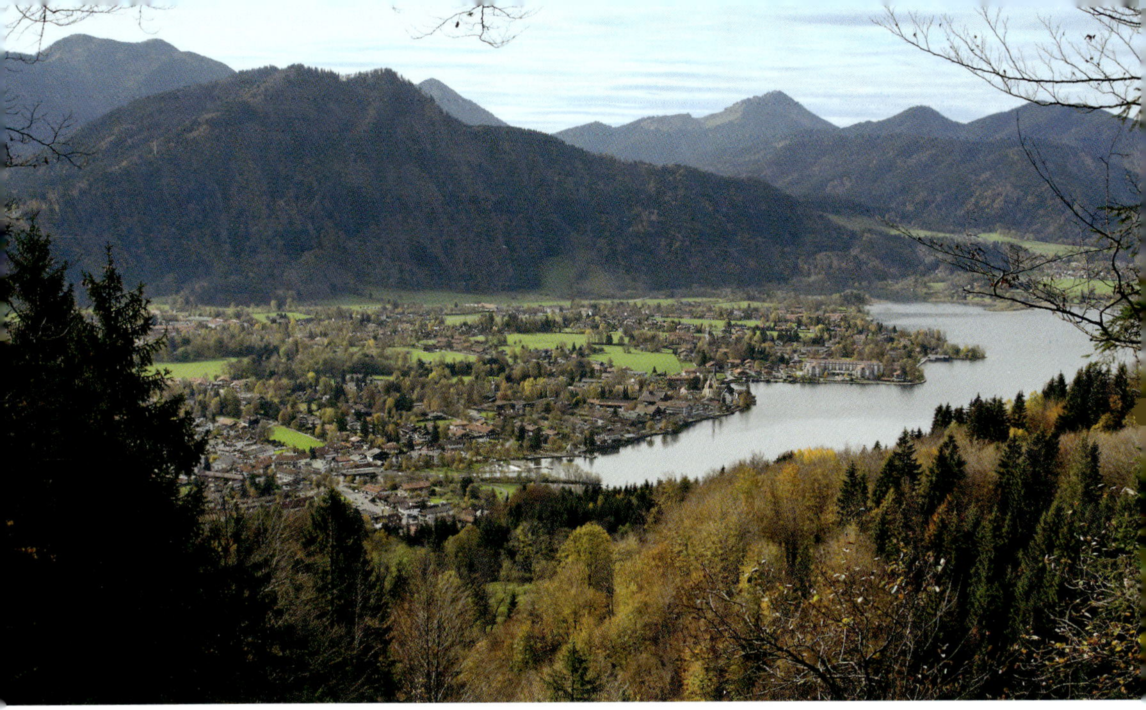

horst stehen wir über dem Tegernseer Tal. Vor uns liegen der Hirschberg, der Roß- und Buchstein, der Leonhardstein und natürlich der Tegernsee. Nur leider reichen die Sitzplätze nie für alle Besucher. So machen wir uns nach der genussvollen Aussichtsrast auf den Rückweg und steigen wieder zum Gasthof Galaun hinunter. Nun halten wir uns links und wandern über die Rodelbahn weiter abwärts. Kurz bevor wir die Rottacher Bucht im Ortsteil Schwaighof erreichen, wenden wir uns nach rechts auf den Leeberg-Höhenweg. Dieser Panoramaweg begleitet uns immer wieder mit herrlichen Ausblicken über den See zurück bis zu unserem Ausgangspunkt.

Über Bad Wiessee und den Tegernsee auf den Hirschberg

Im Jahre 1841 ließ der Schlossdiener Josef Hupfauer auf dem emporragenden Riederstein-Felsen ein winzig kleines Kirchlein aus Holz errichten. Warum er das tat, darüber streiten sich die Historiker, sicher ist jedenfalls, dass sie bereits zehn Jahre später erweitert werden musste. Der Andrang war einfach zu groß. Aber auch die größere Kirche genügte bald nicht mehr und so machten die Bürger von Tegernsee und Rottach Nägel mit Köpfen und erbauten von 1863 bis 1864 die Kapelle aus Stein, die heute noch auf dem Riederstein steht.

Tipp

Die Tour eignet sich hervorragend für Familien mit Kindern. Der Weg ist abwechslungsreich und hat genau die richtige Länge für eine kurze Halbtagstour.

54 Zur Gindlalmschneid

Zwischen zwei Seen

Leicht	12,5 km	500 m	3.30 Std.

Tourencharakter
Einfache, aber längere Bergwanderung auf schattigen Waldwegen, der letzte Abschnitt bergab ist ein schmaler, steiler, aber sicherer Hohlweg.

Ausgangs-/Endpunkt
Ort Schliersee, Kirche St. Martin am Nordeingang des Ortes

GPS-Daten
47.737206, 11.853739

Anfahrt
Auto: Über die Salzburger Autobahn A 8, Ausfahrt Weyarn, weiter auf der B 307 über Miesbach und Hausham zum Schliersee, am Ortseingang rechts über die Gleise zur Kirche St. Martin.
Bus/Bahn: Von München über Holzkirchen Richtung Bayrischzell, Haltestelle Schliersee

Einkehr
Alle drei Gindlalmen sind in den Sommermonaten bewirtschaftet. Die Gindlam Nr. 2 in der Mitte ist die größte und schon eher ein Gasthof. Das Almbad Huberspitz ist das ganze Jahr über geöffnet, Fr–So (und am Feiertag) von 12–17 Uhr.

Karte
Kompass Nr. 8, Tegernsee/Schliersee 1:50 000

Information
www.schliersee.de

Der kleine, von Bergen umrahmte Schliersee ist mit Naturschönheiten überhäuft. Die meisten Wanderer wählen auf ihrem Weg zur Gindlalmschneid den Aufstieg vom Tegernseer Tal über das Ausflugslokal Neureuth. Ganz alleine ist man aber auch vom Schliersee aus nicht unterwegs. Viele Familien mit Kindern bevorzugen den kürzeren, schattigen Aufstieg aus dem Schlierseer Tal.

Von der Kirche St. Martin marschieren wir in die von Bauernanwesen gesäumte Breitenbachstraße. Wir passieren einen kleinen Fischweiher und ab hier heißt unser Weg Hennererstraße. Wir erreichen einen großen Wanderparkplatz. An dessen Ende halten wir uns rechts, vorbei am Bauerncafé Hennerer, und gehen jetzt auf dem »Maximiliansweg E 4/Gindlalm«. 150 Meter später biegt unser Wanderweg links in den Wald hinein und nun wandern wir aufwärts. Die schattigen Bäume sorgen dafür, dass wir nicht zu sehr ins Schwitzen kommen. Wir bleiben immer geradeaus auf dem Weg. Nur einmal biegt eine breitere Straße scharf rechts ab. Auch hier gehen wir geradeaus weiter. Wir nähern uns einem Bach, den wir bald darauf überqueren. Nun ist es nicht mehr weit. Ein letztes Mal steigt der Weg steil an, dann tritt man plötzlich aus dem Wald heraus und steht bereits vor der liebevoll mit Blumen geschmückten Gindlalm Nr. 2. Wie in einer Kuhle des Almplateaus sind die drei Almen hier nahe zusammengerückt. Über die Wiesen sieht man bereits das Gipfelkreuz der eigentlichen Gindlalmschneid (1334 m). Keine 15 Minuten später haben wir es erreicht und blicken hinunter auf den Tegernsee und den Schliersee. Trotz der geringen Höhe ist die Aussicht einmalig.

Zurück wandern wir zunächst wieder zu den Almen. Kurz vor unserem Aufstiegsweg biegen wir an der Gindlalm Nr. 1 links auf den Wanderweg ein, der leicht bergauf an deren östlich ausgerichteter Terrasse vorbeiführt (Schild »über Huberspitz zum Schliersee«). Nun geht es an einigen privaten Hütten vorbei,

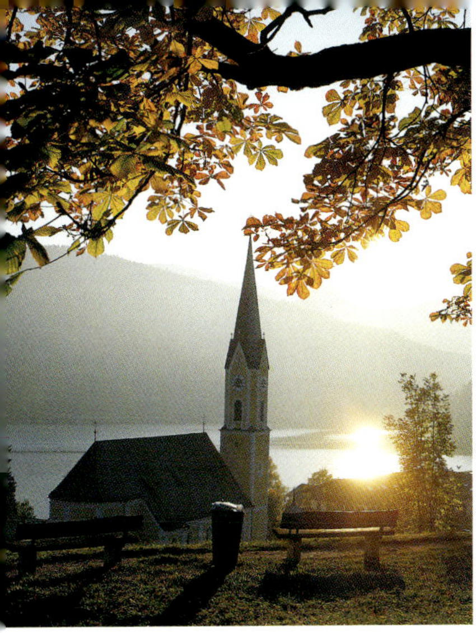

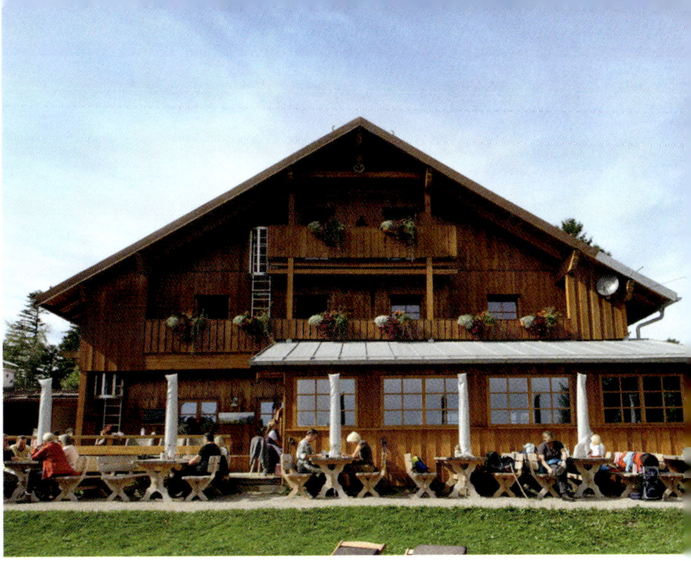

dann über ein paar morsche Holzbalken, die in einer feuchten Wiese liegen, und schon laufen wir bergab am Rücken des Rainerberges entlang. An einigen abgeholzten Stellen schauen wir diesmal ins nördliche Voralpenland. Wir sehen den Taubenberg bei Miesbach und unzählige kleine Weiler, die zu unseren Füßen liegen. Bald kommen wir zu einer Weggabelung. Hier geht es rechts weiter. Von unserem breiten Forstweg zweigen immer wieder Wege ab, die aber nur zu Holzhütten führen. Wir halten uns einfach auf dem Hauptweg und folgen dem Schild »Huberspitz«. Kurz darauf erreichen wir in einer Serpentine auf der rechten Seite das Almbad Huberspitz. Vor der Eingangstür und der Terrasse zweigt rechts ein schmaler Pfad über die Wiese ab (Schild »Schliersee«). Nun müssen unsere Oberschenkel einiges aushalten, denn es geht auf einem schmalen Jägersteig steil nach unten. Durch einen Hohlweg wandern wir immer dem Schild »Schliersee« nach. Wir erreichen einen breiteren Weg, in den wir links einbiegen. Noch einmal passieren wir viele kleine Waldhütten, an einem Wasserreservoir halten wir uns rechts und treten aus dem Wald heraus. Wohl der schönen Aussicht wegen hat man hier eine hölzerne Bank zum Rasten aufgestellt. Nun wandern wir nur über den Wiesenweg, dann zwischen den Häusern hindurch. Hier treffen wir wieder auf die bekannte Straße, die uns – nach links – zum Ausgangspunkt zurückbringt.

Am Almbad Huberspitz kann man an den Wochenenden gut einkehren.

Links: Die katholische Pfarrkirche St. Sixtus ist eines der Wahrzeichen des Schliersees.

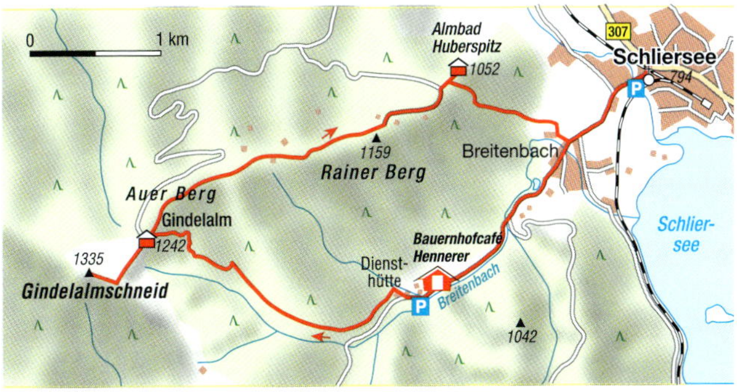

55 Auf die Baumgartenschneid

Zwischen Tegernsee und Schliersee

Mittel | 12 km | 600 m | 3.30 Std.

Tourencharakter
Bergwanderung auf breiten Almstraßen und schmalen Bergpfaden

Ausgangs-/Endpunkt
Schliersee, Parkplatz beim Hennerer

GPS-Daten
47.722075, 11.830268

Anfahrt
Auto: Auf der A 8 Richtung Salzburg, Ausfahrt Miesbach, Landstraße nach Schliersee, am Ortseingang in Westenhofen rechts über die Bahn und die Fahrstraße weiter bis zum großen Wanderparkplatz vor dem Bauernhofcafé Hennerer.
Bus/Bahn: Oberlandbahn BOB von München nach Schliersee, vom Bahnhof zum Hennerer Hof zusätzlich einfach ca. 45 Min. (Gehzeit)

Einkehr
Gasthof Hennerer, Kreuzbergalm (nur im Sommer)

Karte
Kompass Nr. 8, Tegernsee/ Schliersee, 1:50 000

Information
www.schliersee.de

Die Baumgartenschneid ist gar nicht weit vom betriebsamen Tegernsee entfernt und doch gehört sie zu den weniger überlaufenen Bergen. Die Wege zum Gipfel sind abwechslungsreich, und natürlich dürfen wir uns über eine grandiose Aussicht freuen.

Unser Weg beginnt am großen Wanderparkplatz beim Bauernhofcafé Hennerer am Ende der Fahrstraße. Wir gehen am Gasthof Hennerer vorbei und wandern gemächlich die Forststraße aufwärts. Nach etwa zehn Minuten wendet sich unser Weg nach links. Er wird steiler, wir passieren zwei weitere Abzweigungen, bleiben aber immer geradeaus, bis wir an einen Holzlagerplatz kommen (45 Min.). Hier werden wir später von der Kreuzbergalm zurückkommen. Links hinten beginnt ein Steig, der sich in einer flachen Rechtskurve durch den Wald den Berg hinaufwindet und schließlich nach knapp 15 Minuten an einer offenen Stelle auf eine Wegegabelung trifft. Nach links beginnt ein steiler Anstieg durch den Berghang. Besonders nach Regentagen ist dieser Weg rutschig, entsprechende Vorsicht ist angebracht. Unter einem großen Felsblock scheint sich der Weg zu gabeln. Der alte führt nach rechts, ist aber steiler und verfallen. Also gehen wir nach links und dann weiter im Zickzack aufwärts, bis der Hang flacher wird und wir den Almboden der Baumgartenschneidalmen betreten. Hier sehen wir bereits unser Gipfelziel vor uns.

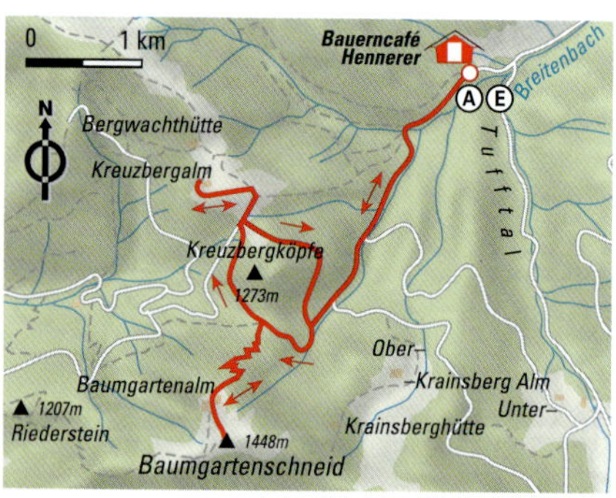

An den Almen vorbei geht es zunächst flach, dann aber steil aufwärts auf den Gipfel. Die Aussicht ist wunderschön: Im Westen liegt tief unten der Tegernsee mit den Bergen hinüber zum Isarwinkel, im Süden macht der Wallberg

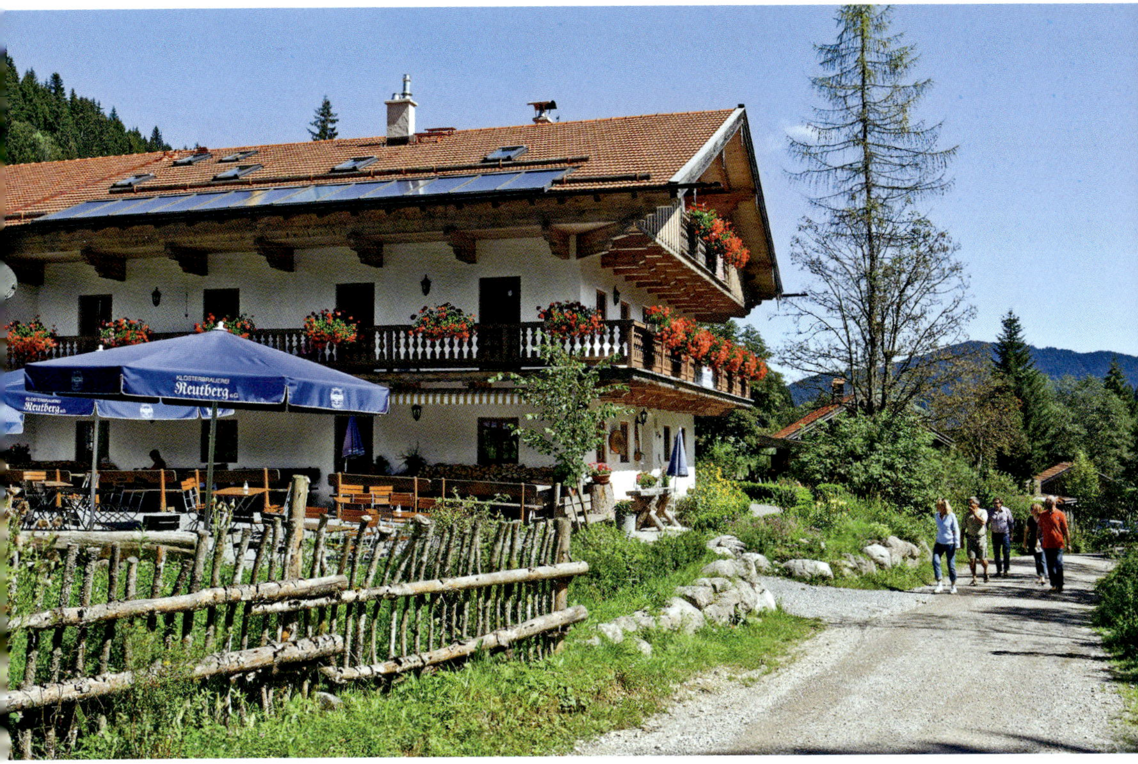

Das Bauerncafé Hennerer liegt wie geschaffen am Ende der Tour für den berühmten finalen Einkehrschwung.

seinem Namen Ehre. Nach Osten, allerdings etwas durch Bäume verdeckt, schauen die Berge um den Spitzingsee zu uns herüber. Nach Norden sehen wir bereits die Wiesen der Kreuzbergalm. Nach der Gipfelrast gehen wir auf dem Anstiegsweg zu der offenen Stelle im Wald zurück. Wer will, kann jetzt abkürzen und direkt zum Hennerer wandern. Wir wollen noch einen Abstecher zur Kreuzbergalm machen und folgen von hier dem Fußweg, der bei der Unterstandshütte beginnt und sich links um den Kreuzbergkopf herumwindet. Wir treffen wieder auf einen Almweg, der uns in einer weiten Schleife zur Alm bringt, wo uns – endlich – eine Brotzeit winkt. Ihren Namen hat die Alm von dem großen Bergkreuz bekommen, das etwas unterhalb auf der freien Wiese steht. Zurück geht es auf dem Anstiegsweg bis kurz vor die Stelle, an der wir auf die Almstraße gestoßen sind. Hier führt links ein schmaler Steig auf der anderen Seite des Kreuzbergkopfes zu dem großen Holzplatz. Jetzt geht es auf dem Anstiegsweg zum Parkplatz beim Hennerer zurück.

Tipp

Der Hofladen beim Hennerer bietet feinste Schmankerl, die man im Supermarkt nicht zu kaufen bekommt.

56 Im Josefstal

Bockerlbahnweg und Wasserfälle

Leicht | 7 km | 250 m | 2.15 Std.

Tourencharakter
Sehr einfache Wanderung, anfangs völlig eben ins Josefstal, erst später kurze Steigung bis zur Stockeralm. Dann erneut fast ebener Rückweg

Ausgangs-/Endpunkt
Bahnhof Fischhausen/Neuhaus am Schliersee

GPS-Daten
47.705843, 11.874469

Anfahrt
Auto: Über die Salzburger Autobahn A 8 bis Ausfahrt Miesbach und über Miesbach zum Schliersee. Dort um den See nach Neuhaus. Der Bahnhof liegt rechts der Straße im Ortsteil Fischhausen. Gebührenpflichtige Parkplätze vorhanden.
Bus/Bahn: Von München stündlich mit der BOB über Holzkirchen an den Schliersee

Einkehr
Erst am Schluss mehrere Einkehrmöglichkeiten in Neuhaus am Schliersee. Toll ist direkt im Bahnhof »La Stazione«, ein Café mit Bar und Trattoria, ganz wie in Italien.

Karte
Kompass Nr. 8 Tegernsee/Schliersee, 1:50 000

Information
www.schliersee.de

Am Südende von Neuhaus rauschen am Fuß der Spitzingseeberge die Josefstaler Wasserfälle versteckt im Wald. Bei der Wanderung zur Stockeralm kommen wir in richtige Bergstimmung und schlendern über die ehemalige Trasse der Bockerlbahn zurück.

Wir wandern vom Bahnhof Fischhausen/Neuhaus nach links zur Bahnschranke an der großen B 307. Hier wenden wir uns nach rechts, folgen ihr für ca. 350 Meter und biegen dann rechts in die Josefstalerstraße ein. Nun geht es fast eben für gut 30 Minuten durch den Ort Neuhaus bis zum Ortsteil Josefstal, der am Fuße der Spitzingseeberge liegt. Fast am Ende der Josefstalerstraße stoßen wir auf den Hachelbach, dem wir nun folgen.

Dafür biegen wir, unmittelbar bevor die Josefstalerstraße zum Laubriesweg wird, links über eine Brücke. Dann gehen wir nicht auf dem breiten Weg, der Alten Spitzingseestraße, aufwärts, sondern halten uns rechts (Schild: »Josefstaler Wasserfälle«). Gleich darauf sind wir im Wald und wandern nun entlang des Baches. Nach wenigen Minuten stehen wir schon am unteren Ende der Wasserfälle und genießen die angenehm feuchte und kühle Luft. Geradezu magisch zieht uns das Wasser aufwärts und so folgen wir dem Pfad, der nun zur Stockeralm ausgeschildert ist. Rasch gewinnen wir Höhenmeter und verlassen nach dem obersten Wasserfall den Wald auf die sonnigen Matten der Stockeralm. Hier fließt der Bach ganz friedlich und gemütlich über die Wiesen. Mithilfe von ein paar hölzernen Brettern können wir ihn leicht queren und finden entlang des Bachlaufs schöne Rastplätzchen.

Nach der Pause bringen wir unseren Puls wieder in Schwung und steigen weiter aufwärts, der Beschilderung zur Stockeralm folgend. Hier können wir zwar nicht einkehren, aber direkt vor der Alm stoßen wir auf den quer verlaufenden Bockerlbahn-Wanderweg, dem wir nun nach rechts folgen. Mit wunderschönen Ausblicken hinüber zum Schliersberg und Breitenstein wandern wir zunächst fast eben auf der ehemaligen Trasse der historischen Bahnstrecke. Die Bockerlbahn wurde 1919 nach einem verheerenden Winterföhnsturm, der fast 300 000 Bäume umwarf, in Rekordzeit erbaut. Das Holz musste so schnell wie möglich ins Tal transportiert werden und die Spitzingseestraße existierte damals noch nicht. Über einen Höhenunterschied von 320 Metern und einer Länge von knapp 12 Kilometern wurden die Baumstämme mit der Dampfbahn abtransportiert.

Bald steigen wir leicht ab, bis wir fast wieder an unserer Rastwiese stehen. Nun halten wir uns aber links und folgen weiter der Bahntrasse. Wieder im Wald, wandern wir auf halber Höhe der Hangkante entlang und verlieren nur langsam an Höhe. Schließlich stoßen wir auf das Sackgassenende der von rechts zu uns führenden Grünseestraße. In diese biegen wir ein, queren die Krettenburgstraße und wenden uns dann links in die Waldschmidtstraße. Sie bringt uns direkt zum Bahnhof zurück.

Ganz unten: Die Josefstaler Wasserfälle

Das Markus Wasmeier Freilichtmuseum liegt neben dem Startplatz.

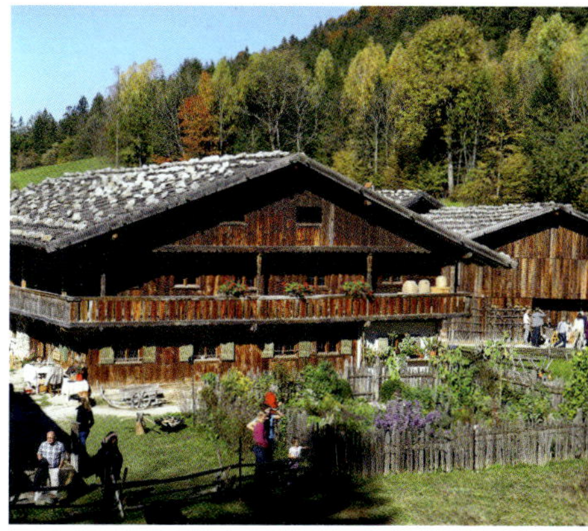

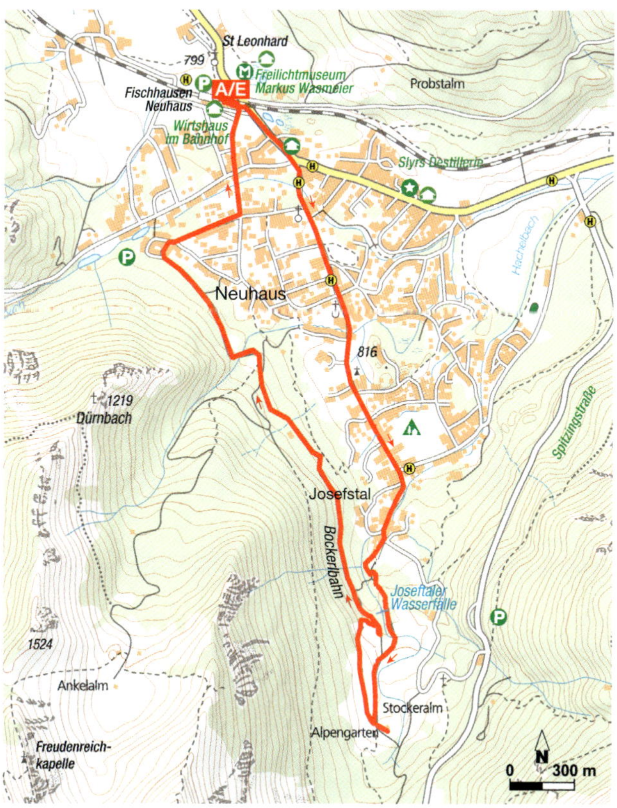

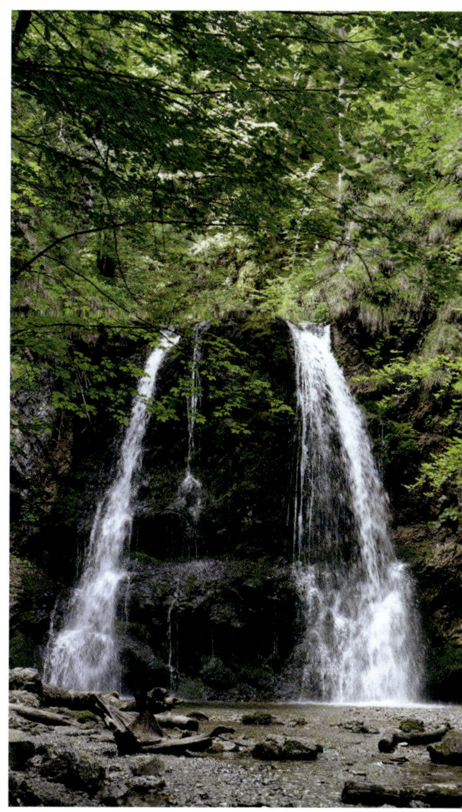

57 Zu den Firstalmen

Gemütlich oder gach

Leicht	9 km	500 m	3 Std.

Tourencharakter
Leichte Rundwanderung auf absolut sicheren Wanderwegen. Weg zur Firstalm sehr gut für Familien mit Kindern geeignet. Der etwas steilere Aufstieg zum Aussichtspunkt an der Skipiste ist gut zu meistern. Die Zeit-, Längen- und Höhenmeterangaben beziehen sich nur auf den Weg bis zu diesem Aussichtspunkt.

Ausgangs-/Endpunkt
Parkplatz am Spitzingsattel

GPS-Daten
47.671933, 11.886563

Anfahrt
Auto: Von München über den Schliersee nach Neuhaus, dort über die Spitzingstraße zum Spitzingsattel; Parkmöglichkeiten direkt am Sattel.
Bus/Bahn: Bis Schliersee an der Bahnstrecke München–Holzkirchen–Bayrischzell, dann mit Bus Nr. 9562 zum Spitzingsee oder mit dem Zug bis Tegernsee und weiter per Bus Nr. 9560 zum Spitzingsee

Einkehr
Obere und Untere Firstalm

Karte
Kompass Nr. 8, Tegernsee/Schliersee 1:50 000

Information
www.schliersee.de

Gemütlich oder gach, Letzteres ein herrlicher bayerischer Begriff für »steil«. Je nachdem, für welche Gangart wir uns entscheiden, wandern wir mit der Familie entspannt den Firstalmen-Rundweg, während der ambitionierte Gipfelstürmer für diese Runde vermutlich nur ein Lächeln übrig hat und sich lieber gleich auf den Weg zur Brecherspitz macht.

Wir starten direkt vom Spitzingsattel und queren vorsichtig die Autostraße. Hier beginnt der Firstalmen-Rundweg. Wir wählen sogleich die kleine, für Autos gesperrte Bergstraße rechts, die leicht aufwärts durch einen Wald führt. Im Winter ist dies eine beliebte Rodelstrecke und wir müssen mit schnellen Schlitten im Gegenverkehr rechnen. Richtig viel Aussicht haben wir zwischen den Bäumen nicht, dafür je nach Tageszeit etwas Schatten. Erst kurz vor der Oberen Firstalm wird es etwas lichter und wir bekommen Aussicht über die Berge rund um den Spitzingsee. Hier müssen wir uns entscheiden: Entweder wählen wir den direkten Weg zur sonnigen Almterrasse – oder wir wenden uns zum richtigen Bergluftschnuppern nach rechts, auf den schmalen Wiesenweg, der Beschilderung Brecherspitz folgend. Der führt im steilen Zickzack die alte Skipiste hinauf. Am kleinen Sattel, einem Vorgipfel, haben wir schon die erste sensationelle Aussicht: Der Blick reicht weit über den Schliersee und die Ebene

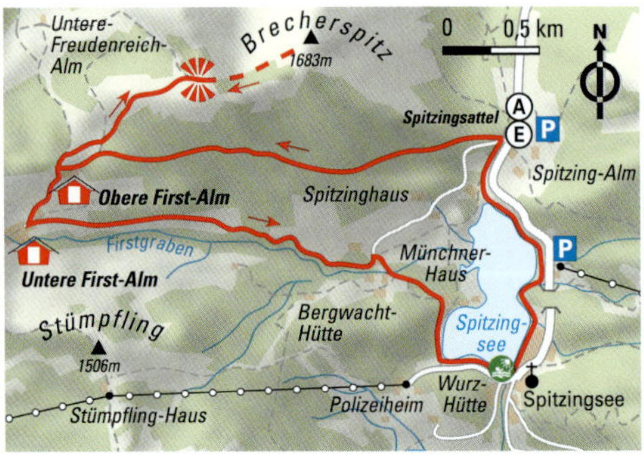

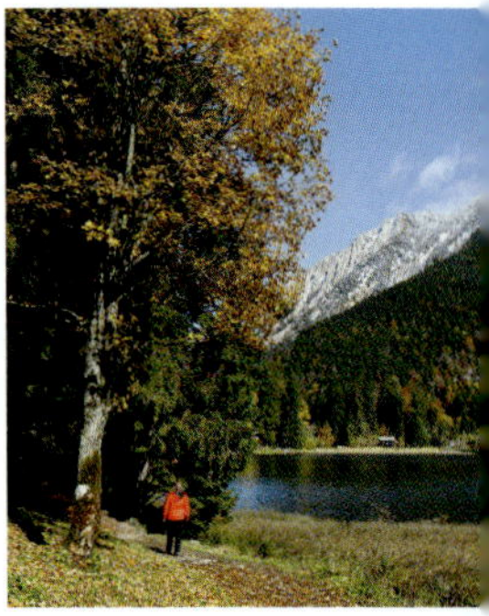

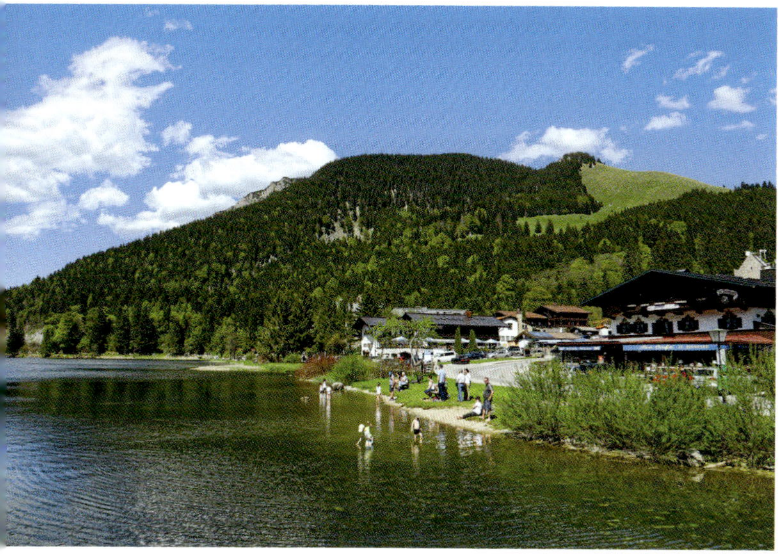

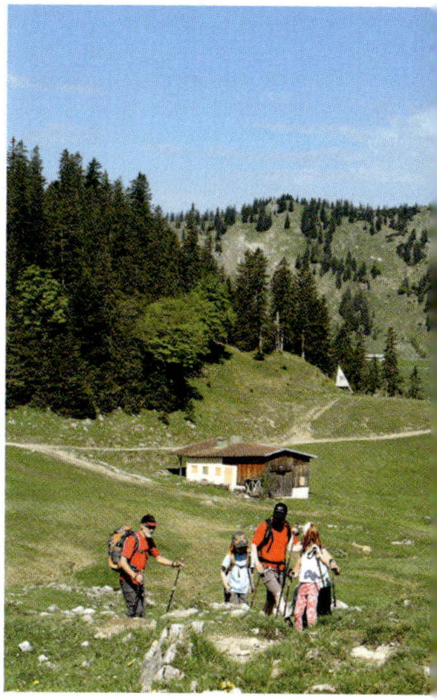

bis nach München. Direkt vor uns liegt der Gratweg, der zum Gipfelkreuz der Brecherspitz führt. Am besten beurteilen nicht schwindelfreie Wanderer an dieser Stelle, ob sie sich den eigentlichen Gipfelsturm zutrauen oder sich bereits hier mit der Aussicht zufriedengeben und wieder umkehren. Der weitere Weg ist an einigen Stellen recht »luftig«. Wo absolute Trittsicherheit erforderlich ist, wird er durch ein paar Drahtseile abgesichert. Bis zum Gipfel sind es noch einmal gute 30 Minuten. Der Rückweg erfolgt auf dem Hinweg und so treffen sich schließlich alle an der Firstalm wieder.

Der steile Aufstieg bis zum Sattel unterhalb der Brecherspitz ist wegen der schönen Aussicht jeden Schritt wert.

Links: Am Südufer des Spitzingsees

Das nächste Ziel liegt direkt unter uns. Zu den in Sichtweite liegenden Unteren Firstalmen steigen wir nur die ca. 70 Höhenmeter hinab. Nun setzen wir den Rundgang nach links über die Bergstraße fort und wandern auf dem Kratzerweg oberhalb des Firstbaches nach Osten. Wir passieren die Kratzerhütte und erreichen den Parkplatz der Kurvenlifte. Hier halten wir uns rechts und erreichen kurz darauf das Spitzingsee-Ufer. Zum krönenden Abschluss umrunden wir den Spitzingsee auf dem Uferrundweg entgegen dem Uhrzeigersinn. Am urigen Gasthaus Wurzhütte und dem modernen Arabellahotel vorbei erreichen wir wieder das Nordende des Sees und steigen die letzten Meter hinauf zurück zum Sattel, unserem Ausgangspunkt.

Tipp

Wer zur Brecherspitz hinübergehen möchte, folgt nach dem Aussichtspunkt an der Skipiste einfach weiter dem Gratweg. Aber Achtung: Dafür muss man völlig trittsicher und schwindelfrei sein!

Linke Seite: Bei der kurzen Wanderung kann man die Umrundung des Spitzingsees locker mitnehmen.

58 Auf den Stolzenberg

Berg ohne Gipfel

Mittel | 8 km | ↑200 m ↓550 m | 3 Std.

Tourencharakter
Ruhige Wanderung auf Bergpfaden, oben am Grat etwas Trittsicherheit und Schwindelfreiheit erforderlich, für Kinder geeignet

Ausgangs-/Endpunkt
Stümpflingbahn am Ende des Spitzingsees

GPS-Daten
47.660941, 11.878036

Anfahrt
Auto: Salzburger Autobahn A 8, Ausfahrt Weyarn, auf der B 307 über Miesbach, Hausham zum Schliersee. Nach Neuhaus rechts zum Spitzingsee, Parkplatz an der Stümpflingseilbahn.
Bus/Bahn: Von München über Holzkirchen/Miesbach bis Schliersee, weiter mit dem Bus zum Spitzingsee

Einkehr
Jagahüttn an der Bergstation der Stümpflingbahn, Albert-Link-Hütte mit einem Abstecher

Karte
Kompass Nr. 8, Tegernsee/Schliersee 1:50 000

Information
www.schliersee.de

Der Stolzenberg gehört zu den unbekannteren Zielen im Spitzingseegebiet. Die meisten Bergwanderer steigen über die Firstalmen auf und marschieren dann bis zum Roßkopf. Teilen wir dort noch die Aussicht mit vielen Ausflüglern, so wandern wir anschließend viel ruhiger über den Stolzenberggrat, der weder einen ausgeprägten Gipfel noch ein Gipfelkreuz besitzt.

Mithilfe der Stümpflingseilbahn überwinden wir in knappen sechs Minuten die ersten Höhenmeter und steigen in 1500 Meter Höhe aus. An der Jagahüttn wenden wir uns links und wandern an der Stümpflingalm vorbei zum ersten, niedrigsten Gipfel unserer heutigen Tour, dem Roßkopf. Hier wachsen keine Bäume und so haben wir freien Blick auf den Spitzingseekessel. Südlich von uns baut sich der Wall des Stolzenberges auf. Das ist unser eigentliches Ziel. Dafür wandern wir vom Gipfel des Roßkopfes auf dem flachen Bergrücken genau auf ihn zu. Wir kommen auf einem kleinen Pfad in einen lichten und moosbewachsenen Wald und wandern unterhalb des Rotkopfgipfels zur Abzweigung zu den Haushamer Almen (wer schon aufgeben möchte, kann hier abkürzen und den Stolzenberg auslassen). Der Weg steigt noch einmal kräftig an und wir gehen am Stolzeneck nach links den Grat hinüber zum Stolzenberg. Wir wandern oben auf seinem flachen Grat entlang, wo wir vergeblich nach einem Gipfelkreuz suchen. Viele kleine Wiesenflecken eignen sich zum Rasten oder Sonnenba-

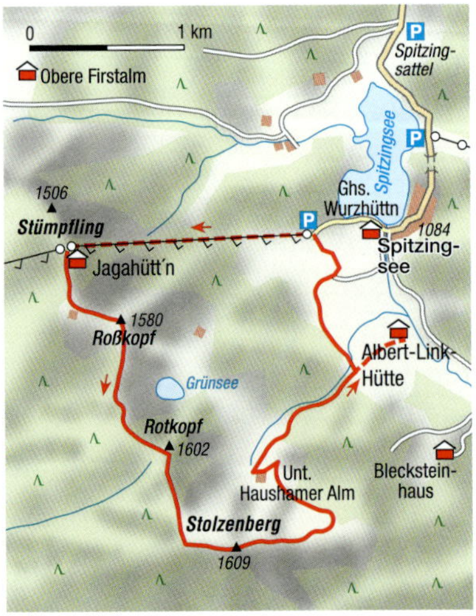

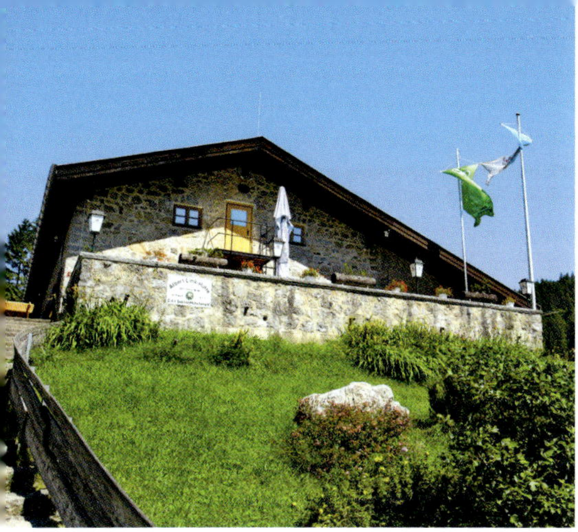

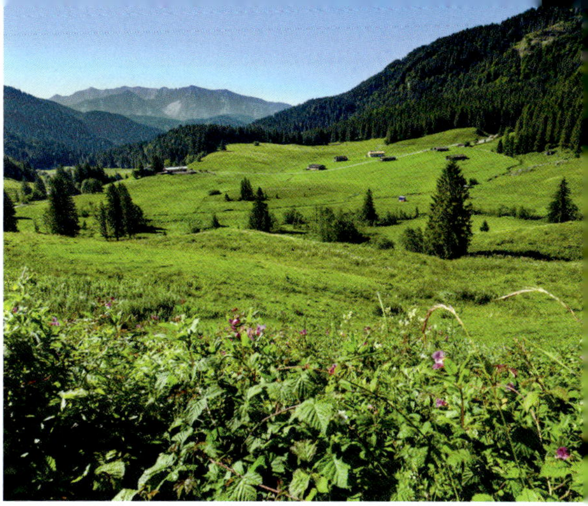

den. Zwischen vereinzelten abgeholzten, manchmal auch abgestorbenen, knorrigen Bäumen öffnet sich der Blick auf das Tal der Weißen Valepp. Dahinter stehen die beiden Schindergipfel, die durch die deutsch-österreichische Grenze getrennt werden. Rechts davon liegen die Blauberge, das Gebiet südlich des Tegernsees. Am Ende des Höhenweges steigen wir nicht rechts ins Tal der Valepp ab, sondern halten uns schräg links. Jetzt müssen unsere Beine gut abfedern, denn es geht steil abwärts. Ein paar felsige Schrofen verlangsamen uns und erfordern etwas Konzentration. Bald schon dürfen wir uns an saftigen, im Frühjahr vor Blumen überquellenden Almwiesen erfreuen, durch die wir nun wieder flacher wandern. An der Haushamer Alm vorbei kommen wir auf dem steilen alten Almweg tiefer. Kurz danach stehen wir an den drei Unteren Haushamer Almen. Nun wandern wir auf der bequemeren Almstraße bergab zum feuchten Talboden südlich des Spitzingsees. An den ersten Wegweisern können wir rechts einen kurzen Abstecher zur Albert-Link-Hütte starten. Das ist eine tolle Einkehrmöglichkeit. Ansonsten geht es nach links und wir wandern auf der ehemaligen Bahntrasse der Bockerlbahn ein Stück um den Talkessel. Ein Blick über die Schulter zeigt hinter uns eindrucksvoll den Stolzenberg. Dann biegen wir links ein, wandern vorbei an der Spitzing Lodge und sind wenige Minuten später wieder an der Talstation der Stümpflingseilbahn.

Die Almwiesen unter dem Stolzenberg

Links: Die Albert-Link-Hütte lockt mit einem Abstecher zur Einkehr.

Tipp

Wer sich nach dem sportlichen Einsatz dieser Tour so richtig verwöhnen lassen möchte, kann dies in der wunderschönen Wellnesslandschaft des Arabella Sheraton-Hotels tun. Die Sauna- und Badelandschaft liegt direkt am See und wurde luxuriös ausgestattet. Das Vergnügen ist nicht unerschwinglich, aber Hausgäste haben natürlich Vorrang. Besser, man erkundet sich im Vorfeld unter Tel. 08026/7980, ob noch genug Platz ist.

59 Auf den Jägerkamp

Aussicht und Sonne satt

Schwer | 9 km | 700 m | 4 Std.

Tourencharakter
Eine aussichtsreiche Rundtour auf steinigen Pfaden; der steilere Abschnitt verläuft sonnig.

Ausgangs-/Endpunkt
Parkplatz am Spitzingsattel

GPS-Daten
47.672156, 11.886589

Anfahrt
Auto: Auf der A 8 Richtung Salzburg, Ausfahrt Miesbach, weiter auf der B 307 zum Schliersee, hinter Neuhaus rechts auf die Spitzingstraße; zum Spitzingsattel.
Bus/Bahn: Von München mit der BOB nach Neuhaus am Schliersee, dort mit dem Bus zum Spitzingsee

Einkehr
Unterwegs gibt es mehrere Almen, z.B. Schönfeldhütte, eine klassische Bergwirtschaft, Jägerbauernalm, unser Tipp, eine echte Alm, die nur in den Sommermonaten bestoßen wird; die nette Sennerin verkauft Getränke und ihren sehr leckeren, selbst gemachten Goaß'n Kas.

Karte
Kompass Nr. 8, Tegernsee/Schliersee, 1:50 000

Information
www.spitzingsee.de

Ein Geheimtipp ist der Jägerkamp im Spitzinggebiet sicherlich nicht. Trotzdem ist es auf dem Jägerkamp, wohl aus Mangel einer Lift-Aufstiegshilfe, etwas ruhiger. Dabei bietet er fast auf der gesamten Wegstrecke eine hervorragende, abwechslungsreiche Aussicht, die dann am Gipfel ihren Höhepunkt erreicht.

Wir starten am Spitzingsattel. Dort wandern wir am Kiosk vorbei über den Parkplatz und schon beginnt ein schmaler Wiesenweg, der mit Jägerkamp/Aiplspitz ausgeschildert ist. Nach wenigen Gehminuten sind wir im Wald auf buckeligen Kalksteinen unterwegs. Dann verlassen wir den schattigen Weg und kommen auf eine Almwiese. Hier folgen wir links der Beschilderung Jägerkamp/Schönfeldalmen. Vor uns bewegen sich die Kabinengondeln der Taubensteinbahn leise himmelwärts, unter uns liegt malerisch der Spitzingsee. Nun ist es nicht mehr weit und wir erreichen die Ansammlung der Schönfeldalmen. Es ist zu früh, um einzukehren, und so queren wir, uns vor der ersten Hütte links haltend, den kleinen Talkessel. Das Gipfelkreuz des Jägerkamp ist schon gut zu sehen. Nach den oberen Schönfeldalmen steigt der Weg nun deutlich steiler an. Die schweißtreibende Aufstiegsarbeit wird mit einer tollen Aussicht belohnt. Bald haben wir die Gratscheide erreicht. Rechts geht es zur Aiplspitz, wir bleiben links und wandern nun direkt auf den mit Latschen bewachsenen Gipfel zu. Bevor wir in das Gebüsch verschwinden, sehen wir zum ersten Mal nach Norden hinunter, zum Wendelstein

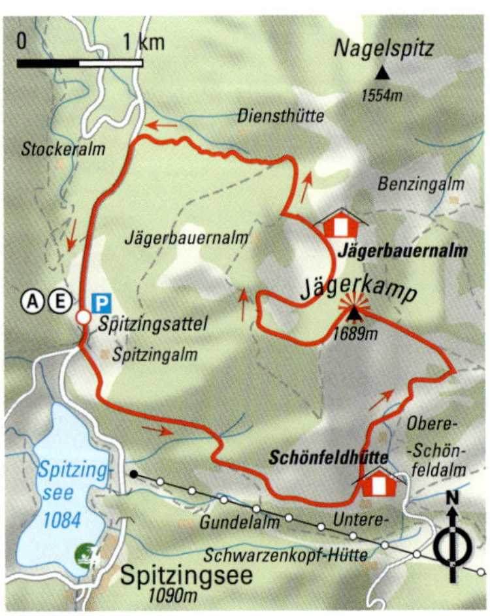

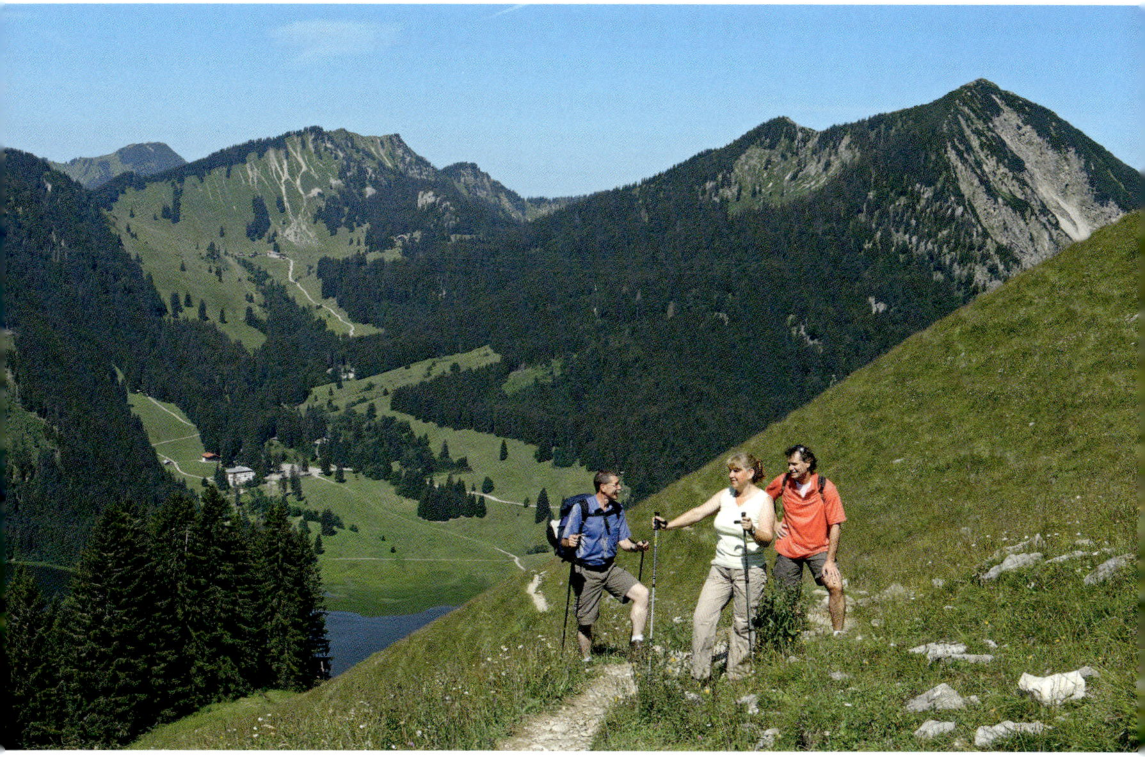

Gleich zu Beginn der Tour blitzt der Spitzingsee im Talboden hervor.

und in die Ebene. Dann stehen wir am Gipfelkreuz. Ein ermüdendes Aufzählen sämtlicher Gipfel um uns herum soll uns heute erspart bleiben. Nur so viel: An klaren Tagen sind sowohl München als auch der Großvenediger zu sehen.
Für den Abstieg wählen wir den etwas längeren, linken Weg, der zunächst fast eben durch das Latschenfeld führt. Im Sommer verströmen die harzigen Latschenkiefern und die vereinzelten Wacholderbüsche einen betörenden, würzigen Duft. In einem Bogen erreichen wir die Jägerbauernalm, wo wir, wenn die Sennerin da ist, sicherlich etwas zu trinken bekommen. Schnurstracks geht es hinab bis zur großen Autostraße, die zum Spitzingsee führt.

Alternative

Beim Abstieg zweigt links ein mittlerweile aufgelassener Steig ab. Der schmale Weg führt direkt zum Spitzingsattel zurück. Er ist wunderschön, aber wirklich nur für trittsichere und schwindelfreie Bergsteiger geeignet. Es gibt einige ausgesetzte, exponierte Stellen, aber auch Schotterreißen sind zu passieren.

60 Auf die Geitauer Alm

In Angesicht des Wendelsteins

Mittel | 7 km | 500 m | 3 Std.

Tourencharakter
Eine einfache Wanderung auf einer kleinen Almstraße. Der Anstieg ist aber sehr steil und so brauchen wir trotz der kurzen Gehzeit etwas Kondition und vor allem gesunde Kniegelenke, denn der Abstieg erfolgt auf dem Hinweg!

Ausgangs-/Endpunkt
Wanderparkplatz in Geitau

GPS-Daten
47.687015, 11.959143

Anfahrt
Auto: Über die Salzburger Autobahn A 8 bis Ausfahrt Miesbach, dann Fahrt über Miesbach und Hausham zum Schliersee. Dort auf der B 307 in Richtung Bayrischzell und zum Weiler Geitau (ein Stück vor Bayrischzell rechts der Straße); der Parkplatz liegt hinter dem Gasthof Rote Wand ganz am Ende der Straße.
Bus/Bahn: Von München mit der BOB über Holzkirchen in Richtung Tegernsee bis Gmund, dort weiter mit Bus

Karte
Kompass Nr. 8 Tegernsee/Schliersee, 1:50 000

Information
www.bayrischzell.de

Mit Blick auf Wendelstein und Co. kann man auf der Geitauer Alm leckeren Bergkäse sowie Frisch- und Schnittkäse genießen, hergestellt aus Milch von Kühen und Ziegen, die ihren Almsommer hier oben verbringen.

Wir wandern am großen Wanderparkplatz in Geitau an dessen Ende, passieren ein Weidegatter und gehen dann schnurgeradeaus auf den kleineren, aber immer noch breiten Weg über die Almwiesen. Am Berghang finden wir Wanderwegschilder, die uns nach links auf die Bergstraße zur Geitauer Alm weisen. Anfangs noch sonnig, geht es bald in den schattigen Wald, was wir aufgrund der anstrengenden Steigung sehr begrüßen. Auffällig viele große Ameisenhaufen säumen unseren Weg, was für ein hervorragendes Waldklima spricht. Dann treten wir aus dem Wald und steigen über zwei Serpentinen zu der in Sichtweite liegenden Geitauer Alm hinauf. Bereits auf diesen letzten Me-

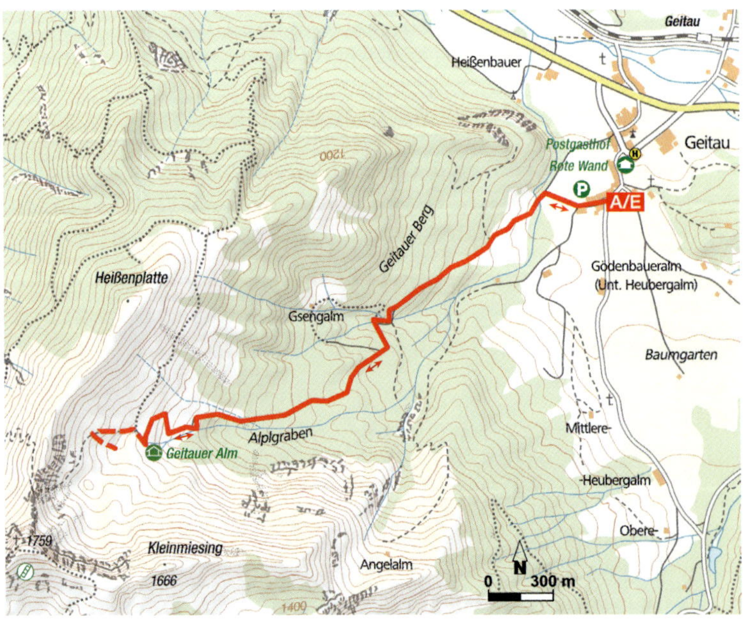

tern entschädigt die Aussicht so manchen Schweißtropfen. Genau gegenüber stehen Breiten- und Wendelstein. Daneben liegt das Sudelfeld. Wer sich im Gipfelreigen der bayerischen Alpen auskennt, kann so einige Spitzen aus dem nahen Inntal identifizieren. Von der Terrasse der Geitauer Alm sind dann sogar das Sonntagshorn im Chiemgau sowie der Hohe Göll im Berchtesgadener Land auszumachen. Wer seine eigene Brotzeit mitgebracht hat, dem empfehlen wir noch, fünf Minuten in Richtung Aiplspitz auf den Hügel über der Alm zu steigen. Zwischen einigen Felsbrocken gibt es viele grüne Rastplätze auf der Wiese, von der wir die gleiche tolle Panoramasicht haben.

Einkehr

Von Mitte Mai bis – je nach Witterung – Mitte Oktober ist die Alm bewirtschaft. Sie gehört seit 2015 zum Kloster Scheyern. Die Abtei im Landkreis Pfaffenhofen hat ihren Ursprung im Oberen Leitzachtal. Im Jahr 1077 gründete hier Gräfin Haziga, die spätere Frau des Grafen Otto I. von Scheyern, eine Mönchszelle.

Der weitere Aufstieg hinauf zur Aiplspitz oder auf den Benzing ist für den Nachmittag nicht zu empfehlen. Mit noch über einer weiteren Stunde Gehzeit bergauf ist das definitiv zu weit und für die Aiplspitze muss man absolut schwindelfrei sein. Der Rückweg erfolgt auf dem Hinweg. Nun liegt das Panorama über das Tal auf den Wendelstein immer vor unserer Nase.

Gegenüber der Geitauer Alm erhebt sich der Wendelstein.

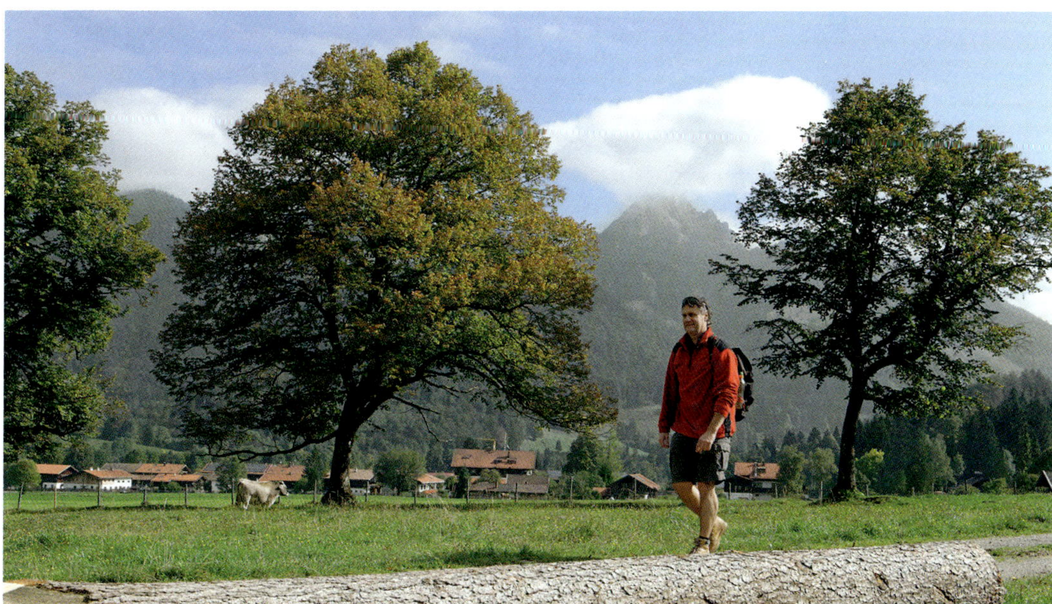

61 Nach Hochkreuth über Bayrischzell

Zum Bergcafé Siglhof

Leicht | 8 km | 280 m | 2 Std.

Tourencharakter
Sehr leichte Bergwanderung meist auf Bergpfaden und Almstraßen. Sehr gut geeignet auch für Familien mit kleineren Kindern

Ausgangs-/Endpunkt
Bahnhof Bayrischzell

GPS-Daten
47.675048, 12.011642

Anfahrt
Auto: Über die Salzburger Autobahn A 8 bis Ausfahrt Weyarn, auf der B 307 über Miesbach, Schliersee nach Bayrischzell und dort zum Bahnhof einbiegen.
Bus/Bahn: Mit der BOB von München nach Bayrischzell

Einkehr
Bergcafé Siglhof, von Ende April bis Ende Oktober täglich bis 18.00 Uhr geöffnet

Karte
Kompass Nr. 8 Tegernsee/Schliersee, 1:50 000

Information
www.bayrischzell.de

Hochkreuth ist eine kleine Almfläche am Südhang des Wendelsteins und von Bayrischzell aus leicht zu erreichen. Die hervorragende Einkehrmöglichkeit Bergcafé Siglhof macht diese Tour zu einer wenig anstrengenden Nachmittagsrunde vor allem für Familien mit Kindern.

Wir starten am Bahnhof in Bayrischzell und wandern durch die Bahnhofstraße und die Schlierseer Straße in die Ortsmitte zum kleinen Kurpark. Hier weist uns die hölzerne Skulptur »Wendelstein-Männlein« auf einen kindgerechten Themenweg. So folgen wir der Beschilderung durch den Kurpark entlang des Larchbaches (Wasserspielplatz). Bald geht es links leicht bergauf in die Wendelsteinstraße (Kneippanlage). Nach der Linkskurve verlassen wir die Straße auf einen Wanderweg und erreichen den wunderschönen Aussichtspunkt »Paraplui« mit seinem Aussichtsturm.

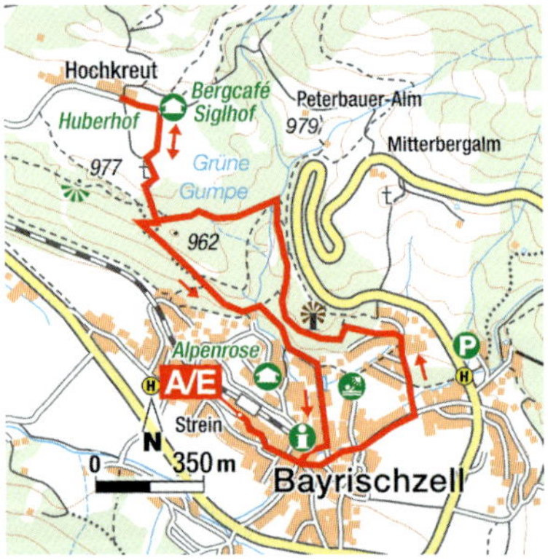

Weiter geht es auf dem Themenabschnitt »Totholzsteig« durch lichten Mischwald. Der Weg steigt nun weiter an und nähert sich der Sudelfeldstraße. Schließlich geht es links leicht bergab und wir erreichen den Wendelsteinbach mit seiner »Grünen Gumpe« – ein herrlicher Rast- und Ruhe- sowie Abenteuerspielplatz für Kinder.
Wir folgen der nun breiten Almstraße weiter bergauf, und schließlich taucht ein Schild zum Bergcafé Siglhof auf. An einer Wegkreuzung weist uns das Schild nach Hochkreuth, wir verlassen kurz darauf den Wald und betreten an einem alten Kreuz die Almflächen von Hochkreuth. Jetzt geht es auf einem Pfad mitten über blühende Wiesen auf den Siglhof zu, der schon in

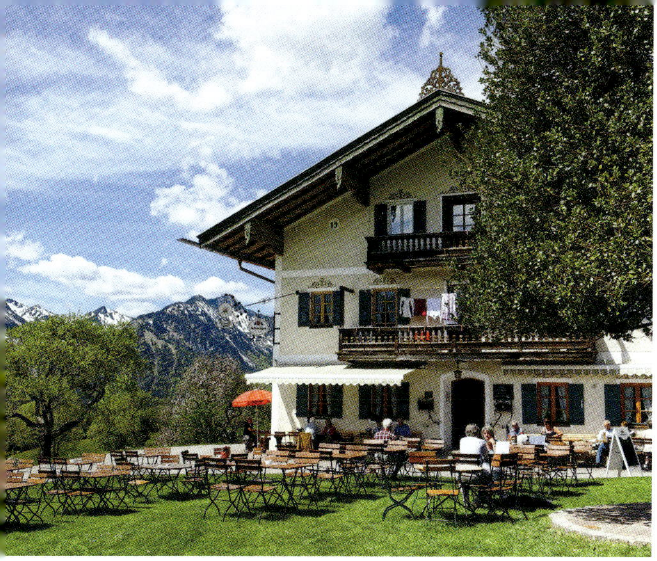

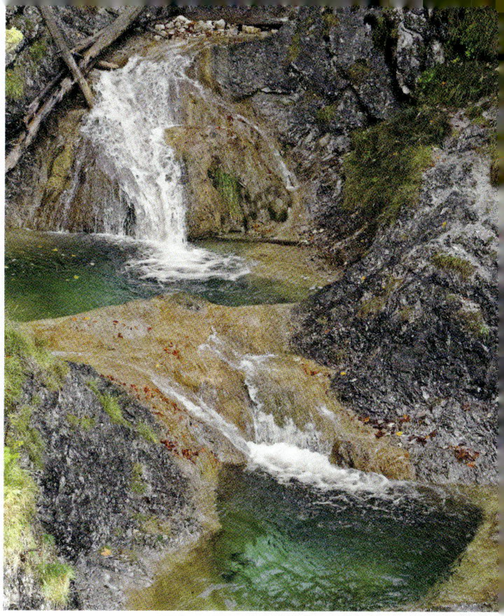

Die Grünen Gumpen vor Hochkreuth

Links: Das Bergcafé Siglhof

Sichtweite liegt. Die Wiesen rund um das Bergcafé sind Weideland und in Privatbesitz – deshalb dürfen wir auf keinen Fall den Wiesenweg verlassen und querfeldein laufen! Das Gras dient als Futter für die Kühe.

Der Hofname »Siglhof« entstand im 17. Jahrhundert, denn der damalige Bauer hieß Sigismund. Auch wenn ein Hof stets zur selben Familie gehörte, haben sich die Namen der Besitzer z. B. durch Einheirat verändert. Ein Hofname hingegen bleibt immer bestehen und so wusste jeder in der Umgebung anhand des Hofnamens genau, von wem man gerade sprach. Ein Brauch, der sich bis heute im ländlichen Bayern immer noch hält.

Heute werden der Hof und das Café von Eleonore und Johann Winkler geführt und das äußerst erfolgreich. Kein Wunder: Feuerwehrkuchen, Himmlische Torte, Apfelweinkuchen, Himbeerkuchen, oder Käsekuchen – da bricht jeglicher Vorsatz, nicht so viel Süßes essen zu wollen, im Nullkommanichts.

Nach dem Genuss der Siglhofschen Backkünste wandern wir ein Stück auf dem Hinweg über die Wiese bis in den Wald zurück. Dann folgen wir dem Wendelstein-Männlein nach rechts, jetzt steiler bergab durch den Schneeheide-Kiefern-Wald am Reitberg. Nach einer scharfen Spitzkehre dürfen wir uns zwischen den Bäumen über ein paar Aussichtspunkte freuen. Dann geht es am letzten spannenden Wegabschnitt auf einem Pfad zur Brücke über den Wendelsteinbach. Neben weiteren grünen Wassertöpfen lässt sich noch ein Wasserfall beobachten. Wir queren den Bach und sind in wenigen Minuten zurück in Bayrischzell. Vorbei am Freibad kommen wir zurück in die Ortsmitte und zum Bahnhof.

62 Bayrischzeller Höhenweg

Blick nach Österreich

Mittel | 11 km | 500 m | 3.30 Std.

Tourencharakter
Einfache, aber längere Tour auf Almwegen und Pfaden, auf dem Höhenweg oberhalb des Wackbaches benötigt man etwas Schwindelfreiheit, der Weg ist aber sehr gut gesichert, nur auf einer Seite geht es steil hinunter.

Ausgangs-/Endpunkt
Parkplatz Seebergkopf an den Sportplätzen außerhalb von Bayrischzell

GPS-Daten
47.671462, 12.010406

Anfahrt
Auto: Auf der A 8 Ausfahrt Bad Aibling, Landstraße Richtung Bayrischzell. Der Parkplatz befindet sich 30 m nach dem Ortsschild auf der rechten Seite über der Leitzach beim Sportplatz.
Bus/Bahn: Von München Richtung Holzkirchen, Weiterfahrt nach Bayrischzell. Der Ausgangspunkt liegt ca. 400 m südlich des Bahnhofs.

Einkehr
Nur in den Sommermonaten sind die Klareralm und die Niederhoferalm bewirtschaftet.

Karte
Kompass Nr. 8, Tegernsee/ Schliersee 1:50 000

Information
www.bayrischzell.de

In Bayrischzell kennt man eigentlich nur einen Berg, den Wendelstein. Er thront so majestätisch über dem Ort, dass man kaum einen anderen Berg registriert. Der Seebergkopf ist ein eher stiller Berg. Für den Nachmittag ist die Gipfelbesteigung zu lang, deshalb ist die Neuhütte auf dem Anstiegsweg unser Ziel. Der Fernblick über das Ursprungtal bis weit nach Tirol beeindruckt auch verwöhnte Augen.

Vom Parkplatz wandern wir rechts an der Minigolfanlage vorbei und kommen in den Wald. Zahlreiche blaue Punkte dienen als Wegmarkierung. Der Weg windet sich in Serpentinen nach oben, zum Glück wird er aber nie sehr steil. Nach weniger als einer halben Stunde schauen wir von einer Rastbank auf Bayrischzell und den dahinter dominierenden Wendelstein. Nun wandern wir an der Ostflanke des Seebergkopfes auf die Neuhüttenalm zu. Erst kurz vor dem Almboden lichtet sich der Wald und wir treten in die Sonne. Die trotz ihres Namens bereits sehr alte Neuhüttenalm liegt mit traumhafter Aussicht in einer flachen Wiesenmulde. Fast 500 Höhenmeter unter uns erstreckt sich das Ursprungtal und lässt uns frei auf die Tiroler Berge schauen. Vor 200 Jahren war der Platz hier oben ein wichtiger militärischer Stützpunkt. Bayerische Soldaten standen hier in den Jahren 1806 bis 1809 auf gefährlicher Wache. In das Ursprungtal fielen immer wieder Tiroler

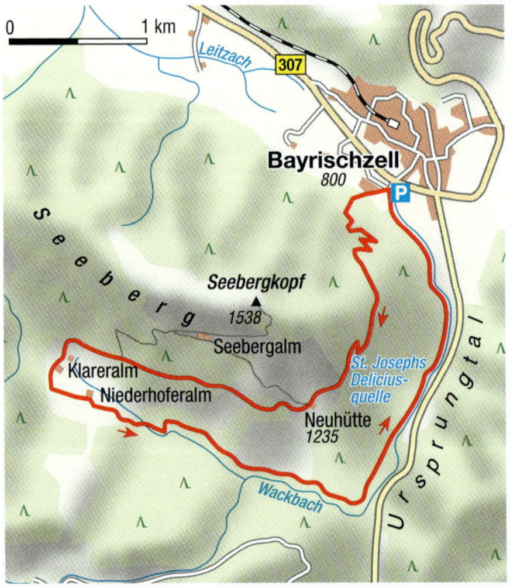

Gebirgsschützen ein. Darunter hatte vor allem die Bayrischzeller Bevölkerung zu leiden und so wurden an der Neuhütte Wachen aufgestellt, die rechtzeitig Alarm gaben. Ein im Jahre 2000 gesetzter Gedenkstein »Auf der Wacht« erinnert an diese schlimmen Zeiten. An der Neuhütte bleiben wir geradeaus und wandern auf dem Almweg immer weiter an der Südflanke entlang abwärts zum großen Almboden der Klareralm. Kurz nach der Klareralm treffen wir an einem Gatter auf eine Wegverzweigung. Nun muss man sich entscheiden: Nichtschwindelfreie wandern besser nach rechts. Hier führt der Weg über das Streitenbachtal am Segelflugplatz vorbei nach Osterhofen. Immer der Leitzach entlang kommen wir wieder zum Ausgangsort zurück. Spannender und abwechslungsreicher ist der Weg nach links, auf dem wir durch das Wackbachtal absteigen wollen. Zunächst können wir eine letzte Rast an der bereits 1779 erbauten Niederhoferalm einlegen. Weiter geht es dann auf der Almstraße, wo wir am Holzkreuz den unteren Weg nach links wählen. Über Serpentinen wandern wir tiefer und überqueren den Wackbach. Der Weg wird schmal, auf unserer rechten Seite geht es stellenweise steil hinunter. Ehe wir uns versehen, sind wir schon unten im Ursprungtal angekommen. Hier hat uns auch die Zivilisation wieder. Autolärm von der parallel zu uns verlaufenden Grenzstraße begleitet uns auf den letzten zwei Kilometern zurück bis zum Parkplatz.

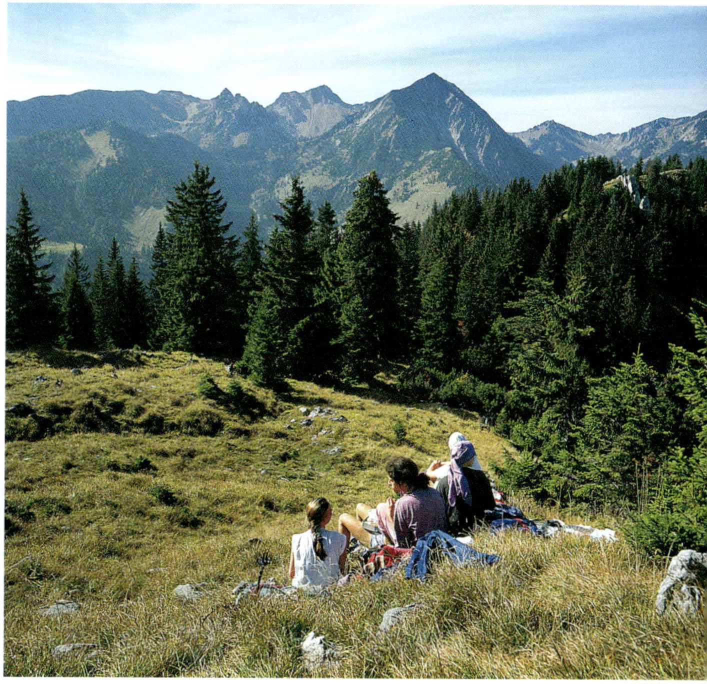

Pause auf den Wiesen unterm Seebergkopf mit Blick auf die Berge um die Rotwand im Spitzinggebiet

Tipp

Für die Gipfelbesteigung des Seebergkopfes muss man insgesamt mit fünf Stunden reiner Gehzeit rechnen. Dafür biegt man an der Neuhütte rechts auf den Bergpfad ab, wandert zur Seebergalm und bezwingt von dort aus den Gipfel. Vom Gipfel geht es zunächst auf gleichem Weg zurück. Dann direkt unter der Seebergalm rechts, talabwärts durch den Wald zur Abzweigung der Almstraße, die zur Neuhütte führt. Nun rechts und den restlichen Abstieg nach unserem Wandervorschlag.

63 Vogelsang und Kleiner Traithen

Klettereinlage am Gipfelfinale

Mittel | 4 km | 450 m | 3 Std.

Tourencharakter
Bis zum Vogelsang eher ein Spaziergang. Der zweite Teil ist aber eine echte Bergtour auf schmalen Pfaden, und der letzte Anstieg führt steil durch Latschen. An einigen felsigen Stufen gibt es eine kleine Kletterei. Man braucht seine Hände. Als Hilfe gibt es Drahtseile und eiserne Stufen. Die Stellen sind überschaubar (Vorsicht bei Nässe!).

Ausgangs-/Endpunkt
Berggasthof Walleralm am Oberen Sudelfeld

GPS-Daten
47.663789, 12.039274

Anfahrt
Auto: A 8 bis Ausfahrt Miesbach, über Hausham zum Schliersee und auf der B 307 nach Bayrischzell. Auf der Sudelfeldstraße hinauf zum Sudelfeld. Dort rechts abbiegen und der Beschilderung nach zum Unteren Sudelfeld. Dann rechts halten und der schmalen Straße zum Oberen Sudelfeld folgen (Beschilderung: Berggasthof Walleralm).
Bus/Bahn: Keine Möglichkeit

Karte
Kompass Nr. 8 Tegernsee/ Schliersee, 1:50 000

Information
www.bayrischzell.de

Einen richtigen Adrenalinkick verdient man sich heute auf dieser Bergtour. Kurz vorm Gipfel mit der schönen Aussicht erwartet uns eine kleine Kraxelei. Doch keine Angst, mit etwas Trittsicherheit ist sie gut zu schaffen und macht auch Spaß!

Unser Aufstieg hinauf zum ersten Gipfel, dem Vogelsang, beginnt gleich hinter dem großen Berggasthof Walleralm. Der Almweg führt aufwärts zu einem Skilifthäuschen und der Startrampe für die Gleitschirmflieger. Mit schönem Blick über den Speichersee wendet er sich nach links und führt nun steiler zum nächsten Lifthäuschen hinauf. Hier endet der breite Weg. Entlang der Almwiesen geht es jetzt auf dem Bergpfad mit der rot-weißen Markierung nach rechts. Am Ende der Almwiese haben wir bereits die kleinen Felsen erreicht, die, durch ein Gipfelkreuz gekrönt, den Vogelsang markieren. Vom Kreuz, das 1968 von der Belegschaft des Bayrischzeller Schwebelifts errichtet worden ist, hat man einen traumhaften Blick über das Talbecken von Bayrischzell auf den Wendelstein.
Die Sitzplätze um den Gipfel sind rar. So folgen wir einfach weiter dem Bergpfad, der im leichten Auf und Ab die Hangkante entlangführt. Bereits von diesem Weg genießen wir immer wieder die schönen Aussichten, abwechselnd nach links über den Almboden der Rosengasse oder nach rechts über das Leitzachtal mit dem Wendelstein und Seebergkopf. Übrigens finden sich auch hier immer wieder kleine Rastplätze. Diejenigen unter uns, die sich nicht auf den Kleinen Traithen wagen, können sich auf diesen Logenplätzen die Wartezeit verkürzen. Schließlich erreichen wir den Fuß des Kleinen Traithen, sein Gipfelkreuz ist deutlich zu sehen.
Ein bisschen wundert man sich, wie man da je hinaufkommen soll – aber die fleißigen Wegebauer des Alpenvereins haben den Aufstiegsweg so geschickt durch die Latschen gelegt, dass man leicht im Zickzack aufwärtssteigen kann. So stoßen wir an kei-

nerlei abfallende Stellen, die bei manch einem Schwindel auslösen könnten. Nur drei steilere Felsstufen verlangen Konzentration und Trittsicherheit. Dafür setzen wir die Hände ein und hangeln uns über die Felsstufen nach oben. Dieses kleine Abenteuer macht richtig Spaß! Wer kleinere Kinder dabeihat, sollte diese an eine Reepschnur nehmen und erst voraussteigen. Und erst wenn man selbst wieder einen sicheren Stand hat, dürfen die Kinder nachkraxeln. Ein wenig aus der Puste, aber mit etwas Adrenalin im Blut erreichen wir schließlich den Gipfel. Jetzt heißt es verschnaufen und die Rundumsicht genießen! Ein Rastplatzerl findet sich bestimmt.

Einkehr

Unterwegs keine, erst am Schluss beste Möglichkeit in der Walleralm (mit Parkplätzen vor dem Gasthaus; wer diese benutzt, sollte im Gegenzug hier einkehren) oder der Speckstube

Wer noch Lust und Zeit hat, kann für einige Minuten dem Weg weiterfolgen und bis zur Fellalm am Traithenjoch ca. 100 Höhenmeter absteigen. Da der Rückweg auf dem Hinweg verläuft, wissen wir, wann es Zeit wird umzudrehen.

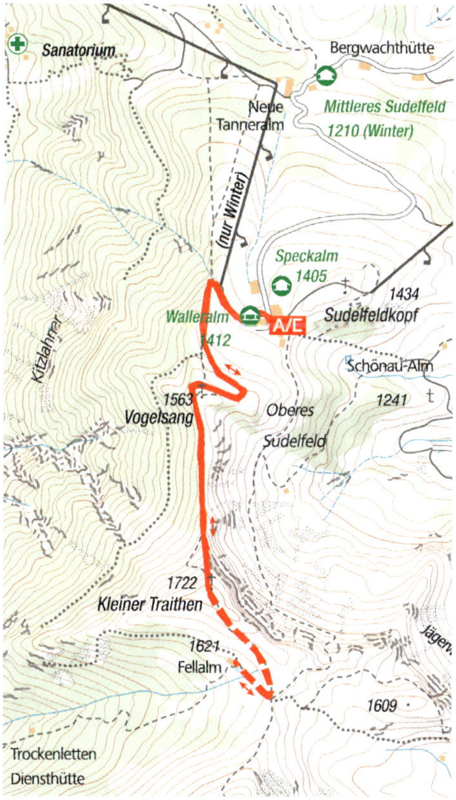

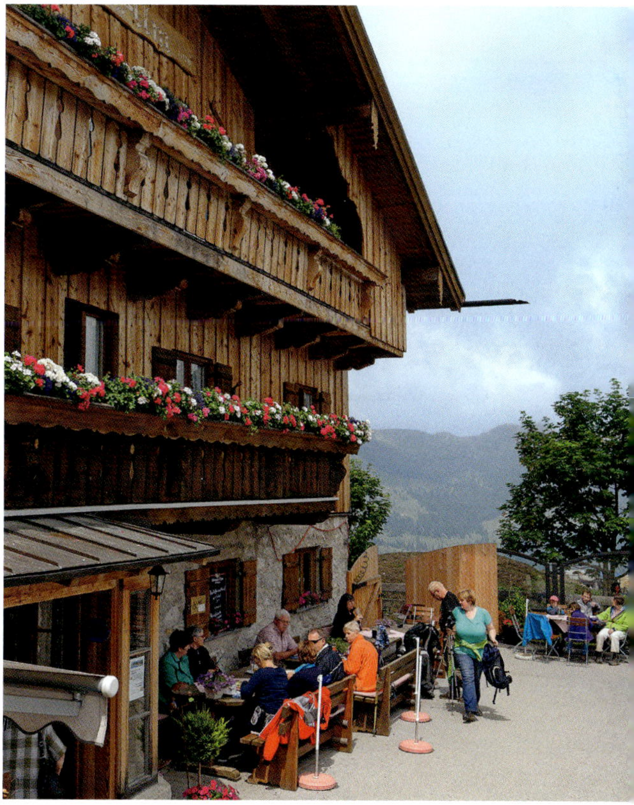

Einkehr am Ende der Tour auf der Walleralm

64 Zu den Lacheralmen unter dem Wildalpjoch

Auf alten Wegen im Wendelsteingebiet

Mittel | 7,5 km | 700 m | 3.45 Std.

Tourencharakter
Technisch eine einfache, sehr sonnige Wanderung in einem großen Almengebiet. Nur für den Gipfel braucht man etwas Trittsicherheit. Der Rückweg führt über den Hinweg.

Ausgangs-/Endpunkt
Sudelfeld, Wanderparkplatz

GPS-Daten
47.684993, 12.040993

Anfahrt
Auto: A 8 Richtung Salzburg, Ausfahrt Bad Aibling, über Bayrischzell, weiter auf der Sudelbergstraße, Parkplatz ca. 800 Meter nach dem Café Kotz; nicht die große Parkfläche (sie ist im Sommer gesperrt), sondern ein Stückchen weiter, die wenigen Stellplätze zwischen zwei großen Steinbrücken links der Straße.
Bus/Bahn: Von München mit der BOB nach Bayrischzell, dort mit der Wendelsteinringlinie (Mitte April bis Ende Oktober) auf das Sudelfeld, Haltestelle Café Kotz

Einkehr
Unterwegs keine, aber es gibt genügend Rastplätze.

Karte
Kompass Nr. 8, Tegernsee/Schliersee, 1:50 000

Information
www.bayerischzell.de

Das Wildalpjoch ist ein Nebengipfel des Wendelsteins. Zu seinen Füßen liegt ein großes Almgebiet, das im Sommer immer noch bestoßen wird. Zwischen den einzelnen Almen gibt es herrliche Verbindungswege, aber die muss man suchen.

Vom Parkplatz an der Sudelfeldstraße wandern wir ein Stück Richtung Bayrischzell zurück und biegen dann rechts auf den großen Lacheralm-Parkplatz ein, der jedoch in den Sommermonaten meist gesperrt ist. An seinem hinteren Ende beginnt ein nicht ausgeschilderter Bergpfad, der uns gleich über einen Hang hinaufführt. Im Sommer zieren viele Disteln den deutlich sichtbaren Weg. Weiter oben stoßen wir dann auf eine kleine Almstraße und sind schon im Lacheralmgebiet angekommen. Die Straße ist eine komfortable Errungenschaft für die Bergbauern, ohne sie würde sich so manche Alm kaum mehr bewirtschaften lassen. Uns gefallen solche Wege natürlich weniger und deswegen nützen wir, wo immer es geht, den deutlich sichtbaren alten Verbindungsweg, der die Straße an einigen Stellen abkürzt. Es versteht sich von selbst, dass wir keine neuen Wege schaffen und sicherlich nicht querfeldein über die Almwiesen laufen. Deshalb folgen wir der Straße nach links, biegen dann aber gleich an der Materialseilbahn rechts auf einen dieser viel schöner zu begehenden Wege ein. Es lohnt sich immer mal wieder umzudrehen, denn die Aussicht steigert sich mit jedem Schritt. An der oberen Lacheralm hat uns dann das Teersträßchen wieder, dem wir bis zu einem großen ehemaligen Parkplatz am Berg folgen.

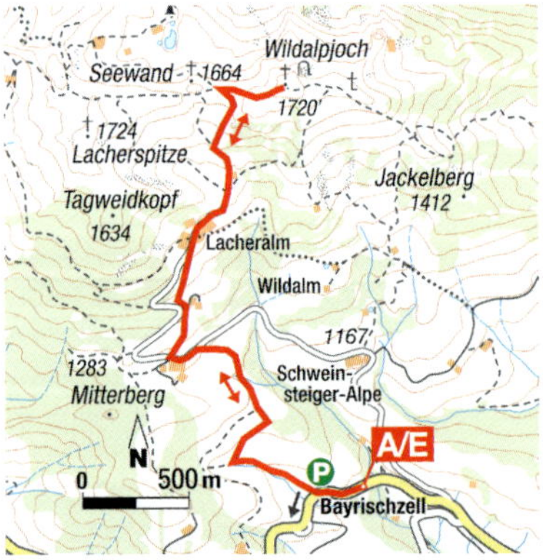

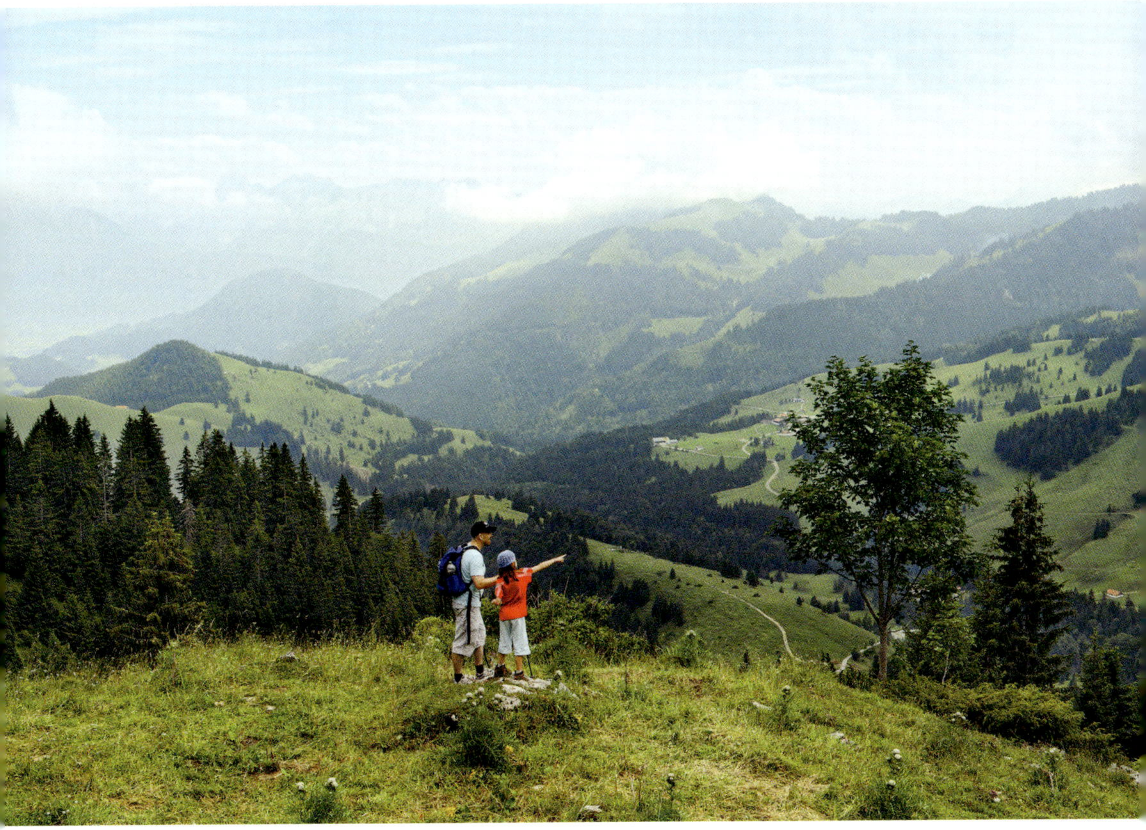

Aussicht unter dem Wildalpjoch auf das Sudelfeldgebiet

Wer heute besonders lange geschlafen hat, wird bereits hier wunderbare Rastplätze finden. Die vielen Steine und Felsen, die sich vor langer Zeit vom Wildalpjoch gelöst haben, sind geradezu perfekt dafür, und schon hier lässt die tolle Aussicht die Zeit verstreichen. Gipfelstürmer hingegen visieren die Schilder zum Wildalpjoch an. Wir halten uns kurz rechts, um dann links an der Hirtenhütte vorbeizugehen. Jetzt sind wir auf einem richtigen Steig unterwegs. Er führt durch Latschen zu einem Kamm, von dem wir einen ersten herrlichen Blick hinüber auf den Wendelstein haben. Nun folgen wir im leichten Auf und Ab dem Grat nach Osten zum bereits sichtbaren Gipfel des Wildalpjochs. Von dort ist die Rundumsicht wirklich sensationell und lässt keine Wünsche offen.
Für den Abstieg wählen wir am besten den Hinweg, und wenn der Tag sich zu Ende neigt, dann bleiben wir am einfachsten auch auf dem bequemen und nicht so ganz steil hinunter führenden Almsträßchen.

65 Auf den Breitenstein

Im Schatten des populären Bruders

Mittel | 7,5 km | 800 m | 4 Std.

Tourencharakter
Einfache Wanderung auf Bergpfaden

Ausgangs-/Endpunkt
Wanderparkplatz an der Wallfahrtskirche von Birkenstein

GPS-Daten
47.712196, 11.963756

Anfahrt
Auto: Von Schliersee auf der B 307 nach Aurach, weiter nach Fischbachau, dort rechts nach Birkenstein, großer Wanderparkplatz am Ende der Straße.
Bus/Bahn: Bis Miesbach mit der Bahn, von dort Busverbindung nach Fischbachau

Karte
Kompass Nr. 8, Tegernsee/Schliersee 1:50 000

Information
www.fischbachau.de

Auf den Breitenstein führt keine bequeme Zahnradbahn wie auf seinen benachbarten Bruder, den Wendelstein. Wahrscheinlich ist er deshalb weniger populär. Zum Glück für unsere Tour. Sie ist weniger überlaufen, bietet trotzdem die Qual der Wahl zwischen gleich drei bewirtschafteten Almen.

Vom Parkplatz aus wandern wir hinauf zur Straße und gehen auf ihr nach rechts die letzten Meter bis zu ihrem Ende. Dann folgen wir dem Wegweiser »Kesselalm/Breitenstein« bergauf. Der breite Weg durch den Wald ist im Winter eine beliebte Rodelstrecke. Über mehrere kleine Bachbrücken erreichen wir bald die beliebte Kesselalm, die jedoch schon eher einem Berggasthof gleicht. Hinter der Alm liegt auf einer vorgeschobenen Felskanzel eine kleine Aussichtskapelle. Bereits hier öffnet sich der Blick über das Leitzachtal, das mit seinen verschiedenfarbigen Feldern einem bunten Fleckerlteppich gleicht. Vor uns sehen wir den bewaldeten Schliersberg, links die Berge um den Spitzingsee. Weiter geht es auf der Almstraße bis zum Sattel zwischen Breitenstein und Schweinsberg. Nun haben wir den ersten Blick zum Wendelstein, dessen markante Felsformen zum Wahrzeichen der bayerischen Alpen wurden. Jetzt geht es links an der Talstation der Hubertushütte-Materialseilbahn auf den Wiesen aufwärts. Trotz der schroffen abschreckenden Felswände haben wir keine Kletteraktion zu befürchten. Der Weg ist geschickt gebaut und wir erreichen ohne jede Schwierigkeit die urige Hubertushütte. An klaren Tagen genießen wir die Sicht von den hölzernen Terrassenbänken und können mit etwas Glück sogar den eisbedeckten Großvenediger

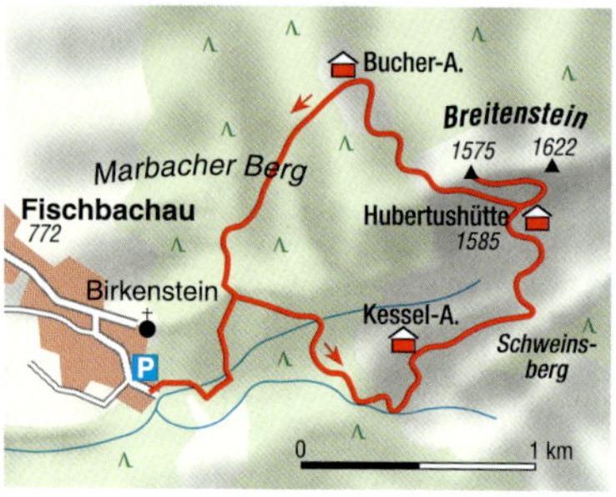

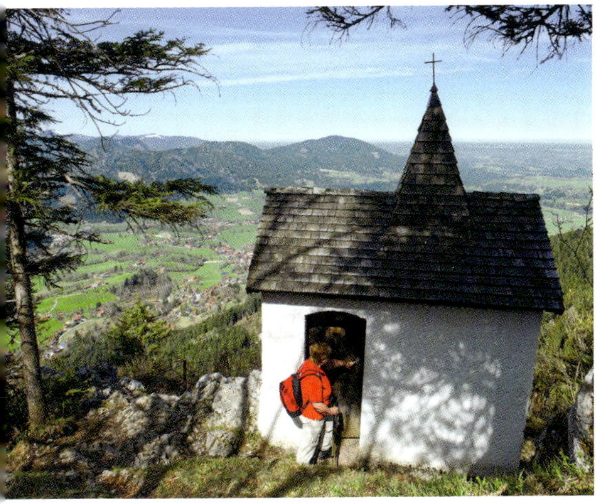

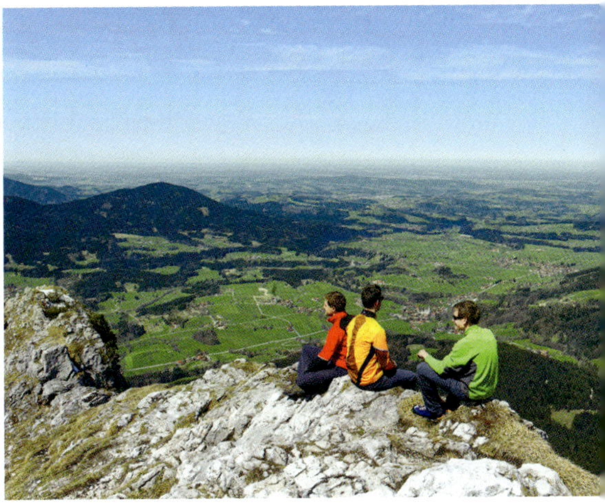

Gipfelrast am Breitenstein

Links: Aussichtskapelle mit Wanderer an der Kesselalm

in den Hohen Tauern erkennen. Die Hütte duckt sich förmlich unter den nur 90 Meter höher liegenden Gipfel des Breitensteins. Dieser ist schnell erklommen und wir können uns bei einer Gipfelbrotzeit an die Identifizierung der zahlreichen Dörfer unter uns machen. Wir steigen zur Hubertusalm zurück und wandern nun nach rechts weiter Richtung Bucheralm. Zunächst läuft man fast eben über einen idyllischen Almboden zu einem mächtigen Bergkreuz. Dann geht es bergab. Wir wandern über Wiesen und dann ein kurzes Stück durch den Wald und schon stehen wir an der Bucheralm. Der Weiterweg beginnt nach dem Haus links und führt gemütlich im Wald bergab. Nach der Abzweigung Schwaigeralm/Ellbach kreuzen wir eine Forststraße und kommen gleich darauf auf die nächste, die sich an dieser Stelle gabelt. Etwas links versetzt gehen wir auf der Straße weiter und stehen nach ein paar Metern vor einer Schranke, die wir bereits beim Aufstieg passiert haben. Nun geht es rechts den bekannten Weg zum Wanderparkplatz zurück.

Im bayerischen Oberland zählt die Kapelle von Birkenstein zu den wichtigsten Wallfahrtsorten. An deren Wänden findet man unzählige Votivbilder aus allen Epochen. Jedes erzählt eine meist sehr persönliche und oft dramatische Geschichte. Das Innere der Kirche ist überschwänglich im Rokokostil dekoriert. Um das Gnadenbild, eine spätgotische Marienfigur, schwirren viele kleine Putten.

Einkehr

Unterwegs haben wir die Auswahl zwischen Kesselalm, Hubertushütte und Bucheralm, am Ende der Tour mehrere Einkehrmöglichkeiten, alle im Winter geschlossen, bis auf die Kesselalm (Mo und Di Ruhetag).

66 Zur Tregleralm

Birnenschnaps und Mooraussichten

Leicht | 9 km | 500 m | 3 Std.

Tourencharakter
Eine schöne Rundtour auf schmalen Wegen, Forststraßen und Bergpfaden; gut für Kinder geeignet

Ausgangs-/Endpunkt
Bad Feilnbach, Rathaus

GPS-Daten
47.773332, 12.009669

Anfahrt
Auto: Auf der A 8 Richtung Salzburg, Ausfahrt Bad Aibling, dort rechts nach Bad Feilnbach; der Parkplatz liegt in der Ortsmitte, unterhalb des Rathauses in der Nähe des Freibades.
Bus/Bahn: Von München nach Bad Aibling, weiter mit dem Bus nach Bad Feilnbach

Einkehr
Auf der Terrasse der Tregleralm ist eine Rast fast unumgänglich, die Aussicht ist wirklich sehr schön und das Essen sehr lecker; ganz zum Schluss gibt es in Bad Feilnbach noch den Gasthof Pfeiffenthaler, einer unserer kulinarischen Lieblingstipps mit einem sehr netten blumenbewachsenen Biergarten.

Karte
Kompass Nr. 8, Tegernsee/ Schliersee, 1:50 000

Information
www.bad-feilnbach.de

Die Tregleralm lockt zu einem Nachmittagskaffee oder einem Sundowner auf ihre herrliche Aussichtsterrasse. Aber auch die Wiesen vor dem Berggasthof sind ideal für eine Rast geschaffen. Der Abstieg ist technisch eine Spielerei. Aber Achtung: Er führt durch den Wald, und da wird es am Abend rascher dunkel.

Wir überqueren am Bad Feilnbacher Rathaus die Dorfstraße und gehen in die Riesenfeldstraße, der wir bis zu ihrem Ende folgen. Dann biegen wir für wenige Meter nach rechts in die Breitensteinstraße und müssen nun die Augen ein bisschen aufhalten. Links beginnt ein sehr schmaler Fußweg hinter einer Hecke. Zur leichteren Orientierung: Er beginnt unmittelbar vor dem Zaun des alten weißen Forsthauses, das sich durch das Hirschgeweih leicht identifizieren lässt. Zu Beginn steigt der Weg im Wald steil an und wir passieren ein großes Wildgehege. Dann gehen wir am Wiesenrand auf einem kaum mehr ersichtlichen Pfad bis zu einem Feldweg. Diesem folgen wir nach rechts, wieder in den Wald hinein. Zuerst geht es leicht bergab, dann folgen wir der Linkskurve, und schon steigt der Wanderweg wieder an. Endlich ist die Tregleralm auch ausgeschildert. Dieser Beschilderung folgen wir nun stets: An der Weggabelung, die beide Richtungen zur Alm weist, ist es egal, welchen Weg wir wählen. 200 Meter später vereinen sie sich wieder. Kurz darauf verlassen wir den Wald an der Bergwachthütte der Bad Feilnbacher Rettungsstaffel. Nun brauchen wir nur noch die zwei großen Kehren bis zur bereits sichtbaren Tregleralm hinaufzusteigen.

Hier ist der beste Platz für eine Langschläferpause. Die Alm ist ein beliebtes, weil von allen Seiten leicht erreichbares Ausflugsziel. Die Terrasse besticht durch ihre atemberaubende Aussicht. Im Osten sehen wir die Kreisstadt Rosenheim, dahinter den Simssee und rechts davon erheben sich der Samerberg, die Kampenwand und die Chiemgauer Berge. Die Aussicht nach Westen ist vom Irschenberg begrenzt. Im Tal liegt Bad Feilnbach, dahin-

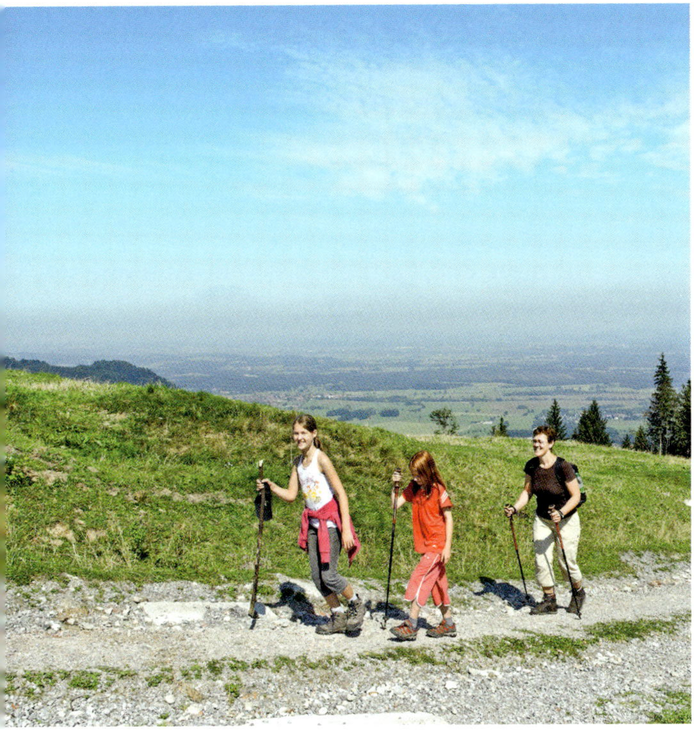

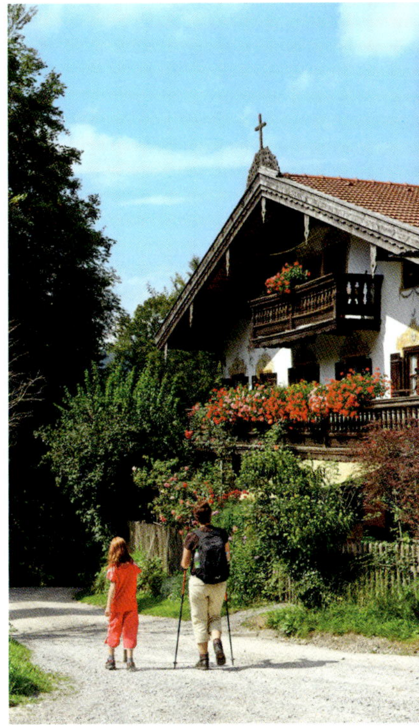

In Weißenbach sind die Höfe nicht nur blumengeschmückt, sondern auch mit Lüftlmalereien verziert.

Links: Kinderleicht ist der Aufstieg zur Tregleralm.

ter schließen sich die weiten Moore an. Nach Norden ist die Sicht schier endlos, nur der Dunst beschert uns ein Ende am Horizont. Für den Abstieg steigen wir den Hinweg ein Stück zurück, dann wandern wir links durch das abgeholzte Waldstück auf dem Pfad, der mit Bad Feilnbach über Weißenbach beschildert ist. Auf unserem Rückweg überqueren wir mehrere Rinnsale und erreichen bald den Weißenbach, der aus einigen schönen alten Bauernhöfen besteht. Ca. 400 Meter geht es auf einer Teerstraße am Weißenbach entlang bis zum nächsten einsamen Hof. Hier wenden wir uns nach rechts, wieder auf eine ungeteerte Straße, auf der wir bald das Jugendhaus Thalhäusl passieren.

Noch ein Stück geradeaus im Wald, dann weist uns ein Wanderschild nach links an den Osterbach, dem wir nun stur bergab folgen, bis wir auf die Schwarzenbergstraße und die ersten Feilnbacher Häuser stoßen. Wir folgen einfach dem Straßenverlauf, queren die Breitensteinstraße geradeaus in den Fußgängerweg und erreichen so die Hauptstraße. Nun geht es noch ein Stück nach rechts zurück bis zum Bad Feilnbacher Rathaus.

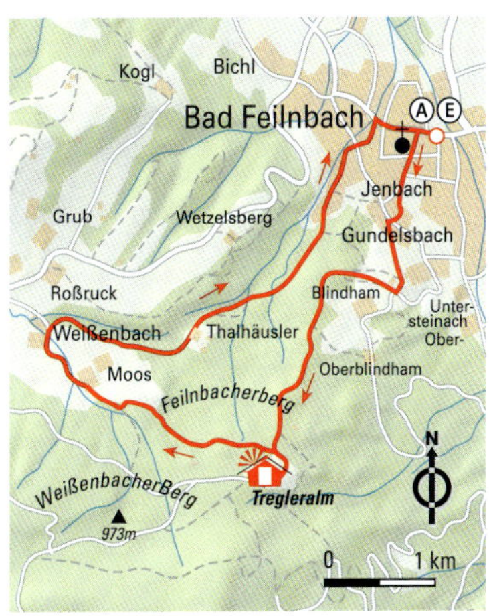

67 Auf den Farrenpoint

Hefezopf am Ende einer Almentour

Leicht | 8 km | 450 m | 3 Std.

Tourencharakter
Kleine Bergtour auf Forstwegen, Almsträßchen und kleinen Bergpfaden. Beim steilen Abstieg über den Niggelsteig muss man trittsicher und minimal schwindelfrei sein. Wanderer mit extremem Höhenschwindel könnten hier Schwierigkeiten haben, der Weg fällt auf einer Seite an einem kurzen Stück steil ab.

Ausgangs-/Endpunkt
Parkplatz Oberes Jenbachtal

GPS-Daten
47.738412, 12.017341

Anfahrt
Auto: Nach Bad Feilnbach, von dort auf der Wendelsteinstraße ins Jenbachtal. Vom Unteren-Jenbach-Wanderparkplatz der kleinen Almstraße auf der rechten Seite des Baches zum Oberen-Jenbach-Parkplatz fahren.
Bus/Bahn: Mit dem Zug nach Bad Aibling, weiter mit dem Bus nach Bad Feilnbach, Wanderung von dort durch das Jenbachtal starten. Sehr schöner Weg, aber zusätzliche 2,5 Std.

Karte
Kompass Nr. 181, Rosenheim 1:50000

Information
www.bad-feilnbach.de

Der Farrenpoint über Bad Feilnbach ist ein aussichtsreicher Vorberg, von dem man weit über die Ebene blicken kann. Vor allem im Frühjahr ist diese Tour ein Erlebnis. Überall im Tal blühen die Obstbäume. Die Berggipfel schimmern noch weiß und wir genießen die ersten warmen Sonnenstrahlen der Huberalm.

Für diese Rundtour wandern wir vom Oberen-Jenbach-Parkplatz ein Stück auf der Bergstraße weiter und halten uns dann links, am Waldrand entlang. Der Farrenpoint ist schon ausgeschildert. Kurz darauf queren wir den Jenbach und die kleine Almstraße teilt sich. Wir halten uns links (Schild »Farrenpoint über Walchalm«) auf den steilen ansteigenden Weg, der schattig durch den Wald führt. Nach einigen Kurven stößt von links ein Wanderweg zu uns. Wir bleiben in Wanderrichtung und bald genießen wir die ersten Blicke über das Tal nach Süden. Nicht mehr lange und wir stehen auf den Almwiesen unterhalb der Walchalm und der Hansenalm. Ein Blumenmeer erwartet uns im frühen Sommer. Ein Steig bringt uns leicht links über die Wiesen zur Walchalm. Dahinter treffen wir wieder auf einen breiteren Almweg, dem wir nun nach rechts zur Hansenalm folgen.
Ein Stück folgen wir noch dem Almweg nach Osten, dann biegen wir links auf einen Steig ein (Schild »Farrenpoint«), der uns noch einmal steiler den Berghang hinaufführt. Erst nach den Bäumen wird es wieder flacher und wir erreichen schließlich an der Hu-

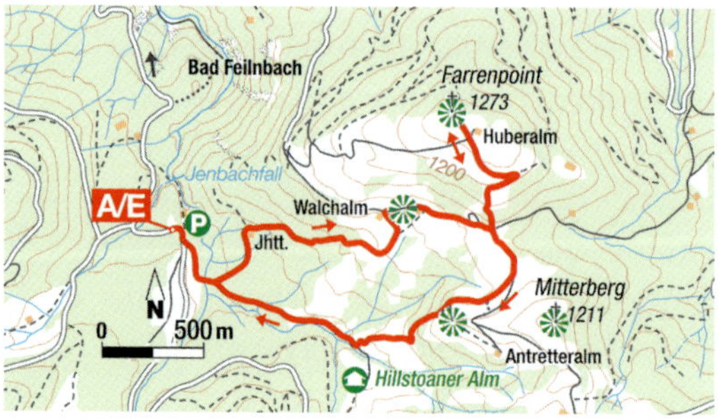

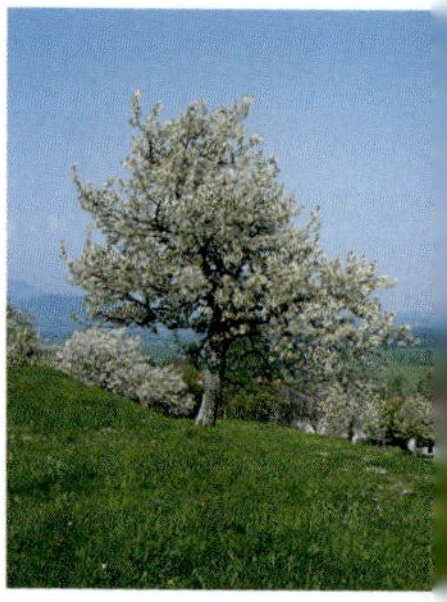

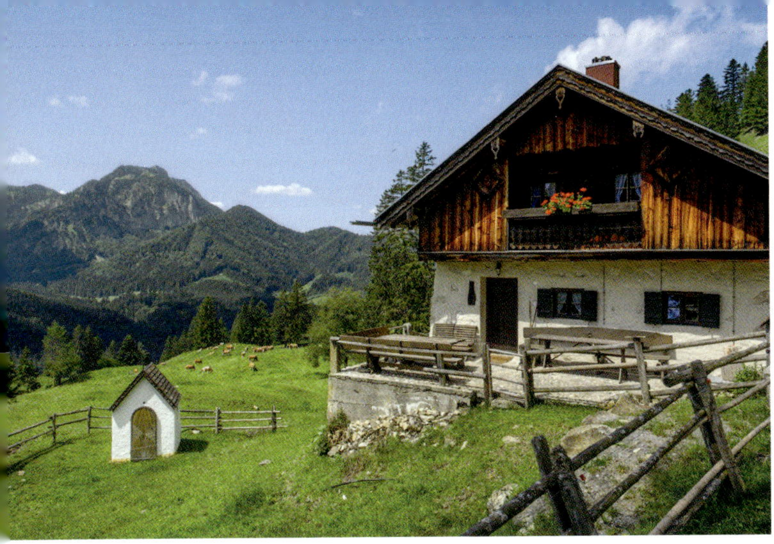

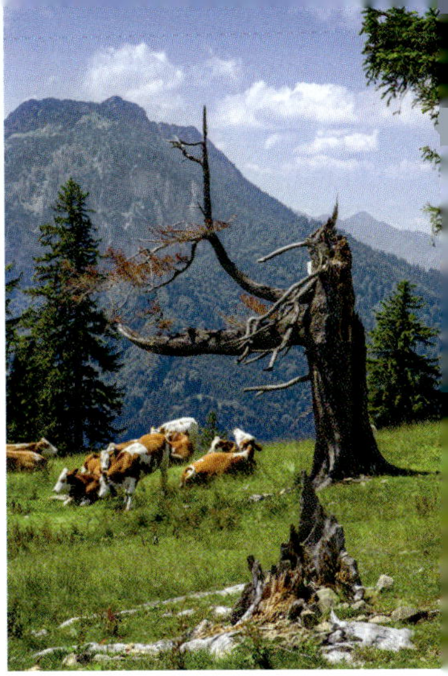

Knorrige alte Bäume stehen am Gipfelplateau.

Links: Die hübsche Hansenalm mit ihrer Kapelle passieren wir beim Aufstieg.

beralm den Gipfelbereich des Farrenpoint. Zum Gipfelkreuz sind es nun nur noch wenige Höhenmeter über eine Almwiese. Dann haben wir es geschafft. Herrlich öffnet sich die Aussicht auch nach Norden über die Ebene auf die unzähligen Dörfer im Mangfalltal.

Nach der Rast wandern wir über die Huberalm auf dem gleichen Weg zurück zu der Stelle, wo wir auf den Steig abgebogen sind. Hier kreuzen sich mehrere Wege. Wir bleiben in südlicher Richtung und folgen dem bequemeren Weg mit der Beschilderung »Hillsteiner Alm«. Kurz drauf verlassen wir diesen Weg nach rechts auf den Niggelsteig, der steil bergab führt. Rechts von uns fällt der Hang stark ab, etwas trittsicher sollte man sein. Die Abzweigung zur Antretter Alm ignorieren wir und bald schon steigen wir die letzten Meter hinunter auf eine breitere Forststraße. Auf ihr geht es nach links und mit einem kleinen letzten Aufschwung erreichen wir die Hillstoaner Alm. Die urige Alm hat eine Essensausgabetür. Eine Speisekarte sucht man vergeblich, es ist eben eine echte Alm und kein Berggasthof. Es dauert nicht lange und schon sitzen wir bei Käsebrot und Hefezopf auf der Terrasse.

Nach der Rast geht es auf dem gleichen Almsträßchen zurück. An der Einmündung des Niggelsteigs gehen wir nun einfach geradeaus, queren über Steinen einen kleinen flachen Bach und treffen die letzten Meter wieder auf den bekannten Hinweg. Geradezu als Kinderspiel entpuppt sich der Rückweg, sodass wir nach etwa 20 Minuten ab der Alm wieder an unserem Ausgangsort stehen.

Einkehr

Huberalm und Hillstoaner Alm, Ende Mai bis Kirchweih ist fast täglich geöffnet, solange Tiere auf der Alm sind.

Linke Seite: So wie hier in Kutterling blühen im Frühjahr viele der Feilnbacher Obstbäume und verwandeln die Gegend in ein duftendes Blütenmeer.

68 Auf den Sulzberg

Aussicht und Alm unter drei Stunden

Leicht | 6,5 km | 450 m | 2.30 Std.

Tourencharakter
Eine sehr schöne Runde auf aussichtsreichen Gipfel; meist schattige Bergsteige, die leider sehr wenig und zu ungenau beschriftet sind; etwas Orientierungssinn ist nötig; am finalen Gipfelsturm wird es steiler.

Ausgangs-/Endpunkt
Wanderparkplatz bei Lechen oberhalb von Brannenburg

GPS-Daten
47.738929, 12.075764

Anfahrt
Auto: Auf der A 93 Richtung Kufstein, Ausfahrt Brannenburg, in den Ort hineinfahren, dann der Beschilderung zum Verdi Bildungszentrum folgen, dieses passieren, weiter durch den Ortsteil Lechen, am Ende der öffentlichen Straße gibt es einen Wanderparkplatz.

Einkehr
Schlipfgrubalm, besonders lecker ist das deftige Schlipfgrubpfandl; Naschkatzen sollten unbedingt die goldgelben hausgemachten Schmalznudeln probieren; Mittwoch Ruhetag, am Wochenende ab 9 Uhr geöffnet.

Karte
Kompass Nr. 8, Tegernsee/Schliersee, 1:50 000

Information
www.brannenburg.de

Trotz des rappelvollen Wanderparkplatzes blieb der Massenansturm am Sulzberg aus. Verwunderlich, denn dieser traumhafte Vorberg ist leicht und schnell zu erklimmen. Er bietet eine tolle Aussicht und am Abstiegsweg eine nette Einkehralm.

Wir wandern auf der geteerten Straße des Parkplatzes noch ein paar Meter aufwärts, halten uns an der Weggabelung der für den öffentlichen Verkehr gesperrten Straße rechts, Richtung Café Kogl. Nach nur wenigen Metern beginnt gleich links ein Wanderweg bergauf, der mit einer 0 beschriftet ist. So wandern wir auf einem schmalen Pfad mit weiter Sicht über das Inntal am Wiesenrand zum Wald. Dort wird der Weg breiter und wir folgen ihm ein gutes Stück um die westliche Flanke des Sulzberges. Dann beginnt links ein schmaler Steig, mit Treppenstufen aus Fichtenrundlingen. Im Zickzack geht es bergauf, bis wir wieder auf eine breitere Straße treffen. Dieser folgen wir nach links und wandern fast eben um die südliche Bergflanke. Der Wald lichtet sich, wir sehen die südlich gelegenen Berge vor uns. An der freien Wiese setzen wir nach rechts, in einem spitzen Winkel zu unserem Hinweg, unseren weiteren Aufstieg auf einem Forstweg fort. (Hier gibt es keinen Wegweiser.) Wieder bergauf im Wald müssen wir nun aufpassen: An der Stelle, an der sich unser Forstweg nach links wendet, bleiben wir auf einem wenig ersichtlichen Pfad geradeaus. Freundliche Wanderer haben die Stelle mit Holzstecken in Form einer Pyramide markiert. Diese kann natürlich zerstört sein, aber mit etwas Suchen findet man den Einstieg.

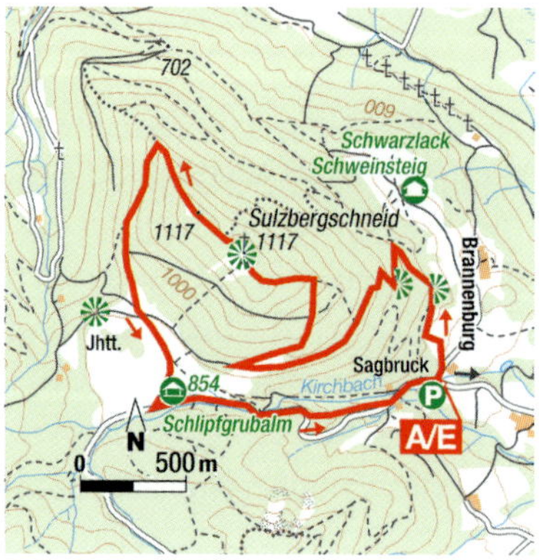

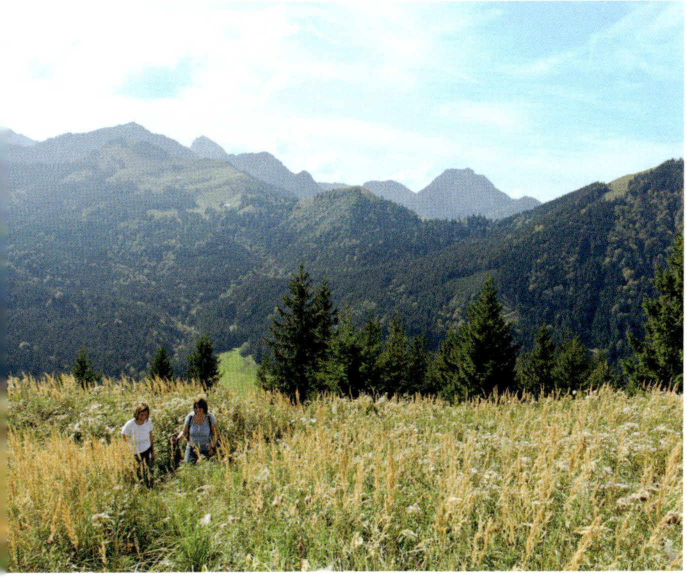

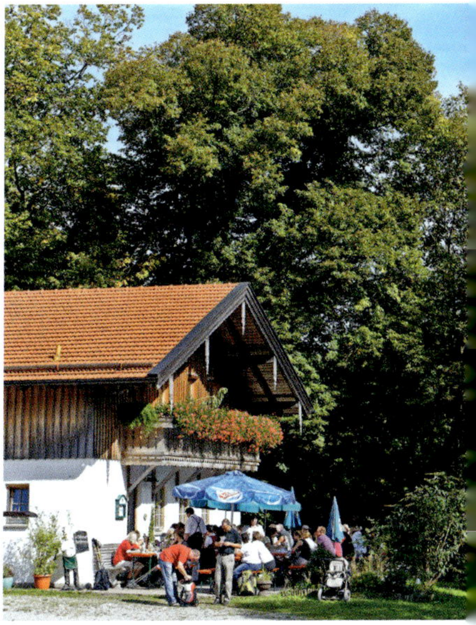

Nun geht es steiler bergauf, der Pfad ist nicht immer deutlich sichtbar. Grundsätzlich führen hier viele Wege zum Ziel. Der finale Aufstieg ist dann relativ steil, aber schließlich stehen wir am Gipfel des Sulzberges. Direkt neben dem hölzernen Kreuz gibt es eine nette Bank, sogar mit Tisch. Unter uns liegt Rosenheim am Inn. An klaren Tagen reicht der Blick bis Wasserburg. Die nassen Moorflächen gehören zum Bad Feilnbacher Gebiet. Auf der entgegengesetzten Seite sehen wir den von Antennenmasten gekrönten Wendelstein, davor die Ramboltplatte und darunter die beliebte Schuhbräualm, die ebenfalls von unserem Wanderparkplatz aus angesteuert wird. Für den Abstieg steigen wir vom Sulzberg nach Norden ab und biegen dann links in westlicher Richtung in den Wald ein. Zunächst im leichten Auf und Ab passieren wir eine Lichtung und gehen wieder in Wanderrichtung in den Wald. Jetzt senkt sich der Weg. An der Sulzbergschneid verlassen wir den Weg und biegen scharf nach links ein. Immer noch durch den Wald verlieren wir an Höhe und erreichen schließlich die Almwiesen der Schlipfgrubalm. Die Alm steuern wir in einem Bogen an. Hier können wir einkehren, auch wenn wir von der Terrasse keine weite Aussicht haben, so ist sie vor allem am Nachmittag voll in der Sonne. Direkt unterhalb der Alm verläuft eine breite Almstraße. Ihr folgen wir links bergab, können dann aber einige Meter auf einem Wanderweg abkürzen. Schnell erreichen wir wieder unseren Wanderparkplatz.

Nach dem Gipfelsturm wartet die gemütliche Schlipfgrubalm auf uns.

Links: Die letzten Meter zum Gipfel des Sulzberges geht es steil hinauf durch hohes Gras.

69 Auf die Schwarzlack

Ein barockes Kleinod am Berg

Leicht | 10,5 km | 330 m | 2.30 Std.

Tourencharakter
Sehr einfache Wanderung auf breiten Wegen und Bergstraßen

Ausgangs-/Endpunkt
Pfarrkirche Maria Himmelfahrt in Brannenburg

GPS-Daten
47.739621, 12.091200

Anfahrt
Auto: A 8 bis zum Inntaldreieck und weiter auf der Inntalautobahn A 93 bis Ausfahrt Brannenburg. Auf der St 235 nach Degerndorf, an der Ampel rechts auf die St 208, nach Brannenburg. Um die Kirche sind Parkplätze rar, deshalb fahren wir am Ortsrand zur Grafenstraße, in die wir links einbiegen. Am Friedhof gibt es fast immer Parkplätze.
Bus/Bahn: Mit der Bahn von München Richtung Kufstein bis Haltestelle Brannenburg

Einkehr
Gasthaus Schwarzlack mit besten Schmalznudeln, Berggasthof Kogl mit feinsten Wildgerichten, Berggasthaus Schweinsteig (Do Ruhetag), Schlosswirt in Brannenburg

Karte
Kompass Nr. 8 Tegernsee/ Schliersee, 1:50 000

Information
www.brannenburg.de

Bei dieser Wanderung darf man sich in bis zu drei Wirtschaften kulinarischen Genüssen hingeben sowie sich auf eine Zeitreise ins Barock stürzen. Wir bewältigen dabei ein paar Höhenmeter, sodass wir die Kalorienzufuhr ausgleichen können.

Wir beginnen unsere Wanderung am Vorplatz der Pfarrkirche von Brannenburg, am Kirchplatz, und nehmen die Pinzenauer Straße, die zwischen Schlosswirt und Musikpavillon beginnt. Bereits nach knapp 100 Metern biegen wir links in den Angerweg ein, nehmen aber dann sofort den breiten Fußweg, der gemächlich bergauf führt. Wir wandern an der Nordseite des

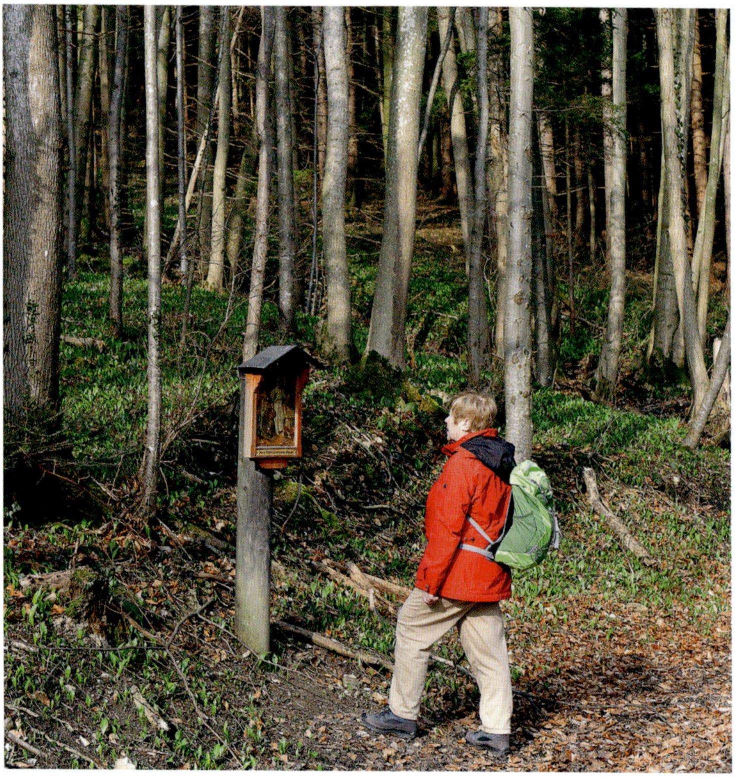

Brannenburger Schlosses vorbei und stoßen dann auf eine breite Forststraße, der wir nach rechts folgen. Am Wegrand stehen in gleichmäßigem Abstand Kreuzwegstationen, die entlang des alten Wallfahrtsweges zur Schwarzlack errichtet wurden. Das seltsame Gebilde unterhalb der Straße ist der alte Schießstand der ehemaligen Bundeswehrkaserne von Degerndorf. Nach einer guten halben Stunde haben wir mit der Wallfahrtskirche Schwarzlack unser erstes Ziel erreicht. Auf einer Lichtung liegen das kleine Gotteshaus und die dazugehörige Wirtschaft. Die Kirche mit ihrem kleinen Glockenturm macht von außen eher einen nüchternen Eindruck.
Im Inneren prunkt aber ein prachtvoller Rokokoaltar. Die Kunstrichtung des Barocks und des später folgenden Rokokos hatte die Menschen in der Alpenregion begeistert wie kaum eine zuvor und danach. Damals hatte man den Dreißigjährigen Krieg und die folgenden Notzeiten überlebt. Wirtschaftlich ging es wieder aufwärts und die Kirche versprach als Ausgleich für die überstandene Not unendliche Glückseligkeit im Himmel. Dementsprechend prachtvoll wurden die Altäre gestaltet – wie hier in Schwarzlack.
Das Haus hinter der Kirche war einst die Wohnung eines Eremiten. Heute ist es zu einem Gasthaus geworden, den die Familie Peter liebevoll bewirtschaftet. Rund um die Kirche haben wir schöne Ausblicke auf das Inntal und die nahen Berge.
Unser nächstes Ziel ist wieder ein Gasthaus, der Berggasthof Kogl inmitten seiner weiten Wildgatter. Dazu wenden wir uns vor der Kirche nach links, überqueren die Wiese und treffen bei einem Heustadel auf einen steilen Waldweg, der fast geradlinig aufwärtsführt. Aber keine Angst, es sind nur 70 Höhenmeter zu schaffen, und diese übrigens im Wald. Aus einer Urkunde kann man entnehmen, dass an der Stelle des modernen Gasthauses bereits 1521 ein Bauernhof stand. Die Landwirtschaft ist auch heute noch für die Familie eine wichtige Einnahmequelle, wenn sie auch etwas ungewöhnlich als Wildtierzucht betrieben wird. Der Gastwirtschaftsbetrieb kam erst nach dem Krieg dazu, als

Barock-Kleinod Schwarzlack

Als Graf Max IV. von Preysing, damals wichtigster Mann am kurfürstlichen Hof in München, Herr auf Schloss Brannenburg wurde, wollte er eine neue Barockkirche bauen und wählte als Platz die alte Einsiedelei oben auf der Schwarzlack. Der Bau erfolgte von 1750 bis 1754. Der Altar im Stil des Rokokos trägt ein schon zuvor verehrtes Mariahilfbild.

Linke Seite: Die Kreuzwegstationen auf dem Weg zur Schwarzlack

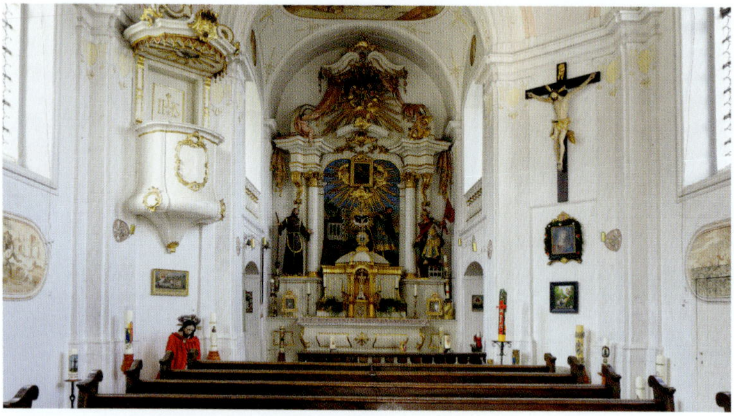

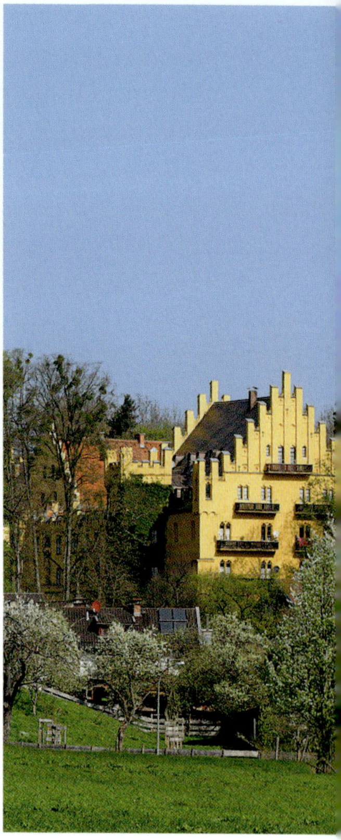

Burg Brannenburg

Die so prächtig gelb leuchtende Burg Brannenburg stammt aus dem 11. Jahrhundert und wurde später mehrere Male verkauft oder verpfändet. Im 18. Jahrhundert gehörte sie Johann Max IV. von Preysing-Hohenaschau. 1871 erwarb sie Major Max Reinhardt, der das Schloss im Stil der englischen Gotik umbauen ließ. Heute beherbergt es ein Internat.

Oben: Kunst und Wandern lässt sich bei dieser Tour ganz einfach verbinden.

immer mehr Wanderer unterwegs waren. Beim Gasthof endet die Sulzbergstraße, die wir für den Rückweg verwenden werden. Etwas vorsichtig müssen wir sein, denn die Straße ist öffentlich, auch wenn nur wenige sie benutzen.

Vom Gasthof Kogl aus führt die Straße zuerst ganz leicht aufwärts zu einer Abzweigung, die rechts in spitzem Winkel zurückführt. Hier biegen wir rechts ab und kommen kurz darauf zur dritten Einkehrmöglichkeit, dem Gasthof Schweinsteig. Stolz prangt hier auf einem Schild unter dem Balkon die Jahreszahl 1261.

Das war die Zeit, in der man vom Inntal aus begann, den Urwald an den unteren Berghängen zu besiedeln. Unterstützung fand diese Kolonisierung durch die Grundherren von Falkenstein und von Brannenburg, die auf diese Weise mehr Untertanen bekamen. Die Siedler sammelten sich nicht in Dörfern, sondern rodeten das Land an einer flachen Stelle, die für den Hausbau geeignet war. Diese von Wald umgrenzten Rodungsinseln sind heute noch sehr deutlich um Kogl und Schweinsteig zu erkennen.

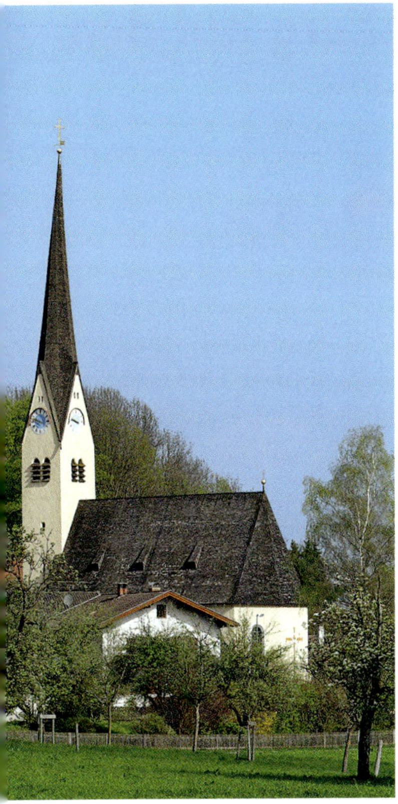

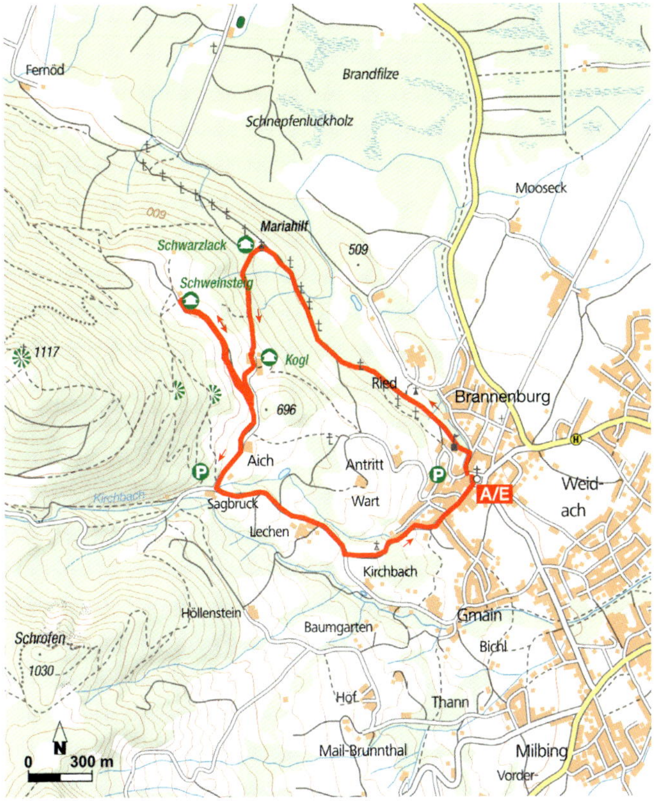

Links: Brannenburg mit seinem Schloss

Wir lassen uns auf der Terrasse von Schweinsteig nieder und genießen den Blick ins Rosenheimer Becken und auf den Samerberg mit dem Heuberg daneben. Am Horizont glitzert der Simssee silbern und gerne könnte man es hier bis zum Sonnenuntergang aushalten.

Im Dunkeln nach Brannenburg zurückzuwandern, wäre aber auch kein Problem. Die Straße ist durchgehend breit und geteert und dadurch relativ sicher. Dazu gehen wir zunächst die Straße zurück, die wir gekommen sind, und folgen ihr dann am Abzweigungspunkt geradeaus weiter. Wir passieren einen einzelnen Bauernhof und erreichen nach ein paar Wohnhäusern eine Abzweigung, die rechts hinauf zur Schlipfgrubalm führt.

Wir wenden uns jedoch nach links, passieren einen großen Wanderparkplatz und einen Bauernhof auf der rechten Straßenseite und nehmen nach etwa 200 Metern die Straße nach links. Sie führt steil bergab, bald direkt auf Brannenburg zu. Achtung: Hier dürfen auch wieder Autos fahren. Über die Dorfstraße kommen wir schließlich zur Pfarrkirche zurück.

70 Über den Petersberg auf den Riesenkopf

Der »Viel Drumherum«-Berg

Mittel | 13 km | 700 m | 4 Std.

Tourencharakter
Unschwere Bergwanderung auf Wegen und Pfaden, beim Abstieg nach der Riesenkopfalm schlecht ausgeschildert.

Ausgangs-/Endpunkt
Wegverzweigung unter der Ruine Falkenstein/Flintsbach

GPS-Daten
47.717531, 12.128121

Anfahrt
Auto: A 8 Richtung Salzburg und A 93 bis Brannenburg, weiter nach Degerndorf/Brannenburg, bei der großen Ampelkreuzung links nach Flintsbach. Dort rechts über den Astenweg und den Petersbergweg zur Wegverzweigung am Bergwald. Rechts zum Parkplatz am Petersbergweg.
Bus/Bahn: Meridian von München nach Kufstein, Haltepunkt Flintsbach im Stundentakt, zum Ausgangspunkt zusätzlich 15 Min. Gehzeit. RVO-Bus von Rosenheim, hält in Flintsbach am Feuerwehrhaus, zusätzlich 10 Min.

Einkehr
Gasthaus Petersberg, Berggasthof Hohe Asten

Karte
Kompass Nr. 8 Tegernsee/Schliersee 1:50 000

Information
www.flintsbach.de

Geschichtsträchtigen Boden betritt man auf dieser Tour bereits an der Ruine Falkenstein. Kunstgenuss wird einem in der romanischen Peterskirche zuteil. Weltlicher Natur ist die Einkehr an den Astenhöfen. Und vor lauter »Drumherum« vergisst man, dass es vor allem eine herrliche Wanderung hoch über dem Inntal ist.

Von der Kreuzung in der Nähe des Wanderparkplatzes wählen wir die für den öffentlichen Verkehr gesperrte Bergstraße Richtung Petersberg. Vor uns steht schon die Ruine Falkenstein mit ihrem von Zinnen gekrönten Bergfried, der heute noch bewohnt ist. Wie groß und damit mächtig diese Burg einst war, sieht man erst, wenn man auf dem kleinen Weg unterm Bergfried das umfriedete Burgareal betritt.

Wir wandern auf der Bergstraße weiter. Nach zwei Serpentinen folgen wir einer Rechtskurve und gehen dann auf einen Bergrücken zu, auf dem einst die Vorgängerin der Burg Falkenstein, die Rachelburg, stand. Nach ein paar Metern und einer Linkskurve sieht man diesen Bergrücken auf der rechten Seite deutlich durch den Wald. Von der Burg sind aber nur noch wenige Mauerreste übrig, sie zu suchen lohnt sich nur für Burgenkundler. Auf unserer linken Seite geht es steil nach oben, das ist bereits der Nordhang des Petersbergs. Wir wandern also die Bergflanke entlang zu einer scharfen Linkskurve. Hier zweigt ein Weg rechts ab, auf dem wir später zurückwandern werden. Wir stehen jetzt in dem Einschnitt zwischen Petersberg und der Maiwand, die hoch über uns als steiler

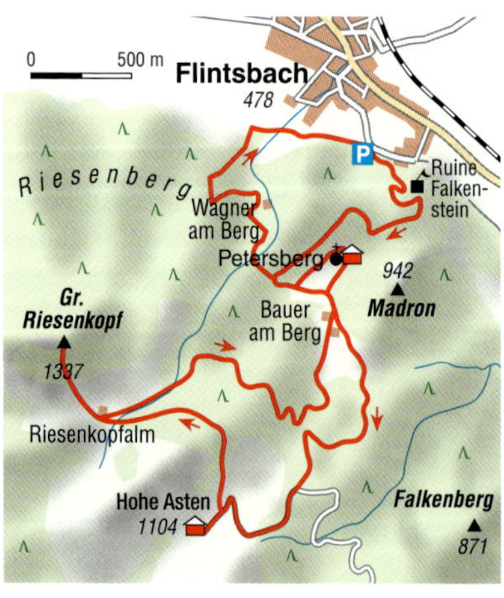

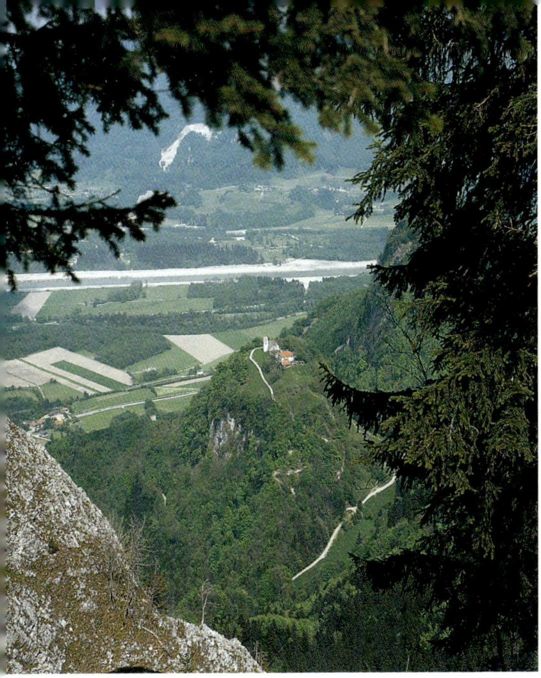

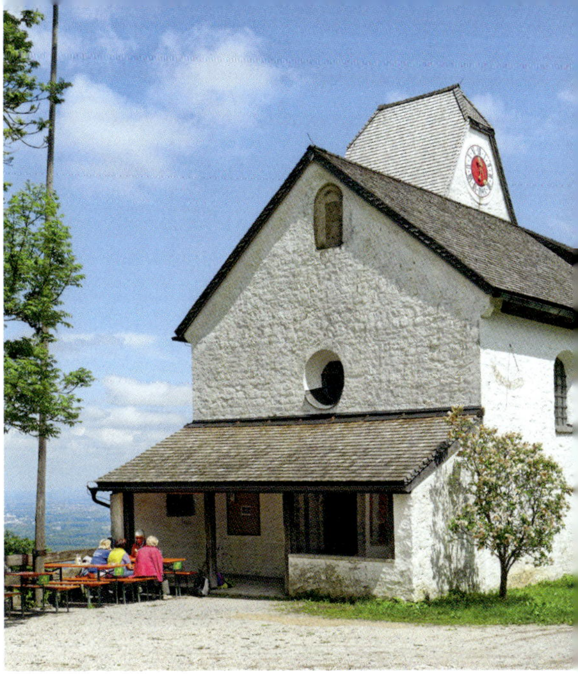

Vor der Kirche St. Peter können wir einkehren.

Links: Die Bergkuppe, auf der die alte Propstei Petersberg liegt, war schon in vorchristlicher Zeit Platz eines Heiligtums.

Felszacken in den Himmel ragt. Noch ein paar Meter, dann geht es links Richtung Petersberg. Die modernen, bronzenen Kreuzwegstationen des Rosenheimer Künstlers Josef Hamberger säumen unseren Weg bis zur kleinen romanischen Bergkirche am Petersberg. Die Kirche ist immer einen Besuch wert. Wir können aber auch im Biergarten daneben eine erste kleine Pause einlegen und die Aussicht über das bayerische Voralpenland und das Inntal genießen. Weiter geht es, zunächst vorbei am Bergkreuz, steil hinunter zu der vorhin verlassenen Straße, auf der wir links weiterwandern. Bald passieren wir den um 1639 aus Bruchsteinen erbauten Hof, der Bauer am Berg genannt wird. Gemächlich geht es nun zwischen Wiesen hindurch. Bald folgt ein heller Mischwald, wir passieren zwei Diensthütten des Forstamtes und erreichen dann schnell die Astenhöfe. Sie zählen noch heute zu den höchstgelegenen ganzjährig bewirtschafteten Bauernsiedlungen der Alpen. Wieder lädt eine Wirtschaft zur Rast ein und frisch gestärkt nehmen wir nun die letzte Etappe in Angriff. Vor dem ersten Hof führt uns ein Schild »Riesenkopf« kurz bergauf und dann rechts in den Wald. Im Wald halten wir uns an der Weggabelung

Tipp

Die zwei Astenhöfe inmitten ihrer Wiesen waren, solange man es geschichtlich verfolgen kann, stets die letzte Zuflucht der Bewohner des Inntales. Während kriegerischer Unruhen flüchteten sich die Inntaler Bauern hierher in das sichere Versteck am Berg. Kein einziges Mal wurde dieser schwer erreichbare und verborgen gelegene Winkel von feindlichen Truppen entdeckt.

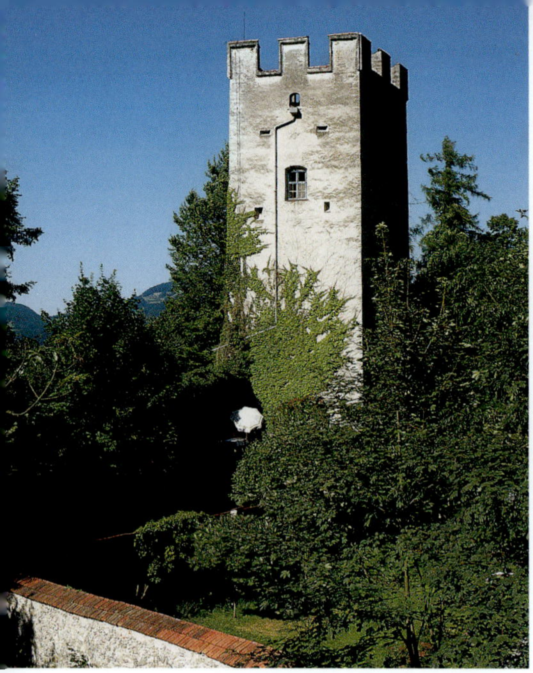

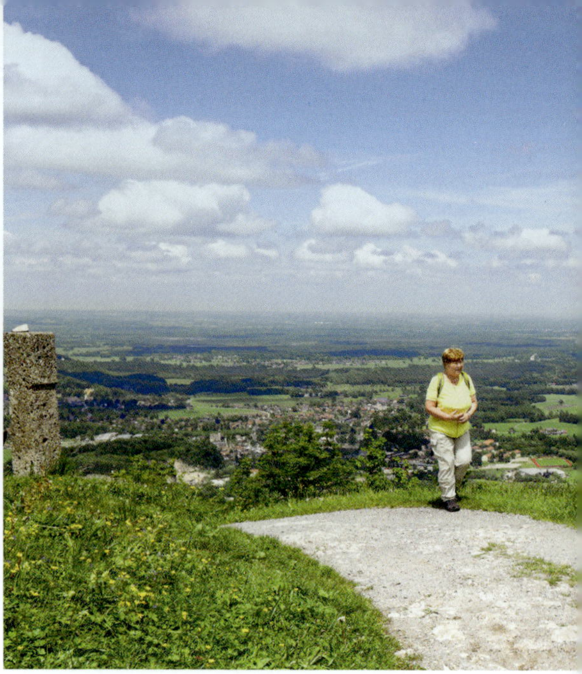

Von der einstigen Burg Falkenstein ist nur noch der alte Bergfried bewohnbar.

Rechts: Sonnig geht es mit Aussicht über das Inntal und das Alpenvorland hinauf zur kleinen Kirche.

links und sind gleich darauf an der Riesenkopfalm. Nun gilt es, auf die Uhr zu schauen, denn Gipfelstürmer brauchen von hier mit An- und Abstieg noch knapp eine Stunde auf den großen Riesenkopf. Dafür lassen wir die Alm liegen, wandern über die Almwiese und klettern am Wald über die Weideabsperrung. Dann geht es steil nach links bergauf.

Vom Gipfelkreuz auf 1337 Metern hat man einen echten Rundumblick. Zurück wandern wir zunächst zur Riesenkopfalm. Auch im Anschluss geht es noch ein Stück auf bekanntem Weg zurück, dann biegen wir jedoch nicht rechts auf den Weg zu den Astenhöfen ein, sondern halten uns links, wo wir kurz darauf den Maibach erreichen. Jetzt geht es nach rechts und nach einer weiten Rechtskurve öffnet sich der dichte Wald und lässt uns auf den Großen Madron über dem Inntal schauen, den größeren Nachbargipfel des Petersberges. Jetzt schulen wir unser Pfadfinderauge und suchen ca. 20 Meter vor einer Telefonleitung, die den Weg quert, links einen kleinen Pfad. Wenn wir wenige Meter abwärts die ersten roten Markierungen finden, sind wir richtig. Der rote Punkt führt uns an den nächsten Kreuzungen immer links zum Bauern am Berg, dort treffen wir auf den schon bekannten Anstiegsweg. Flott geht es nun auf dem gleichen Weg wieder abwärts zur Wiese unter der Rachelwand. Nun biegen wir aber nicht nach rechts auf unseren Aufstiegsweg, sondern folgen der Bergstraße. Sie bringt uns zu einem weiteren wunderschönen alten Bauernhof, dem Wagner am Berg. Das fast 300

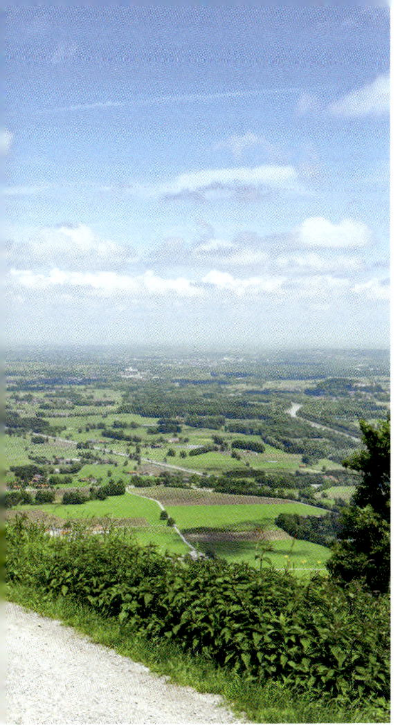

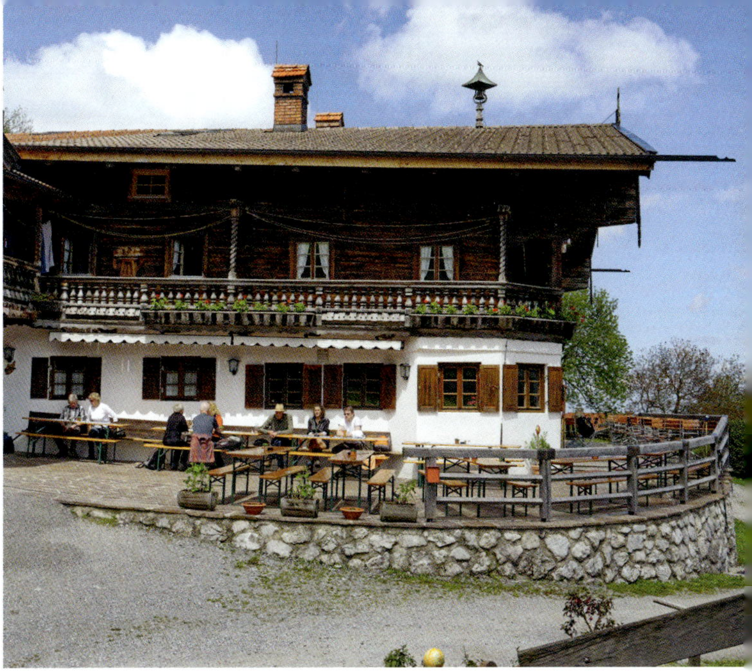

Gasthof Hohe Asten

Jahre alte Anwesen war zu klein für einen rein landwirtschaftlich geführten Betrieb. Der Bauer übte zusätzlich den Beruf der Wagnerei aus. Wir wandern weiter bergab. Kurz ehe der Wald endet, brauchen wir erneut ein bisschen Spürsinn. Noch im Wald beginnt auf der rechten Seite an einem Zaun ein schmaler Weg. Über diese Abkürzung erreichen wir eine Fahrstraße, der wir nun nur noch für wenige Minuten nach rechts folgen müssen, und schon stehen wir wieder vor der Ruine Falkenstein.
Erste schriftliche Aufzeichnungen belegen mit dem Datum 1130 am Petersberg die Gründung eines Klosters durch das Geschlecht der Falkensteiner. Die neun Jahre später fertig erbaute Klosterkirche wurde durch den Freisinger Bischof Otto geweiht. Historische Ausgrabungsfunde am benachbarten Großen Madron zeugen jedoch von einer viel früheren vorchristlichen und sogar keltischen Siedlung. Vermutlich bedeutet der keltische Name »Madron« so viel wie »Berg der Gemeinschaft«.
An diesem Berg war also eigentlich immer schon etwas los. Die Kirche beherbergt Kunstschätze aus sieben Jahrhunderten. Besonders zu beachten ist das schöne spätromanische Portal. Die Eingangssäulen stützen sich auf einen Widder- und Bärenkopf, hier hat sich keltische Tiersymbolik weit in die christliche Zeit hinein erhalten. Schön ist auch die Figur des Hl. Petrus am Hochaltar, ganz besonders zu erwähnen ist das romanische Kreuz mit einem äußerst würdevollen Christus am Seitenaltar.

71 Aufs Hocheck

Mit Kaiserblick unterwegs

Leicht	6,3 km	370 m	2.30 Std.

Tourencharakter
Gut ausgeschilderte und gepflegte Wanderwege und Pfade mit vielen Abstiegsalternativen erwarten uns heute.

Ausgangs-/Endpunkt
Parkplätze am Hubertusweg in Oberaudorf

GPS-Daten
47.647707, 12.165592

Anfahrt
Auto: Von München über die A 8 und A 93 bis Ausfahrt Oberaudorf und nach Oberaudorf. Auf der Tiroler Straße und der Kufsteiner Straße zum Marienplatz, dort rechts in die Rosenheimer Straße und nach gut 100 m links in die Bad-Trißl-Straße. Bei der nächsten Abzweigung links in die Wildbarrenstraße, sie geht in die Carl-Hagen-Straße über und diese nach der Bergbahntalstation in den Hubertusweg. Links am Weg Parkplätze.
Bus/Bahn: Mit der Bahn von München Richtung Kufstein bis Haltestelle Oberaudorf

Einkehr
Berggasthof Hocheck

Karte
Kompass Nr. 8 Tegernsee/Schliersee, 1:50 000

Information
www.oberaudorf.de

Das Ziel ist diesmal kein Gipfel, sondern das gut erschlossene Hocheck über Oberaudorf im Inntal. Es punktet durch eine fantastische Aussicht auf den Wilden und Zahmen Kaiser und die Chiemgauer Berge sowie die vielen zusätzlichen Freizeitangebote.

Wir beginnen unsere Wanderung im Hubertusweg an der Rodelbahn, die natürlich nur im Winter als solche funktioniert. Der Weg windet sich in vielen Serpentinen bergauf. Um diese abzukürzen, biegen wir etwa 100 Meter nach der ersten Schleife rechts Richtung »Eisenbahnerheim« ab. Auf einem schmalen Pfad geht es in die Schlucht des Hocheckgrabens. Wir überqueren den Bach auf einer einfachen Brücke, die aber schon deutlich auf das Eisenbahnerheim hinweist. Die beiden Brückenträger sind nämlich nicht aus Holz, sondern aus Eisenbahnschienen. Wenige Minuten später sind wir am privaten Eisenbahnerheim.
Vor dem Haus zweigt links ein schmaler Steig ab, der im Wald an einem steilen Hang entlang ganz flach aufwärtsführt. Der Pfad mündet wieder in die Rodelbahn, in die wir rechts einschwenken. Bis zum Hocheckhaus gehen wir nun ein Stück auf dem Sagenweg. Der Weg steigt nochmals kräftig an, dann schwenkt er nach links und bringt uns zu einer Straßengabel. Von hier aus geht es nach links zum Gasthof Hocheck mit seiner herrlichen Panoramaterrasse.
Für den Abstieg müssen wir uns entscheiden, ob wir mittels der Sommerrodelbahn oder des Audorfer Fliegers schnell ins Tal düsen oder lieber unsere Wanderung ausdehnen möchten. Wer sich für den Fußweg entschieden hat, geht zur Straßengabel zurück und dann nach links. Der Weg führt in einem Bogen um einen Höhenrücken herum. Etwa 50 Meter nach dem Ende des Bogens biegen wir rechts auf einen Trampelpfad über die Wiese zum Waldrand ab. Hier ist der Waldseilgarten, der jedoch schon ab 17.00 Uhr schließt. Es geht links am Waldrand entlang, wir blicken nochmals auf die steilen Nordabstürze des Kaisergebir-

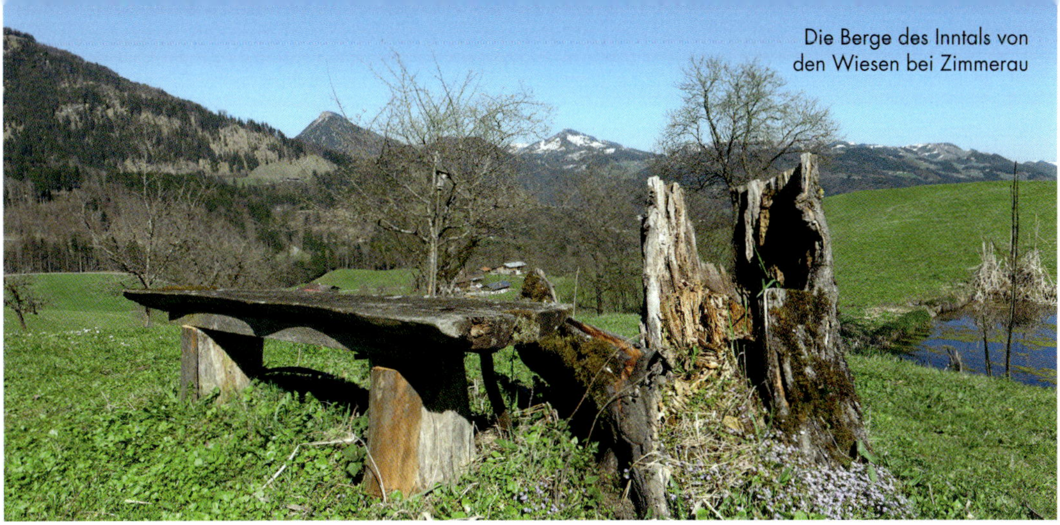
Die Berge des Inntals von den Wiesen bei Zimmerau

ges und durchqueren dann den Wald nach rechts. Wir erreichen grüne Wiesen und passieren den Heustadel direkt vor uns auf der Wiese. Nach dem Stadel biegt der Weg nach links ab, um dann auf Zimmerau zuzuführen. Vor den Häusern wenden wir uns nach rechts und sind nun auf einer geteerten Fahrstraße. Wir passieren Wechselberg mit seiner Wegkapelle und kommen dann zum Bauernhof Lehen, an dem sich die Straße gabelt. Wir bleiben links. Jetzt führt die Straße abwärts zum Rand von Oberaudorf. Dort folgen wir dem Weg nach rechts, bis wir am Hubertusweg wieder den Ausgangspunkt erreichen.

Mein Freizeittipp

Am Hocheck gibt es zwei Möglichkeiten, von der Mittelstation schnell und mit einem Adrenalinkick ins Tal zu kommen: Die Sommerrodelbahn windet sich auf rund 1100 Metern mit einem spektakulär eingebauten 360-Grad-Kreisel hinunter. Noch wilder ist der Oberaudorfer Flieger, mit dem man geradezu ins Tal fliegen kann.

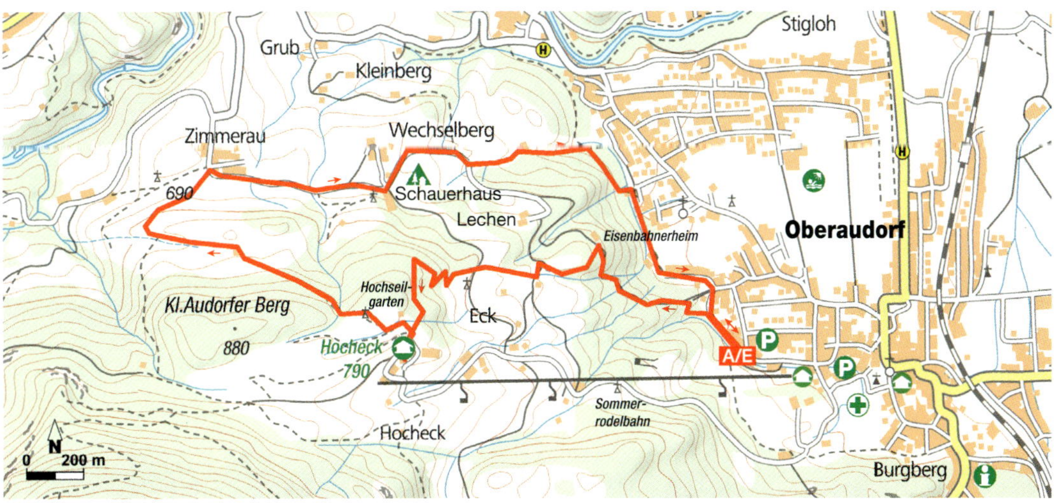

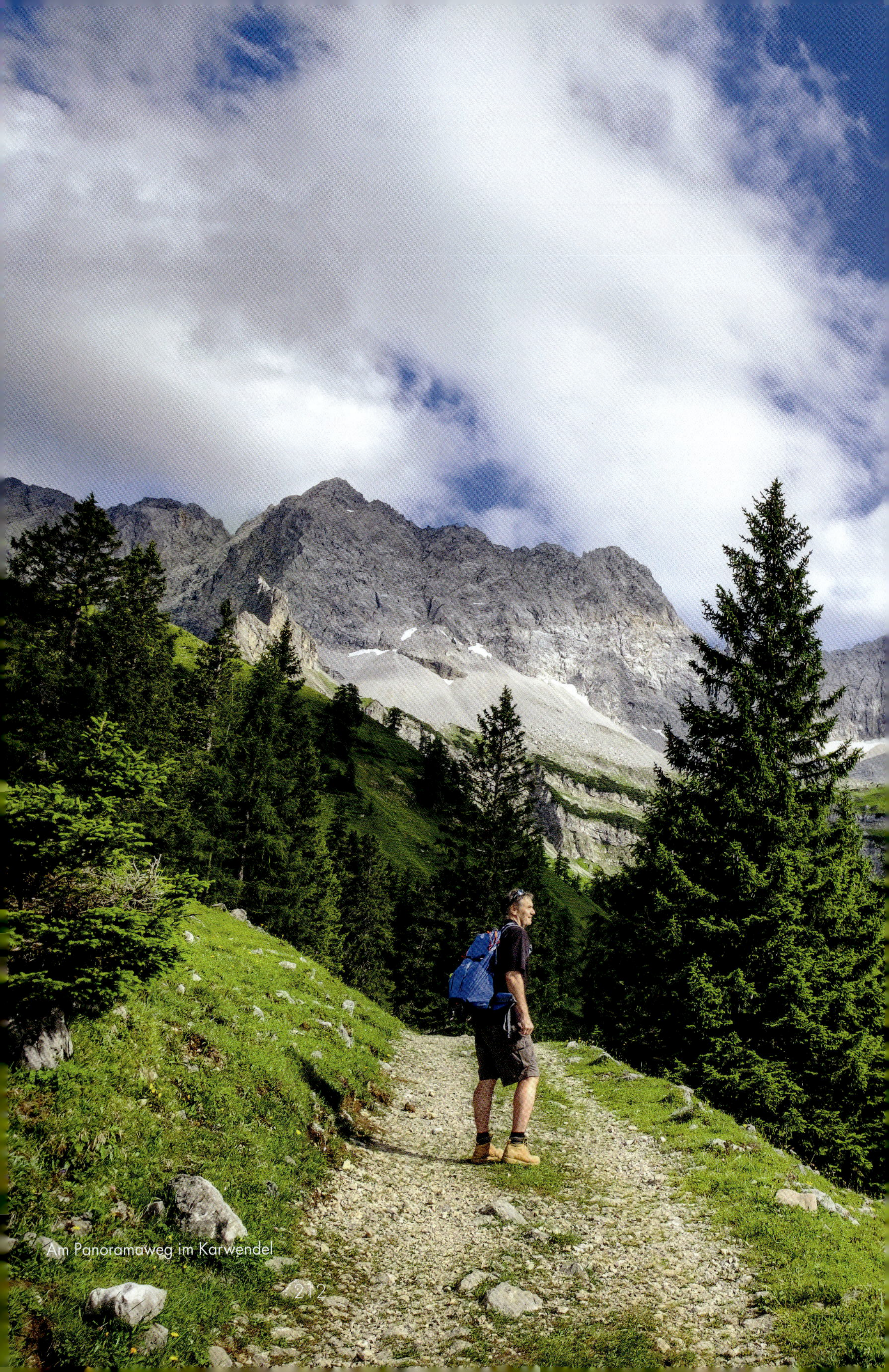

Am Panoramaweg im Karwendel

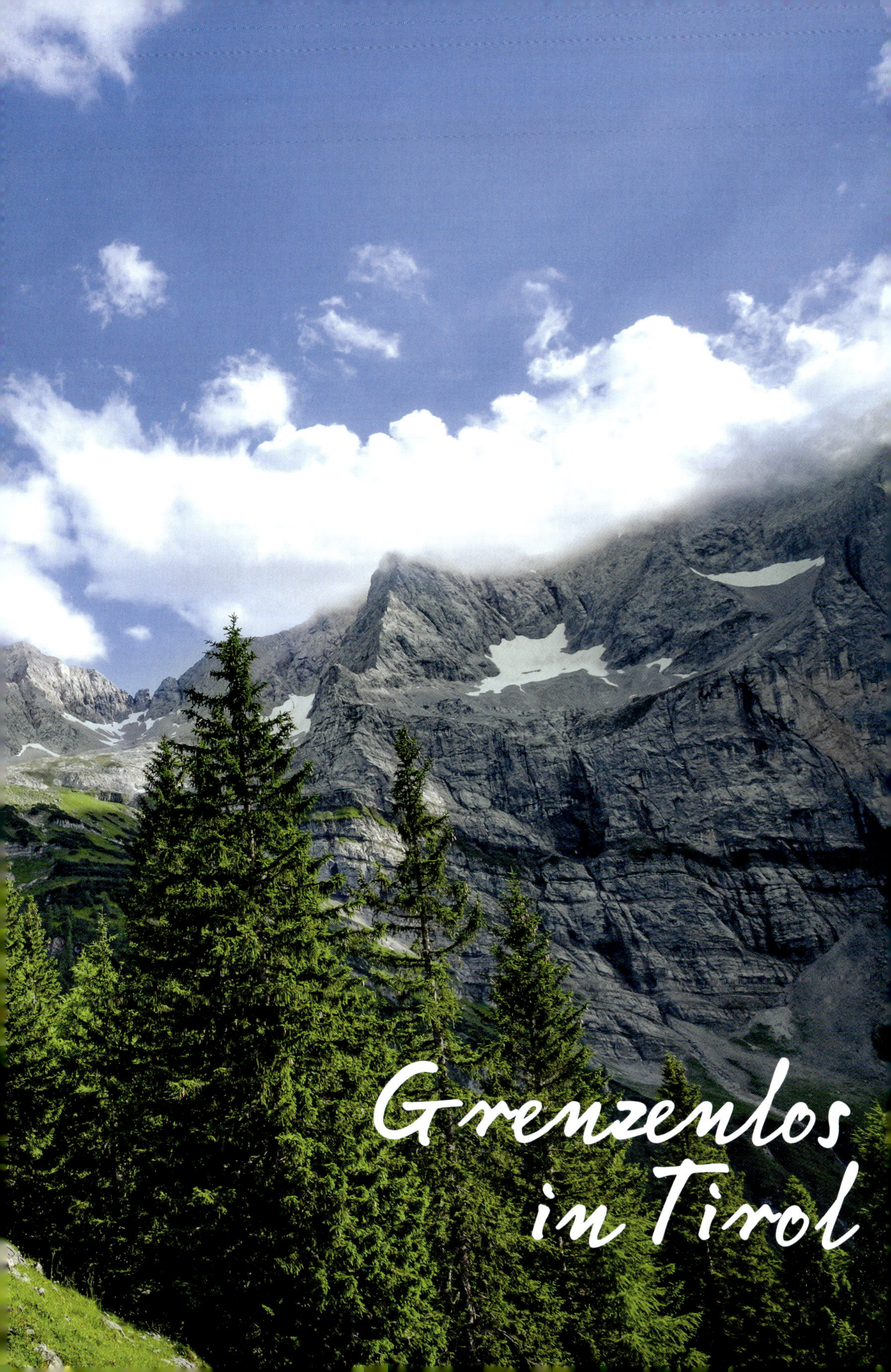
Grenzenlos
in Tirol

72 Zum Seebensee

Flacher geht's nicht

Leicht | 12 km | 400 m | 4 Std.

Tourencharakter
Leichte, aber längere Wanderung auf Almsträßchen und kleinen Bergwegen. Und das, obwohl wir uns den Großteil des Aufstiegs mit der Bahn erleichtern. Keinerlei technische Schwierigkeiten. Rund um den See jedoch schmale Bergpfade.

Ausgangs-/Endpunkt
Talstation der Ehrwalder Almbahn

GPS-Daten
47.387591, 10.938124

Anfahrt
Auto: Auf der Garmischer Autobahn A 95 zum Autobahnende und weiter über Garmisch-Partenkirchen Richtung Fernpass. Über Grainau nach Ehrwald in Tirol/Österreich. In Ehrwald links durch den Ort. Am Kirchplatz erneut links und auf der Doktor-Ludwig-Ganghofer Straße zur ausgeschilderten Talstation fahren. **Bus/Bahn:** Mit dem Zug von Garmisch-Partenkirchen nach Lermoos, weiter mit dem Bus

Karte
Kompass Nr. 5 Wettersteingebirge, Zugspitze, 1:50000

Information
www.zugspitzarena.com; www.almbahn.at

Völlig spät aufbrechen dürfen wir für diese Tour nicht. Der Weg ist zwar nicht anstrengend, aber etwas länger. Wer das auf sich nimmt, wird mit einem der schönsten Bergseen in den Alpen belohnt. Man sollte dann aber die letzte Gondel ins Tal erwischen.

Unsere Tour beginnt völlig entspannt, denn wir schweben mit der Ehrwalder Almbahn 500 Höhenmeter aufwärts. Oben ausgestiegen ist die Bergschau schon grandios. Dann wandern wir von der Bergstation am großen Tiroler Haus zum Almweg hinunter. Jetzt folgen wir links dem breiten Wanderweg, der gemächlich ansteigt. Die Seebenalm und der gleichnamige See sind angeschrieben. Vorbei am Gasthof Alpenglühn steigt unser Almsträßchen über drei Serpentinen etwas an, es wird jedoch nie ungemütlich. Immer mehr hingegen steigert sich die Aussicht.

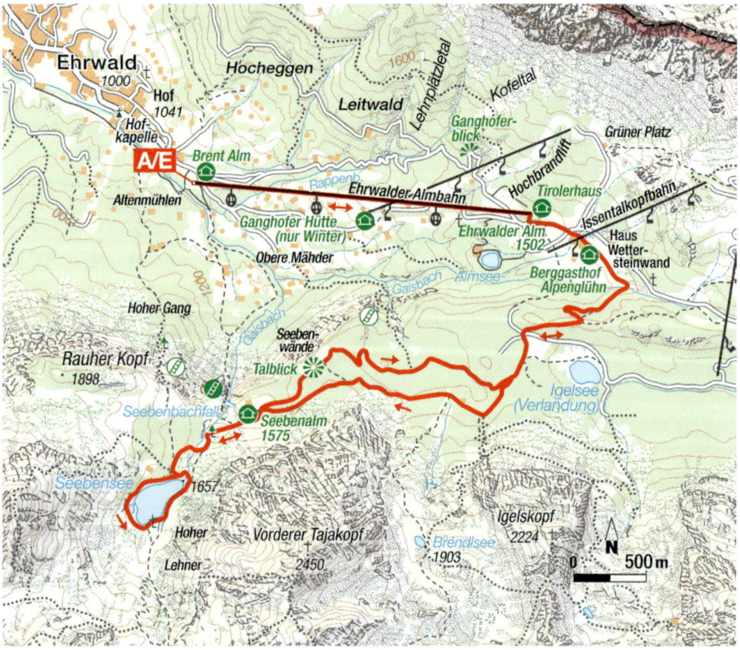

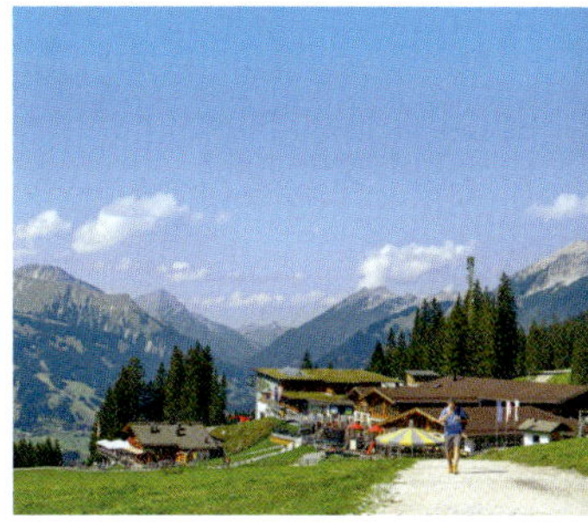

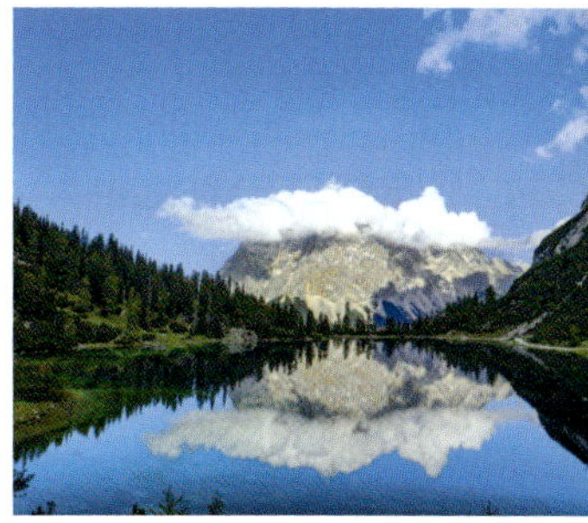

Am südlichen Ende des Seebensees spiegelt sich die Zugspitze im Wasser.

Ganz oben: Den Berggasthof Ehrwalder Alm merken wir uns für den Rückweg vor.

Je weiter wir uns vom riesigen Block der Zugspitze entfernen, umso besser erkennt man den felsigen Gipfelaufbau.
Die beiden Abzweigungen ins Gaistal lassen wir unberücksichtigt. Kaum haben wir die Höhe erreicht, wird der Weg schon wieder eben und führt durch einen herrlich lichten Bergwald. Schon bald zweigt links von der Straße ein schmaler Wanderweg zur Seebenalm ab. Den schnappen wir uns, denn er ist viel schöner und abwechslungsreicher als das Almsträßchen. Im leichten Auf und Ab führt er uns nach Westen. Nach einem erneuten kleinen Anstieg lichtet sich der Wald schließlich und wir blicken das erste Mal nach Süden. Etwas tiefer liegt die Seebenalm und dahinter ragt die Sonnenspitze auf.
Jetzt wissen wir, unser Ziel ist nicht mehr weit. Zunächst leicht bergab und wieder etwas aufwärts erreichen wir die Seebenalm. Hier müssen wir unsere Kräfte noch einmal motivieren, um vor allem dem Duft nach Apfelstrudel zu widerstehen. Denn wer sich jetzt schon zu einer Einkehr niederlässt, wird sich kaum mehr aufraffen. Aber zum Seebensee sind es nur noch 20 Minuten. Dafür folgen wir dem Almsträßchen weiter bergauf. Und nach ein paar Kurven haben wir es geschafft. Direkt vor uns duckt sich der Seebensee unter den Felswänden des Tajakopfes, des Drachenkopfes und der Sonnenspitze. Was für ein Anblick!
Gerne umrunden wir den See. Wenige Schritte vom Ufer entfernt liegt die Talstation der Materialseilbahn der Coburger Hütte. Sie ist Ausgangspunkt für viele Touren in den Mieminger Bergen. Da überlegen wir glatt, ein zweites Mal zu kommen. Für heute ist es aber genug und wir steigen wieder zur Seebenalm hinab.
Jetzt ist es Zeit, sich etwas zu gönnen, liegt doch noch der lange Rückweg vor uns. Auf der sonnigen Terrasse ist hoffentlich ein Plätzchen frei und die Schlange der Selbstbedienung kurz. Es gibt deftige Tiroler Küche wie Kaspressknödel mit Kraut, Linseneintopf und Erbsensuppe.
Mit neuer Energie versorgt, machen wir uns auf den Rückweg. Wer mag, folgt zur Abwechslung dem Almsträßchen. Das steigt zu Beginn etwas an. Dann können wir links einen kurzen Abstecher zu einem Aussichtsbalkon unternehmen. Danach wandern wir in östlicher Richtung wieder durch den Bergwald und erreichen bald unseren Hinweg. Nun nur noch über die Kurven bergab, sind wir wieder an der Ehrwalder Bahn.

Einkehr

Ehrwalder Alm direkt an der Bergstation, Berggasthof Alpenglühn, Seebenalm (Ende Mai bis Anfang Oktober)

73 Über die Birzelkapelle zum Wiesenhof

An der jungen Isar

Leicht | 9 km | 250 m | 3 Std.

Tourencharakter
Bergwanderung auf breiten Almstraßen und schmalen Wanderwegen

Ausgangs-/Endpunkt
Scharnitz, P1 am Infozentrum Naturpark Karwendel

GPS-Daten
47.385981, 11.266909

Anfahrt
Auto: Auf der A 95 nach Garmisch-Partenkirchen und weiter über Mittenwald nach Scharnitz; vor der Kirche links zum ausgeschilderten Parkplatz abbiegen.
Bus/Bahn: Nach Garmisch-Partenkirchen und weiter mit der Mittenwaldbahn nach Scharnitz

Einkehr
Unterwegs keine, direkt am Startplatz liegt das nette Café Länd.

Karte
Kompass Nr. 5, Wettersteingebirge Zugspitzgebiet, 1:50 000

Information
www.seefeld.com

Mit einem spektakulären Gipfel kann diese Tour nicht aufwarten, dafür entschädigt uns ein stiller Rastplatz bei einer Kapelle und die Überquerung einer tiefen Schlucht, die uns wieder einmal zeigt, welche Kraft gerade in einem Bergbach steckt.

Wir starten am Parkplatz in Scharnitz und gehen ein paar Meter am Isarufer aufwärts zur ersten Brücke, überqueren den jungen Fluss und wandern nach der Brücke rechts die Straße aufwärts in den Ortsteil Inrain. Vor dem Haus Helga wendet sich die Straße nach rechts, bei der nächsten Kurve folgen wir ihr nach links aufwärts. Bei der Wasserreserve endet die geteerte Straße, jetzt führt uns ein Wiesenweg weiter direkt zur Birzelkapelle (45 Min.). Sie steht auf einem flachen Bergrücken, dem Birzel. Auf manchen Karten heißt es Pürzelkapelle, aber die Anwohner wissen es besser und schreiben Birzel. Die Kapelle, oder besser ihr Vorgängerbau, wurde vor gut 200 Jahren zum ersten Mal urkundlich erwähnt. Damals gehörten Inrain und das ganze Karwendeltal noch zum Werdenfelser Land, das Tal war Jagdgebiet der Freisinger Bischöfe. Die heutige Kapelle haben die Bewohner von Inrain 1956 mit privaten Mitteln neu erbaut, nachdem die alte baufällig geworden war. Das Altarbild zeigt die Szene, wie die schwangere Muttergottes ihre Verwandte Elisabeth besucht, die ebenfalls in guter Hoffnung ist. Daran wird beim Fest Mariä Heimsuchung, am 2. Juli, mit einer Bergmesse vor der Kapelle erinnert. An der Kapelle vorbei führt unser Weg vor zur Bergstraße in das Karwendeltal, der wir nach links folgen. Auf ihr muss man etwas aufpassen, wir werden sehr vielen Mountainbikefahrern begegnen. Doch schon nach einer guten Viertelstunde verlassen wir die breite Straße und steigen jetzt auf einem schmalen Pfad rechts abwärts zum Karwendelbach. Der Bach hat sich tief in eine schmale Klamm eingeschnitten, etwas oberhalb rauscht er noch über eine gelb-orange gefärbte Felsformation. Wir überqueren ihn auf einer festen Holzbrücke und steigen dann wieder zu

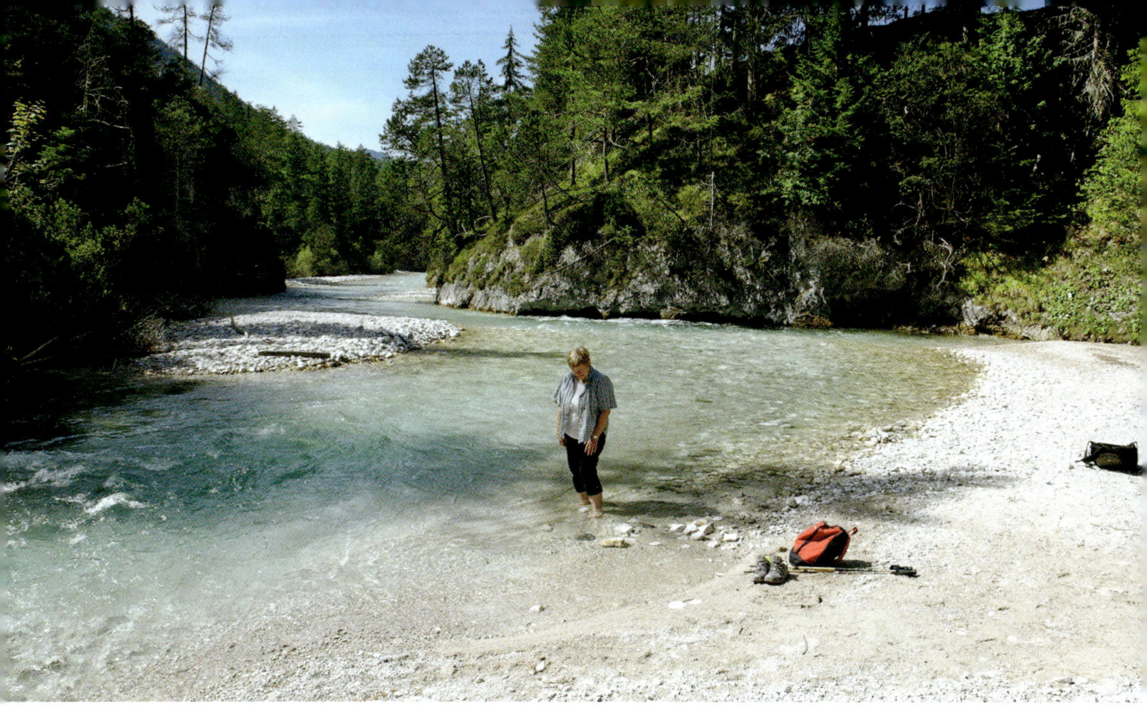

der Bergstraße aufwärts, die vom Isartal zum Pleisenhaus führt. Sie bringt uns abwärts direkt zur Isarlodge Wiesenhof. Für den Rückweg vermeiden wir die belebte Talstraße. Wir steigen stattdessen vom Gasthaus aus auf einem schmalen Weg zur Isar ab, überqueren sie auf einem Steg und treffen dann auf eine Forststraße, auf der wir talauswärts wandern. Nach einem Kieswerk auf der anderen Flussseite überquert die Straße die Isar. Wir bleiben auf unserer Seite und gehen jetzt auf einem schmalen Pfad durch den Wald. Bei der Verzweigung nehmen wir den rechten Weg und treffen kurz danach auf die Häuser von Scharnitz. Auf der Straße sind wir dann in knapp fünf Minuten am Parkplatz zurück.

Im oberen Lauf hat die junge Isar eine besonders schöne grüne Farbe, die Temperatur gleicht aber eher einer Kneippkur.

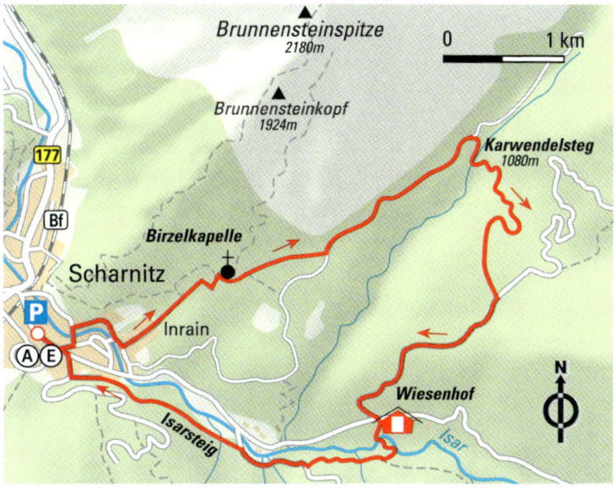

Tipp

Direkt am Startplatz steht das neue Informationszentrum Naturpark Karwendel. In dem modernen Gebäude können wir uns gut über das empfindliche Ökosystem des Karwendels informieren. Davor gibt es einen tollen Spielplatz.

74 Zur Plumsjochhütte

Im Karwendel hoch über dem Ahornboden

Mittel | 13 km | 650 m | 4 Std.

Tourencharakter
Einfache, aber doch längere Bergtour im hochalpinen Bereich. Beim Übergang zum Hasental-Hochleger muss man trittsicher und schwindelfrei sein und eventuell einmal kurz die Hände benützen. Den Anstieg teilt man sich rücksichtsvoll mit vielen Mountainbikern.

Ausgangs-/Endpunkt
Materialseilbahn des Parkplatzes Hagelhütten im Engtal

GPS-Daten
47.440318, 11.573077

Anfahrt
Auto: Über Bad Tölz, Lenggries und Sylvenstein nach Vorderriß, dann links nach Hinterriß abbiegen. Ab der Mautstelle ca. 6,8 km, an der Materialseilbahn bei den Hagelhütten (P 8) parken.
Bus/Bahn: Umweltverträglicher geht es mit dem Bergsteigerbus ab Bahnhof Lenggries.

Einkehr
Die Plumsjochhütte ist von Mai bis Oktober bewirtschaftet, keine Ruhetage. Auf dem urigen Berggasthof kann man auch übernachten.

Karte
Kompass Nr. 26, Karwendelgebirge 1:50 000

Information
lwww.karwendel.org

Das Karwendel wird manchmal mit den Dolomiten verglichen. Italien ist zwar noch fern, aber der Großteil des Karwendelgebirges liegt in Tirol. Das Rißbachtal oder, wie viele auch sagen, die Eng, ist allerdings nur aus dem bayerischen Isarwinkel zu erreichen.

Vom Hagelhüttenparkplatz geht es zunächst an den Hütten vorbei durch ein Gatter über die Brücke des Rißbachs. Auf einer Forststraße wandern wir ein Stück aufwärts und biegen dann in einer starken Linkskurve rechts auf einen schmalen Pfad ab, der uns über einen Steg auf die andere Seite des Plumsbaches bringt. Im Zickzack geht es aufwärts zu einer breiten ungeteerten Almstraße. Hier folgen wir links dem Schild »Plumsjoch«. Zunächst ist die Straße fast eben und schattenlos, dann steigt sie an. Dabei werden wir oft von schnellen Mountainbikern überholt. Mit ein bisschen Rücksicht und Nachsicht ist für alle genug Platz. Die Aussicht auf die umliegenden Berge verändert sich nun mit jedem gewonnenen Höhenmeter. Wir überqueren in einer Kurve noch einmal das Bachbett und bald danach zweigt links von der großen Forststraße ein kleiner Pfad ab, der nur für Wanderer bestimmt ist. Der Weg wird schmäler, wir wandern bereits an den ersten Latschen vorbei – den einzigen Baumsträuchern, die sich noch in dieser Höhe halten können. Vor uns sehen wir die frei stehende Plumsjochhütte, die wir nach insgesamt zwei Stunden über einen kleinen Sattel erreichen. Bei frischem Schweinebraten, verschiedenen Brotzeiten, aber auch sehr leckerem Kaffee und Mohnkuchen hat

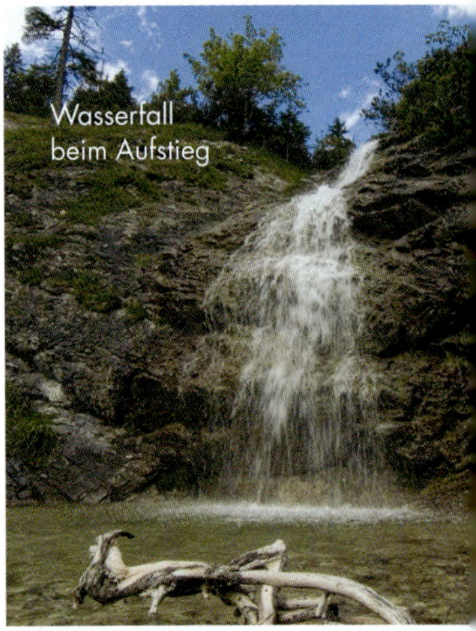
Wasserfall beim Aufstieg

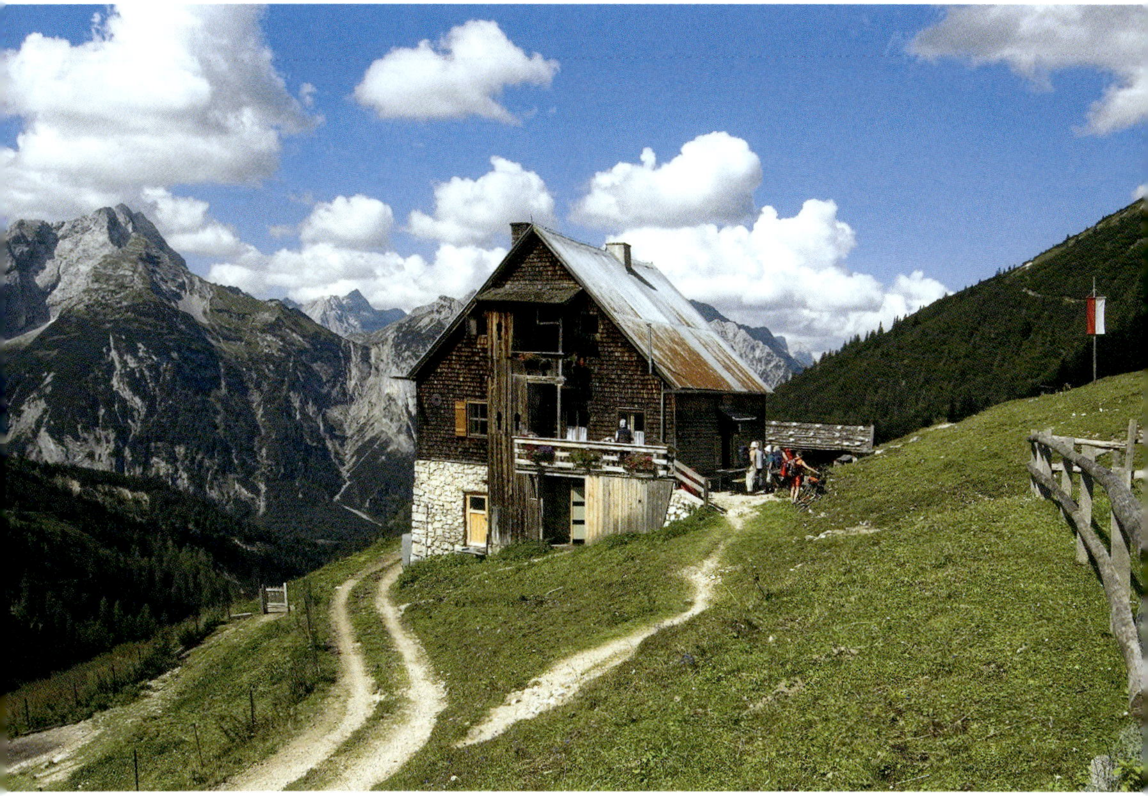

Die Plumsjochhütte liegt majestätisch umgeben von den Bergen des Karwendels. Sie ist ein guter Ausgangsort für zahlreiche weitere Wanderungen.

man Zeit, die Aussicht zu bewundern. Die massiven Felswände scheinen zum Greifen nahe. Um den Rundweg zu vollenden, wandern wir an der Hütte vorbei und biegen dann gleich scharf links ab (Schild »Kompar«). In der Ferne an der Bergflanke kann man die Hasentalalm bereits sehen, an der wir später vorbeikommen werden. Der Weg steigt leicht an und verschwindet dann fast zwischen den niedrigen Latschen. Diese sind jedoch vorbildlich zurückgeschnitten und wir flanieren förmlich mit herrlicher Aussicht über die Südflanke des Satteljochs. Nur die Sonne und das ständige – wenn auch leichte – Bergauf/Bergab strengen ein wenig an. Bald blicken wir auf den tief unter uns liegenden Ahornboden, dessen einzeln stehende Bäume nun wie Spielzeuge aussehen. Jetzt wird der Weg freier. Wir passieren in sicherer Entfernung einen Hangabrutsch, sind aber immer noch nahe dran, um

Tipp

Die Länge der Tour darf man bei der Rast an der Plumsjochhütte nicht unterschätzen. Trotz des Aufstiegs hat man hier erst die Hälfte der Strecke und Zeit hinter sich. Bei aufziehendem Gewitter ist der Höhenweg zur Hasentalalm gefährlich, es ist besser, den Aufstiegsweg zurückzugehen.

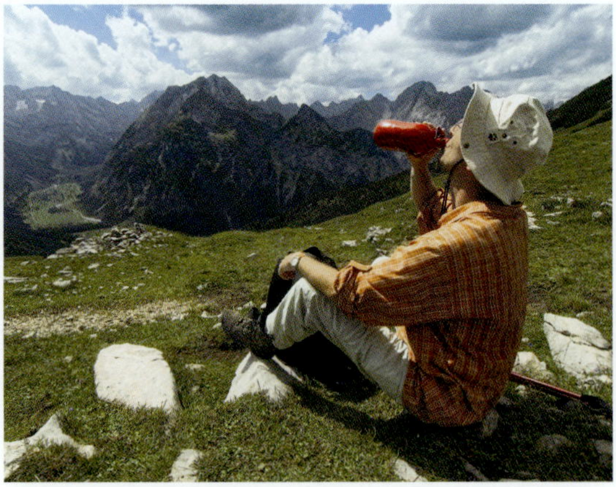

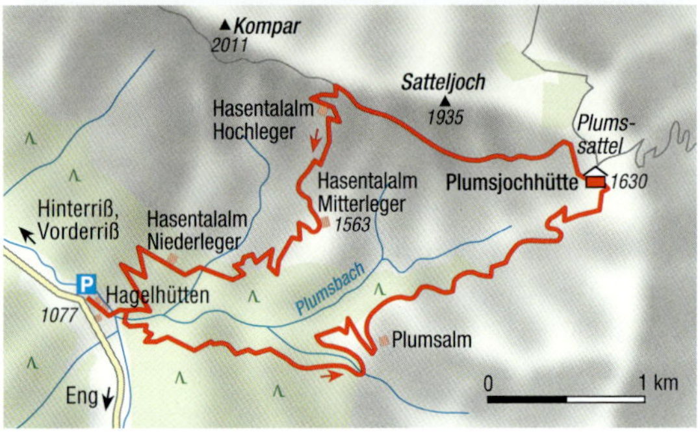

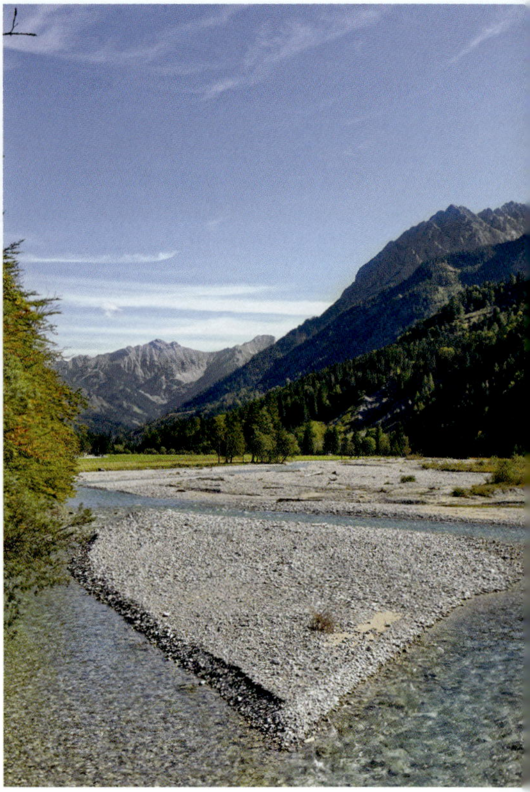

Oben: Der sonnige Höhenweg zur Hasentalalm bietet sich vor allem wegen des schönen Ausblicks auf den Ahornboden und die umliegenden Berge als idealer Rastplatz für eine Bergbrotzeit an.

in den schwindelerregenden Abgrund zu schauen. Vor uns liegt der nächste Gipfel, der Kompar. Genau in der Mitte des Sattels biegen wir am Übergang links in einen abwärts führenden Bergpfad ab. Wir passieren nacheinander in großen Abständen den Hochleger, dann den Mittelleger (Materialseilbahn) und anschließend den Niederleger der Hasentalalmen. An der letzten wird der Weg wieder zu einer Forststraße. Auf dem Weg ins Tal kommen wir noch an einem schönen Wasserfall vorbei. Kurz danach stehen wir wieder an der Brücke über den Rißbach, die wir schon vom Aufstieg kennen.

Der Naturpark Karwendel ist mit seinen 730 Quadratkilometern das größte zusammenhängende Schutzgebiet der Alpen. Das gesamte Gebiet ist eine einzige Offenbarung. Zumindest für das Auge stimmt hier einfach alles. Die Flora und Fauna, das Freizeitangebot und die einzigartige Landschaft harmonieren perfekt miteinander. Aber es

Tipp

Das Karwendel ist für seine Ahornböden bekannt. Schon auf der Fahrt ins Tal fallen uns die uralten, knorrigen Baumriesen auf.

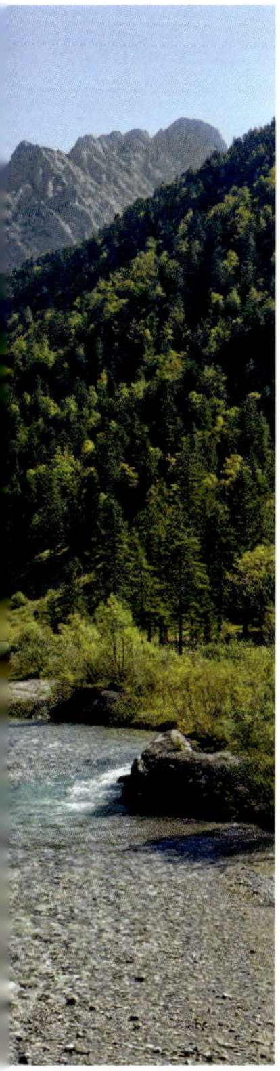

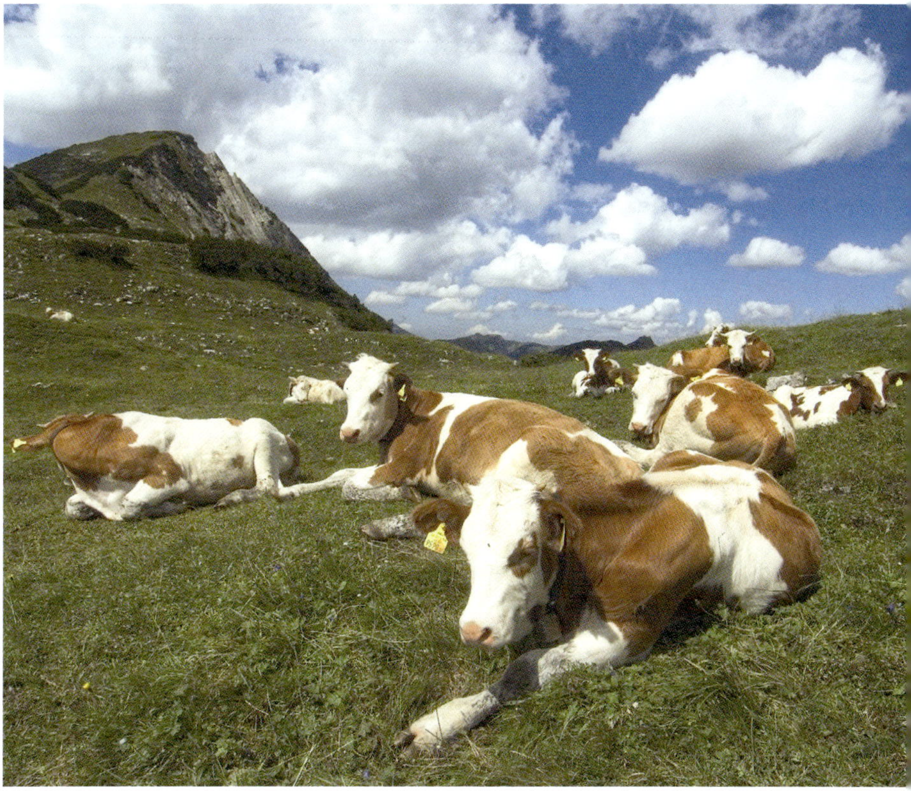

gibt auch Probleme. Die Blechlawinen der Ausflügler an sonnigen Wochenenden ufern derart aus, dass man bereits Pläne zur Verkehrsbeschränkung ausgearbeitet hat. Der Bergsteigerbus ab Lenggries ist z. B. ein Versuch. Das soll uns aber nicht abschrecken, denn nur wenige wollen zur Plumsjochhütte, zu der überdies der einfachere Weg von Pertisau am Achensee hinaufführt. Alle, die von der Hütte aus weiter den Kompar oder die Mondscheinspitze besteigen wollen, sind wahrscheinlich schon früher aufgestanden als wir. Die Verhaltensregeln im Naturschutzgebiet sollten jedoch unbedingt beachtet werden: Wir bleiben auf dem Weg und nehmen keine Abkürzungen, Pflanzen pflücken wir lieber in unserem Garten, Hunde müssen an die Leine, offenes Feuer ist verboten. Autos gehören auf die ausgewiesenen Parkplätze, das Betreten des Rißbaches ist zwischen Hagel- und Neunerhütten von April bis August zum Schutz der Vogelbrutstätten untersagt. Lärm erschreckt die Tiere und den Abfall nehmen wir wieder mit nach Hause. So haben wir alle hoffentlich noch sehr lange Freude an diesem Fleckchen Erde.

Müde dösen die Almkühe in der Sommerhitze unter dem Gipfel des Kompar.

Links: Der Rißbach, der dem Tal seinen Namen gab, sieht nur im Sommer und im Herbst so harmlos aus. Er schwillt im Frühjahr zur Schneeschmelze gewaltig an.

75 Auf dem Panoramaweg zur Binsalm in der Eng

Spaziergang im Karwendel

Leicht | 6 km | 450 m | 2 Std.

Tourencharakter
Leichte Bergtour auf einfachen Wegen inmitten hochalpiner Bergwelt. Der Anstieg verläuft steiler auf einem Pfad und über den Bewirtschaftungsweg, der Abstieg vorwiegend über Bergwiesenpfade.

Ausgangs-/Endpunkt
Alpengasthof Eng

GPS-Daten
47.403056, 11.566667

Anfahrt
Auto: Über Bad Tölz und Lenggries zum Sylvensteinspeicher. Dort rechts nach Vorderriß, dann links Richtung Hinterriß abbiegen. Nach Hinterriß weiter der Straße (bald Mautstraße 4,50 €) bis zu ihrem Ende folgen. Dort gibt es viele Parkplätze am Alpengasthof Eng.
Bus/Bahn: Mit der Bahn bis nach Lenggries und weiter mit dem Bergsteigerbus (Mai bis November 2- bis 3-mal am Tag) in das Karwendeltal

Einkehr
Die gemütliche Binsalm mit ihrer großen Sonnenterrasse ist von Mitte Mai bis Oktober bewirtschaftet. Der Alpengasthof Eng am Ausgangspunkt der Tour ist im Winter geschlossen.

Information
www.silberregion-karwendel.at

Während wir gemütlich zu einer kurzen alpinen Wanderung aufbrechen, erobern aktivere Bergsteiger schon seit Stunden berühmte Karwendelgipfel wie die Lamsenspitze oder die Lalidererwände. Aber wir alle haben etwas gemeinsam: Wir genießen die traumhaften Ausblicke auf das Karwendelgebirge.

Wir starten am Alpengasthof Eng und wandern zuerst ein minimales Stück in Richtung Engalmen. Diese liegen am Ende des Talgrundes und wir werden sie am Ende des Rundweges besuchen. Nach gerade einmal hundert Metern biegen wir links in den schmalen Weg ein, der zur Binsalm beschildert ist. Jetzt steigen wir am Binsbach entlang auf. Bald führt der steile Weg in den Wald, was wir an einem heißen Sommertag als sehr angenehm empfinden. Nach einigen Kehren stoßen wir auf einen breiteren Wirtschaftsweg, dem wir nach links folgen. Nun geht es nicht mehr ganz so steil bergauf und nach zwei Spitzkehren sehen wir schon die Alm mit ihren Gebäuden auf einer Wiese unter der Lamsenspitze liegen. Schnell erreichen wir die große Sonnenterrasse und können uns für eine erste Einkehr niederlassen, sofern wir noch einen Platz ergattern. Wer es ruhiger mag und wer seine eigene Brotzeit dabeihat, den vertrösten wir noch ein bisschen, denn eine der schönsten Picknickstellen kommt noch. Aber die Kaspressknödel und das Rindsgulasch auf der Binsalm schmecken hervorragend, wobei auch der Kaiserschmarren nicht unerwähnt bleiben sollte.

Nach dieser Kalorienzufuhr fällt der weitere Aufstieg zum Panoramaweg nicht leicht. Trotzdem folgen wir hinter der Binsalm dem breiten, ansteigenden Weg. Die Abzweigung zur Lamsenspitze lassen wir unberücksichtigt, wir gehen geradeaus weiter. Bald genießen wir die erste Sicht hinunter auf den einzigartigen Großen Ahornboden im Engtal.

Dieses Gebiet wird seit mehr als 1000 Jahren als Almweide benutzt. Zur Zeit des Dreißigjährigen Krieges wurden aufgrund

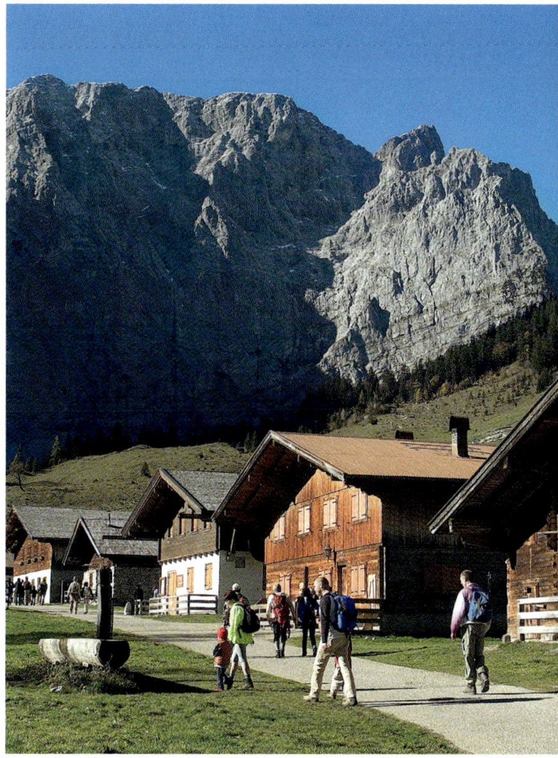

der Kriegswirren keine Tiere mehr zur Beweidung in die Eng gebracht. Nur dadurch hatte der Bergahorn eine Chance, aufzugehen und zu wachsen. Heute stehen 2218 Bäume auf dem großen Ahornboden. Ein Teil von ihnen ist über 400 Jahre alt. Der Bergahorn ist ein zäher, unverwüstlicher Baum, dem weder Kälte noch Schutt- oder Murenabgänge, wie sie hier im Tal häufiger vorkommen, etwas ausmachen.

Und dann haben wir den letzten Anstieg geschafft und stehen völlig unvermittelt auf einem sonnigen Plateau mit einer geradezu sensationellen Aussicht. Jetzt hat sich unser Panoramaweg seinen Namen wirklich verdient. Über uns bäumen sich die Wände der Lamsen-, Mitter- und Schafkarspitze auf. Daneben befinden sich der Hochglück und die mächtigen Lalidererwände am Ende des Enger Grundes. Sprachlos stehen wir diesem landschaftlichen Ereignis gegenüber. Für eine ausgedehnte Schaurast oder eine weitere Bergbrotzeit gibt es keinen besseren Platz, vor allem weil wir einige bequeme Bänke vorfinden. Danach wird der Weg schmaler und zieht sich zunächst noch fast eben am Hang entlang. Dann erreichen wir die kleine private Drijaggenalm.

Viele der Engalmen sind heute noch bewirtschaftet. Im Sommer kann man hier ausgezeichneten Bergkäse kaufen.

Jetzt geht es, bald steiler werdend, im Zickzack bergab in den Enger Grund. So erreichen wir im Tal die Engalmen, denen wir nun auch noch einen Besuch abstatten können. Besonders schön für Familien mit Kindern ist die Rasthütte Engalm mit ihrem riesigen Spielplatz.

Für den finalen Rückweg wandern wir am Bauernladen und an der Schaukäserei vorbei und folgen dann dem Wanderweg, der sich nach rechts wendet. Kurzweilig geht es so entlang des Themenweges »Großer Ahornboden – Engalm« zurück zum Alpengasthof Eng, von wo wir die Heimreise antreten. Gut, wenn wir uns im Enger Bauernladen mit einem Vorrat an leckerem Bergkäse für zu Hause eindecken konnten. So haben wir auch im Lauf der nächsten Woche noch viel Genuss und erinnern uns an diesen wunderschönen Tag.

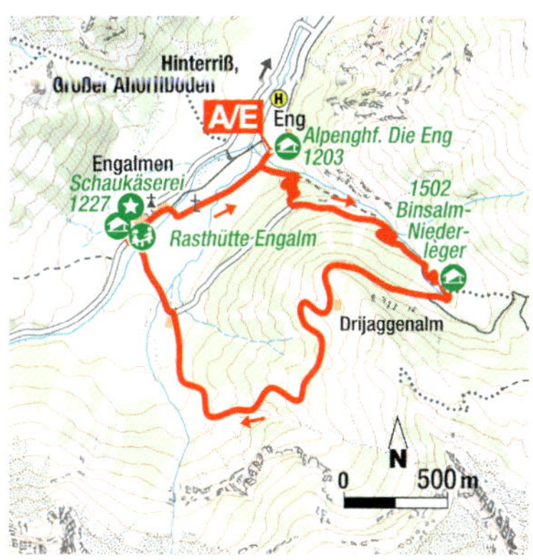

76 Auf den Feilkopf

Ein Karwendel-Schmankerl

Mittel | 12 km | 600 m | 3.30 Std.

Tourencharakter
Aussichtsreiche Wanderung, der Anstieg erfolgt auf schmalen steileren Bergpfaden, der Abstieg gelenkschonend auf flacheren Almstraßen.

Ausgangs-/Endpunkt
Mauthäuschen zu den Karwendeltälern/Pertisau

GPS-Daten
47.439778, 11.686076

Anfahrt
Auto: Über den Achenseepass, weiter durch Achenkirch, am Achensee entlang bis Maurach, hier links bis zur Pertisau, erneut links bis zum gebührenpflichtigen Wanderparkplatz an der Einfahrt zu den Karwendeltälern, links des Mauthäuschens

Einkehr
Berggasthaus Feilalm (im November geschlossen), Berggasthaus Pletzachalm sowie während der Saison die kleinen Pletzachalmen

Karte
Kompass Nr. 26, Karwendelgebirge, 1:50000

Information
www.achensee.info

Normalerweise erwarten uns im Karwendel schroffe Felsgipfel und lange Bergtouren. Nicht so auf dem Feilkopf, der sich am Beginn der Karwendeltäler positioniert hat. Ansonsten lässt unser Ziel nichts zu wünschen übrig: Almwiesen, steile und gemütliche Wege, Einkehrmöglichkeiten und ein Gipfel mit fulminanter Aussicht.

Wir wandern zu Beginn jenseits des Mauthäuschens in das Karwendeltal hinein. Zunächst auf dem Gehsteig bleiben wir an der Abzweigung ins Falzthurntal/zur Gramaialm geradeaus und folgen dem Wiesenweg parallel zur Straße ein Stück ins Gerntal hinein. Der kleinere Berg, der sich direkt vor uns erhebt, ist der Feilkopf. Nach insgesamt ca. 15 Minuten in der Ebene biegen wir am Fuße des Berges an einem kleinen Parkplatz links auf einen zur Feilalm ausgeschilderten Wanderweg ein. Der Pfad steigt sofort an und wir schnaufen uns entlang der Bergflanke in die Höhe. Bald haben wir die ersten freien Aussichtspunkte durch die Bäume hindurch und wir sehen die Gramaialm unter der Lamsenspitze. Wir stoßen auf eine breite Forststraße, in die wir für wenige Meter nach rechts einbiegen.
Dann steigen wir gleich wieder links auf einen schmalen, steil ansteigenden Pfad, der zur Gütenbergalm beschildert ist. Nach einigen Zickzackkehren erreichen wir über einen Viehsteig eine Almwiese. Nun bekommen wir den ersten Vorgeschmack zur Gipfelaussicht, denn um die Ecke linst der Achensee schon hervor. Dann stoßen wir wieder auf eine große Bergstraße. Links geht es zur Gütenbergalm, wir halten uns rechts und an der Weggabelung links und gelangen die letzten Meter hinauf zum Gipfel des Feilkopfes, den wir so von hinten bezwingen. Die Aussicht überrascht einfach immer wieder. Umgeben vom Feinsten, was an Karwendelspitzen aufwarten kann, liegt unter uns der tiefblaue Achensee. Zum Glück gibt es eine kleine Panoramatafel, sodass wir hier nicht alles aufzählen müssen. Für den Abstieg steigen wir zunächst auf dem Hinweg bis zur Bergstraße und wenden

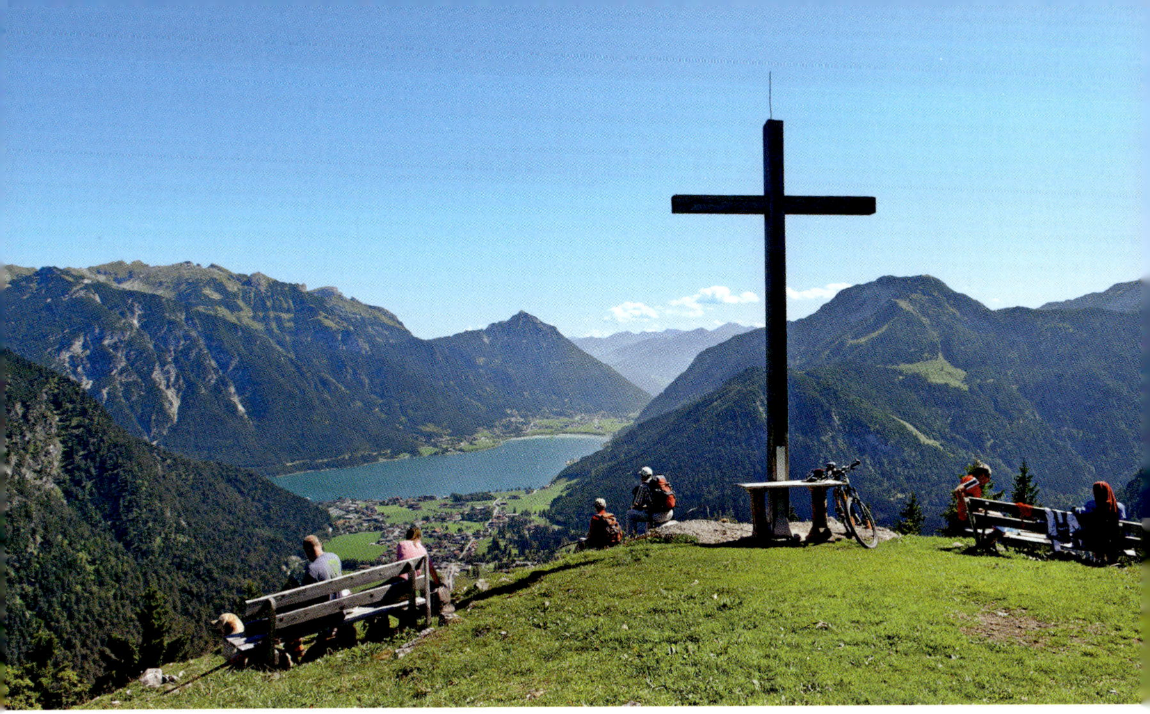

Mountainbiker und Bergsteiger teilen sich den Platz am Gipfelkreuz des Feilkopfes.

uns dann nach links bergab zur Feilalm. Diese ist ein ausgewachsener Gasthof und wird seit einigen Generation von der Familie Knapp mit viel Herzblut betrieben. Die alte Almhütte erkennt man aber immer noch, sie wurde in den Neubau integriert. Wir bleiben weiter auf dem breiten Wirtschaftsweg und steigen nun in einem langen Bogen über die Bergflanke nach Norden ab. (Eine Abzweigung nach rechts, die uns auf den Hinweg zurückführen würde, lassen wir unberücksichtigt.) An einem Parkplatz stoßen wir wieder auf die Karwendelmautstraße. Wir überqueren sie und wandern auf das breite, aber oft ausgetrocknete Bachkiesbett zu. Unmittelbar davor weist uns ein Schild rechts auf den Waldsteig. So kommen wir zum Pletzachalmboden, wo wir erneut einkehren können. Nun geht es wieder ein Stück auf geteertem Weg an einer Kapelle und den kleinen Pletzachalmen vorbei, dann wählen wir den unteren Waldsteig, der in vielen Karten als Seebergsteig eingezeichnet ist. Zum Abschluss erwartet uns ein gemütlicher Wanderweg, fast eben durch den lichten Wald. An einem Jägerstand stoßen wir auf einen breiteren Forstweg. Nun geht es bergab, geradeaus über den Bach, und kurz darauf sind wir unweit der Mautstelle wieder an der geteerten Karwendelstraße. Wir gehen wenige Hundert Meter nach links und sind zurück an unserem Ausgangspunkt.

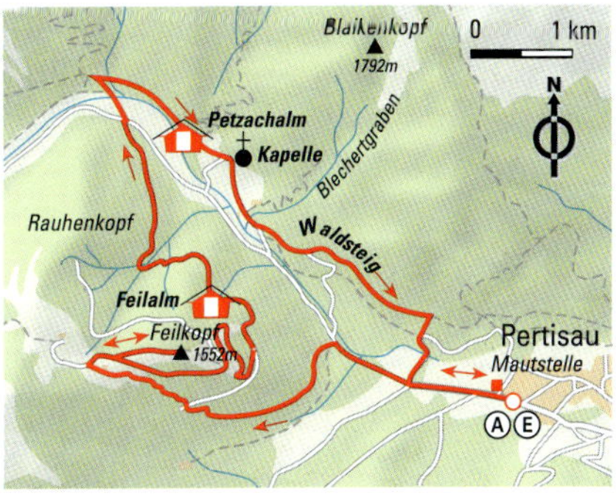

77 Zur Köglalm

Max sei' Platzerl überm Achensee

Mittel	9 km	550 m	3.30 Std.

Tourencharakter
Der Aufstieg erfolgt über kleine, schmale Bergpfade im steilen Bergwald. Schwindelfreiheit und Trittsicherheit erforderlich. Der Abstieg erfolgt dann über die relativ lange, aber aussichtsreiche und bequeme Forststraße.

Ausgangs-/Endpunkt
Achenkirch, Heimatmuseum Sixenhof

GPS-Daten
47.501578, 11.706995

Anfahrt
Auto: Über den Achenpass oder den Sylvensteinspeicher nach Achenkirch am Achensee. Parken kann man in Achenkirch am Achenseeufer nähe Anlegestelle Scholastika oder an den großen Wanderparkplätzen südlich vom Heimatmuseum Sixenhof.
Bus/Bahn: Etwas komplizierte Anreise mit der Bahn bis zum Bahnhof Tegernsee, dann mit dem Taxi oder mit dem Bus der Linie 9550 über Kreuth zum Achensee

Karte
Kompass Nr. 26 Karwendel, 1:50 000

Information
www.achensee.info

Schon vor 500 Jahren schätzte man die Schönheit der Tiroler Bergwelt rund um den Achensee. Der österreichische Kaiser Maximilian I. jagte, kletterte und fischte gerne hier. Auf seinen Spuren wandern wir zur traumhaft gelegenen Köglalm.

Vom Heimatmuseum Sixtenhof wandern wir nach Norden, also weg vom Achensee. Rechts sehen wir bereits das Hotel Fischer. An seiner südlichen Seite beginnt ein nach links ansteigender Bergpfad, der bereits zur Köglalm ausgeschildert ist. Wir unterqueren die Bundesstraße, der Weg biegt nach links ab und führt kurz darauf nach rechts in lichten Bergwald hinein.
Am Nachmittag gibt es trotz der vielen Bäume wenig Schatten, was angesichts der wahrhaft großartigen Ausblicke auf den Achensee nicht schwer ins Gewicht fallen dürfte. Wir queren ein

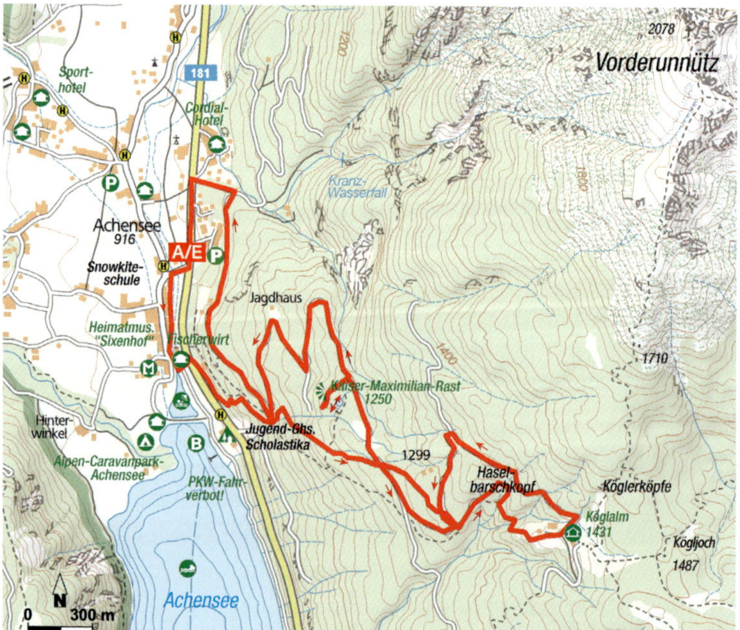

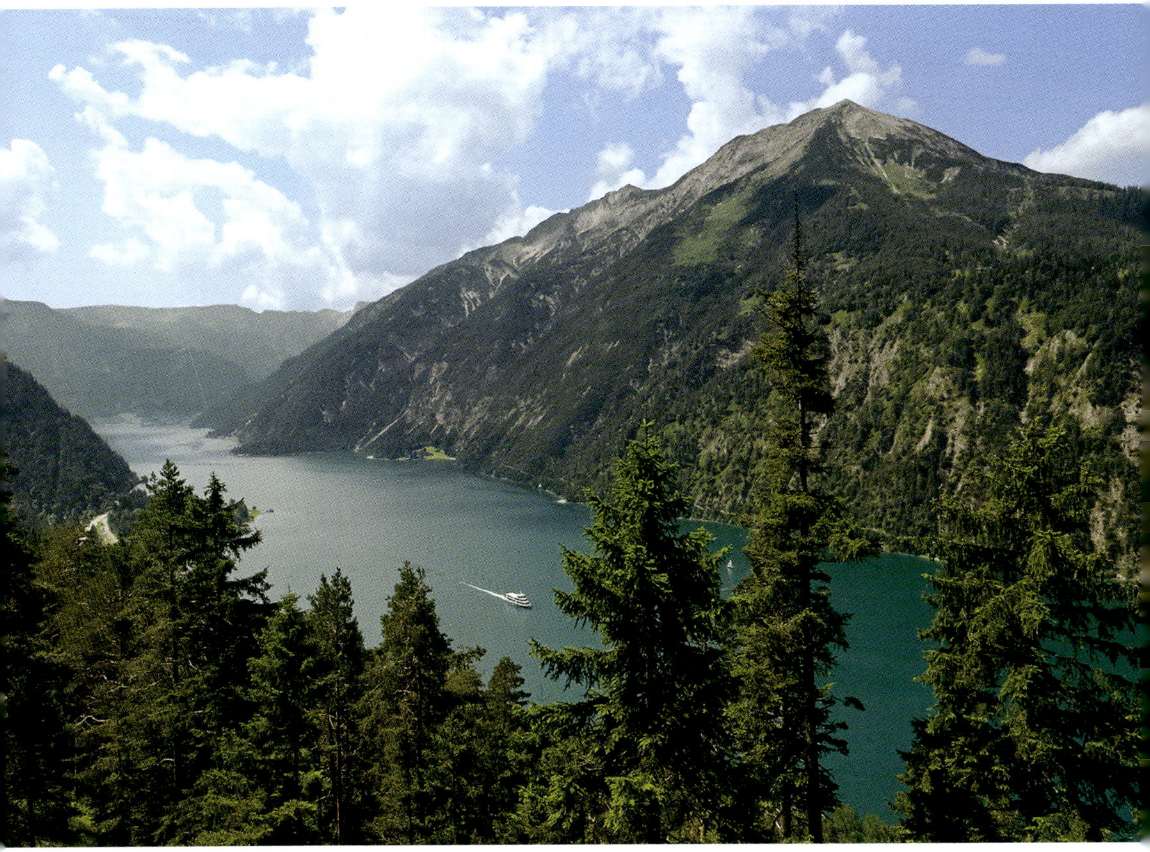

Atemberaubende Aussichten auf den Achensee erwarten uns heute.

Bächlein und erreichen, stets der Beschilderung zur Köglalm folgend, schließlich nach einigen Höhenmetern einen Rastplatz mit einer Bank. In allen erdenklichen Grüntönen schimmert unter uns der neun Kilometer lange Alpensee, auf dem ein paar wenige Segler und das Motorschiff ihre Bahnen ziehen. Wenige Meter dahinter teilt sich der Weg. Nach links geht es zur Kaiser-Maximilian-Rast, wir halten uns jedoch rechts und werden erst auf dem Rückweg die royale Aussichtsloge besuchen. Bald stoßen wir mit dem nun endlich etwas weniger steilen Weg auf eine querende Forststraße. Auf der anderen Seite verläuft unser Weg weiter.

Noch einmal treffen wir auf eine breitere Almstraße; für uns Fuß-

Heimatmuseum Achental

Fast unmittelbar am Ufer des Achensees bei Achenkirch liegt das kleine Heimatmuseum, das im alten Sixenhof untergebracht ist. Im Oktober gibt es dort immer den Achentaler Kirchtag, bei dem viele alte Handwerkstechniken von der Weberei bis hin zum Patschenmachen (Schuhe) gezeigt werden (www.heimatmuseum-achental.at).

gänger gibt es aber einen eigenen Weg, der rechts davon verläuft. Dieser anfangs noch breitere Weg wird wieder zu einem schmalen Bergpfad, der erneut ein Bächlein quert und schließlich die letzten Meter über eine Wiese zu den Köglalmen hinaufführt.

Die Köglalmen liegen sonnig auf einer Almwiese.

An der unteren Köglalm, heute eine private Jagdhütte, gibt es eine Aussichtsbank neben dem Almkreuz. Das ist für eine mitgebrachte Bergbrotzeit der perfekte Platz, bei dem wir nur die Blicke der etwas schüchternen Bergziegen auf uns ziehen. Ein paar Meter weiter über uns liegt die Köglalm. In den Sommermonaten können wir hier einkehren und von der Terrasse den herrlichen Blick über den See auf die Seekar- und Seebergspitze sowie das Karwendel genießen.

Einkehr

Die Köglalm ist von Anfang Juni bis Anfang Oktober bewirtschaftet. Es gibt Getränke und eine äußerst leckere Brotzeitplatte.

Für den Abstieg wählen wir die breitere Almstraße, die relativ knieschonend weniger steil

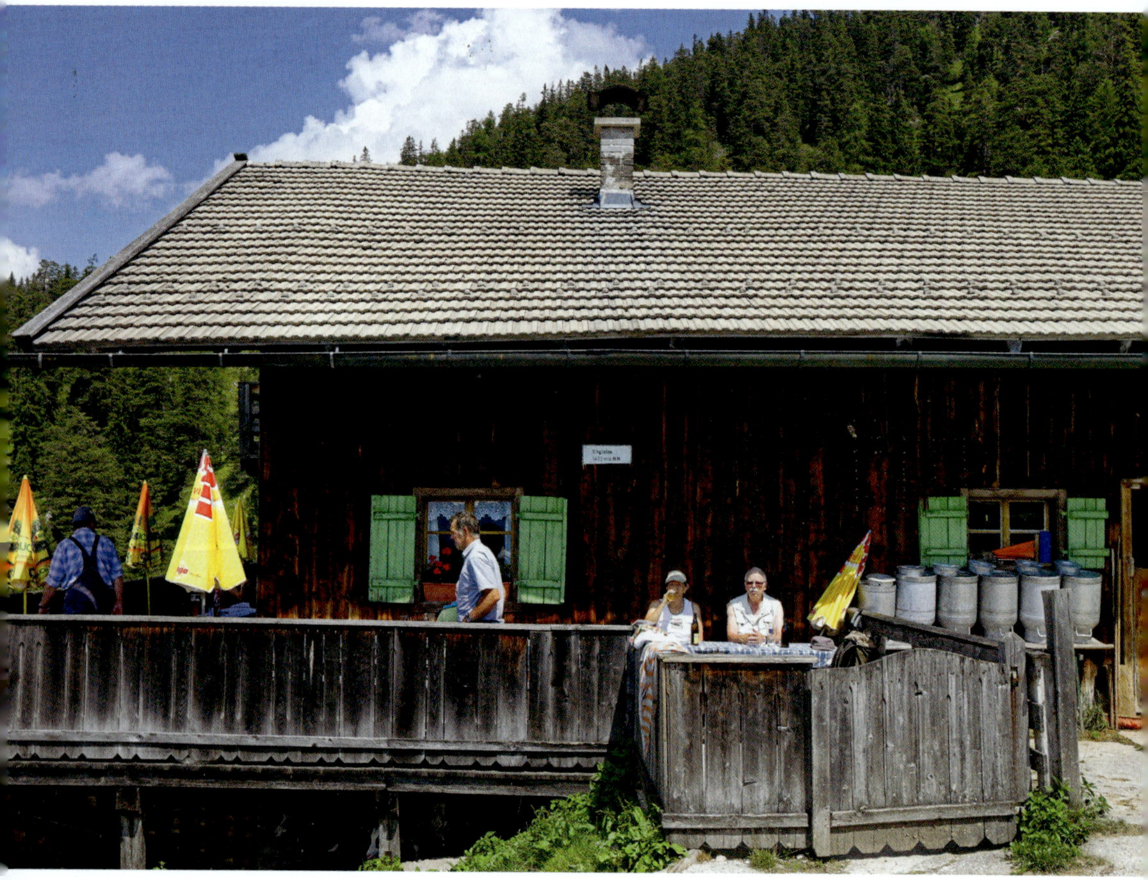

abwärtsführt. Nachdem wir ja beim Aufstieg schon nur hintereinandergehen konnten, ist nun ein kommunikativeres Ratschen Seite an Seite möglich. Die Almstraße beginnt etwas hinter der Köglalm, zunächst muss man noch wenige Höhenmeter hinaufsteigen. Dann folgen wir ihr nach links und behalten nun stets die Beschilderung nach Achenkirch im Auge. Weiterhin mit schöner Aussicht, ziehen wir in weiten Bögen abwärts. Schließlich weist uns links ein gelbes Wegschild zur Kaiser-Maximilian-Rast. Diesen Abstecher sollten wir uns nicht entgehen lassen und so folgen wir für wenige Minuten dem kleinen Pfad. Er führt entlang eines Bachlaufs zu einem kleinen, fast völlig zugewucherten Sumpfgebiet, das sich erst an seinem Ende an einem kleinen Waldsee wieder etwas lichtet. Von dort geht es nur noch kurz den Hang hinauf und schon sind wir an dem kleinen Rastplatz angekommen. Eine Bank und ein Tisch markieren die Stelle und die Bäume erlauben durch eine Lücke den Blick über das Nordufer des Achensees mit seinem Campingplatz. Zurück an der Almstraße, folgen wir weiter stur dem Weg, sämtliche Abzweigungen ignorierend. So erreichen wir über mehrere Kurven schließlich die ersten Häuser von Achenkirch. Fast schon im Tal wenden wir uns nach links und stoßen so an einen Rad- und Fußweg entlang der Bundesstraße. Nun geht es nach links, bis wir durch eine Unterführung bequem die Straßenseite wechseln. Unmittelbar dahinter biegen wir links ab und erreichen so wieder den Ortsteil Scholastika mit dem Sixenhof, unserem Ausgangspunkt.

Kaiser Maximilian und Tirol

Kaiser Maximilian wurde 1459 als Erzherzog von Österreich geboren, in der Zeit des Umbruchs vom Mittelalter zur Neuzeit. So wird er der »letzte Ritter« genannt. 1490 erhielt er von Herzog Sigmund dem Münzreichen Tirol übertragen, was ihn durch Tirols Bodenschätze aus Geldverlegenheiten rettete. In Tirol fühlte er sich auch sonst von Herzen wohl.

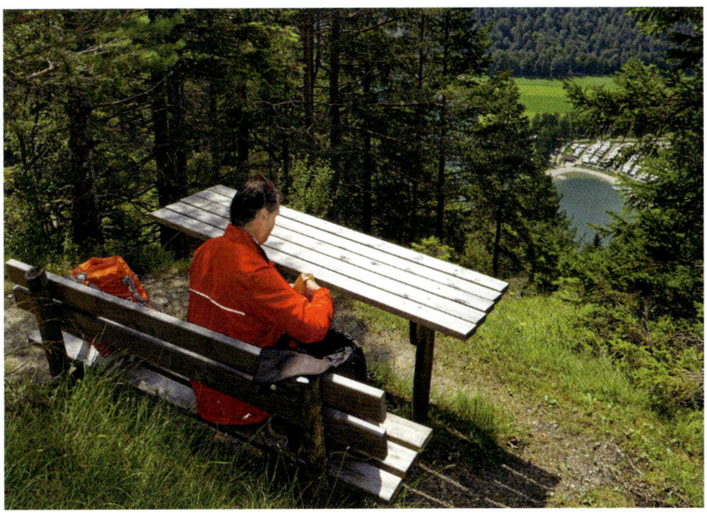

An der Maximilian-Rast

78 Zur Astenau Alm

Sonnige Wiesen hoch über dem Inntal

Mittel | 6,5 km | 600 m | 3.30 Std.

Tourencharakter
Der Aufstieg ist anstrengend und steil und der Weg schmal, aber nur auf ganz wenigen Metern zum Hang abfallend; für den ebenfalls steilen Abstieg sind Stöcke sehr nützlich.

Ausgangs-/Endpunkt
Eben bei Maurach, gebührenpflichtiger Parkplatz an der Notburgakirche

GPS-Daten
47.413810, 11.765414

Anfahrt
Auto: Über den Achenseepass, weiter am Achensee entlang durch Maurach nach Eben; der Parkplatz liegt unmittelbar rechts der B 181, kurz bevor es die Kanzelkehren hinuntergeht, am Altersheim Notburga. **Bus/Bahn:** Anfahrt sehr umständlich, bis zum Bahnhof Jenbach und dann mit der Dampf- und Zahnradbahn, der Achseebahn, bis Maurach/ Eben

Einkehr
Astenau Alpe, von April bis November täglich geöffnet, mit Kinderspielplatz

Karte
Kompass Nr. 28, Vorderes Zillertal, 1:50 000

Information
www.achensee.info

Diese kurze, aber wunderschöne Wanderung entführt uns in das Rofangebiet östlich des Achensees. Unterhalb des Ebner Jochs liegt die malerische Astenau Alm mit ihren weiten Wiesen, der bewirtschafteten Alm, einem kleinen Kirchlein und dem sensationellen Ausblick über das Inntal.

Wir starten vom Parkplatz vor dem Altersheim Notburga und queren etwas nach links mithilfe der kleinen Verkehrsinsel die B 181, die ins Zillertal hinabführt. Auf der gegenüberliegenden Straßenseite beginnt ein Wanderweg. Bereits nach wenigen Metern stößt von rechts der Notburgasteig auf unseren Weg. Auf diesem werden wir am Ende der Tour zurückkommen. Zunächst bleiben wir aber für weitere 20 Meter geradeaus und folgen dann rechts der Beschilderung zur Astenau. Der Pfad biegt kurz darauf nach rechts ab und schon geht es steil den Berghang hinauf. Unter uns blicken wir bald auf den Ausgangspunkt der Tour mit der Ebener Notburgakirche. Wir steigen nun in südlicher Richtung um die Flanke des Ebner Jochs in einem lichten Kiefernwald aufwärts. Zweimal queren wir eine Geröllreißen und wir erreichen schließlich die Hangkante zum Inntal. Hier windet sich der Weg im Zickzack an einigen Marterln und Rastbänken den Berghang hinauf. Von rechts stößt der Weg von der Kanzelkehre zu uns. Auf ihm werden wir später absteigen. Kurz darauf haben wir es aber geschafft und wir verlassen den Wald. Vor uns liegen die buckeligen Wiesen der Astenau Alm. Die letzten Meter hinauf zur Kapellen-Aussicht sind schnell bewältigt und gerne setzen wir uns auf die sonnige

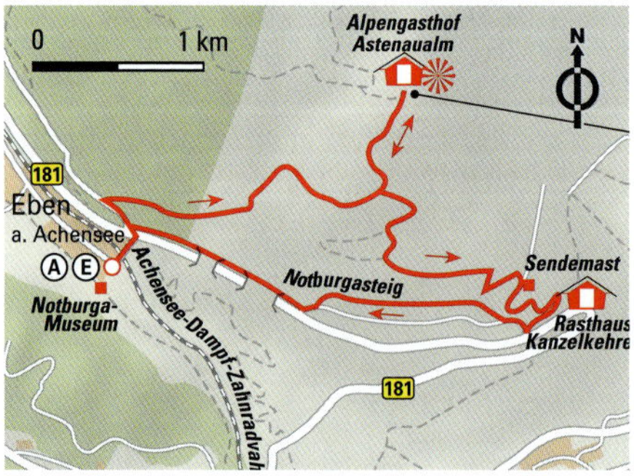

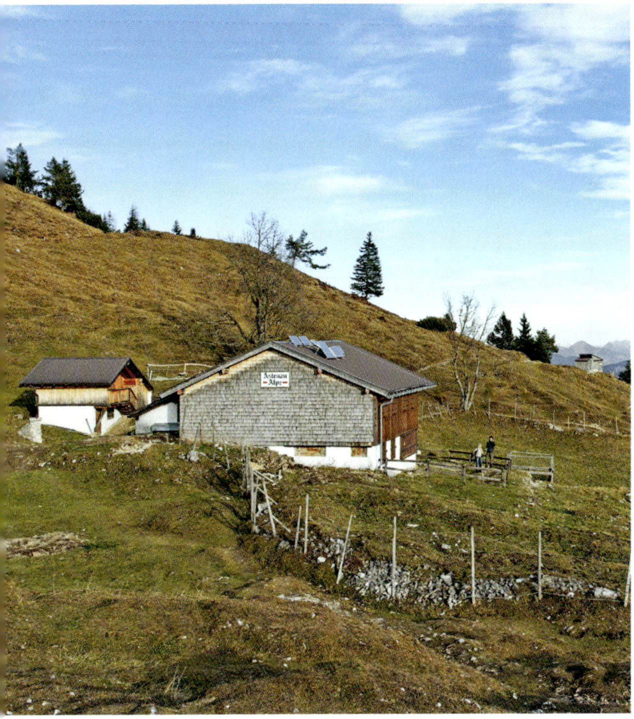

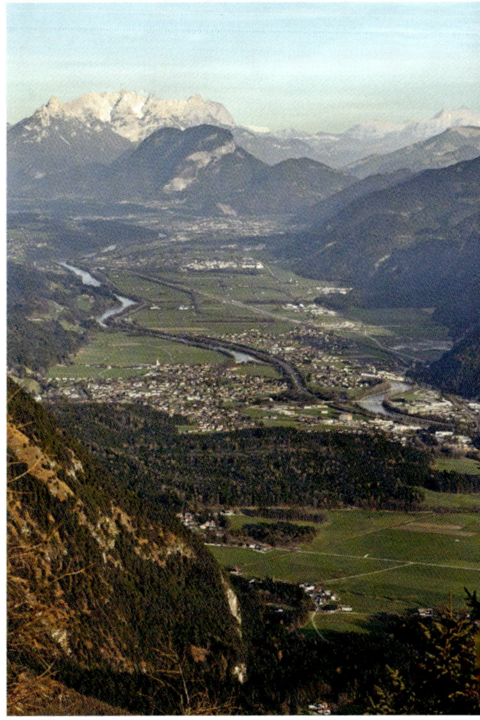

Vom Aussichtspunkt reicht der Blick weit über das gesamte Inntal.

Links: Im Spätherbst liegt die Astenaualm fast verlassen da.

Terrasse der Astenau Alpe zu einer leckeren Brotzeit. Wir dürfen jedoch nicht vergessen zum schönsten Aussichtspunkt, der noch ein Stückchen weiter über die Wiesen in östlicher Richtung liegt (in der Nähe der Bergstation des Versorgungsliftes), zu gehen. Hier ist der beste Platz für eine mitgebrachte Brotzeit und wir verlieren schnell jedes Zeitgefühl. Hoch über dem Inntal schweben wir nun förmlich über dem Alltag. Der einmalige Blick reicht über das glitzernde Band des Inns, vom Kaisergebirge bis weit ins Zillertal, über den Stubaier Gletscher bis ins westliche Inntal. Leider müssen wir uns irgendwann wieder von dieser Pracht losreißen und so verlassen wir die Almwiesen zunächst auf dem bekannten Weg. An der Abzweigung zur Kanzelkehre biegen wir nun links ein und folgen stets dem Pfad, der sich steil nach unten windet. Kurz vor der Kanzelkehre treffen wir an der großen Antennen- und Funkmastenstation auf ein kleines geteertes Sträßchen, dem wir weiter abwärtsfolgen. Unser Weg endet direkt an der großen Autostraße etwas oberhalb der Kanzelkehre. Wir wandern wenige Meter neben der Straße nach rechts und schon beginnt, ebenfalls rechts, der Notburgasteig, dem wir nun leicht bergauf bis nach Eben folgen.

79 Aufs Hintere Sonnwendjoch

Murmeltiere, Gämsen und Gletscherblick

Leicht | 9 km | 650 m | 3 Std.

Tourencharakter
Bergwanderung meist auf breiten Almstraßen, nur der letzte Gipfelanstieg ist etwas steiler und anstrengender.

Ausgangs-/Endpunkt
Parkplatz der Ackernalm

GPS-Daten
47.585727, 11.954563

Anfahrt
Auto: Auf der A 8 Richtung Salzburg, Ausfahrt Miesbach, auf der Landstraße über Schliersee weiter nach Bayrischzell, dort rechts ins Ursprungtal Richtung Thiersee; kurz nach dem österreichischen Grenzübergang rechts ausgeschildert zur Ackernalm; gebührenpflichtige Mautstraße

Einkehr
Die Ackernalm ist ein Berggasthof mit Blick auf das Kaisergebirge; eine kleine Käserei liegt direkt am Wegrand, dort kann man auch einkehren.

Karte
Kompass Nr. 28, Vorderes Zillertal, 1:50 000

Information
www.thiersee.at

Bei dieser Tour kann jeder mit seinen Gipfelkenntnissen auftrumpfen. Einzigartig, bis weit in die österreichischen Gletscherberge hinein, reihen sich die Alpengipfel aneinander. Unser Bergsteigerherz jubiliert, und deshalb nehmen wir den relativ langen Anstieg auf einer Almstraße in Kauf.

Wir starten an der Ackernalm und steigen auf dem geteerten Sträßchen bergauf, das an der Käserei, einigen Almen und an einer netten Wegkapelle vorbeiführt. Nach gut 20 Minuten erreichen wir die Steinkaseralm. Die Abzweigung rechts zum Sonnwendjoch lassen wir noch unbeachtet, hierher kommen wir auf dem Rückweg. Weiter geht es auf der Almstraße und bald sehen wir die zwei Bärenbadalmen. Endlich weist uns, ca. 200 Meter vor den Almen, ein Weg nach rechts auf einen richtigen Bergpfad. Nun ist das Sonnwendjoch wieder ausgeschildert. Die Freude ist nur von kurzer Dauer, denn nach wenigen gewonnenen Höhenmetern stoßen wir auf einen neuen Almweg. Zumindest ist er nicht geteert. All diesen weniger verlockenden Wanderbodenbelägen zum Trotz sei hier einmal gesagt, dass wir wirklich so viel zu schauen haben, dass die Tour nicht vermasselt wird. Auf besagte Almstraße biegen wir rechts ein und folgen ihr zur Abwechslung in östlicher Blickrichtung. Kurz darauf ist das Ende der Fahrstraße erreicht, und nun geht es richtig aufwärts. Zwischen den Felsbrocken können wir einige Murmeltiere entdecken, die dankenswerterweise durch laute Pfiffe auf sich aufmerksam machen. Bald ist das Gipfelkreuz zu sehen, auch wenn sich unser Pulsschlag bis dorthin noch in die Höhe schraubt. Immerhin sind wir bereits auf knapp 2000 Meter Höhe und die hohen Stufen am Weg tun ihr Übriges. Dann haben wir es geschafft und am Gipfel des Hinteren Sonnwendjoches genießen wir einen wirklich sensationellen 360-Grad-Blick. Von München und dem Wendelstein angefangen reicht das Panorama über die Tegernseer und Schlierseer Berge. Vom Guffert, dem Rofan und

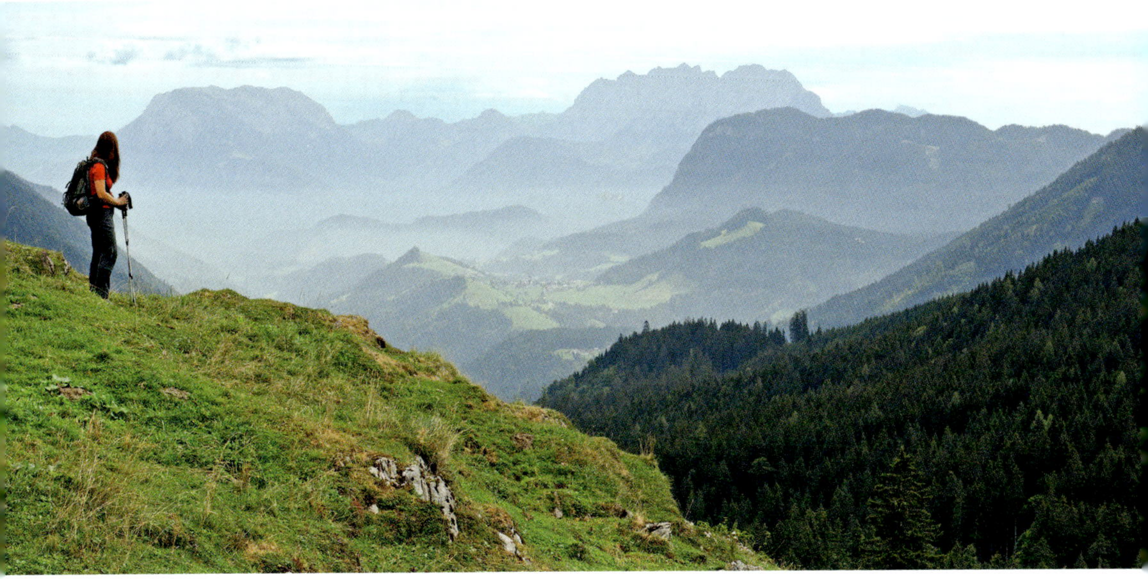

Bereits von der Ackernalm schweift der Blick weit über das Thierseer Tal bis zum Kaisergebirge.

dem dahinter liegenden Karwendel geht es zu den Stubaier und Zillertaler Alpen über. Im Süden ist der Horizont von den Gletschern der Hohen Tauern mit dem Großglockner und Großvenediger begrenzt. Die Spitze des Kitzsteinhorns ist ein markanter Punkt, und auch der Zahme und der Wilde Kaiser sind schnell gefunden. Bei diesem Gipfelreigen ist uns die Gamsherde, die sich nur gut 150 Meter von uns entfernt am Hang bewegte, erst gar nicht aufgefallen. Wir hoffen, Sie haben das gleiche Glück! Für den Abstieg geht es erst ca. 50 Höhenmeter auf dem Hinweg abwärts. Am ersten Wanderschild, auf das wir jetzt treffen, halten wir uns nun geradeaus, dem Schild zur Frommalm folgend. Vorbei am steilen Einschnitt des Burgsteins finden wir geradeaus einen Durchstieg durch eine Scharte des Burgsteins und erreichen nach ein paar Latschen wieder eine breitere Almstraße.

Nun gehen wir rechts, nicht zu den Frommalmen, und können nach einem Viehgatter noch einmal links auf einen kleinen Bergpfad ausweichen. Dann treffen wir an der Steinkaseralm wieder auf den bekannten Hinweg, dem wir links zurück bis zum Parkplatz folgen.

Tipp

Der direkte Abstieg über einen Steig von der Frommalm zur Ackernalm wurde vor ein paar Jahren nach einigen schweren Unfällen gesperrt.

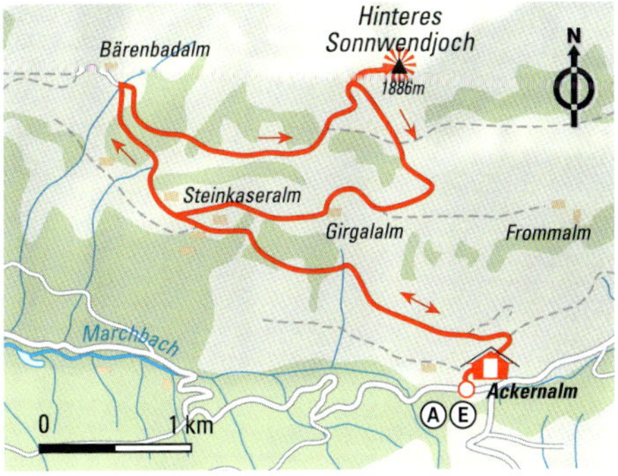

80 Zur Mariandlalm

Im Tiroler-Knödel-Himmel

Leicht	5,5 km	350 m	1.30 Std.

Tourencharakter
Einfache Wanderung mit anfangs steilerer, dann mäßiger Steigung auf kleinen Forststraßen und Bergpfaden. Kaum Wurzeln, Bergpfade lassen sich auch umgehen.

Ausgangs-/Endpunkt
Wanderparkplatz Mariandlalm

GPS-Daten
46.604722, 12.018611

Anfahrt
Auto: Über die A 8 bis zur Ausfahrt Weyarn, auf der B 307 über Miesbach, Schliersee nach Bayrischzell, dort rechts ins Ursprungtal Richtung Thiersee. Ca.800 m nach dem Ursprungspass, der gleichzeitig die Grenze zu Tirol bildet, gibt es auf der rechten Seite einige Parkplätze.
Bus/Bahn: Mit der BOB-Bahn bis Bahnhof Bayrischzell, weiter nur mit Taxi

Einkehr
Mariandlalm ganzjährig Einkehr: Mariandlalm, Montag Ruhetag im Sommer, im Winter Montag, Dienstag, Donnerstag Ruhetag

Karte
Kompass Nr. 8, Tegernsee 1:50000

Information
www.bayrischzell.de

Eigentlich heißt die Mariandlalm ja Obere Trockenbachalm. Sie ist seit vielen Generationen in Familienbesitz und wurde bereits vor geraumer Zeit nach der Mutter der heutigen Hüttenwirtin umbenannt. Die Gäste und Touristen in den nahen Dörfern sprachen dann immer davon, zur »Maria ihrer Alm« zu gehen, und so hat sich der Name Mariandlalm bald durchgesetzt.

Wer sein Fahrzeug erfolgreich auf den gerade in der Ferienzeit raren Parkplätzen untergebracht hat, folgt einfach auf der gegenüberliegenden Straßenseite der kleinen Forststraße in östlicher Richtung. Die Mariandlalm bzw. die Trockenbachalmen sind gut ausgeschildert. So geht es zunächst gut 15 Minuten ins Trockenbachtal hinein, wobei wir zügig an Höhe gewinnen. Dann zweigt nach links ein kleinerer Wanderweg ab, dem wir folgen

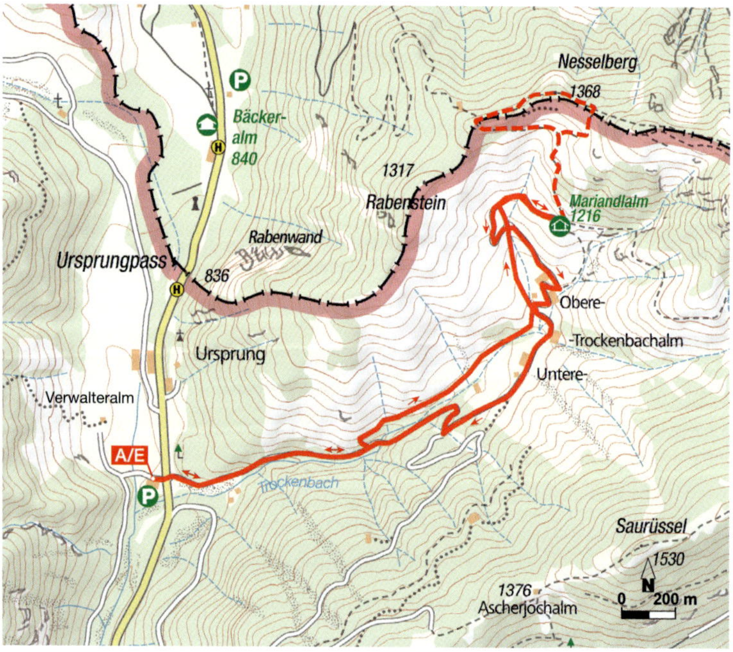

(Schild »Mariandlalm«). Jetzt wandern wir den Hang entlang, dann wendet sich der Weg nach rechts und wir kommen auf freie Almwiesen. Hinter unserem Rücken liegen die ersten schönen Aussichten. Schnell erreichen wir die Unteren Trockenbachalmen und sehen schon die darüber liegende Obere Alm, die Mariandlalm, unser heutiges Ziel. Die unteren drei alten Almgebäude liegen idyllisch in einem Wiesenkessel. Wem der Aufstieg auf dem schmalen Wanderweg zu steil ist, kann hier auch auf die Almstraße ausweichen.

Auf der Terrasse der Mariandlalm findet sich ein Platz.

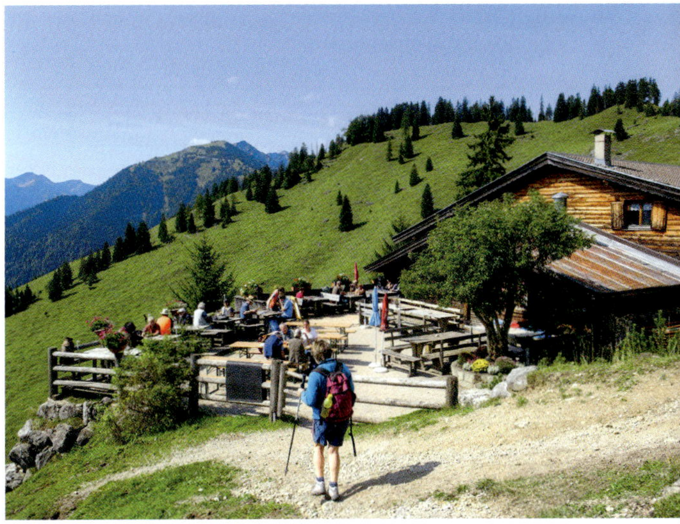

Ansonsten folgen wir weiter dem Pfad, der unterhalb der Almen vorbeiführt. Mit etwas Geduld lassen sich hier Murmeltiere ausmachen. Ihre spitzen Warnrufe, die einem Pfeifen gleichen, sind eigentlich nicht zu überhören. Im späten Frühjahr blühen hier überdies zahlreiche Bergblumen, die von vielen Schmetterlingen besucht werden. Noch einmal queren wir die Almstraße und sparen uns eine ihrer Serpentinen, dann treffen wir wieder auf sie und wir wandern rechts das letzte Stück zur Mariandlalm, wo wir bestimmt noch einen Platz ergattern und einkehren können. Das Essen ist frisch und lecker und wer sich selbst verwöhnen möchte, wählt am besten die genialen Tiroler Kaspressknödel oder einen Apfelstrudel. Besser geht's kaum am Berg.

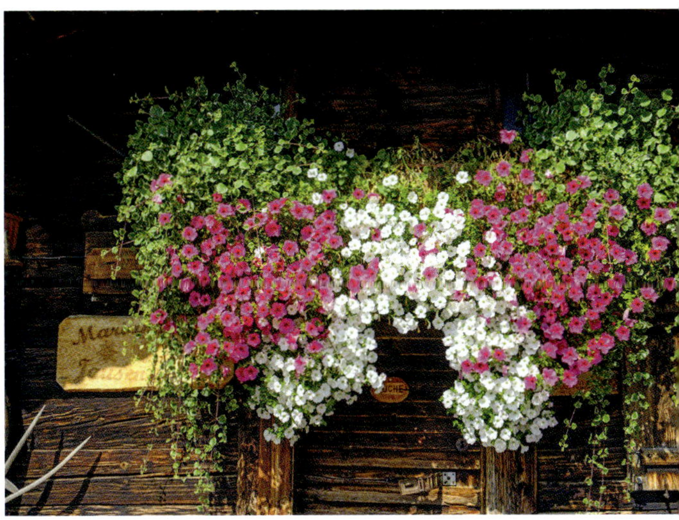

Üppig blühen die Petunien im Spätsommer und zieren die alten Holzbalken.

Nach so viel Schlemmerei machen wir uns schließlich auf den Rückweg. Dafür wählen wir entweder den Hinweg oder folgen nun ausschließlich der kleinen Almstraße, die nicht nur knieschonender ist, sondern sich auch nach einem zu reichlichen Genuss der vielen Mariandlalm-Schnapserl anbietet.

81 Von der Kiefer auf den Thierberg

Wallfahrtskirche und Bergfried

Leicht | 8 km | 250 m | 2.30 Std.

Tourencharakter
Wanderung mit viel Schatten auf guten Bergpfaden oder verkehrsarmen Bergstraßen

Ausgangs-/Endpunkt
Kiefersfelden, Hechtseeparkplatz in der Thierseestraße

GPS-Daten
47.614765, 12.164564

Anfahrt
Auto: Inntalautobahn A 12, Ausfahrt Kiefersfelden, Richtung Ortszentrum, vor dem Kieferbach rechts in die Thierseestraße; Hechtseeparkplatz ca. 300 Meter nach dem Ende der Bebauung.
Bus/Bahn: Von München über Rosenheim nach Kiefersfelden, vom Bahnhof zum Ausgangspunkt ca. 45 Min. Fußweg

Einkehr
Restaurant Hechtsee, Gasthaus Neuhaus

Karte
Kompass Nr. 9, Kaisergebirge, 1:50 000

Information
www.kiefersfelden.de

Diese Tour ist eine gemütliche Wanderung mit nur wenigen Höhenmetern durch das waldreiche Vorgebirge, bei der man Kultur und Geschichte mit herrlichem Badespaß verbinden kann.

Der Parkplatz liegt unmittelbar am Ufer des Kieferbachs. Wir überqueren den Bach auf einer Brücke, halten uns kurz rechts und steigen neben den Wasserfällen aufwärts. Wir bemerken einen eigenartigen Schwefelgeruch. Der scheint aus dem klaren Bachwasser zu kommen. Eine Infotafel an dem Schleusenhäuschen klärt uns auf.

Oben bei dem Schleusenhäuschen haben wir die österreichische Grenze passiert, am See halten wir uns links und wandern am Ufer entlang zur großen Badeanstalt mit dem Restaurant Hechtsee. Die Badeanstalt bietet die Sicherheit eines überwachten Geländes und eine große, gepflegte Liegewiese. Wer das nicht braucht, kann auch an anderen Stellen am Ufer ins Wasser springen, soweit sie nicht, wie in der Nähe des Abflusses, als Fischbrutgebiet für Badende gesperrt sind. Aber Achtung in der Übergangszeit, der Hechtsee gehört sicher nicht zu den wärmsten Badeseen Tirols! Wir gehen am Zaun der Badeanstalt entlang und schwenken kurz nach rechts in den Weg ein, der den See umrundet. Dort schickt uns ein Wegweiser mit der Aufschrift Thierbergkapelle links aufwärts in den Wald. 10 Minuten später erreichen wir eine Wasserreserve. Hier teilen sich die Wege, beide führen zur Thierbergkapelle. Am rechten Weg werden wir zurückkommen. Wir gehen geradeaus, passieren das Gut

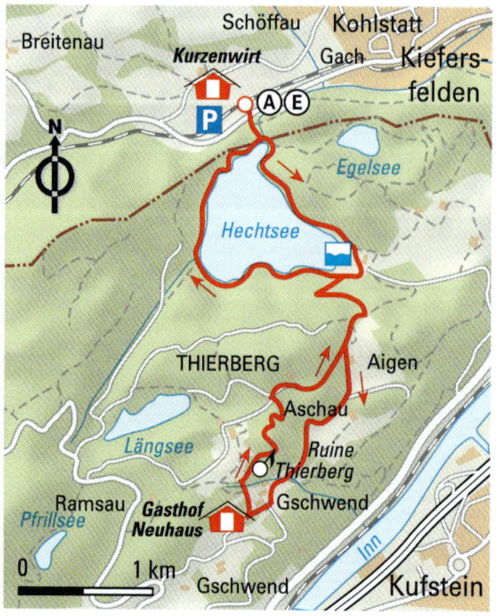

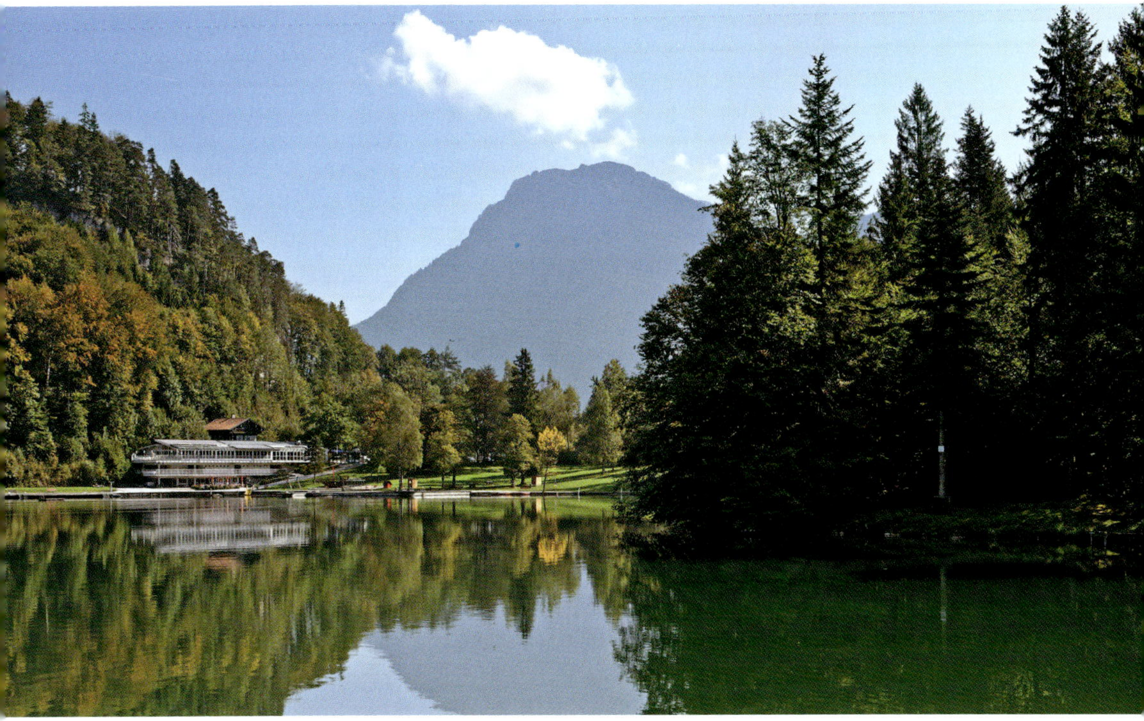

Am Hechtsee kann man übrigens auch baden.

Aigen der Familie Labek, die sich auf die Erzeugung von Holzpellets spezialisiert hat. Unser Weg führt uns dann in einem weiten Bogen um den Thierberg herum zum Gasthof Neuhaus. Dort beginnt rechts aufwärts ein Kreuzweg, der auf die Zeit vor 1800 zurückgeht, aber erst vor wenigen Jahren neu gemalt und wieder aufgestellt wurde. Er führt uns bequem durch den Wald direkt auf den bebauten Gipfel des Thierbergs. Wir stoßen als Erstes auf eine lang gezogene Wehrmauer, über der wuchtig ein Bergfried in den Himmel ragt.

Ursprünglich stand an dieser Stelle eine kleine Burg der Herren von Freundsberg, die im Tiroler Inntal begütert waren. Sie war wohl im späten 12. Jahrhundert erbaut worden und wurde 1397 an Bayern verkauft. Als 1504 Kufstein infolge des bayerischen Erbfolgekrieges an Österreich fiel, hatten die neuen Herren kein Interesse mehr an der Burg. Kein Wunder, denn sie besaßen die ungleich bedeutendere Festung Kufstein, von der sich der Verkehr im Tal viel einfacher kontrollieren ließ. Wahrscheinlich wären von der Burg

Tipp

Lohnenswert ist eine Fahrt mit der historischen Wachtlbahn entlang des Kieferbaches. Die Bahn hält auch am Parkplatz Hechtsee, Fahrplan unter www.wachtl-bahn.de.

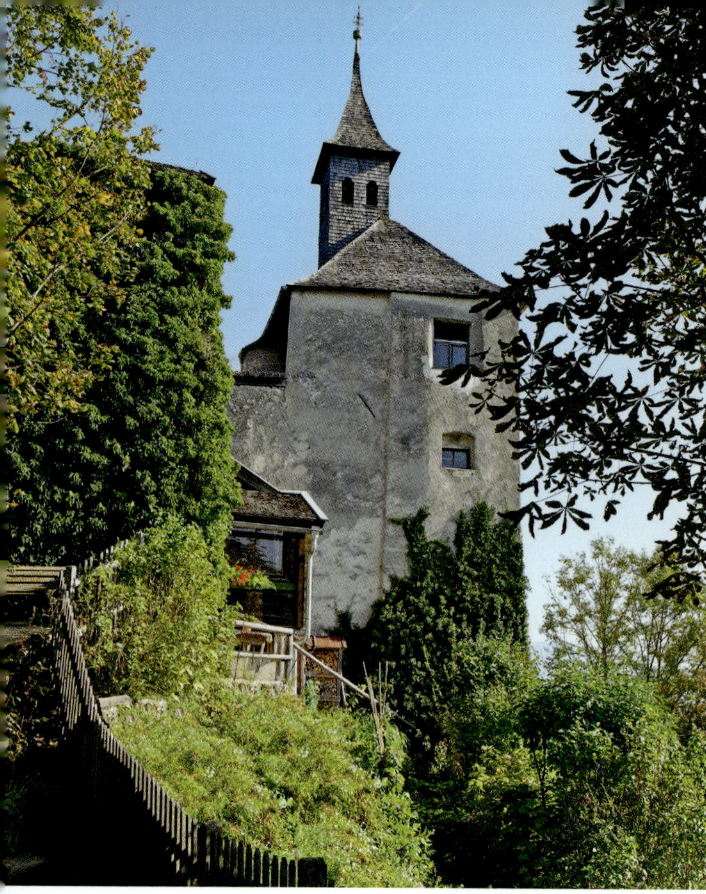

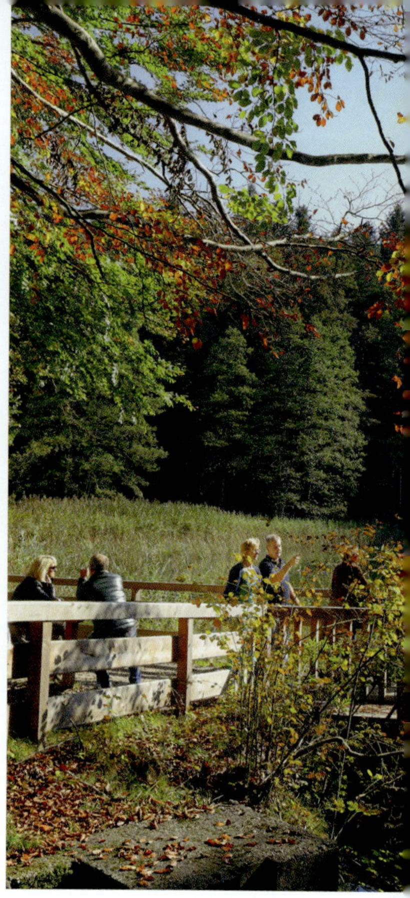

Neben der Wallfahrtskirche Thierberg lebte lange ein Einsiedler in einem kleinen Häuschen.

heute höchstens noch Grundmauern erhalten, wenn nicht schon im 16. Jahrhundert die Burgkapelle zum Ziel von Wallfahrten geworden wäre. Dabei kamen so viele Pilger, dass man die Kapelle, die, wie auf Burgen üblich, winzig klein war, in den Palas, also den Rittersaal, verlegen musste. Dort ist sie heute noch, und immer noch ist sie das Ziel vieler Pilgergruppen.

Neben der Kapelle ist eine kleine Wohnung, in der traditionsgemäß ein Einsiedler lebte. Der letzte war Bruder Sola, der von 1954 bis 1998 hier sein Leben verbrachte.

Etwas unterhalb der Kapelle steht der mächtige Bergfried. Er wurde aufwendig renoviert und beherbergt ein kleines Museum der Thierberger Schützen, das sich mit der wechselvollen Geschichte dieses Grenzlandes beschäftigt. Die Aussichtsplattform am Turmdach zeigt uns, wie geschickt die Freundsberger die Lage der Burg festgelegt haben. Über das Inntal hinweg schaut man bis nach Wörgl und auf der Gegenseite bis hinein ins Alpenvorland.

Unser Rückweg beginnt auf der Nordseite des Thierberges. Ein schmaler Pfad führt in einigen Serpentinen den steilen Hang

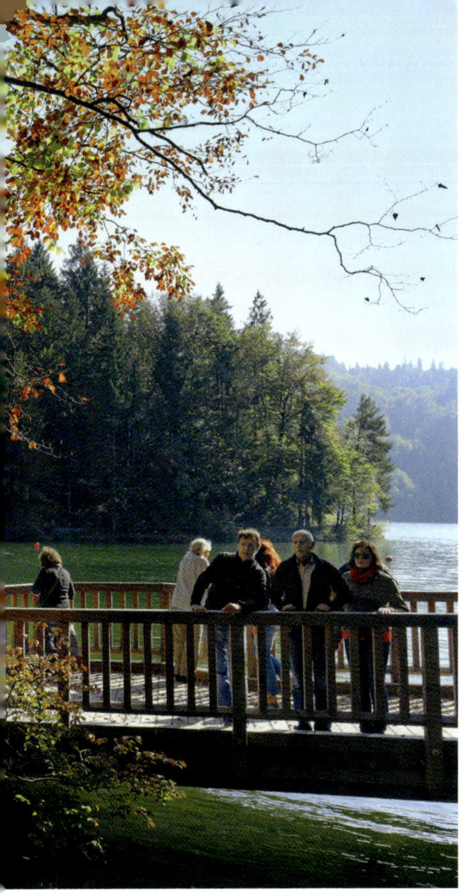

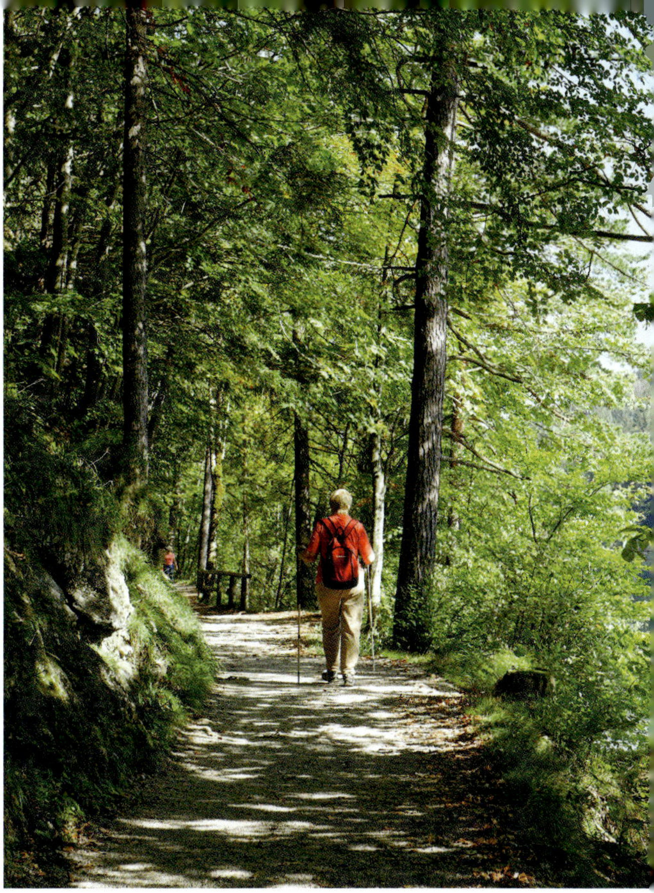

abwärts. Vorsicht nach Regentagen, dann kann dieses kurze Wegstück recht feucht und entsprechend rutschig sein! Wir erreichen eine offene Wiese, auf der der Hof Aschau steht. Das ist eine typische Rodungsinsel, wie sie häufig im Inntal zu finden sind. Sie sind oft sehr früh um die erste Jahrtausendwende entstanden. Man muss sich vorstellen, dass unten im Tal kaum Platz für Neuansiedlungen war. Am meisten Raum brauchte der Inn, der nach jedem Frühlingshochwasser sein Bett irgendwohin verlegte und überall Altwasserseen zurückließ. Die etwas höher liegenden Flächen des Talbodens waren schon besiedelt. So blieb Neuansiedlern nichts anderes übrig, als sich etwas höher einen geeigneten Platz zu suchen und ihn zu roden. Das war zwar viel Arbeit, hatte aber den Vorteil, dass der Hof von durchziehenden und plündernden Truppen kaum gefunden wurde. Wir wandern am Hof Aschau vorbei und folgen im Wald einem schönen Hohlweg, der uns wieder zur Wegverzweigung an der Wasserreserve bringt. Auf dem bekannten Weg kehren wir zum Hechtsee zurück, umrunden ihn jetzt auf der Gegenseite und steigen über den Wasserfall zum Parkplatz am Kieferbach zurück.

Es sind nur wenige Höhenmeter zu bewältigen, meist geht es bequem über flache Wege.

Links: Am Nordufer erreichen wir den Hechtsee am »Stinkenden Wasserfall« vorbei.

82 Von Kufstein ins Kaisertal

Zur weltberühmten Antoniuskapelle

Leicht | 9 km | 350 m | 3 Std.

Tourencharakter
Bergwanderung auf breiten, bequemen Bergstraßen; die ersten 200 Höhenmeter Treppenweg; Abstieg zur Tischofer Höhle auf steilem, aber gesichertem Bergpfad

Ausgangs-/Endpunkt
Eichelwang/Kufstein: E-Werk am Kaisertal-Parkplatz

GPS-Daten
47.593885, 12.188132

Anfahrt
Auto: Inntalautobahn A 12, Ausfahrt Kufstein Nord (mautfrei bis Kufstein Süd), bis dorthin, dann der Beschilderung Kaisertal folgen. Die Parkplätze am Eingang des für den öffentlichen Verkehr gesperrten Kaisertals sind ebenfalls ausgeschildert.
Bus/Bahn: Von München über Rosenheim nach Kufstein, vom Bahnhof Bus nach Sparchen, Eingang Kaisertal

Einkehr
Gasthof Veitenhof, Gasthof Pfandlhof, Hinterkaiserhof

Karte
Kompass Nr. 9, Kaisergebirge, 1:50 000

Information
www.kufstein.com

Zugegeben, auch wenn der Weg immer breit und gut ausgebaut ist, bringt uns das erste Stück über die berühmte Sparchenstiege ganz schön zum Schnaufen. Aber die Ausblicke, die sich immer wieder auf das Inntal und auf Kufstein öffnen, lassen uns die schweißtreibenden Stufen vergessen.

Wir starten an dem kleinen historischen Elektrizitätswerk der Stadt Kufstein direkt gegenüber dem großen Parkplatz. Hier hat der Inngletscher die Talwände steil ausgehobelt, sodass der Sparchenbach, der das Kaisertal nach Westen hin entwässert, in hohen Kaskaden ins Tal stürzt. Dieser Steilabfall ist der Grund, warum wir uns gleich am Anfang der Tour etwas plagen müssen. Es geht nämlich über einen Stufenweg nach oben – 285 Treppenstufen sollen es sein, die Sparchenstiege. Das kostet gleich Kraft, doch diese Treppen haben den unglaublichen Vorteil, dass sie das ganze Kaisertal zu einer einmaligen Oase der Ruhe gemacht haben, denn bis 2008 gab es im Tal praktisch keinen Autoverkehr. Der Stufenweg war bis auf eine Materialseilbahn der einzige Zugang ins Tal. Inzwischen ist auch das Kaisertal an den Autoverkehr angeschlossen. Ein gut 800 Meter langer Tunnel verbindet es mit dem Rest der Welt. Doch Gott sei Dank haben die Talbewohner den Wert ihrer Abgeschiedenheit erkannt. Die Zufahrt ist streng reglementiert, die Stille des Tales blieb erhalten.

Von der Treppe aus öffnen sich immer wieder schöne Ausblicke auf das Inntal mit der Stadt Kufstein und seiner gewaltigen Grenzfestung, die heute als Museum dient und Platz für Konzerte bietet. Wenn wir schließlich bei der Neapelbank angekommen sind, haben die Treppen und der erste steile Aufstieg endgültig ein Ende. Ein paar Meter weiter passieren wir den Abstieg zur Tischhofer Höhle, die wir am Rückweg besuchen werden. Dann treffen wir auf die Mündung des neuen Autotunnels und kurz darauf, nach einem kleinen Waldstück, auf den Veitenhof.

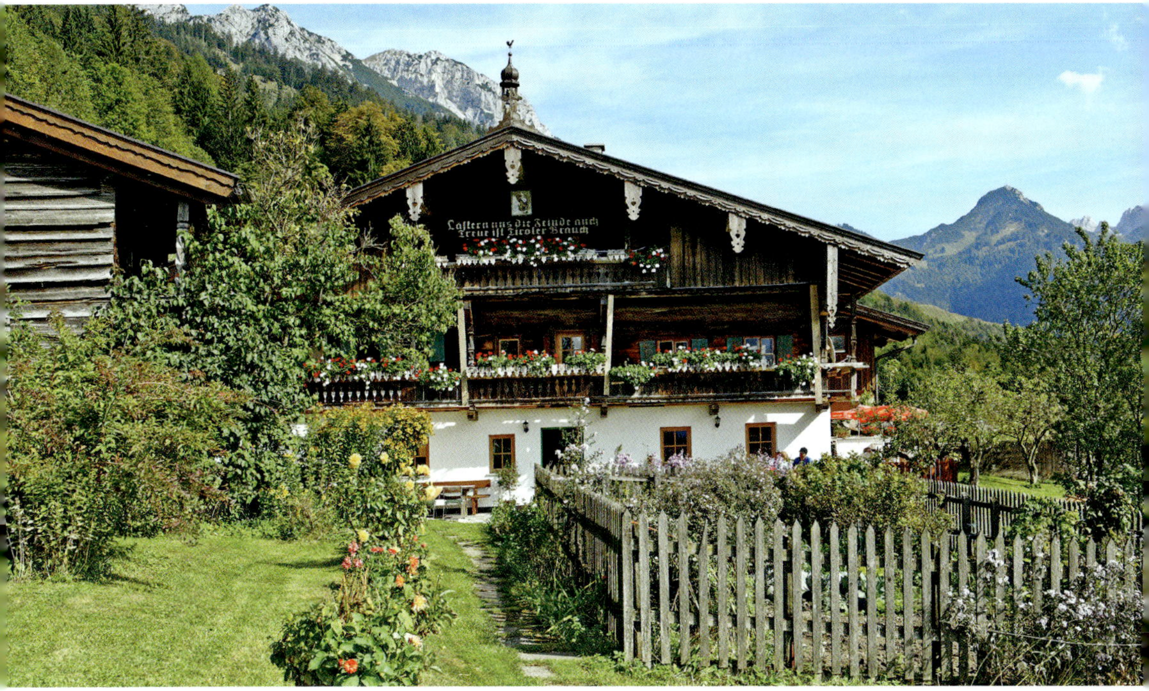

Der uralte Bauernhof hat sich inzwischen zu einem gemütlichen Gasthaus gemausert. Wir wandern geradeaus weiter, passieren die Abzweigung nach Vorderkaiserfelden und kommen nach einer weiteren Viertelstunde zu den Pfandlhöfen. Oben am Weg liegt der alte Pfandlhof und unten, etwas tiefer, der Berghof Enzian, die beide zu einer Einkehr verführen wollen. Im Hintergrund tauchen bereits die ersten Felswände des Wilden Kaiser auf. Hinter dem Pfandlhof verzweigt sich der Weg. Wir nehmen den oberen Weg, passieren den Graben des Schrambachs und stehen vor der berühmten Antoniuskapelle, die millionenfach fotografiert in der ganzen Welt als Kalendermotiv bekannt ist. Hinter ihr ragen die Kletterwände des Wilden Kaiser in den Himmel – der Treffauer, die Ellmauer Halt und das Totenkirchl, alles Bergziele, die nur erfahrenen Kletterern vorbehalten sind. Damit hätten wir eigentlich unser Ziel erreicht, die Kapelle gehört zum Hinterkaiserhof, der nur 200 Meter weiter unterhalb des Weges steht. Der ist, wie sollte es anders sein, wieder ein Wirtshaus, das nach gutem alten Brauch zu einer einfachen, aber hervorragenden Jause einlädt.

Der blumengeschmückte Hinterkaiserhof bietet eine stattliche Ansicht.

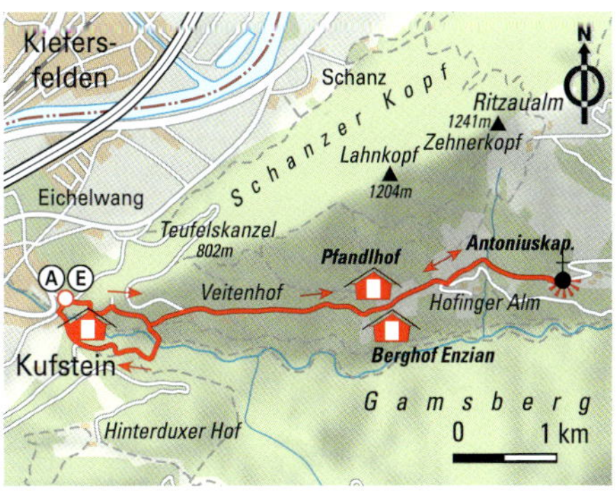

Der Hinterkaiserhof ist der älteste bewirtschaftete Hof im Tal, er wird bereits 1230 in einem Urbar, also einem Besitzrechteverzeichnis, erwähnt. Der Name »hinter dem Kaiser« bezieht sich auf den Zahmen Kaiser, der diesen Namen von einer kaiserlichen Burg der Staufer in Ebbs bekommen hatte. Erst im Laufe der Zeit wurde der Name »Kaiser« auf den gesamten Gebirgszug übertragen. Die Antoniuskapelle wurde von dem Bauern Hans Hausberger nach 1703 erbaut. Damals waren bayerische Truppen im Zuge des Spanischen Erbfolgekrieges in Tirol eingefallen. Hausberger hatte gelobt, wenn sein Haus und sein Viehbestand vom Krieg verschont blieben, so würde er eine Kapelle zu Ehren des Hl. Antonius von Padua bauen. Der Krieg zog am Kaisertal vorüber, er hielt sein Versprechen und wir können uns heute noch, nach gut 300 Jahren, auf den Bänken vor dem Kirchlein im Angesicht der Felsen des Wilden Kaiser ausruhen.

Der Rückweg ist zunächst der gleiche wie der Hinweg. Am Veitenhof vorbei kommen wir zur Abzweigung zur Tischofer

Die berühmte Antoniuskapelle vor dem Kaisergebirge ist ein beliebtes Kalendermotiv.

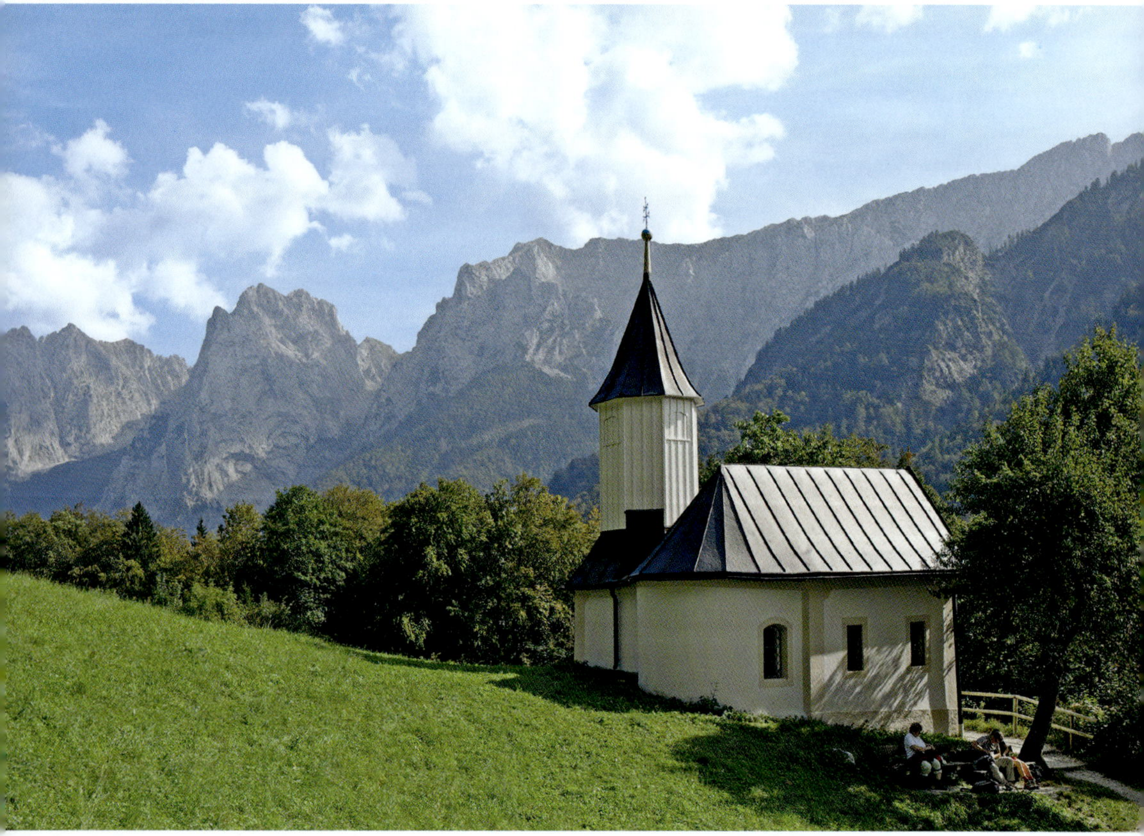

Höhle. Der Weg dorthin ist eine willkommene Abwechslung zu den vielen Treppen der Sparchenstiege. Wir steigen steil abwärts und kommen zu einer Abzweigung nach rechts, auf der wir mit wenigen Schritten die Höhle erreichen. Sie ist eine große, nach vorne offene Halle, deren Boden nach rückwärts hin ansteigt. Vor 100 Jahren hat man in der Höhle gegraben und zahlreiche prähistorische Funde bergen können. Die ältesten Grabungsschichten bargen Knochen von Höhlenbären, jüngere Schichten brachten menschliche Werkzeuge sowie Relikte einer Bronzegießerei zutage. Zuletzt hatte die Höhle für die Tiroler Freiheitskämpfer während der Zeit Napoleons Bedeutung. Hier konnte man Waffen verstecken und die Tiroler Schützen versammelten sich, ehe sie gegen die eingedrungenen Franzosen losschlugen. Nach dem Höhlenbesuch gehen wir zur Abzweigung zurück und steigen ganz zum Sparchenbach ab, überqueren ihn auf einer Brücke und steigen dann aufwärts zum Gasthof Theaterhütte. Von hier führt uns ein weiterer Steig abwärts zum Parkplatz zurück.

Im Kaisertal genießen Wanderer den Ausblick auf die Felsen des Totenkirchl und Ellmauer Halts im Wilden Kaiser.

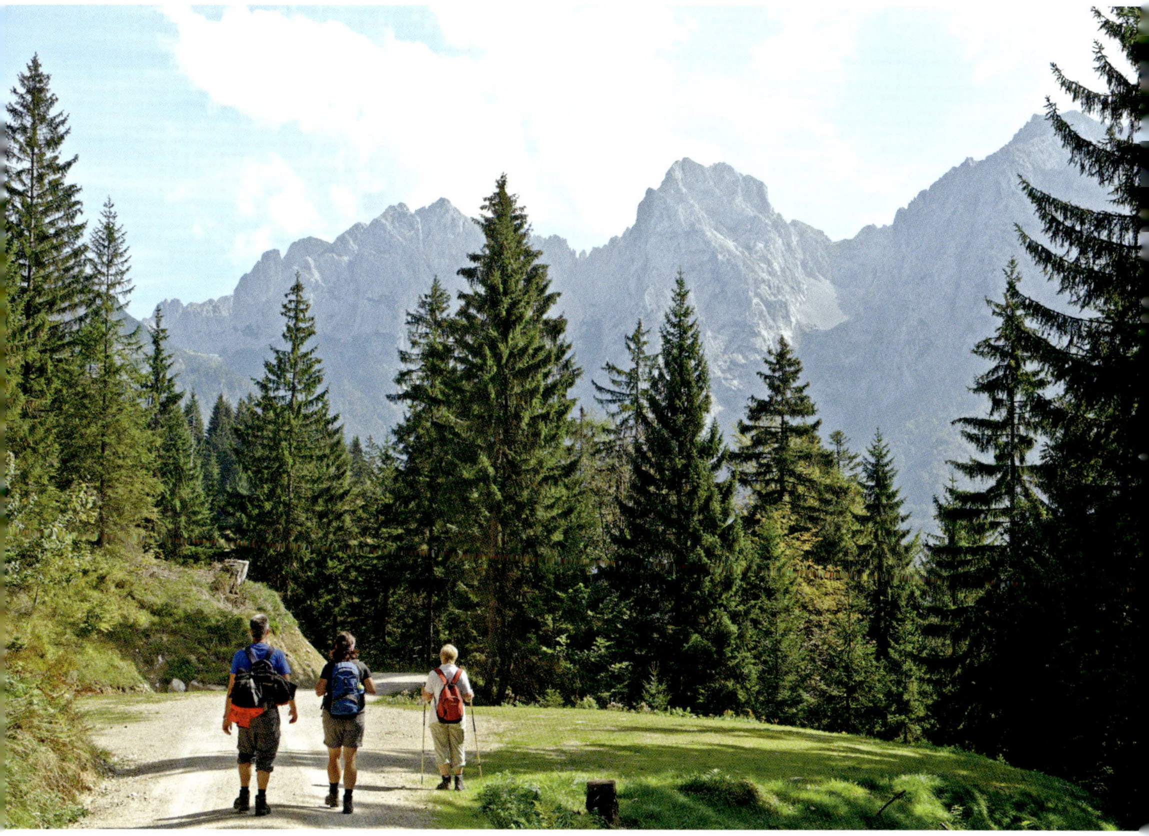

83 Auf den Pendling

Über dem Tiroler Inntal

Leicht	9 km	600 m	2.30 Std.

Tourencharakter
Einfach, auf breiten Wegen und Bergstraßen, am Gipfel sehr sonnig; besonders schön an klaren Herbsttagen

Ausgangs-/Endpunkt
Parkplatz am Alpengasthof Schneeberg

GPS-Daten
47.580421, 12.093669

Anfahrt
Auto: Über die Autobahn A 8 auf die Inntalautobahn, Ausfahrt Kufstein Nord. Weiter Richtung Kufstein-Zentrum, vor dem Zentrum rechts Richtung Thiersee/Ursprungpass, am See vorbei. Im Ort Thiersee am Pfarrwirt links zum Alpengasthof Schneeberg hinauf.
Bus/Bahn: Nach Kufstein, dann mit dem Postbus nach Thiersee, Haltestelle Pfarrwirt. Von dort 20 Min. Aufstieg bis zum Ausgangspunkt

Einkehr
Kufsteiner Haus, auch Pendlinghaus genannt, am Gipfel mit fantastischer Aussicht und riesiger Terrasse. Aber auch die große Kalaalm lohnt eine Einkehr.

Karte
Kompass Nr. 8, Tegernsee/Schliersee 1:50000

Information
www.thiersee.at

Der Pendling wird wegen seiner absolut fantastischen, einzigartigen und unbeschreiblichen Aussicht bestiegen. Fast senkrecht unter uns fließt der Inn als silbern glänzendes Band durch die Stadt Kufstein und das Inntal. Es lohnt sich, Zeit und ein Fernglas für die Gipfelrast mitzubringen.

Wir starten vom Parkplatz und wandern, am Alpengasthof Schneeberg vorbei, die Straße aufwärts (Schild »Pendling«). An den letzten Häusern wird unser Weg zu einer ungeteerten Almstraße, der wir durch den Wald folgen. In einer scharfen Rechtskurve verlassen wir den breiten Weg und folgen links dem Schild auf den schmalen Bergpfad. Noch einmal überqueren wir geradeaus eine Almstraße und steigen weiter aufwärts. Bald haben wir die ersten Ausblicke auf die verstreuten Gemeindeteile von Thiersee. An einer steilen Felswand vorbei erreichen wir die Fahrstraße zum Pendlinghaus und sind nun fast am Ziel. Wir queren die Straße und bleiben auf dem schmalen Pfad. Nur noch ein paar Schritte und schon stehen wir vor dem ersten Gipfelkreuz. Bereits hier ist die Aussicht auf das südliche Inntal überwältigend. Wenn wir uns am Inn und seinen Orten orientieren, können wir auch eine Vielzahl der umliegenden Berge identifizieren. Im Süden reicht der Blick über das Kaisergebirge auf verschiedene Seitentäler wie das Brixen- oder Zillertal. Im Norden liegen rechts des Inns die Berge des Chiemgau, links das Gebiet um das Sudelfeld und den Wendelstein. In Richtung Westen sehen wir das Thierseetal mit einer schier endlos aufeinanderfolgenden Kette der bayerisch-tirolerischen Berge. So schön, wie es ist, noch sollten wir nicht rasten. Nur ein paar Latschen und eine Wegbiegung weiter gibt es nämlich die Steigerung dazu. Das nahezu 360-Grad-Panorama des zweiten Gipfelkreuzes macht uns sprachlos. Nur der Blick nach Nordwesten wird durch ein paar Bäume verdeckt. 200 Meter später, bei einem Rundgang ums Pendlinghaus, dürfen wir auch die letzten fehlenden Grade nach-

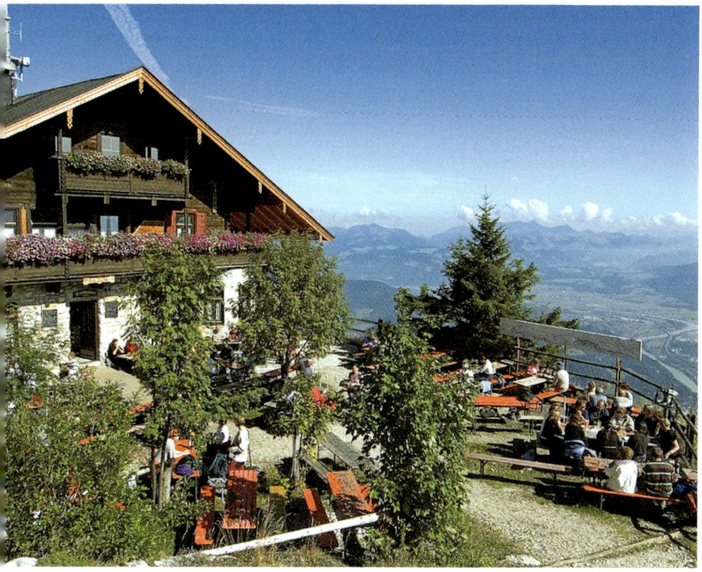

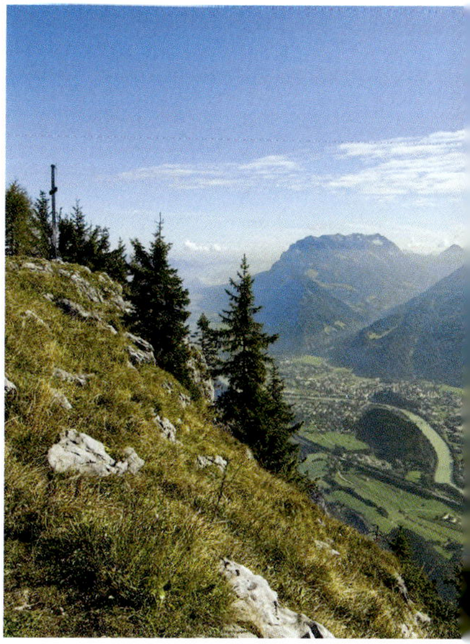

holen. Zum Glück hat der Wirt eine Panoramakarte aufgehängt, die alle umliegenden Berge genauestens erklärt. Das Pendlinghaus ist ein beliebter Treffpunkt für Mountainbiker und so sind wir hier unter vielen sportlichen Zeitgenossen. Für den Abstieg wählen wir zunächst die Fahrstraße und steigen ein Stück ab. Wir passieren unseren Aufstiegsweg, bleiben aber auf der Almstraße geradeaus. Einmal steigt die Straße leicht an, danach haben wir noch einmal freie Sicht auf das Inntal. Nun aufpassen, man übersieht rechts die kleine Abzweigung (Schild »Kalaalm«) leicht. Der Pfad ist holprig und von Wurzeln übersät. Wir folgen der roten Punktmarkierung und wandern nach einer steinigen Almwiese direkt auf die bereits sichtbare Kalaalm zu. Auch hier hat der Wirt eine Panoramatafel aufgestellt. An der Almstraßengabelung vor der Hütte wählen wir rechts den Weg abwärts, immer dem Schild »Schneeberg« nach. Noch einmal kreuzen sich die Wege, wir wandern geradeaus und treffen bald auf den bekannten Hinweg. Diesmal abwärts, sind wir schnell wieder am Parkplatz.

Die nahe Stadt Kufstein mit ihrer mächtigen, alles überragenden Festung ist einen Abstecher wert. Nicht nur die eindrucksvolle Burg ist zu besichtigen, sondern auch die malerische Altstadt mit ihrer charakteristischen Innarchitektur.

Durch das Tal zieht sich der Inn als grünes Band.

Links: Tief unterm gemütlichen Gipfelhaus des Pendling liegen das Inntal und die Stadt Kufstein mit ihrer Festung.

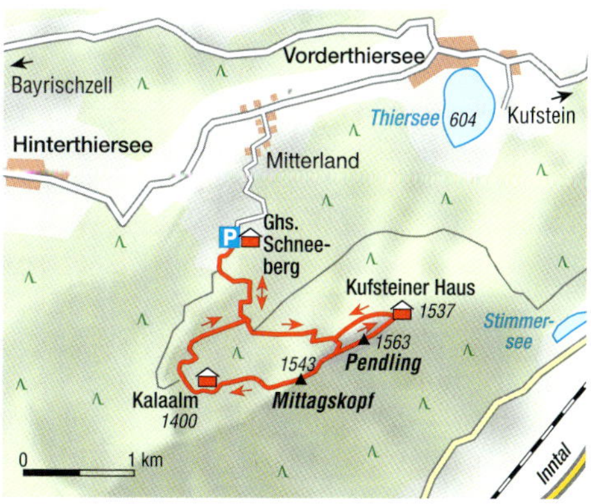

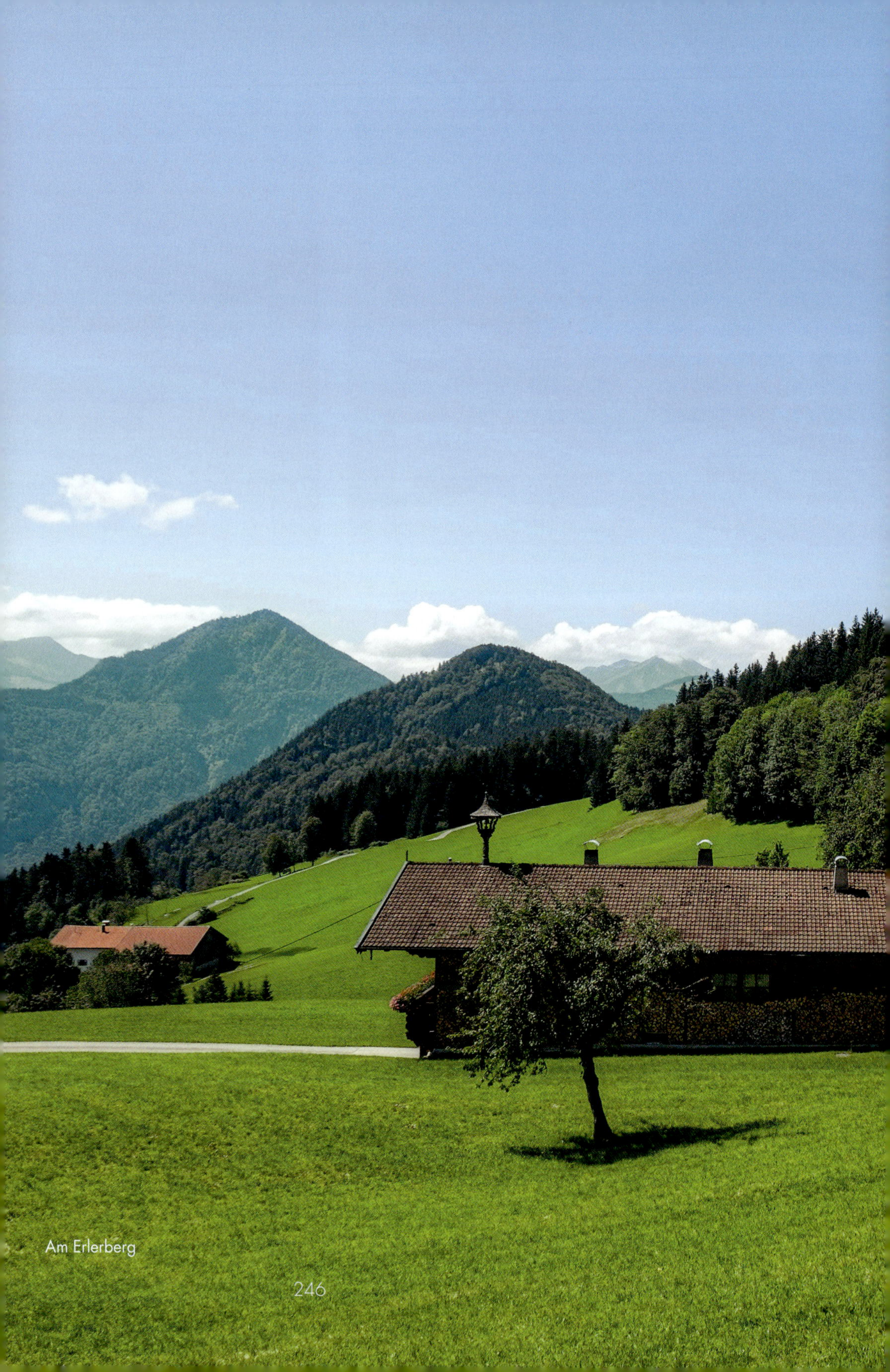
Am Erlerberg

Ausgeschlafen im Chiemgau und Berchtesgadener Land

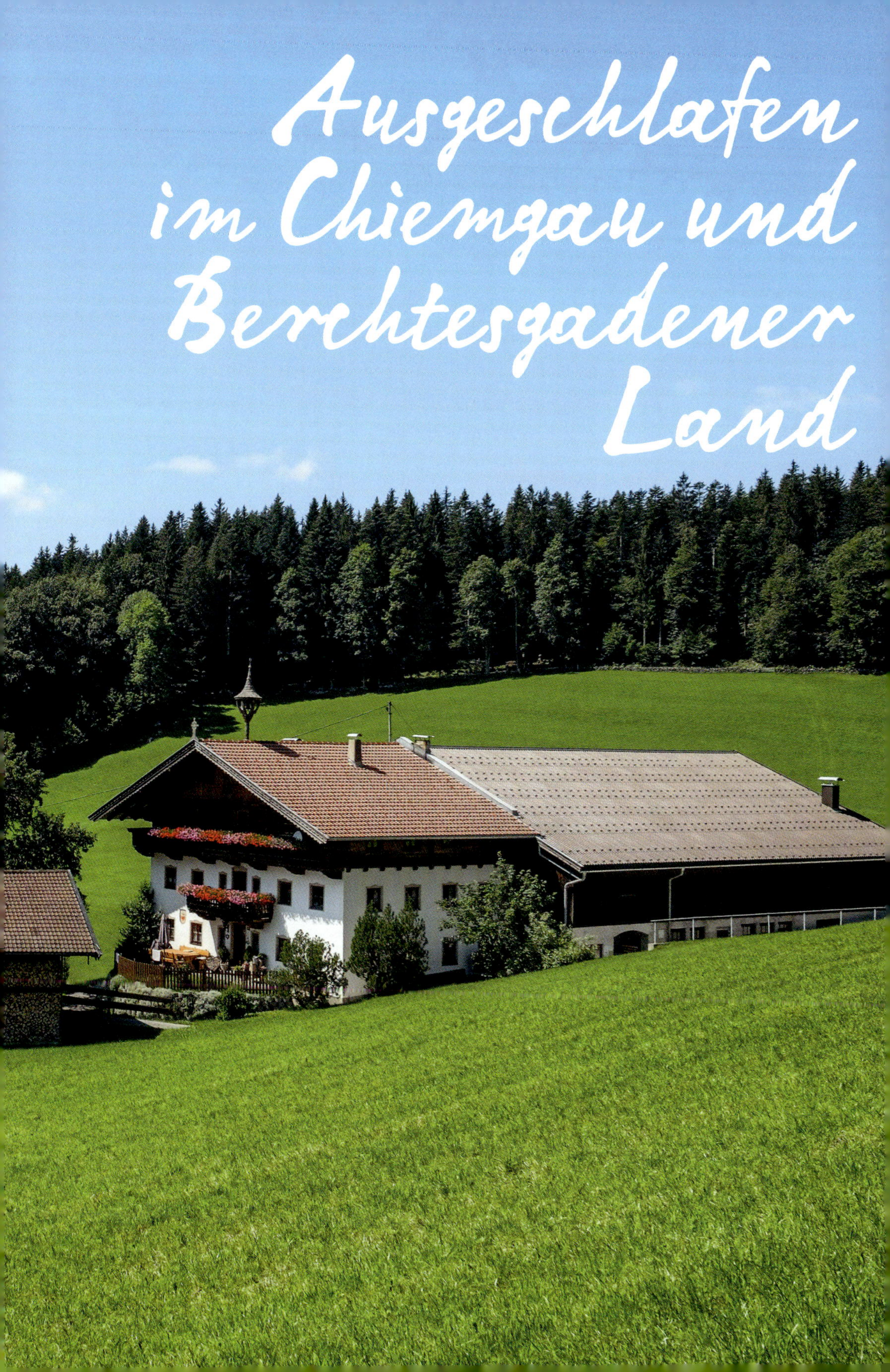

84 Im Hochriesgebiet

Die »scheene nausschau«-Tour

Leicht | 7 km | 550 m | 2.45 Std.

Tourencharakter
Technisch eine leichte, schattige Bergtour auf Wanderwegen und Bergpfaden

Ausgangs-/Endpunkt
Waldparkplatz in Spatenau

GPS-Daten
47.749966, 12.217373

Anfahrt
Auto: A 8 zur A 93 bis Ausfahrt Nussdorf, durch Nussdorf weiter Richtung Neubeuern, 500 m nach dem Nussdorfer Ortsschild rechts zum Samerberg. Über Rossholzen nach Essbaum, dort rechts weiter über Ried im Winkel zum Gasthaus Duftbräu. Der Straße ca. 1 km weiterfolgen, dann trifft man auf den großen gebührenpflichtigen Spatenau-Waldparkplatz links der Straße.
Bus/Bahn: Nicht möglich

Einkehr
Unterwegs gibt es die Doaglalm/Spatenau (Montag Ruhetag, in den Wintermonaten nur am Wochenende geöffnet) oder im Anschluss den Berggasthof Duftbräu.

Karte
Kompass Nr. 10 Chiemgau, 1:50 000

Information
www.samerberg.de

Die Hochries ist sicherlich das Highlight auf dem Samerberg. Aber unterhalb dieses oft überfüllten Gipfels gibt es herrliche Rundwege, die alles bieten, was man zu einer schönen Bergtour braucht – Aussicht, Ruhe und eine Einkehrmöglichkeit.

Wir starten vom Parkplatz und queren die Straße leicht nach rechts auf die Almzufahrtsstraße, die bereits zur Doaglalm beschildert ist. Durch den schattigen Wald geht es aufwärts. Bald können wir nach rechts auf einem steinigen Wanderpfad eine Serpentine der Straße abkürzen. Dann treffen wir wieder auf die Straße und folgen ihr weiter nach rechts, bis der Weg flacher wird und wir kurz vor der Doaglalm an einer Wegkreuzung im Almgebiet der Spatenau stehen. »Auf der Doaglalm gibt es den besten Kaiserschmarren rund um Rosenheim«, schrieb uns ein

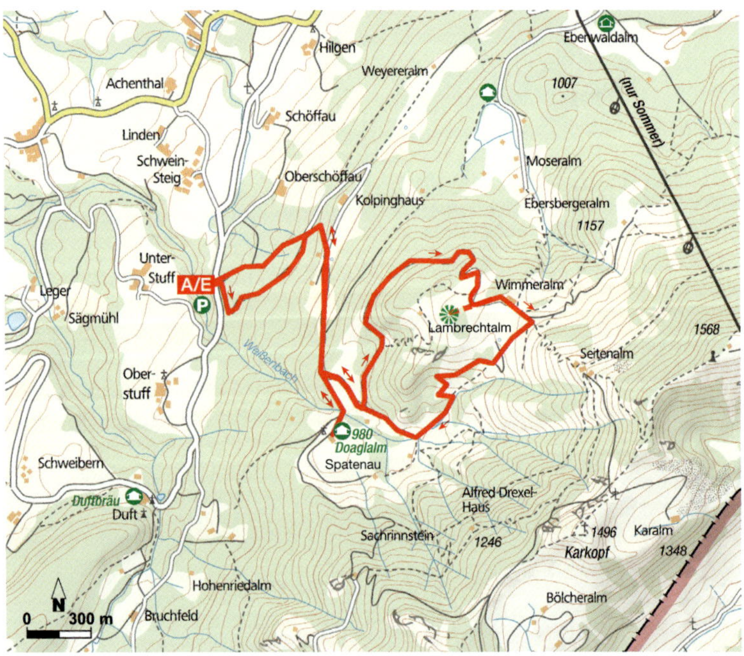

Langschläferfan. Das wollen wir natürlich testen und sind deshalb hierherauf gekommen. Wer also einen Heißhunger verspürt und sowieso nicht viel Zeit hat, kann direkt zur beliebten Alm gehen.

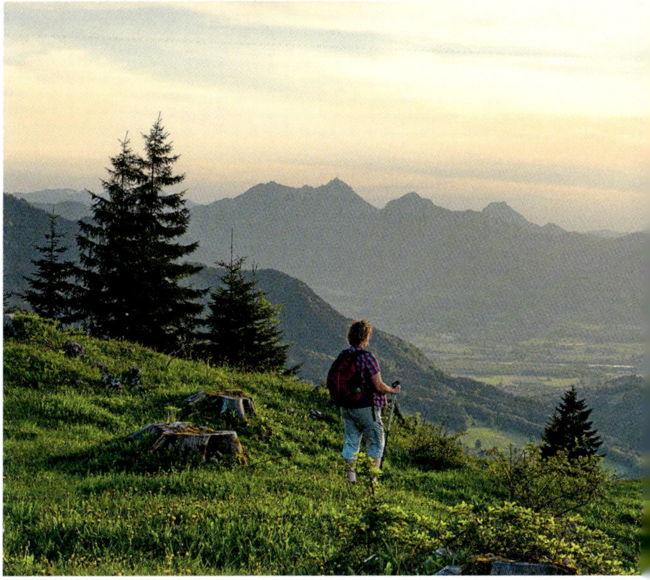

Sonnenuntergang von den Almwiesen an der Wimmeralm

Wir selbst hatten jedoch das Gefühl, das für eine perfekte Langschläfertour noch etwas fehlt. Noch mangelt es an Aussicht, die jeder Bergtour einen besonderen Reiz verleiht. Auf Bayerisch heißt das »scheenes Nausschaun«, also »schönes Hinausschauen«. Wer das gleiche Gefühl empfindet, verzichtet zunächst auf die Einkehr und wandert an der Kreuzung geradeaus, der Beschilderung zur Hochries nach. Nach gut 200 Metern folgen wir links dem breiten Weg, der nun relativ steil ansteigt. Rasch gewinnen wir an Höhe und dürfen uns schon bald über eine herrliche Aussicht freuen. Unter uns liegt der Samerberg mit seinen vielen kleinen Weilern und Bauernhöfen. Im Hintergrund das flache Land um Rosenheim, das uns in östlicher Richtung bereits Teile des Chiemgaus präsentiert. Wir folgen der Almstraße über zwei Kehren hinauf zu einem Sattel. Hier lohnt sich ein Abstecher nach rechts über den Trampelpfad an den Rand der Almwiese, wo die Aussicht am allerschönsten ist und nun wirklich jeden »Nausschau-Wunsch« erfüllt – wir müssen uns nur hinsetzen und genießen.

Dann steigen wir zur Wimmeralm hinunter und wandern bis zur nächsten Weggabelung. Geradeaus geht es zum Hochriesgipfel. Wir wenden uns jedoch nach rechts und steigen nun über eine Wiese steil abwärts. Wo es flacher wird, passieren wir zwei Almhütten und befinden uns wieder auf dem Almgebiet der Spatenau. Gleich stoßen wir an die Kreuzung, die wir schon kennen, und wandern nun nach links zur Doaglalm, um auf der sonnigen Terrasse einen äußerst lockeren, luftigen, goldgelben Kaiserschmarren zu genießen. Zurück zum Ausgangspunkt wandern wir zunächst auf dem Hinweg und können dann die letzten Meter hinunter zum Parkplatz auch über einen schmaleren Wanderweg zurücklegen.

85 Auf das Feichteck

Unbekannter Gipfel über dem Samerberg

Mittel | 9 km | 700 m | 3.30 Std.

Tourencharakter
Technisch eine leichte Bergtour mit viel Schatten auf Wanderwegen und Bergpfaden, die Kondition muss jedoch für 700 Höhenmeter ausreichen.

Ausgangs-/Endpunkt
Waldparkplatz Gammern

GPS-Daten
47.732803, 12.211533

Anfahrt
Auto: Auf der A 8 zur Inntaler Autobahn A 93, Ausfahrt Nussdorf, durch Nussdorf weiter Richtung Neubeuern, 500 m nach dem Nussdorfer Ortsschild rechts zum Samerberg. Über Rossholzen nach Essbaum, dort rechts weiter über Ried im Winkel zum Gasthaus Duftbräu, ca. 300 m nach dem Gasthof, rechts kleine Abzweigung »Feichteck« zum 1,5 km entfernten gebührenpflichtigen Wanderparkplatz »Waldparkplatz«.
Bus/Bahn: Nach Rosenheim, von dort mit dem Bus weiter, zusätzliche Gehminuten

Karte
Kompass Nr. 10, Chiemsee/ Simssee 1:50 000

Information
www.samerberg.de

Bekannter als das Feichteck ist die viel besuchte und durch eine Bergbahn bequem erreichbare Hochries – zum großen Glück für unseren Gipfel. Hier teilen wir uns den Weg nur mit ein paar anderen Hochries-Abtrünnigen und haben so das Glück, eine Bergidylle erleben zu dürfen.

Wir beginnen unsere Wanderung am hinteren Ende des Parkplatzes und wandern auf dem ruhigen Almweg Richtung Feichteck/Wagneralm. Bis zur privaten Stieglalm geht es nun schon aufwärts. Hier verzweigt sich der Weg. Wir gehen nach links zur nächsten Weggabelung und wählen dann geradeaus den mittleren, kleineren Bergpfad. Durch den Wald und über eine Almwiese stehen wir bald auf der Terrasse der Wagneralm. Von hier haben wir einen schönen Blick auf den Heuberg und das Inntal vor Rosenheim mit Raubling und Bad Aibling. An klaren Tagen kann man mit bloßen Augen den Olympiaturm in München ausmachen. Hinter der Alm führt für uns der breite Weg nur noch kurz weiter. Wir biegen nach wenigen Metern links (Schild »Feichteck«) in den schmalen und vor allem steilen Wiesenpfad. Zum Glück kommen wir nach der sonnigen Almwiese gleich in den schattigen Wald. Sobald wir den Spitzstein vor uns sehen, haben wir das steilste Stück hinter uns. Jetzt wandern wir links am Rand der Wiesen der Feichteckalmen entlang, die jedoch erst später vor unseren Augen auftauchen. Nun geht es am Grat

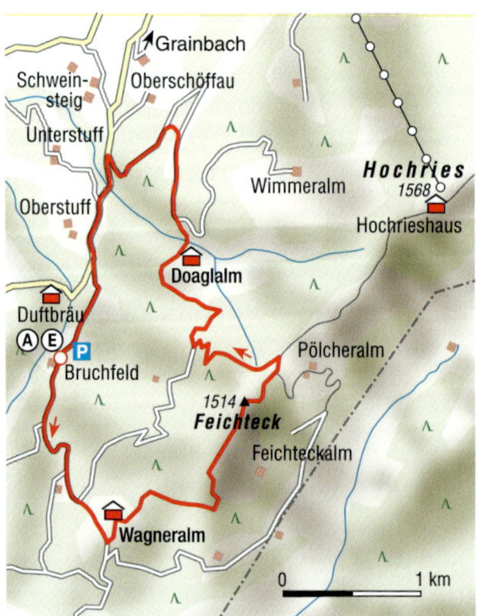

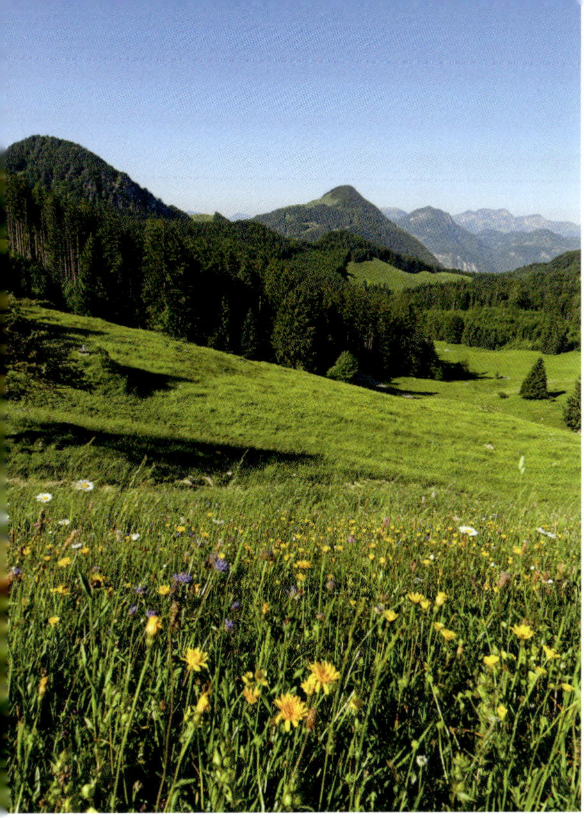

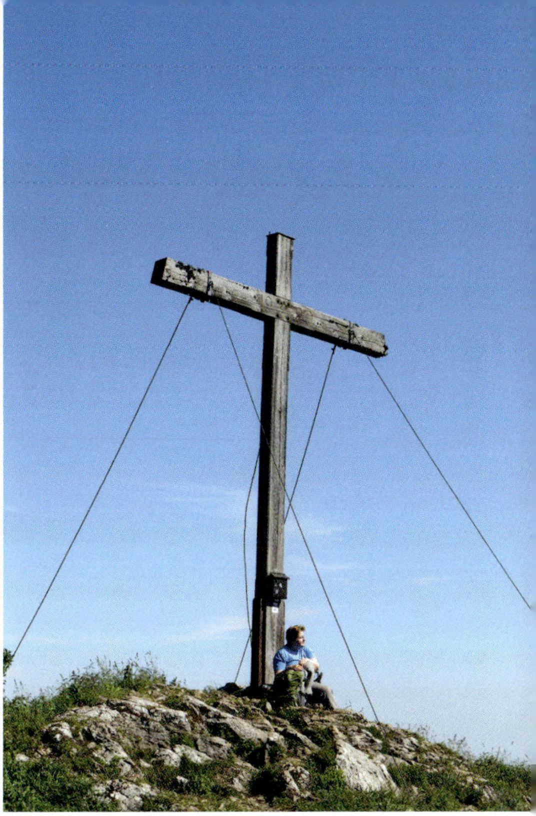

entlang zu einem letzten steilen Aufstieg und gleich darauf stehen wir auf 1514 Metern unter dem Gipfelkreuz des Feichtecks. Der Rückweg führt auf der anderen Seite des Berges hinunter zum Pölcheralmsattel, wo wir für ein kurzes Stück der Almstraße nach links folgen. Nach dem Viehgatter geht es links abwärts auf dem teilweise betonierten alten Almweg. In einer großen Linkskurve verlassen wir die Straße nach rechts und folgen dem Schild »Doagl/Spatenau« in den Fußweg. Nur 100 Meter später stoßen wir erneut auf einen Almweg, auf dem wir diesmal rechts weiterwandern. Ein großer Rechtsbogen bringt uns zu einem schönen Feldkreuz, dort steigen wir direkt zur Doaglalm hinab. Hier kann man gemütlich einkehren und ausgiebig Brotzeit machen. Der Rückweg führt von der Doaglalm zunächst Richtung Norden weiter und dann auf der Fahrstraße talwärts. Die große Schleife lässt sich abkürzen. Dann erreichen wir die Fahrstraße am Parkplatz Spatenau. Auf ihr wandern wir nach links Richtung Duftbräu und biegen dann links ein, um auf der kleineren Fahrstraße zu unserem Parkplatz zurückzukehren.

Geschafft! Gipfelpause

Links: An der Wagneralm auf dem Weg zum Feichteck

Einkehr

Unterwegs gibt es die Qual der Wahl zwischen Wagneralm und Gasthaus Doaglalm/Spatenau (in den Wintermonaten nur am Wochenende geöffnet), am Ende der Tour erwartet uns der Berggasthof Duftbräu.

86 Vom Erler Berg auf den Spitzstein

Eine Seite gemütlich, drei Seiten steil

Mittel	7,5 km	650 m	4 Std.

Tourencharakter
Sehr sonnige Bergwanderung auf Bergstraßen (für öffentlichen Verkehr gesperrt) und einfachen Wanderpfaden

Ausgangs-/Endpunkt
Parkplatz am Erler Berg

GPS-Daten
47.690169, 12.227479

Anfahrt
Auto: Inntalautobahn A 93, Ausfahrt Oberaudorf, über den Inn und sofort nach der Brücke am Kreisverkehr nach Erl; in Erl vor der Kirche rechts auf den Erler Berg, bei der ersten Abzweigung in einer Linkskurve geradeaus bis zum ersten Parkplatz

Einkehr
Spitzsteinhaus, Goglalm

Karte
Kompass Nr. 10, Chiemsee, 1:50 000

Information
www.kufstein.com

Der Spitzstein ist ein eigenartiger Berg. An drei Seiten fällt er extrem steil ab, das hat ihm seinen Namen gegeben. Nur die Südflanke ist ein relativ flacher Hang, über den man bequem seinen Gipfel erreicht.

Vom Parkplatz am Erler Berg aus steigen wir auf der Teerstraße aufwärts. Nach etwa 400 Metern verzweigt sie sich. Von rechts werden wir zurückkommen. Wir wenden uns also nach links und erreichen über die Goglalm das Spitzsteinhaus des Deutschen Alpenvereins. Die Hütte hat das ganze Jahr geöffnet und wartet sogar im Winter, dann aber nur am Wochenende, auf Schneeschuhwanderer und Skitourengeher. Im Sommer kann man sogar bis zum Parkplatz an der Goglalm mit dem Auto fahren, aber das ist eigentlich schade. Denn unterwegs wandert man über einen Almboden, der gerne als Weide für Haflingerherden benutzt wird. Es ist immer schön, diesen wunderschönen Pferden zuzusehen, die sich praktisch frei auf der großen Almfläche bewegen.

Vom Spitzsteinhaus schickt uns ein Wegweiser zum Gipfel. Wir kommen auf dem relativ steilen Weg zunächst zu einem großen Gletscherschliff. Die Felsen sind vor allem am Weg oft ziemlich abgeschliffen und entsprechend glatt. Nach dem Gletscherschliff geht es zuerst durch lockeren Wald und dann durch weite Latschenfelder zum Gipfel. Dort steht neben dem Gipfelkreuz eine kleine Kapelle, an der sich manchmal die Erler zu einer Bergmesse versammeln. Die Grenze von Bayern zu Tirol läuft übrigens direkt über den Gipfel. Das Panorama des Spitzsteins wird vom Kaisergebirge im Süden dominiert, an das sich nach rechts das Inntal vor den Zillertaler und den Stubaier Alpen anschließt. Ihnen folgen am Horizont beeindruckend das Rofan und das Karwendel, direkt benachbart stehen Brünnstein, Wildbarren, Kranzhorn und Heuberg.

Zurück gehen wir zunächst auf dem Anstiegsweg über das Spitzsteinhaus zum Parkplatz an der Goglalm zurück. Dort wen-

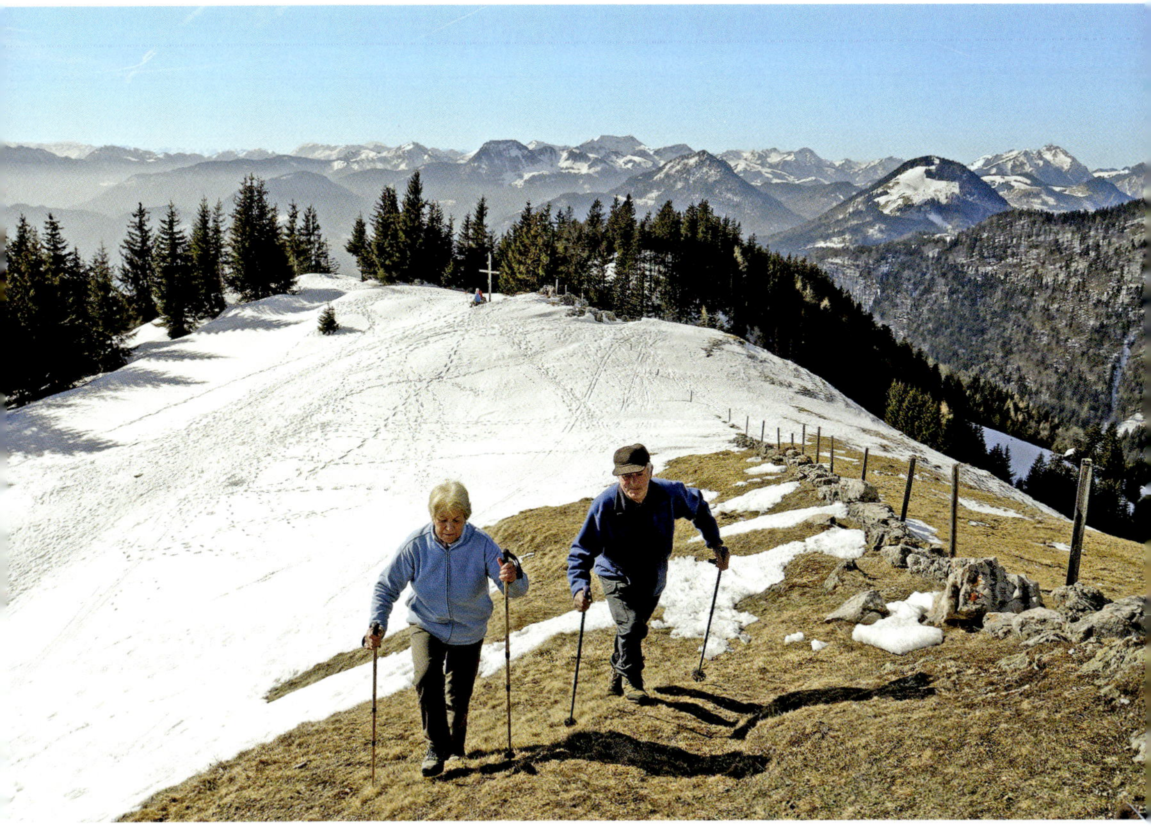

Wanderer unter dem Spitzsteinhaus am Erler Berg

den wir uns nach links und steigen über die Goglalm (tolle Einkehrmöglichkeit) bergab zur Stoana Alm (Kaffee und Kuchen!). Dort beginnt wieder das Almsträßchen, dem wir weiter bergab folgen. Bald treffen wir schließlich auf den bekannten Hinweg und schnell sind wir wieder am Ausgangspunkt zurück.

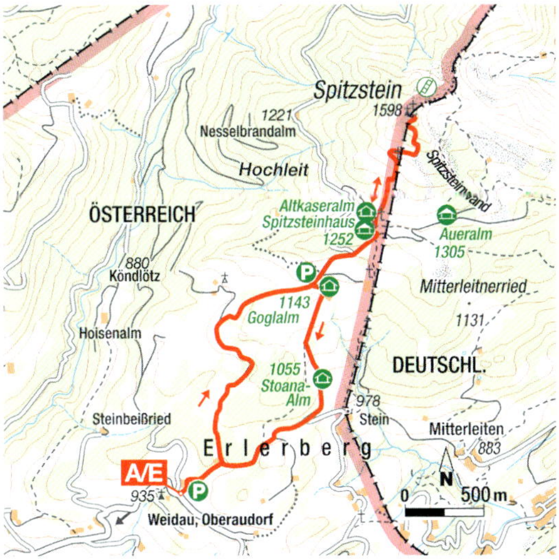

Wichtiger Hinweis

Auf manchen Karten ist noch ein Weg eingezeichnet, der vom Spitzsteingipfel nach Norden führt. Bitte versuchen Sie nicht, auf ihm abzusteigen, der Weg ist verfallen, es droht Absturzgefahr!

87 Auf die Karspitze

Kufsteinblick

Mittel | 11 km | 550 m | 3.30 Std.

Tourencharakter
Leichte Bergtour auf Wanderwegen und Bergpfaden. Nur der Anfang bis zur Wildbichler Alm ist steil, Trittsicherheit ist hier erforderlich und an einer Stelle im Wald muss man minimal schwindelfrei sein. Der lange Abstieg lässt sich auf dem Hinweg abkürzen.

Ausgangs-/Endpunkt
Sachrang Touristinfo

GPS-Daten
47.6903, 12.2613

Anfahrt
Auto: A 8 zur A 93, bis Frasdorf und weiter Ort Sachrang gibt es einen großen Wanderparkplatz (Geigelsteinparkplatz). Der bietet sich ebenfalls an, dann einfach auf der Dorfstraße Richtung Ortsmitte gehen. Im Ort einige Parkplätze am Ende der Dorfstraße, in der auch die Touristinfo liegt.
Bus/Bahn: Mit dem Zug bis Prien und dort mit der Chiemgaubahn weiter nach Aschau. Dann mit dem Bus in die Ortsmitte

Einkehr
Wildbichler Alm

Karte
Kompass Nr. 10, Chiemsee 1:50000

Information
www.sachrang.de

Grenzüberschreitend nach Tirol führt uns diese Wanderung auf die Karspitze. Der Gipfel ist einer der zahlreichen kleineren Berge, die südlich des Geigelsteins liegen. Dabei überrascht die Karspitze mit einer wunderbaren Aussicht sogar bis nach Kufstein im Inntal.

Mit der Touristinfo in Sachrang im Rücken schlendern wir nach links durch Sachrang und biegen rechts in den Kohlstattweg ein. Wir queren die Bundesstraße geradeaus und unser Weg führt uns leicht ansteigend in den Wald. Dort teilt er sich. Von rechts werden wir später zurückkommen. Wir folgen dem Weg nach links, aber schon nach etwa 300 Metern biegen wir rechts auf einen Bergpfad, der zur Wildbichler Alm beschildert ist. Und schon wird es ganz schön zackig. In Bergsteigermanier zieht sich der Pfad steil am Berghang hinauf. Zum Glück ist es schattig, denn das ist der anstrengendste Teil der Wanderung. Wir erreichen an einer Almwiese den Waldrand, schon hier dürfen wir eine erste Aussicht nach Süden genießen. Der Weg wendet sich gleich noch einmal nach links, wieder in den Wald hinein. Jetzt dauert es nicht mehr lange, dann stehen wir wieder in der Sonne, rechts über uns sehen wir schon die Wildbichler Alm. Mit einem letzten Bergauf über die Almwiese erreichen wir eine Almstraße, an der wir uns entscheiden müssen: gleich eine Einkehr oder zuerst der Gipfelrun?

Wir entscheiden uns zuerst für die Gipfelbesteigung, um nicht mit vollem Bauch bergauf zu müssen. So gehen wir auf der Straße nach links wieder in den Wald hinein. Dort folgen wir einer langen Rechtskurve und können dann rechts auf einem Pfad eine der Serpentinen abkürzen. Dafür steigt der Weg noch einmal an und weiter oben stoßen wir dann über eine Almwiese gehend wieder auf die Straße. Jetzt geht es nur noch nach rechts in einem Bogen zum bereits sichtbaren Gipfelkreuz der Karspitze und der danebenstehenden Kapelle. Für eine Rast lassen wir uns ins weiche Gras fallen oder wählen eine der Aussichtsbänke.

Anschließend steigen wir links steil über die Gipfelwiese ab, queren auf dem Brücklein die Feuchtwiese und mit ein paar Metern aufwärts stehen wir an der Karalm wieder auf der Zufahrtsstraße, der wir zur Wildbichler Alm folgen. Jetzt ist Zeit, um einzukehren und sich verwöhnen zu lassen. Auch danach treffen wir eine Entscheidung. Der kürzeste Weg führt über den Aufstiegsweg zurück. Deutlich länger, aber sehr genussvoll, ist der Abstieg nach Süden, für den wir einen großen, weiten Bogen schlagen.

Aber es lohnt sich! Vor unseren Augen liegt stets die fantastische Aussicht, die über den Niederndorfberg bis weit ins Inntal und auf den wilden Kaiser reicht. Deshalb folgen wir der Almstraße in einigen Kehren bergab. Kurz vor der Gabnalm können wir über Wiesenpfade etwas abkürzen, aber nur minimal. Schließlich geht es am Waldrand entlang, und dann zweigt in einer Serpentine bei einem Haus ein kleinerer Wanderweg nach rechts ab. Sachrang ist ausgeschildert. Immer noch abwärts erreichen wir die Häuser von Ritzgraben, zwischen denen der Wanderweg hindurchverläuft. Jetzt wird es langsam ebener und wir wandern oberhalb des Wildparks Wildbichl endlich in nördliche Richtung. Über die Grenze kommen wir wieder nach Bayern und wandern geradeaus durch eine Ferienhaussiedlung. Stets in dieser Richtung bleibend, treffen wir als Nächstes auf ein erfrischendes Kneipptretbecken, das natürlich nicht unbenützt bleibt. Die Häuser von Aschach sind schon ein Ortsteil von Sachrang. Dort treffen wir auf eine Straße, die wir nur touchieren, denn wir bleiben in Wanderrichtung, unser Weg führt leicht rechts über ein Brücklein. Wieder im Wald geht es noch einmal leicht auf und ab, und dann treffen wir wieder auf unseren Hinweg. Nun ist es nicht mehr weit zurück in die Sachranger Dorfmitte.

Ganz unten: Leuchtend rot stehen die Hagebutten in ihrem herbstlichen Kleid.

Kapelle neben dem Gipfel

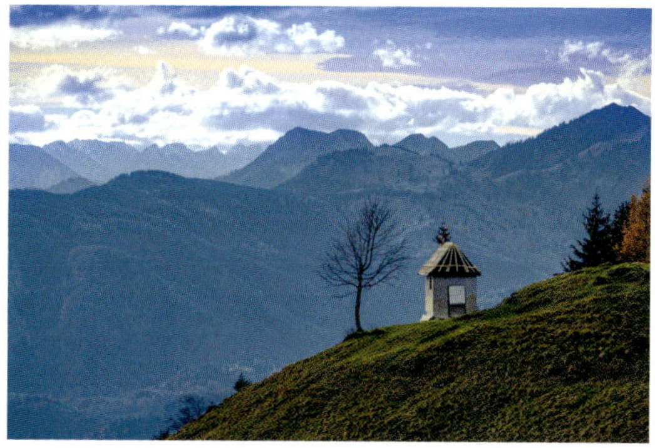

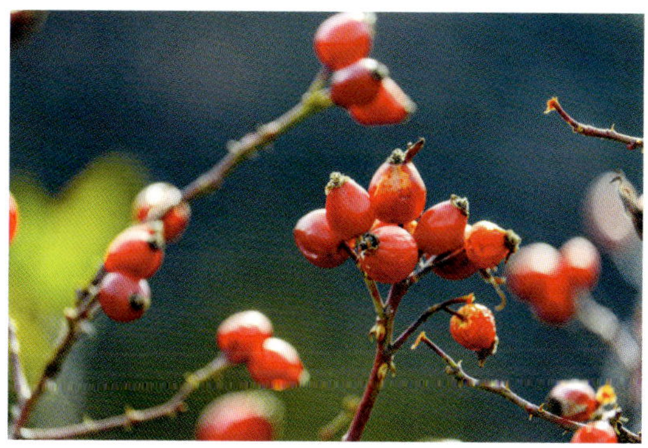

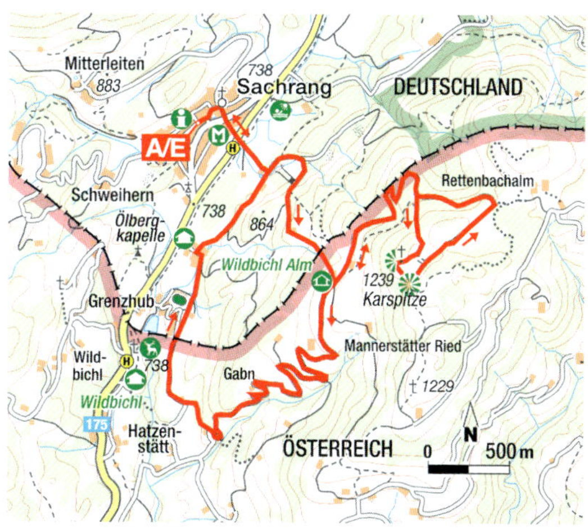

88 Um den Breitenberg bei Rottau

Drei Almen über dem Chiemgau-Moor

Leicht | 11 km | 460 m | 2.30 Std.

Tourencharakter
Leichte Bergtour auf meist schattigen Forststraßen und einfachen Wegen

Ausgangs-/Endpunkt
Feuerwehrhaus und Maibaum in Rottau

GPS-Daten
47.793476, 12.413284

Anfahrt
Auto: Über die Salzburger Autobahn, Ausfahrt Bernau am Chiemsee. Weiter auf der B 305 Richtung Grassau, das Feuerwehrhaus liegt auf der linken Seite der B 305 in Rottau. Parkplätze gibt es am Ortseingang.
Bus/Bahn: Von München über Rosenheim nach Bernau am Chiemsee, mehrmals täglich Busverbindung Richtung Grassau, Haltestelle Rottau

Einkehr
Moieralm und Hefteralm sind während der Sommermonate bewirtschaftet, vor allem auf der Hefteralm ist man auf Tagesausflügler eingestellt und man findet eine große Auswahl an Gerichten.

Karte
Kompass Nr. 10, Chiemsee/ Simssee 1:50 000

Information
www.grassau.de

Auch wenn wir in den Bergen gerne eine urwüchsige Landschaft hätten, so ist doch ein Großteil davon das Ergebnis einer jahrhundertelangen intensiven Bewirtschaftung. Wald und Almwiesen tragen so zum Erscheinungsbild der Alpen bei. Bei der Tour um den Breitenberg besuchen wir drei unterschiedliche Almen.

Am Feuerwehrhaus überqueren wir die B 305 und wandern nach rechts die Hauptstraße entlang. Am Ortsende biegen wir am Wanderparkplatz links in die Adersbergstraße ein und folgen ihr bis zu einem weiteren Wanderparkplatz. Kurz danach biegen wir links in die kleinere Almstraße ein, die zur Rottauer Moier-Alm beschildert ist. Wir wandern auf dem breiten Fahrweg, der zu den Almen hinaufführt. Jetzt geht es durch den Wald immer mit einer leichten bis mittleren Steigung bergauf. Mit etwas Abstand begleitet uns der Rottauer Bach. Nach etwa 15 Minuten teilt sich der Weg, wir halten uns links auf den flacheren Weg. Langsam nähern wir uns dem Bach und schließlich erreichen wir die Vorderalm, die auf einer Wiese etwas schlecht einsehbar liegt. Der Weg führt an der Alm vorbei und dann in einer Linkskurve weiter durch den Wald. Immer noch der Forststraße folgend, erreichen wir bald den höchsten Punkt der Tour. Dann plötzlich öffnet sich der Wald und wir treten auf die Almwiesen rund um den Breitenberg hinaus in die Sonne. Da ist die Moieralm, die im privaten Besitz ist, unter uns liegt das Naturschutzgebiet Kendlmühlfilze vor dem Chiemsee. Nun geht es über die Almwiese bergab. Im Sommer kann man auf der Moieralm einkehren, ansonsten führt der Weg etwas unterhalb von ihr weiter. In einigen Kehren erreichen wir kurz darauf die in einer Senke liegende Hefteralm, die ganz auf Bergsteiger

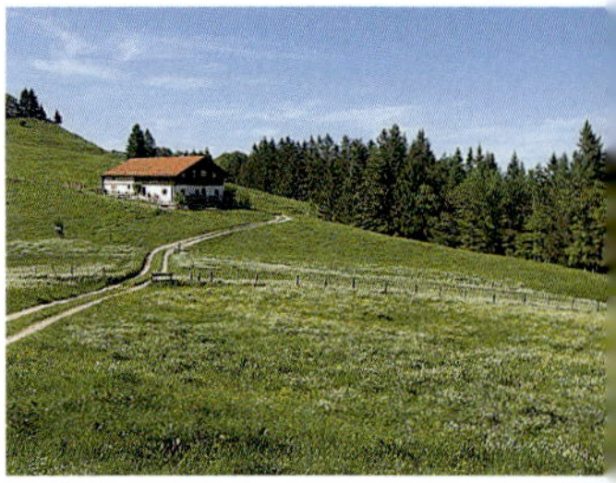

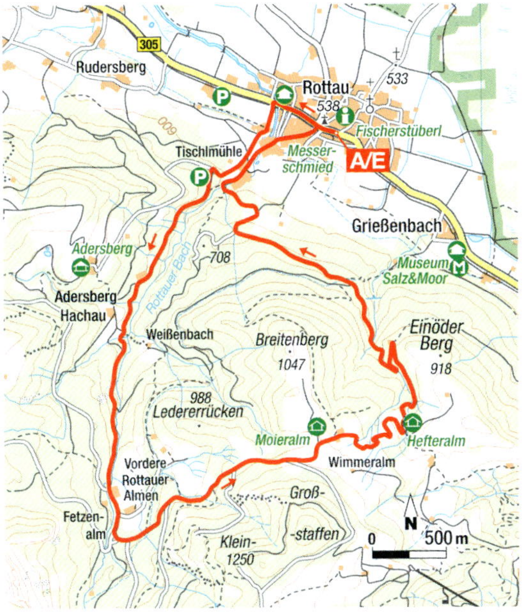

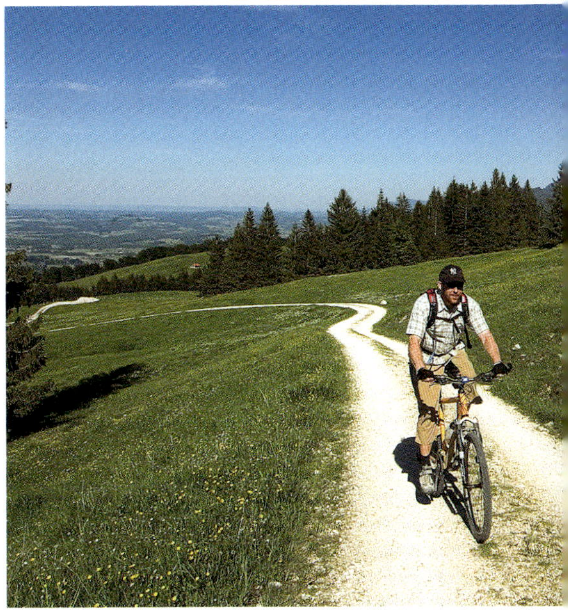

eingestellt ist. Nach einer verdienten Brotzeit geht es hinter dem Haus durch ein Gatter wieder in den Wald hinein steil bergab. An einer Weggabelung halten wir uns links (Nr. 45) und erreichen über die nördliche Flanke des Breitenbergs wieder den Rottauer Ortsrand am Bach. Durch die Straße Mühlwinkel ist es nicht mehr weit zu unserem Startplatz.

Zwischen Rottau und Grassau liegt das Brunnhaus Klaushäusl an der ehemaligen Soleleitung von Rosenheim nach Reichenhall. Die ehemalige Pumpstation mit ihren drei Gebäuden aus der Salinenzeit ist die einzig noch erhaltene. Links steht das ehemalige Wohnhaus des Brunnenwärters, das heute für Wechselausstellungen und als Verwaltungsgebäude genutzt wird. In dem großen Haus rechts befanden sich im Keller Bottiche, die als Puffer dienten, wenn etwa die Pumpe gewartet werden musste. Dazwischen steht das Herzstück der Anlage, die Solepumpe. Sie beförderte pro Tag 300 Kubikmeter Sole zu dem Haus oben am Waldrand. Von hier aus floss die Sole in ganz leichtem Gefälle zur nächsten Pumpstation in Bergham bei Bernau. Als Leitungen wurden fast immer durchbohrte Tannenstämme verwendet, die immerhin 30 Jahre hielten.

Auch Mountainbiker genießen die Rundtour zu den drei Almen.

Linke Seite: Die private Moieralm liegt am höchsten Punkt unserer Bergtour.

Tipp

Wer noch ein wenig Gipfelglück mitnehmen möchte, biegt kurz vor der Moieralm rechts auf den ausgeschilderten Weg zum Fahrnpointgipfel ab und kehrt anschließend auf demselben Weg zurück.

89 Über die Staffnalm zur Hochplatte

Aussichtsreicher Chiemgaugipfel

Mittel | 7 km | 600 m | 4 Std.

Tourencharakter
Einfache, meist schattige Wanderung auf Wanderwegen, nur die letzten Meter am Gipfel fordern etwas Trittsicherheit. Den ersten Teil der Wanderung kürzen wir mit der Hochplattenbahn ab.

Ausgangs-/Endpunkt
Parkplatz an der Talstation der Hochplattenbahn

GPS-Daten
47.761260, 12.435282

Anfahrt
Auto: A 8 Richtung Salzburg bis Bernau, dann auf der B 305 Richtung Reit im Winkl. In Marquartstein am Rathaus rechts abbiegen, die Hochplattenbahn ist ausgeschildert und liegt im Ortsteil Niedernfels.
Bus/Bahn: Von München bis Bahnhof Prien am Chiemsee oder Übersee, von dort mit dem RVO-Bus bis Marquartstein, Anmarsch von 30 Min.

Einkehr
Die Staffnalm ist wunderschön gelegen und bekannt für ihre Wahnsinnsbratkartoffeln!

Karte
Kompass Nr. 10 Chiemsee, 1:50 000

Information
www.marquartstein.de

Der Gipfel der Hochplatte liegt fast unscheinbar neben der berühmten Kampenwand, und das hat seine Vorteile. In puncto Aussicht steht die Hochplatte ihr in nichts nach, trotzdem ist es hier deutlich ruhiger als an der bekannten Nachbarin.

Wir beginnen unsere Wanderung am Parkplatz der Hochplattenbahn. Wenn wir unser Ziel, nur vier Stunden zu wandern, einhalten möchten, lösen wir lieber Liftkarten und fahren bequem die ersten 400 Höhenmeter hinauf. Wer mehr Zeit hat, nimmt den Fußweg, der links von der Lifttrasse hochführt. So erreichen wir die Bergstation und dahinter nach wenigen Schritten die schön gelegene Staffnalm. Diese merken wir uns für den Rückweg vor. Zur Hochplatte wenden wir uns vor der Staffnalm nach links und folgen der Beschilderung »Hochplatte/Kampenwand« in

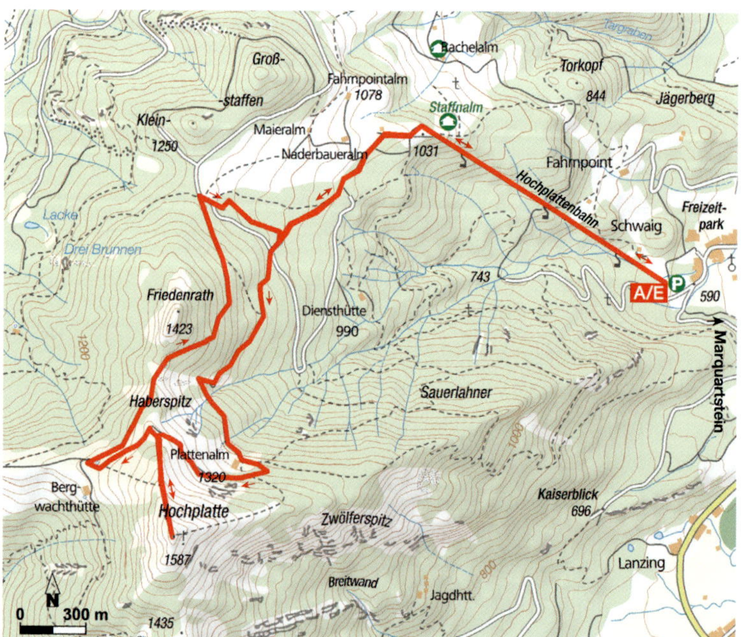

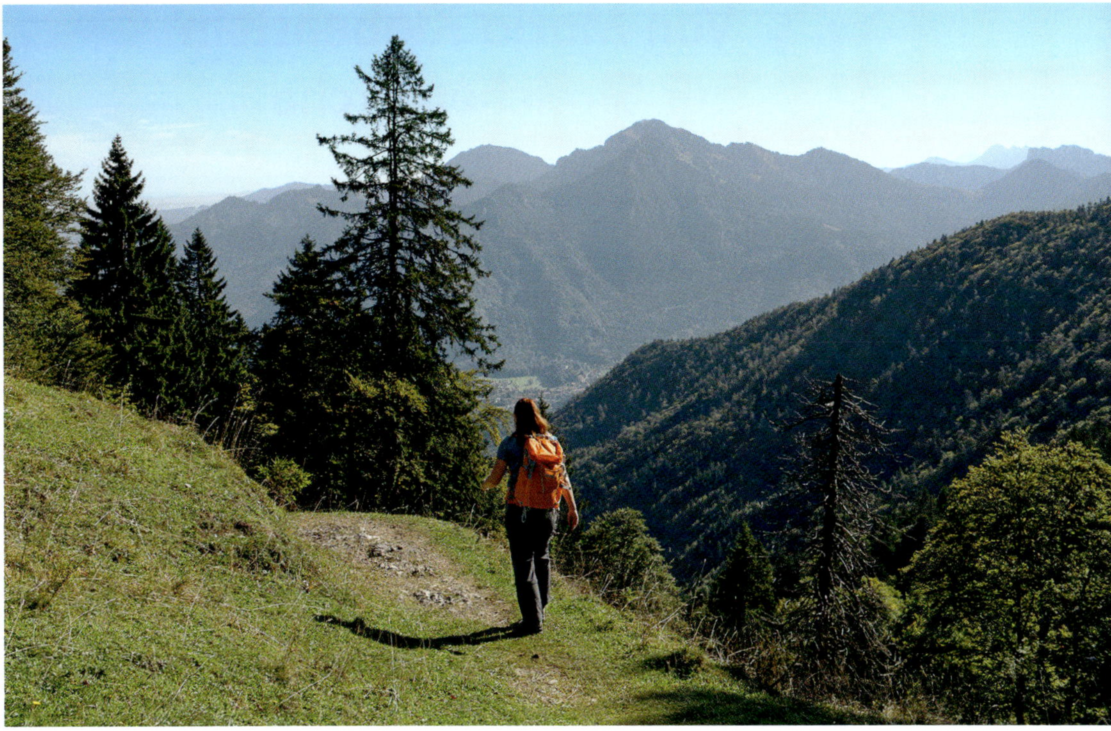

Bergsteiger beim Abstieg zurück zur Staffnalm

den Wald. Der breite Forstweg führt uns über die Plattenalm in einem großen Bogen zu einem Sattel. Hier machen wir uns zum finalen Gipfelsturm auf und folgen nun links dem kleinen Pfad, der steil zwischen Latschen zur Hochplatte führt.

Zum Glück ist der Gipfel etwas von den Latschen befreit und wir haben genug Platz für eine Gipfelbrotzeit. Die Aussicht ist jede Mühe wert, denn hier reihen sich die Paradegipfel der Chiemgauer Alpen aneinander – wobei wir weit nach Süden sogar bis zum schneebedeckten Großvenediger blicken.

Zurück wandern wir zunächst bis zum Sattel und wenden uns dann aber nach links. Mit etwas Abstand passieren wir die Piesenhauser Hochalm und biegen rechts ab, um am Fuße des Friedenraths vorbei wieder die Staffnalm zu erreichen.

Wer mit kleinen Kindern unterwegs ist, lässt vielleicht den Hochplattengipfel aus und stattet dafür dem schön gestalteten Bergerlebnisweg Staffn einen Besuch ab (siehe Tipp).

Unser Familientipp

Am Bergerlebnisweg Staffn (3,5 km langer Rundkurs) gibt es jede Menge Mitmach- und Erlebnisstationen wie Hängesessel, Fernrohre, Spielehäuschen, Infotafeln zu Lawinenschutz oder Waldbewirtschaftung und die herrliche Drachenschaukel.

90 Von Maria Klobenstein zur Streichenkirche

Schmuggler und Wallfahrer

Mittel | 13 km | 500 m | 4 Std.

Tourencharakter
Einfache Halbtageswanderung auf schönen Wanderwegen und Pfaden

Ausgangs-/Endpunkt
Ettenhausen, Parkplatz Geigelsteinbahn

GPS-Daten
47.7039, 12.3789

Anfahrt
Auto: Über die A 8 bis Ausfahrt Prien/Bernau, weiter über Bernau, Grassau, Marquartstein ins Achental nach Schleching. Dort in den Ortsteil Ettenhausen bis zum Parkplatz der ehemaligen Geigelsteinbahn.
Bus/Bahn: Mit der Bahn bis Bahnhof Prien, Bernau oder Übersee, weiter mit dem Bus

Einkehr
Gasthof Klobenstein, Berggasthof am Streichen

Karte
Kompass Nr. 10, Chiemsee, 1:50 000

Information
www.schleching.de

Die heutige Wanderung ist keine dramatische Gipfeltour, bietet aber doch viel Abwechslung, verbunden mit viel Berggefühl. Eine tief eingeschnittene Klamm, eine Wallfahrtskirche mit urigem Wirtshaus und die Streichenkirche erwarten uns.

Vom Parkplatz der ehemaligen Geigelsteinbahn in Ettenhausen folgen wir der Beschilderung auf den Schmugglerweg, der am Ende des ersten Parkplatzes beginnt. Mit viel Trubel müssen wir hier zum Glück nicht rechnen, denn die Bahn ist schon seit fast 20 Jahren nicht mehr in Betrieb. Im Wald wendet sich der Weg gleich nach links und kurz darauf nach rechts. Mit schönster Aussicht auf die Südseiten der Hochplatte und der Kampenwand geht es am Waldrand entlang und dann über eine Wiese zu einem quer verlaufenden Weg. In diesen biegen wir rechts ein und können uns nun nicht mehr verlaufen. Im leichten Auf und Ab passieren wir den tief unter uns liegenden Rudersburger See. Bald überqueren wir zwei Brücken und freuen uns über die abwechslungsreiche Strecke, die dabei allen Kurven der Bergflanke folgt. Schließlich endet der bequeme, breite Forstweg. Nach rechts beginnt nun ein steiler ansteigender Bergpfad, der sogar an einer Stelle mit einem Seil gesichert ist. Nun wird der Weg seinem Namen als Schmugglerpfad gerecht!

Kurz darauf haben wir die Grenze nach Tirol erreicht. Direkt nach dem Grenzschild machen wir uns an den Abstieg. Steil geht es nun bergab, etwas Konzentration ist gefragt. Dann verzweigt sich der Weg. Nach rechts könnten wir bis Kössen weiterwandern. Nach links folgt der finale Abstieg hinunter zur Tiroler Ache, zur Hängebrücke und damit zur Flussüberquerung hinüber nach Klobenstein.

Direkt unter der Wallfahrtskirche Klobenstein liegt der gleichnamige Gasthof mit seinem gemütlichen Gastgarten. Jetzt wollen wir natürlich noch die kleine Wallfahrtskirche besichtigen. Durch den geklobenen, also gespaltenen Stein können wir hindurchsteigen. Die dazugehörige Sage lesen wir auf einer Informationstafel in der Kirche.

Nach dem Besuch der Kirche steigen wir hinauf zur Autostraße. Ihr folgen wir nach links, stellenweise auf einem Gehsteig oder auf dem Pfad daneben. Erst unmittelbar vor dem zweiten Tunnel beginnt dann nach links wieder ein Wanderweg, der zur Bäckeralm und nach Streichen ausgeschildert ist. Der anfangs breitere Weg steigt gemütlich an, verlässt bald den Wald und dann erleben wir schönste Ausblicke auf das Achental und seine umgebenden Berge. Der Weg teilt sich. Nach rechts können wir über die Bäckeralm zur Streichenkapelle aufsteigen. Doch der direkte und schnellere Weg führt nach links über eine lang gestreckte Almwiese. Weiter ansteigend wird er zu einem Pfad, der wieder in den Wald hinein und schließlich ganz zum Schluss über eine kleine Felsstufe führt. Dann stehen wir direkt an der Streichenkapelle. Nicht nur die Aussicht auf Schleching ist wunderschön, die wahren Schätze verstecken sich im Inneren des Gotteshauses. Und da man von Kunst alleine nicht satt wird, liegt idealweiser direkt am Fuße der Kirche der Berggasthof Streichen.

Um zurück ins Tal zu gelangen, folgen wir der kleinen ungeteerten Auffahrtsstraße abwärts. Zwischendurch kürzen wir über einen Pfad nach links ab. Er führt uns deutlich schneller und steiler abwärts. Im Tal stoßen wir auf die B 307. Dieser folgen wir rechts über die Achentalbrücke. Auf der anderen Uferseite wählen wir dann den zweiten Weg nach links. An den zwei Scheunen halten wir uns rechts und folgen nun der Radweg-Beschilderung zurück nach Ettenhausen.

Die Hängebrücke über die Entenlochklamm ist einer der Höhepunkte der Wanderung.

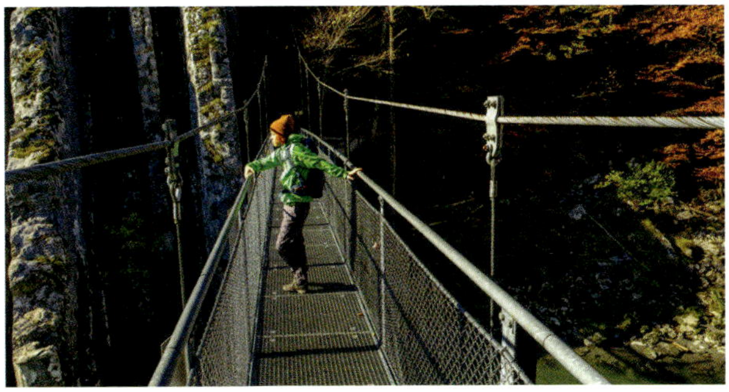

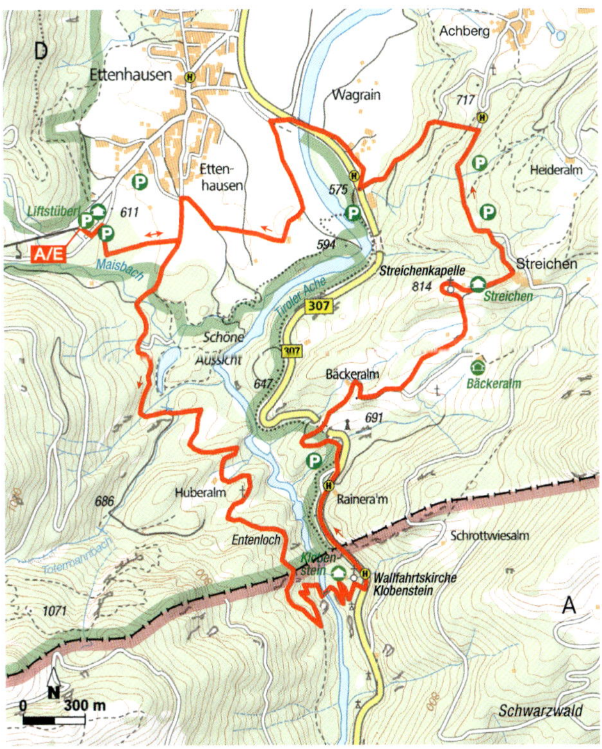

91 Auf das Wetterkreuz

Stille Wege zum kleinen Gipfel

Leicht | 9 km | 400 m | 3 Std.

Tourencharakter
Einfache Wanderung auf Bergpfaden, im Bereich des Wetterkreuzes muss man etwas schwindelfrei sein.

Ausgangs-/Endpunkt
Pfarrkirche in Reit im Winkl

GPS-Daten
47.678225, 12.470087

Anfahrt
Auto: Über die Salzburger Autobahn A 8, Ausfahrt Übersee. Weiter über Marquartstein nach Reit im Winkl, Parken an allen ausgewiesenen Parkplätzen im Ort.
Bus/Bahn: Von München nach Prien am Chiemsee, Anschlussbus nach Reit im Winkl

Einkehr
Hutzenalm: Dienstag Ruhetag, von März bis Mai und November bis Weihnachten nur am Wochenende geöffnet
Gasthaus Stoaner/Birnbach: Montag Ruhetag
Gasthof Glapfhof
Am Ende der Tour hat man in Reit im Winkl eine große Auswahl verschiedenster Lokale.

Karte
Kompass Nr. 10, Chiemsee/Simssee oder Kompass Nr. 14, Berchtesgadener Land, 1:50 000

Information
www.reitimwinkl.de

Natürlich ist Reit im Winkl kein Geheimtipp. Aber neben der berühmten Winklmoosalm gibt es noch eine Menge Wanderwege, die alle von dem überaus reizenden Landschaftsbild des Reit im Winkler Tales profitieren.

Von der Pfarrkirche in Reit im Winkl gehen wir in die Hausbergstraße und folgen rechts den Hinweisschildern zur Eckkapelle. Entlang den Kreuzwegstationen stehen wir bald an der Eckkapelle. Auf der Almstraße hinter der Kapelle wandern wir links leicht aufwärts. So erreichen wir die Abzweigung zur Glapfalm, der wir nach links folgen. Kurz darauf steuern wir auf die Alm zu, von dort geht es an den Waldrand und dann folgen wir links der Beschilderung zum Wetterkreuz. Nach dem Viehgatter kommen wir zu einer Senke, wo uns kurz vorher an einer Bank rechts ein Schild zum Wetterkreuz führt. Im Zickzack geht es aufwärts. An manchen Stellen fällt der Hang steil ab, hier ist ein wenig Schwindelfreiheit nützlich. Über einen Sattel und ein paar Treppenstufen erreichen wir den Gipfel des 1064 Meter hohen Wetterkreuzes und genießen die Aussicht. Im Südwesten liegen Wilder und Zahmer Kaiser, über dem Inntal ragen die Berge um Bayrischzell in den Himmel. Direkt nach Süden liegen der Untersberg, das mit Antennen »verzierte« Kitzbühler Horn, die

Königlicher Besuch

Die Tourismusanfänge hat Reit im Winkl dem Besuch des heimatbegeisterten Bayernkönigs Maximilian II. im Jahre 1858 zu verdanken. Mit von der Partie war der Schriftsteller Franz von Kobell. Seine Berichte machten die Bevölkerung auf die Schönheit des Landes aufmerksam. Schon damals war es chic, sich auf die Spuren seines Monarchen zu begeben, und der Fremdenverkehr begann.

Die Bergkette von der Rudersburg zum Geigelstein bildet eine Silhouette unterm Abendhimmel von Reit im Winkl.

Schneefelder der Hohen Tauern mit dem Großvenediger, das Fellhorn und die Loferer Steinberge. Im Südosten finden wir das Dürrnbachhorn (Tour 92) und die Berchtesgadener Berge. Zurück geht es über die Treppenstufen zum Sattel und nun nach links auf den Bergpfad. Unser nächstes Ziel ist die Hutzenalm. Der gut ausgeschilderte Weg (die leichte rote Variante) führt durch den Wald leicht abwärts und über eine kleine Straße erreichen wir schließlich die Hutzenalm. Jetzt haben wir uns eine Pause verdient. Von dort wandern wir auf der steil abwärtsführenden kleinen Teerstraße nach Birnbach, wo wir gleich beim Gasthof Stoaner rechts und nach dem letzten Haus links auf einen Feldweg kommen. Wir passieren ein schönes Feldkreuz zwischen zwei Ahornbäumen und einen kleinen Weiher und stoßen wieder auf ein Teersträßchen. Nun nach links, am Gasthaus Glapfhof vorbei, kommen wir direkt ins Zentrum von Reit im Winkl zurück.

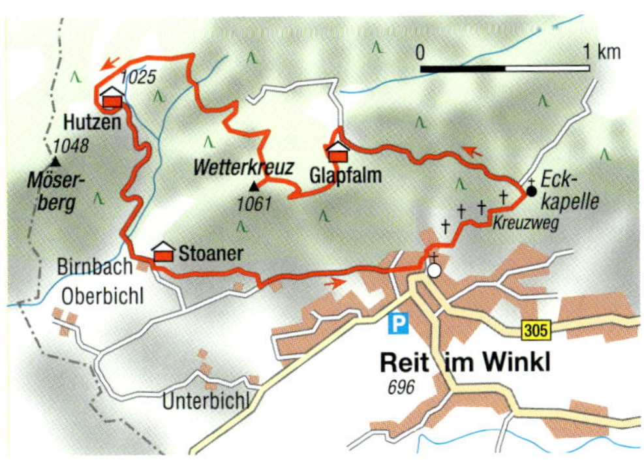

92 Vom Dürrnbachhorn über die Wildalm nach Winklmoos

Ruhige Wege über turbulentem Land

Mittel | 8 km | ↑200 m ↓600 m | 3.30 Std.

Tourencharakter
Mithilfe des Liftes ist die Tour nicht sehr anstrengend, aber etwas länger. Außerdem muss man für die Gratüberschreitung schwindelfrei und trittsicher sein. Nur bei trockenen Wegverhältnissen gehen.

Ausgangs-/Endpunkt
Dürrnbachhorn-Sesselbahn in Winklmoos

GPS-Daten
47.659507, 12.583750

Anfahrt
Auto: Über die A 8 bis Übersee und nach Reit im Winkl, dort Richtung Ruhpolding, bei Seegatterl rechts auf die Mautstraße zu den Winklmoosalmen; Parkplatz am Dürrnbachhornlift.
Bus/Bahn: Nach Prien am Chiemsee; weiter mit dem Bus nach Reit im Winkl und per Bus zur Winklmoosalm

Einkehr
Bergstation Dürrnbachhorn; Wildalm, bewirtschaftet von Mai bis September; am Ende der Tour Gaststätten auf dem Gebiet der Winklmoosalm

Karte
Kompass Nr. 14, Berchtesgadener Land/Chiemgauer Alpen 1:50 000

Information
www.reitimwinkl.de

Unbekannt ist die Winklmoosalm bestimmt nicht. Das liegt wohl an den saftigen Almwiesen, die sanft zwischen den Bergen eingebettet sind. Aber auf das Dürrnbachhorn wagen sich trotz der Aufstiegshilfe mit der Sesselbahn wenige.

Fast lautlos schweben wir etwa 20 Minuten langsam mit der schon leicht betagten Dürrnbachhorn-Sesselbahn zur Bergstation. Hier starten wir unsere Wanderung und steigen auf dem teilweise sehr steilen, aber gut ausgebauten Pfad die knapp 200 Höhenmeter bis zum Gipfel des Dürrnbachhorns. Vom Gipfelkreuz genießen wir das 360-Grad-Panorama. Wir stehen hier an der Grenze zwischen den Tiroler und den Chiemgauer Bergen. Im Norden, unter uns im Tal, liegen die Seen entlang der deutschen Alpenstraße, im Süden die Loferer und Leoganger Steinberge, und im Vordergrund dominiert die Steinplatte, zu deren Füßen sich die Winklmoosalm breitmacht. Das Kitzbüheler Horn ist leicht durch seinen Antennenwald auf dem Gipfel auszumachen, dahinter schimmert weiß die Schneeflanke des Großvenedigers. Nur mit Mühe können wir uns von dem großartigen Rundblick losreißen.

Vom Gipfel wandern wir am Grat entlang Richtung Osten. Hier kommen wir nun zu den einzigen Stellen auf dieser Wanderung, wo wir schwindelfrei sein sollten und aufpassen müssen. Der Pfad ist nicht übermäßig breit, und nach links fällt die felsige Bergflanke steil hinab. Wem das nichts ausmacht, darf sich über den alpinen Weg mit grandioser Aussicht freuen. Bald wendet sich unser Weg vom Kamm weg nach rechts ab-

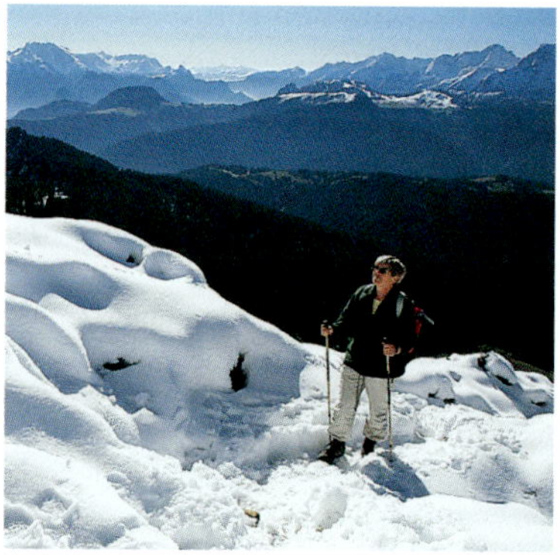

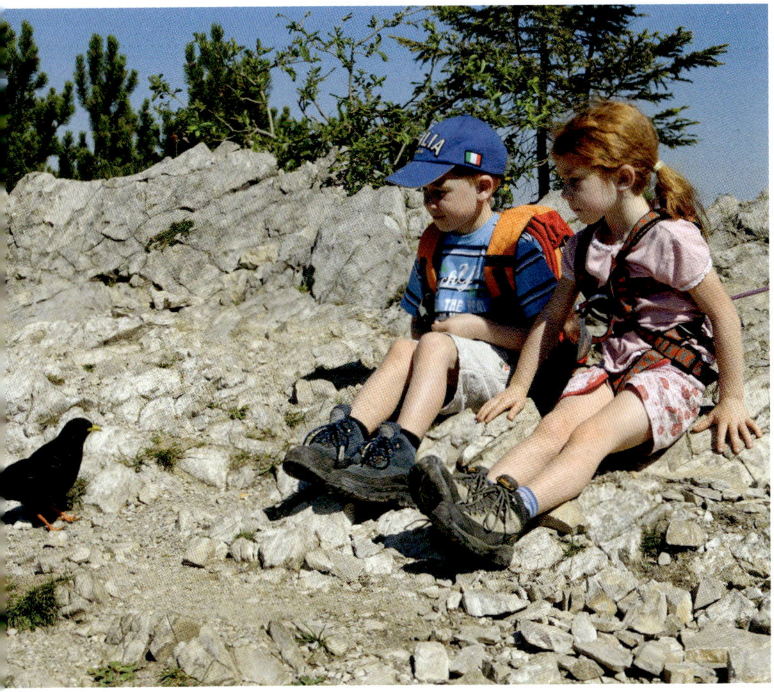

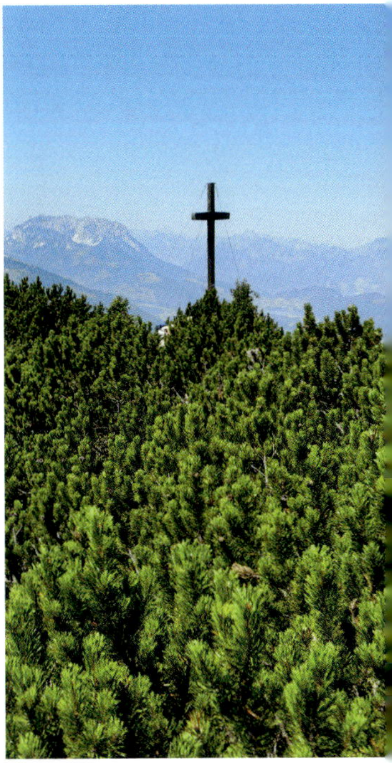

wärts. Über die Piste eines Skiliftes kommen wir nach unten. Der schnellste Weg zurück führt über die bereits sichtbare Finsterbachalm zur Talstation des Dürrnbachhorn-Sesselliftes. Unsere Abstiegsvariante geht jedoch weiter über die abknickende Lifttrasse und den Almboden der Wildalmen zu einer geschotterten Straße, auf der wir rechts weiterwandern. So erreichen wir die Wildalm, die sich zu einer Verschnaufpause anbietet.
Von der Alm gehen wir an die Kreuzung zurück und biegen nach links auf die breite Forststraße. Nun geht es ohne große Anstrengung an der Südflanke des Hochgimpling entlang. Nach einem kleinen Brunnen teilt sich der Weg. Rechts steigen wir noch einmal ein bisschen auf und treffen direkt an der bayerisch-tirolerischen Grenze auf den Weg, der von den Finsterbachalmen kommt. Wir halten uns links, betreten über die Grenze wieder bayerischen Boden und treffen nach der Lifttrasse auf eine geteerte Bergstraße. Links abwärts erreichen wir wenige Minuten später die Talstation der Dürrnbachhorn-Sesselbahn.

Das Gipfelkreuz liegt zwischen den Latschen.

Links: Pause am Gipfelgrat des Dürrnbachhorns. Dieser ist jedoch nur für bergerfahrene oder mit Seil gesicherte Kinder geeignet.

Linke Seite: Die Wege am Dürrnbachhorn können schon im frühen Herbst tief verschneit sein.

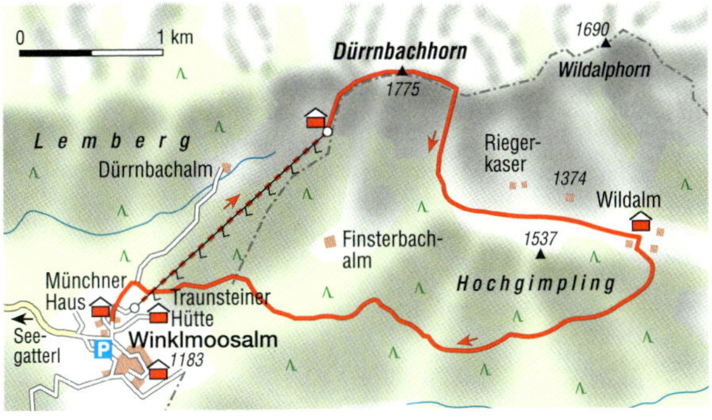

93 Zur Unternbergalm

Bergauf oder bergab?

Mittel	5 km	600 m	2 Std.

Tourencharakter
Die Strecke führt über ein kleines Almsträßchen und über steiler ansteigende Berg- und Wiesenpfade. Technisch keine Schwierigkeiten. Ein Teil der Strecke kann mit dem Lift zurückgelegt werden. Im Winter lohnt sich die Tour auch mit dem Schlitten.

Ausgangs-/Endpunkt
Unternbergbahn/Ruhpolding

GPS-Daten
47.7380, 12.6307

Anfahrt
Auto: Auf der Salzburger Autobahn A 8 zur Ausfahrt Siegsdorf und weiter nach Ruhpolding. Am Südende des Ortes links, die Unternbergbahn ist ausgeschildert.
Bus/Bahn: Mit der Bahn bis Ruhpolding, dann weiter mit dem Bus

Einkehr
Neben der Unternbergalm liegen entlang der Strecke noch die Berggaststätte Raffneralm (Mi und Sa Ruhetag) und die urige Boideralm (nur im Sommer).

Karte
Kompass Nr. 14, Berchtesgadener Land/Chiemgauer Alpen 1:50000

Information
www.ruhpolding.de

Neben dem Rauschberg ist der Unternberg der zweite Hausberg von Ruhpolding. Auch auf seinen Gipfel führt eine Bahn, ein Doppelsessellift, für den wir uns entweder als Auf- oder als Abstiegshilfe entscheiden. Neben der schönen Aussicht ist die Unternbergalm am Gipfel unser Ziel.

Da wir dort sicherlich nicht untätig auf der Sonnenterrasse sitzen werden, lohnt es sich, vor der Kalorienzufuhr etwas sportlich unterwegs zu sein. Deshalb steigen wir zu Fuß die 600 Höhenmeter hinauf und schweben dann lieber mit vollem Bauch im Lift zurück ins Tal. Los geht es mit Blick auf die Unternbergbahn.

Die drei K

Gleich neben der Bergstation liegt die Unternbergalm. Sie wurde renoviert und ist ein echtes Highlight. Urgemütlich durch Altholz und panoramagrandios durch die riesigen Fensterscheiben: Die Chiemgauer Alpen, Tiroler Berge oder die Loferer Steinberge und der Wilde Kaiser scheinen zum Greifen nah und auch die Sicht ins Tal ist uneingeschränkt. Sattsehen geht nicht, dafür satt essen. Dier drei K stehen selbstverständlich auf der Karte: Kaspressknödel, Kaiserschmarren und Kässpatzn.

Wir folgen der kleinen Almstraße, die rechts davon beginnt. Sie führt kurz darauf unter dem Lift hindurch, dann passieren wir die Berggaststätte Raffneralm.
Kurz danach verlassen wir die Almstraße nach rechts auf einen kleinen Wanderweg in den Wald, mit dem wir die Almstraße abkürzen können. Auf diese treffen wir nach einer Weile wieder und folgen ihr nach rechts. So erreichen wir die Gschwendtboden-Diensthütte. Ab hier geht es sonnig weiter. Wahlweise

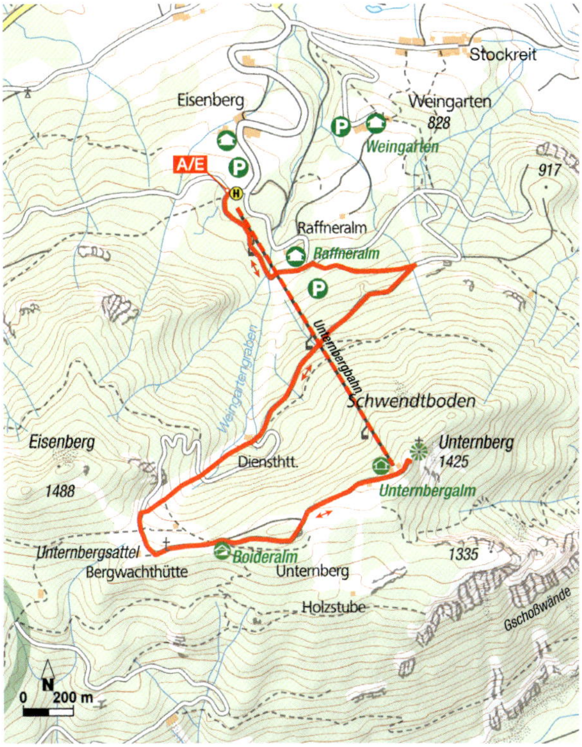

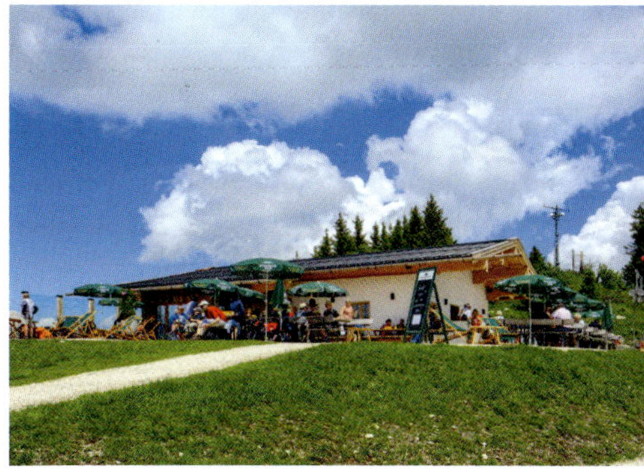

Ganz oben: Die Unternbergalm lohnt alleine schon wegen ihrer Lage für einen Besuch.

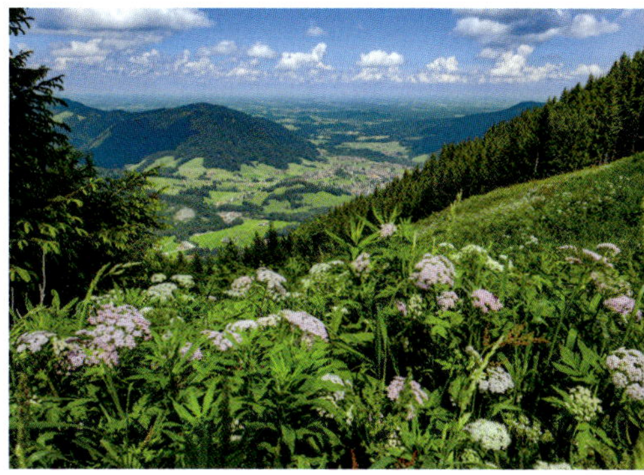

Aussicht auf Ruhpolding

können wir nun weiter der Almstraße folgen oder kürzer, aber deutlich steiler, den Aufstieg über den Alten Steig wagen. Er führt fast geradeaus direkt über die Almwiese hinauf und quert dabei noch einmal die Almstraße. Erst am Schluss folgen wir der Almstraße wieder. Diese beschreibt einen Linksbogen und wir passieren einige Almhütten am Unternbergsattel.

Nun ist es nicht mehr weit. Vorbei an der mit Steinplatten gedeckten Boideralm, deren liebevoller Almgarten schon zu einer verfrühten Einkehr lockt, geht es die letzten 20 Minuten hinauf zur Unternbergalm. Bevor wir es uns aber in einem der Liegestühle gemütlich machen, wollen wir schließlich noch den Gipfel besuchen.

Ihn erreichen wir auf einem kleinen Pfad, der hinter der Bergstation der Unternbergbahn liegt. Mit einem hübschen Bildstock markiert, erlaubt er den Blick in den Ruhpoldinger Talkessel. Danach haben wir uns die Einkehr wirklich verdient.

Nur die letzte Talfahrt sollten wir auf keinen Fall versäumen, denn sonst geht es wieder zu Fuß auf gleichem Weg den Berg hinab.

94 Durch die Schwarzachenklamm

Von der Klamm zur Alm

Leicht | 8 km | 300 m | 3 Std.

Tourencharakter
Leichte Wanderung, zunächst durch eine beliebte Schlucht zu einer Alm, dann gemütlicher Abstieg über die Forststraße

Ausgangs-/Endpunkt
Weißbach an der Alpenstraße, Nördliche Weißbachbrücke

GPS-Daten
47.725827, 12.760446

Anfahrt
Auto: Auf der A 8 Richtung Salzburg, Ausfahrt Traunstein/Siegsdorf, über Siegsdorf nach Inzell, weiter auf der B 305 Richtung Weißbach. Parkplätze gibt es am nördlichen Ortseingang von Weißbach, rechts der Straße, sie sind mit Mautnerfeld und Reitereck ausgeschildert.
Bus/Bahn: München Richtung Salzburg, Haltestelle Traunstein, von dort fast stündlich Busse nach Weißbach

Einkehr
Mit viel Berggefühl präsentiert sich die Harbachalm mit Brotzeiten, Kaffee und Kuchen; auch Pichler- und Kaitlalm.

Karte
Kompass Nr. 14, Berchtesgadener Land/Chiemgauer Alpen, 1:50 000

Information
www.schneizelreuth.de

Eine kurze Wanderung in den Chiemgauer Bergen, aber abwechslungsreich durch eine Klamm, mit einem Informationspfad zum Thema Triften bei der Holzarbeit. Auch zwei Einkehrmöglichkeiten liegen auf der Strecke. Was brauchen wir mehr, selbst wenn Gipfelsammler leer ausgehen?

Vom Wanderparkplatz sind es nur wenige Schritte bis zur Brücke über den Weißbach, unserem Startplatz. Wer am östlichen Ufer keinen Parkplatz gefunden hat und sein Fahrzeug auf der anderen Seite geparkt hat, kann gleich dort bleiben. Alle anderen queren den Fluss und folgen der Beschilderung Richtung Kaitlalm, Harbachalm und Pichleralm nach rechts. Kurz darauf beginnt bereits die Vordere Schwarzachenklamm. Zunächst wandern wir an der ehemaligen Trasse der Waldbahn entlang, die einst den Holztransport vereinfachte; Informationstafeln am Wegesrand liefern uns historische Beschreibungen der gefährlichen Arbeit des Holztriftens. Herrlich schattig steigt der Weg in einer Linkskurve entlang des Wasserlaufs an und wir gewinnen zunächst kaum merklich an Höhe. An der Bäckinger Klause (762 m), wo früher das Wasser für die große Holztrift aufgestaut wurde, verlassen wir die Schlucht (hierher werden wir nach dem Almbesuch wieder zurückkommen). Zunächst steigen wir nun rechts den steileren Weg bergan. Die Anstrengung währt nicht lang, und bald haben wir die Harbacheralm erreicht. Auch wenn sie uns keine sensationelle Aussicht vergönnt, sitzt man hier doch sehr gemütlich vor der Hütte. Die Alm ist ganz auf Gäste, Mountainbiker und Wanderer einge-

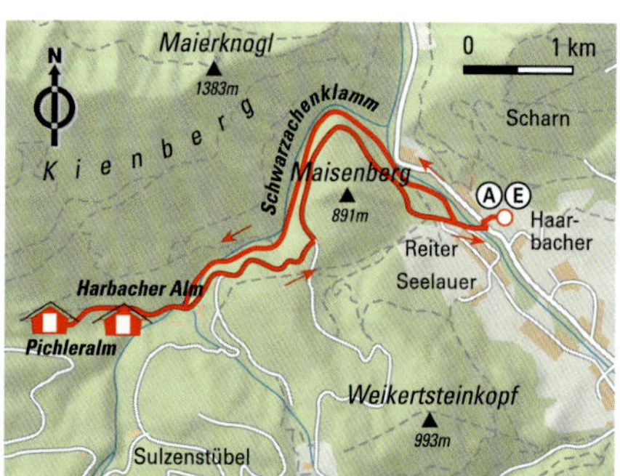

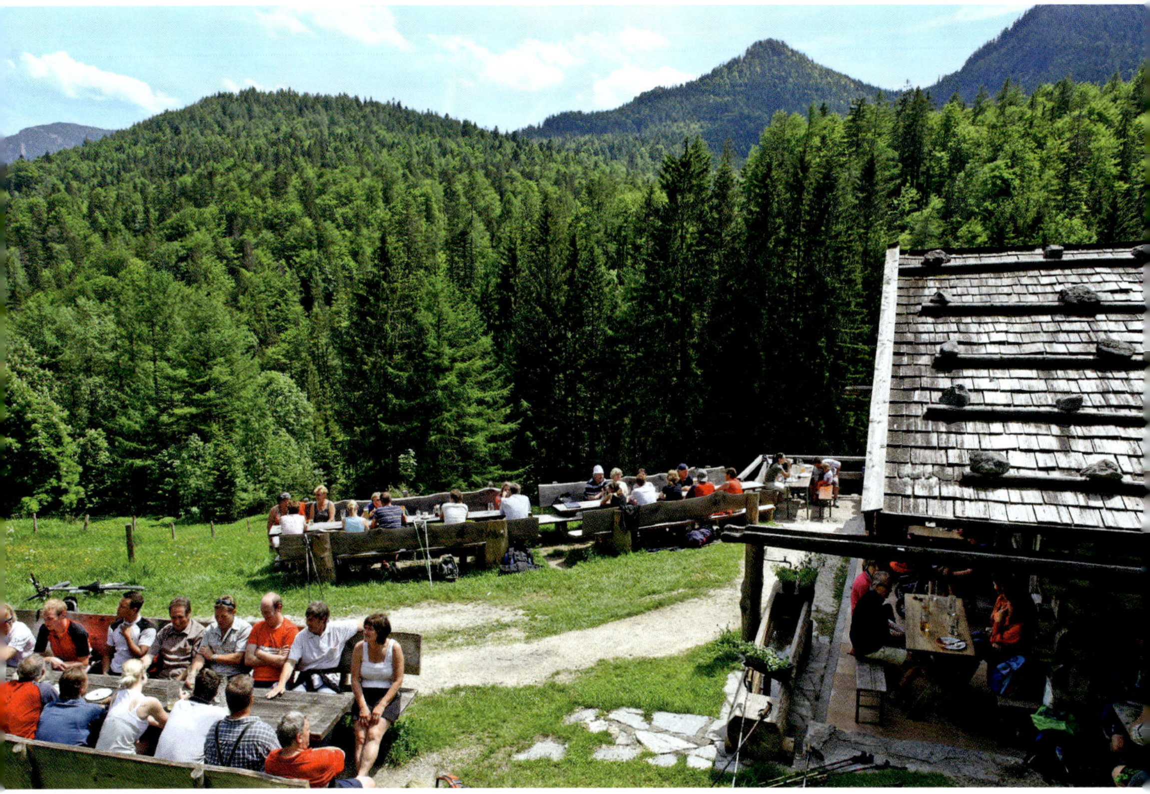

Die Harbachalm oberhalb der Klamm ist ein beliebter Treffpunkt der Freizeitsportler.

stellt, und da die Tour auch eine sehr beliebte Strecke für Familien ist, kann es an einem Wochenende schon mal voll werden. Den Aufstieg entlang der plätschernden Schwarzache schaffen selbst die Kleinsten spielend, und Spaß haben sie dabei auch noch. Etwas ruhiger geht es ein paar Hundert Meter weiter auf der Pichleralm (850 m) zu. Auch hier werden wir von den freundlichen Almpächtern mit Brotzeit und Getränken verwöhnt – den feinen selbst gebackenen Kuchen sollte man sich nicht entgehen lassen! Wer möchte, kann nun weitere 30 bis 40 Minuten bis zur Kaitlalm (970 m) aufsteigen, die auf einem herrlichen Sattel liegt. Der breite, einer Forststraße ähnelnde Weg ist jedoch sehr sonnig. Der einfachste Rückweg führt wieder zum Holzplatz an der Bäckinger Klause. Hier gehen wir rechts, noch einmal ein kurzes, steiles Stück zum Forstweg hinauf und diesem dann links folgend schließlich stets leicht bergab zurück zum Parkplatz.

Achtung

Die Klamm ist im Winter gesperrt. Oft rauschen Lawinen die steilen Bergflanken hinunter, dann dauert es lange, bis der Zugang wieder frei ist.

95 Zur Mordaualm

Almidylle mit Blick zum Hochkalter

Leicht | 8 km | 350 m | 2 Std.

Tourencharakter
Einfache, unkomplizierte Wanderung auf gut gepflegten Wegen. Die Verlängerung der Tour erfordert weitere 300 Höhenmeter. Insgesamt dauert die Tour dann knappe 4 Std.

Ausgangs-/Endpunkt
Parkplatz Wachterl in der Gemeinde Ramsau

GPS-Daten
47.636162, 12.856193

Anfahrt
Auto: Über die Autobahn A 8 bis Ausfahrt Siegsdorf und über Inzell, dann auf der B 305 (Dt. Alpenstraße) über Weißbach und Schneizlreuth Richtung Ramsau. Vor der Abzweigung zum Hintersee Wanderparkplätze bei der Schwarzbachwacht nutzen.
Bus/Bahn: Mit der Bahn bis Berchtesgaden, weiter mit Buslinie 846 bis in die Ramsau (Abfahrtszeiten vorab bei der Touristinfo erkundigen, der Bus fährt nicht regelmäßig)

Einkehr
Mordaualmen

Karte
Kompass Nr. 14 Berchtesgadener Land, 1:50 000

Information
www.ramsau.de

Die Mordaualm im Lattengebirge besteht aus zwei nebeneinanderliegenden Almhütten, der Kederbach- und der Hinterkeilhofhütte. Mit fantastischem Blick auf den Hochkalter und das Blaueis lässt es sich zu einer Brotzeit perfekt einkehren.

Wir starten unsere Wanderung am Wanderparkplatz und folgen dem Wanderweg in Richtung Ramsau, der parallel zur Deutschen Alpenstraße verläuft. Nach wenigen Metern queren wir die kleine nach Hintersee führende Straße und wandern zunächst fast eben durch den Wald zum idyllischen Taubensee. Eine kleine Schaurast können wir an dem Steg einlegen, denn im Wasser spiegelt sich der Hochkalter. Ein kleines Stück später nähern wir uns wieder der Alpenstraße und wechseln nach links durch einen Fußgängertunnel sicher auf die andere Seite. Hier

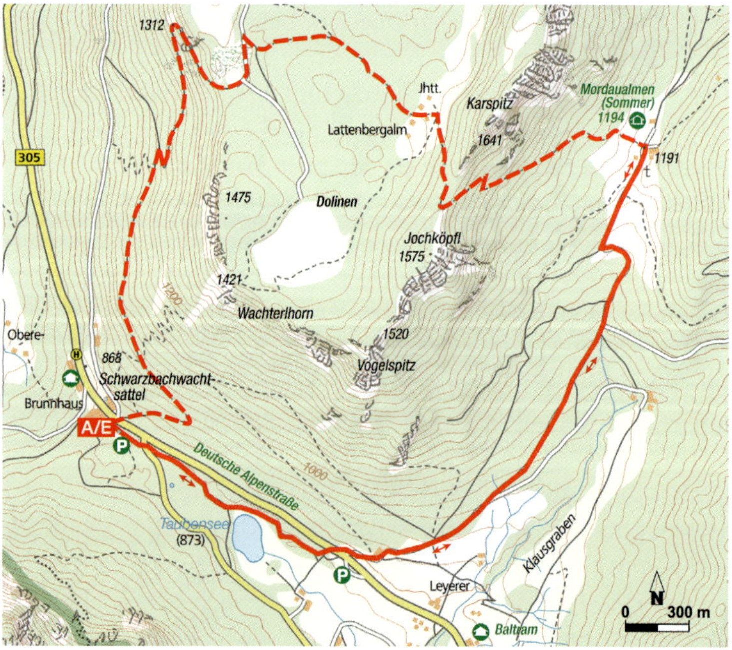

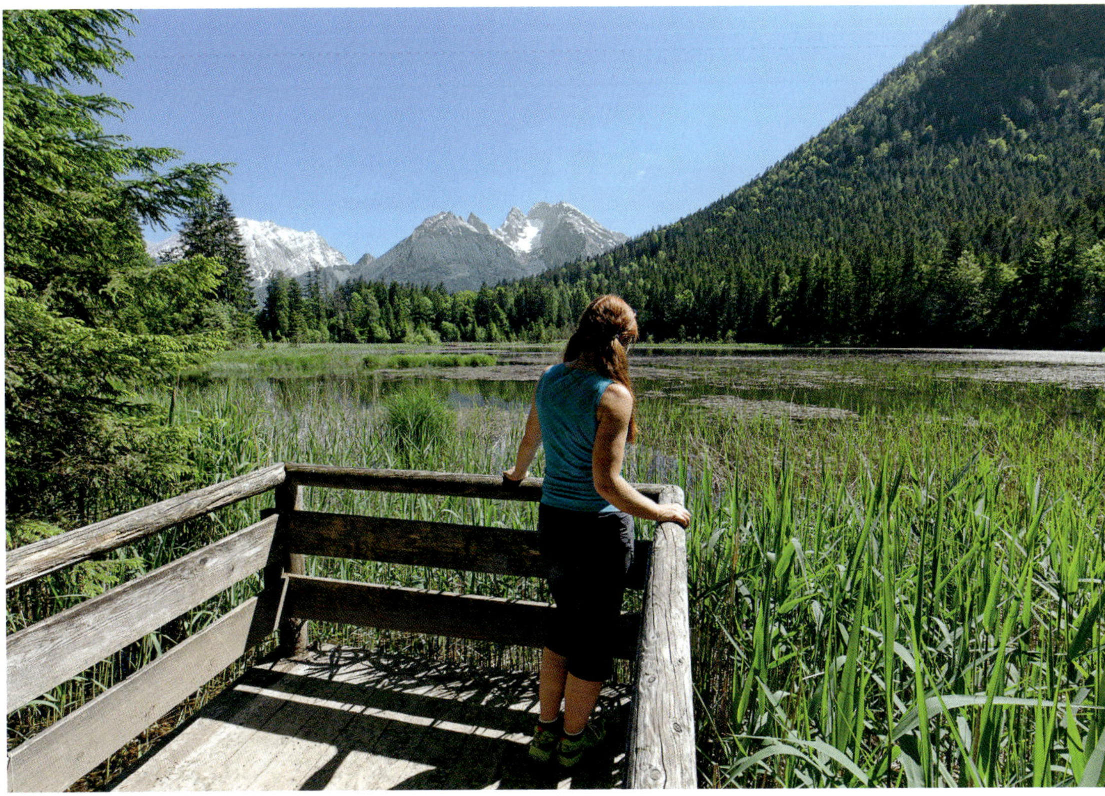

Der Taubensee liegt direkt am Weg.

beginnt nun unser Aufstieg zu den Mordaualmen, der mit dem vom Tourismusverband angelegten Almerlebnisweg identisch ist. Eine große Molkerei hat dafür Informationstafeln aufstellen lassen, auf denen wir viel Wissenswertes über die Geologie, die Almen und das Leben auf dem Berg erfahren.
Wir wandern nun auf der sonnigen Zufahrtsstraße bergauf und erreichen mit herrlicher Aussicht auf Hochkalter und Watzmann nach einer großen Almwiese die Mordaualmen. Hier kehren wir ein und genießen diese zwei idyllisch gelegenen Almen, die von zwei verschiedenen Almbauern bewirtschaftet werden. Der Kederbachkaser ist die ältere Alm und durch ihre Bauform etwas ganz Besonderes. Es handelt sich um einen Rundumkaser. Dort befindet sich der Wohnraum im Zentrum des Gebäudes und wird vom Stall umgeben. Der Hintere Keilhofkaser liegt, nomen est omen, etwas dahinter. Hier sitzt man windgeschützt gemütlich vor der Alm, die überdies äußerst liebevoll mit Blumen geschmückt ist. Die Aussicht lässt sich sogar noch toppen, wenn man von der Alm zu dem kleinen Almkreuz hinaufsteigt.

Der schnellste Abstieg zurück ins Tal führt über den Aufstiegsweg. Jeder, der nur einmal kurz etwas Berg- und Almluft schnuppern wollte oder schon spät dran ist, marschiert wieder auf der Almstraße ins Tal. Man kann die Tour aber auch gut über den Almerlebnisweg ausdehnen, das ist dann etwas anstrengender und schwieriger. Dafür folgen wir hinter dem Kederbachkaser dem Bergpfad weiter aufwärts. Nach 300 Höhenmetern erreichen wir so das aussichtsreiche Jochköpfl, den höchsten Punkt der Wanderung. Vom Joch folgen wir weiter dem Pfad und passieren die Lattenalm, wo wir auf eine breitere Almstraße treffen, der wir bergab zur Moosenalm folgen. Diese erreichen wir mit einem Fünfminutenabstecher nach rechts. Dann geht es weiter die Almstraße hinab. Bald wird der Weg wieder zu einem schmalen Bergpfad. Dieser schmiegt sich z. T. an steil abfallende Felswände, zackig geht es jetzt bergab. Direkt an der Schwarzbachwacht treffen wir wieder auf die Deutsche Alpenstraße und haben unseren Ausgangspunkt bald erreicht.

Auf der Mordaualm gibt es eine leckere Brotzeit.

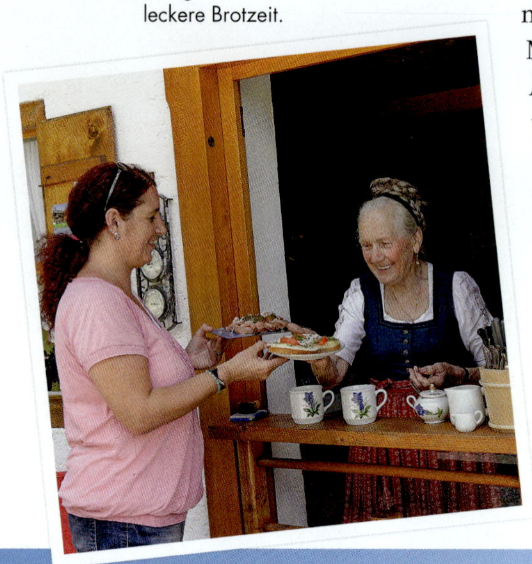

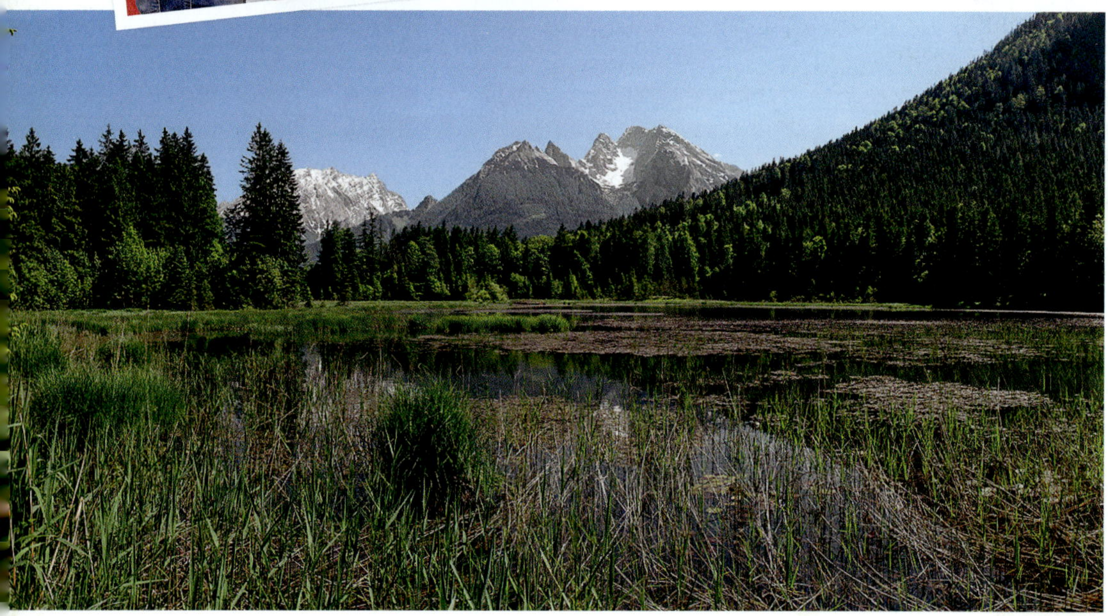

Hinter dem Taubensee ragt der Watzmann in den Himmel.

Rechte Seite: Gemütlicher Aufstieg zur Mordaualm

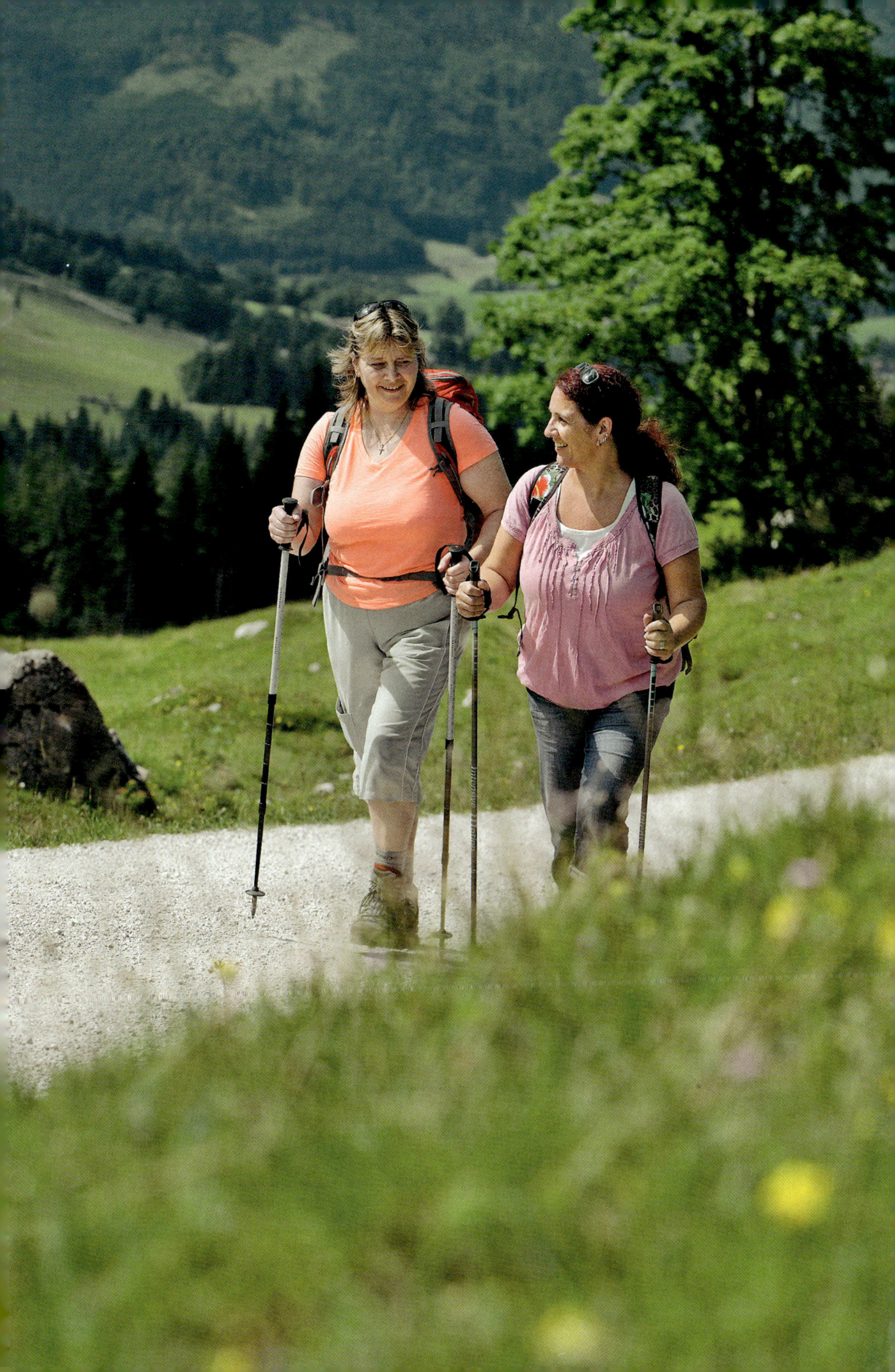

96 Toter Mann und Soleleitungsweg

Mit Blick zum Watzmann auf altem Weg

Leicht | 10,5 km | ↑250 m ↓650 m | 3.30 Std.

Tourencharakter
Einfache Bergtour, durch die Liftauffahrt überwiegend bergab. Der Rückweg verläuft über den gut ausgebauten, fast ebenen Soleleitungsweg.

Ausgangs-/Endpunkt
Talstation der Hirschkaserbahn in Ramsau

GPS-Daten
47.626596, 12.905080

Anfahrt
Auto: Über die A 8 bis Ausfahrt Siegsdorf und nach Inzell, dann auf der B 305 über Weißbach Richtung Ramsau. Links der Beschilderung nach Hochschwarzeck zur Hirscheck-Sesselbahn folgen.
Bus/Bahn: Mit der Bahn bis Berchtesgaden, weiter mit Buslinie 846 bis in die Ramsau, Haltestelle am Hotel Hochkalter. Hier in Linie Bushaltestelle 845 nach Hochschwarzeck umsteigen (Abfahrtszeiten vorab erkunden, der Bus fährt nicht regelmäßig)

Karte
Kompass Nr. 14 Berchtesgadener Land, 1:50 000

Information
www.ramsau.de

Diese Tour muss man einmal im Leben gemacht haben. Mit der Aufstiegshilfe der Hirschkaserbahn schummeln wir an unseren Leistungsergebnissen. Dafür bleibt dann mehr Zeit am Berg, um das phänomenale Watzmannmassiv zu bestaunen.

Damit diese Tour auch für Anfänger und den eher sporadischen Bergsteiger geeignet ist, wählen wir diesmal die sehr bequeme Aufstiegshilfe der Hirscheck-Sesselbahn. Äußerst langsam schweben wir so zur Bergstation und flanieren als Erstes zur großen Aussichtsterrasse der Berggaststätte Hirschkaser.
Die Aussicht ist wirklich atemberaubend schön! Beginnend von rechts mit dem Hintersee über die Reiteralpe und den Hochkalter und hinüber zum Wimbachgries und dem großen Watzmann. Natürlich gibt es noch jede Menge mehr Gipfel zu bestaunen,

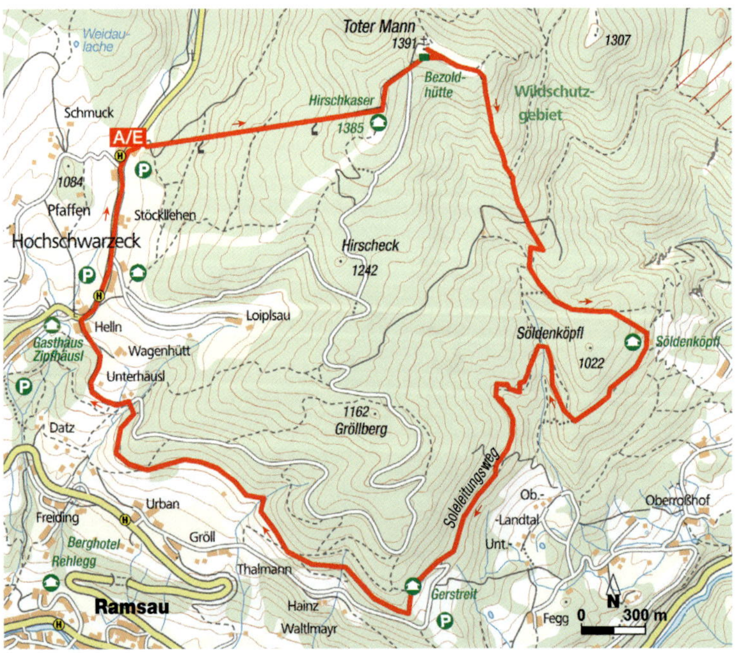

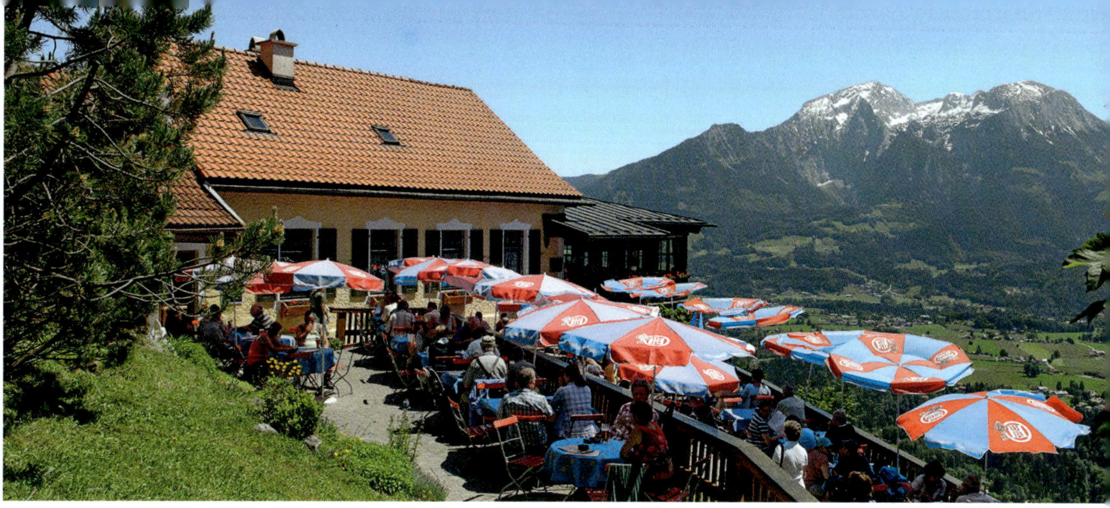

Berggasthof Söldnereck mit seiner traumhaften Aussichtsterrasse

dafür gehen wir auf einem bequemen und gut ausgeschilderten Wanderweg in wenigen Minuten zum Gipfel des Toten Mannes (1391 m).

Nach der Schaurast steigen wir zurück zu dem kleinen Wiesensattel. Diesmal wandern wir geradeaus und folgen der Beschilderung zum Söldnereck. Fast eine Stunde lang geht es nun auf einem Bergpfad hinunter, bis wir den in herrlicher Aussichtslage positionierten Berggasthof Söldenköpfl erreichen. Eine erste Einkehr kommt gelegen und ist hier wirklich zu empfehlen. Das Gebäude am Söldenköpfl gehört bereits zum historischen Soleleitungsweg. Es diente einst als Solehochbehälter, aus dessen Brunnhaus das flüssige Salz in die Soleleitungen geschickt wurde. Vom Söldenköpfl wandern wir mit Blick auf das Tal nach rechts weiter und folgen nun der Beschilderung über den Soleleitungsweg. Immer auf halber Höhe am Hang führt dieser Wanderweg entlang der einstigen »Pipeline«, die das Salzwasser von Berchtesgaden nach Bad Reichenhall brachte. Dieser Streckenabschnitt zählt zu den schönsten Panoramawegen des Berchtesgadener Landes. Vor allem im zweiten Wegabschnitt, nach dem Gasthof Gerstreit als nächster Einkehrmöglichkeit, ist dieser unübertroffen schön. Schließlich teilt sich der Wanderweg in der Nähe des Gasthauses Zipfhäusl. Wir halten uns rechts (geradeaus geht es zum Gasthaus Zipfhäusl) auf der breiteren Forststraße, die nun steil aufwärtsführt und zum Hochschwarzeck bzw. der Hirscheck-Sesselbahn ausgeschildert ist. Die letzten Meter folgen wir dann rechts der kleinen Zufahrtsstraße zurück zur Talstation des Liftes.

Einkehr

Berggaststätte Hirschkaser, Berggaststätte Söldenköpfl (Fr Ruhetag), Berggaststätte Gerstreit (So Nachmittag mit Volksmusik), Berggasthof Zipfhäusl

97 Zur Halsalm

Käse und Buttermilch mit Adlerpfiffen

Leicht | 7 km | 450 m | 3 Std.

Tourencharakter
Unschwierige Wanderung; der Aufstieg etwas steiler bergauf auf einer Almstraße, der Abstieg über schmale Bergpfade

Ausgangs-/Endpunkt
Parkplatz der Nationalpark-Informationsstelle Klausbachhaus

GPS-Daten
47.598948, 12.842565

Anfahrt
Auto: Auf der A 8 Richtung Salzburg, Ausfahrt Siegsdorf, weiter über Inzell, dann auf der B 305 über Weißbach, Schneizelreuth Richtung Ramsau, dann rechts der Beschilderung zum Hintersee folgen, am See entlang
Bus/Bahn: Mit der Bahn bis Berchtesgaden oder Bad Reichenhall und weiter mit Bussen an den Hintersee

Einkehr
Die Halsalm, eine urige, echte Alm, ist unser heutiges Ziel (Juni–September).

Karte
Kompass Nr. 14, Berchtesgadener Land/Chiemgauer Alpen, 1:50 000

Information
www.ramsau.de

Dieser Rundweg entführt uns zu einer waschechten Alm mit Sennerin und Käserei. Die Halsalm ist kein vertouristisierter Berggasthof, sondern wird nur während der Sommermonate bewirtet, wenn die Kühe genügend Gras finden.

Wir starten vom Parkplatz südlich des Hintersees und folgen dem kleinen Sträßchen durch die Schranke, die den Zugang zum Berchtesgadener Nationalpark für den öffentlichen Verkehr sperrt. Für uns Fußgänger steht der Weg natürlich frei und gleich darauf passieren wir das Informationshaus des Parks. Es ist in einem wunderschönen alten Hof untergebracht und natürlich lohnt sich ein Besuch. Fragen Sie den Park-Ranger, wo dieses Jahr das Adlerpärchen nistet. Manchmal brütet es in den Felswänden oberhalb der Halsalm. Egal wo die Adler nisten, wer aufmerksam ist, kann ihre Pfiffe gut hören. Kurz hinter dem Infozentrum weist uns rechts ein Schild auf eine kleine Almstraße zur Hochalm/Halsalm. Nicht gerade sanft geht es gleich zur Sache. Zum Glück ist der Weg anfangs schattig, das erleichtert den Aufstieg. Bald haben wir herrliche Ausblicke bis zum Talschluss und zu den Bergen der Reiteralpe. Von links zweigt einmal der Böselsteig ab, diesen lassen wir unbeachtet und bleiben auf unserem Forstweg. Nach ein paar Kehren wird es flacher und wir erreichen an einem Viehgatter eine Almwiese. Vor einem Marsch direkt über die Wiese wird mit der Warnung vor Kreuzottern abgeraten, was uns übrigens auch die Sennerin der Halsalm bestätigt hat. Fast eben gehen wir an einer kleineren Almhütte vorbei und erreichen schließlich von oben

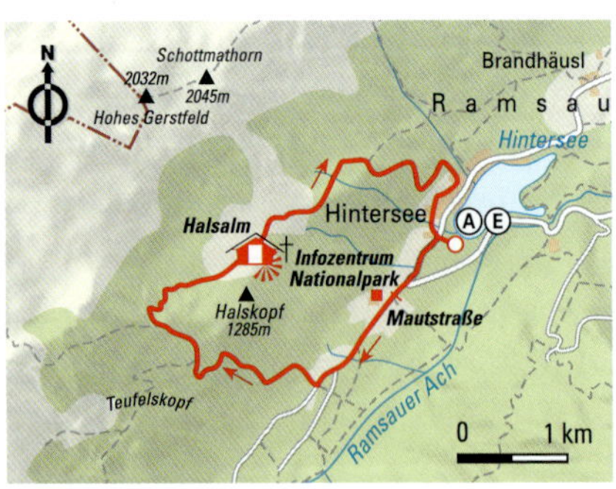

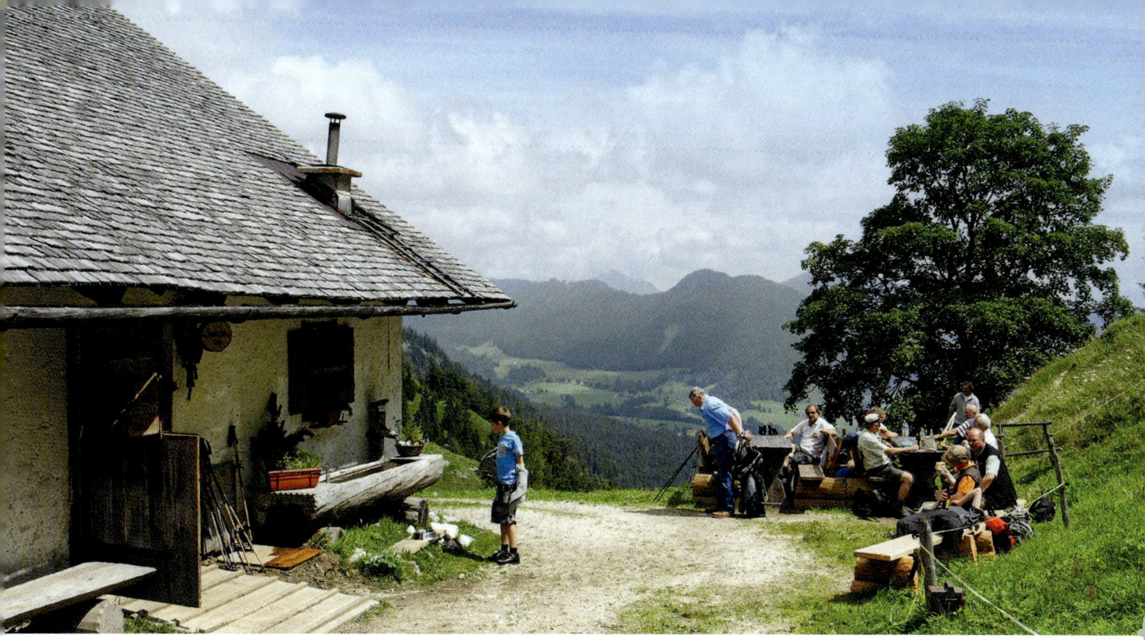

Die Halsalm liegt idyllisch mitten im Nationalpark.

die Halsalm. Vor der Hütte stehen einige Holztische und Bänke. Von Juni bis September wird die Alm bewirtet. Die junge und freundliche Sennerin produziert ihren Käse und die Buttermilch selbst. Es gibt Käse- und Schinkenbrote und eine kleine Getränkeauswahl. Ab 17 Uhr ist geschlossen, denn dann muss sie sich um ihre Kühe kümmern, die bereits mit vollen Eutern vor der Stalltüre warten. Selten haben wir so saubere Kühe gesehen wie hier auf den Almwiesen. Aber nicht nur die Kühe und die Brotzeit überraschen. Der Ausblick über den Hintersee und die Ramsau auf den Hohen Göll ist postkartenverdächtig. Wer die Idylle lieber in Ruhe genießen möchte, kann bis zu dem kleinen Kreuz mit den Bänken hinübergehen. Hier beginnt auch unser Abstieg. Auf dem schmalen Pfad, der am Kreuz vorbeiführt, wandern wir bergab. Nach einigen Kehren und Stufen erreichen wir wieder eine Abzweigung. Diesmal halten wir uns rechts hinunter nach Hintersee/Antoniuskapelle. Steil geht es bergab und wir stoßen fast unten im Tal an einen querenden Weg etwas oberhalb der Häuser am Hintersee. Hier halten wir uns wenige Meter links, bleiben dann aber entlang des Maschenzaunes und gehen in Waldrandnähe die letzten Meter bergab. So erreichen wir wieder den See, und nun ist es nicht mehr weit entlang des Sees zurück bis zum Parkplatz.

Tipp

Wenn während der Almzeit alles gut ging und kein Tier verunglückt ist, werden im Herbst die Kühe wunderschön mit Zierschmuck aufgekränzt ins Tal getrieben. Ein großes Spektakel, zu dem viele Schaulustige anreisen.

98 Über die Bindalmen zum Hirschbichl

Denkmalgeschützte Almen im Nationalpark

Leicht | 8 km | 300 m | 2.30 Std.

Tourencharakter
Der sonnige Weg zur Alm und zum Gasthaus Hirschbichl ist einfach und nur sanft ansteigend. Den Rückweg tritt man mit dem von Mai bis Oktober verkehrenden Almerlebnisbus an. Ansonsten verläuft der Rückweg auf dem Hinweg.

Ausgangs-/Endpunkt
Parkplatz am Nationalpark-Informationshaus am Hintersee

GPS-Daten
47.598974, 12.842556

Anfahrt
Auto: Von Berchtesgaden auf der B 305, in Richtung Inzell. In Ramsau links abbiegen und durch den Ort nach Hintersee. Knapp 1 km nach dem See gibt es einen gebührenpflichtigen Parkplatz beim Nationalpark-Informationshaus. Ab hier ist die Straße für den öffentlichen Verkehr gesperrt.
Bus/Bahn: Mit der Bahn bis Berchtesgaden, weiter mit Bus 846 bis in die Ramsau/Hintersee

Karte
Kompass Nr. 14 Berchtesgadener Land, 1:50 000

Information
www.ramsau.de

Große alpine Erfahrung erfordert der Weg zur Bindalm und zum Hirschbichlpass nicht. Trotzdem führt die Tour durch die wirklich imposante felsige Bergwelt des Klausbachtals. An dessen Ende gibt es einen alten Grenzübergang nach Österreich.

Wir starten vom Parkplatz und wandern auf dem gepflegten Weg vorbei am Nationalpark-Informationshaus durch lichten Auwald ins Klausbachtal hinein. Gelbe Wegweiser zur Bindalm weisen uns gleich am Anfang nach links auf einen Wanderweg. Die Tour ist im weiteren Verlauf hervorragend ausgeschildert. Die weiten Flächen aus feinem Geröll, die sich bald entlang des Weges ausbreiten, sind Spuren eines großen Felssturzes, der 1999 ein gutes Stück weiter taleinwärts vom Mühlsturzhorn abgegangen ist. Diese unglaublichen Mengen an Schutt und Geröll bewegen sich mit jedem Hochwasser talabwärts und verteilen sich über den flachen Talboden. Langsam siedelt sich jetzt wieder auf ihnen Vegetation an.

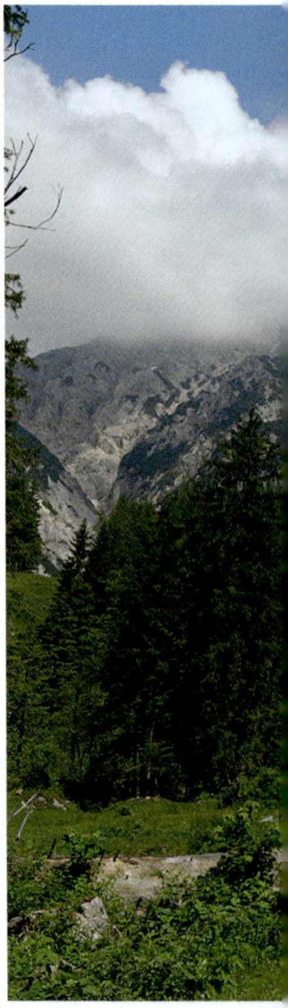

Nach einer Dreiviertelstunde kommen wir zum Hochzeitsstein, einem uralten Hochzeitsorakel. Wer unverheiratet ist, diesen Hochzeitsstein aufhebt und ihn dreimal um den darunterliegenden Schalenstein herumträgt, wird noch im gleichen Jahr heiraten – so sagt es das Orakel. Ein gutes Stück später überqueren wir den Klausbach auf einer geschwungenen Hängebrücke. Sie wurde nach dem Felssturz erbaut, wir sehen nun die Abrisskanten am Berg. Jetzt geht es durch schattigen Wald etwas aufwärts und dann stehen wir schon am Almboden der Bindalmen. Die

Bindalmen sind drei Almhütten, von denen zwei im Sommer bewirtschaftet sind. Uns fallen vor allem die Dächer auf, die noch mit Legschindeln, mittlerweile eine Seltenheit, gedeckt sind. Die durch Rundhölzer gehaltenen Steine beschweren die Schindeln, sodass sie auch ohne jeden Nagel wilden Bergstürmen widerstehen. Von den Almhütten geht es in unserer ursprünglichen Wanderrichtung weiter. An der Weggabel knapp 100 Meter nach den Hütten halten wir uns rechts. So erreichen wir die Fahrstraße und sind dann schnell an der Grenze nach Österreich und damit auch am Gasthof Hirschbichl, der unmittelbar hinter den alten Grenzhäusern liegt. Für den Rückweg bieten sich zwei Möglichkeiten an: Entweder wir wandern auf dem Anstiegsweg zurück oder wir nehmen den Almerlebnisbus, der uns in etwa 20 Minuten zum Parkplatz bringt. Am besten ist es, den Busfahrplan vorher zu erfragen. Der letzte Bus fährt um 17 Uhr ab.

Einkehr

Von Mitte Mai bis Oktober gibt es Almbrotzeiten auf der Bindalm und warmes Essen am Gasthof Hirschbichl (Di Ruhetag).

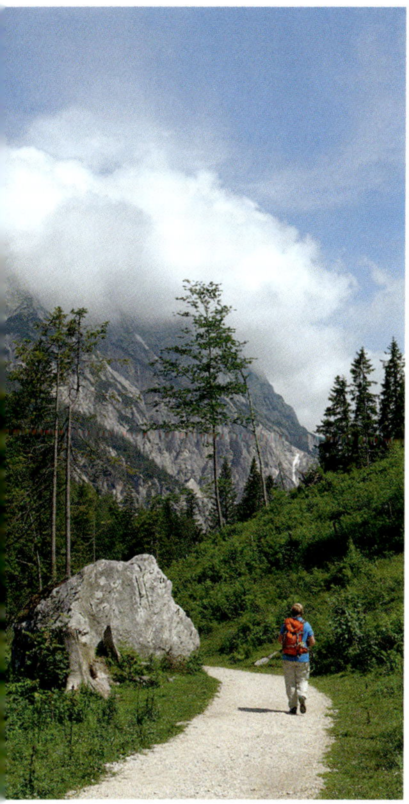

Wanderweg unter der Reiteralpe im Klausbachtal

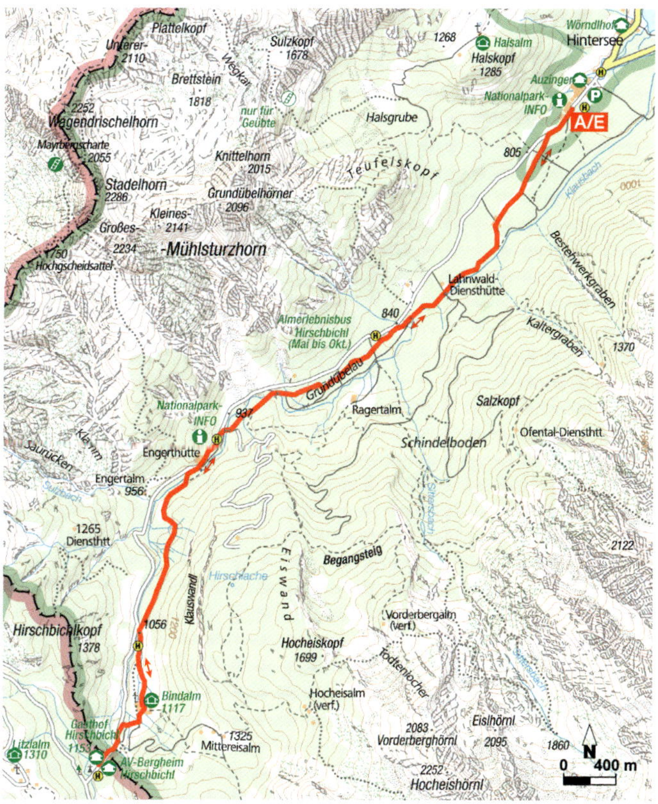

99 Almbachklamm bei Marktschellenberg

Der Lauf des Wassers

Leicht | 5,5 km | 450 m | 3 Std.

Tourencharakter
Schattige Wanderung durch die Klamm (Gebühr!) auf Stegen und Bergpfaden. Auch der Abstieg ist relativ steil. Dafür sollte man trittsicher sein.

Ausgangs-/Endpunkt
Parkplatz an der Almbachklamm

GPS-Daten
47.670509, 13.032298

Anfahrt
Auto: A 8 Richtung Salzburg, bis Reichenhall, auf der B 20 über Berchtesgaden Richtung Marktschellenberg. Die Klamm ist ausgeschildert, es gibt Parkplätze.
Bus/Bahn: Zug nach Berchtesgaden oder Salzburg, Bus bis Haltestelle Almbachklamm/Marktschellenberg

Einkehr
Am Ausgangspunkt liegt das Gasthaus Kugelmühle oder nach dem Aufstieg der Mesnerwirt neben der Ettenberger Wallfahrtskirche.

Karte
Kompass Nr. 14, Berchtesgadener Land/Chiemgauer Alpen, 1:50 000

Information
www.marktschellenberg.de

Eine sehr abwechslungsreiche Rundtour mit vielen Sehenswürdigkeiten wie die Kugelmühle, die Wallfahrtskirche Ettenberg und natürlich als großes Zugpferd die Almbachklamm selbst. Letztere ist vor allem an einem heißen Sommertag zu empfehlen, dann ist die Wanderung geradezu erfrischend.

Bevor wir in die Klamm marschieren, bremst uns die Besichtigung der Kugelmühle im Almbach aus. Einst gab es hier 40 Kugelmühlen und sie waren ein kleiner Wirtschaftszweig, der vor allem bei den ärmeren Bergbauern für einen zusätzlichen Verdienst sorgte. In den besten Zeiten wurden im Jahr an die 800 Zentner (ein Zentner waren ungefähr 10 000 Kugeln) Murmeln, auch Schusser oder Marmeln genannt, durch Wasserkraft produziert. Heute betreiben die Wirtsleute des Gasthauses die Kugelmühle und verkaufen die marmornen Kunstwerke.
Hinter dem Gasthaus liegt der Eingang zur Klamm (Eintritt), durch die bis in die 60er-Jahre hinein noch Baumstämme zur Holzverarbeitung gedriftet wurden. Auf gut gesicherten Stegen, Wegen und Brücken geht es nun am rauschenden und brodelnden Wasser entlang. Das Wasser umtost Gesteinsbrocken, bildet tiefgrüne klare Gumpen, plätschert auch mal sacht dahin und stürzt im nächsten Augenblick über einen Wasserfall in die Tiefe. Je weiter wir nach oben gelangen, umso mehr beruhigt sich das

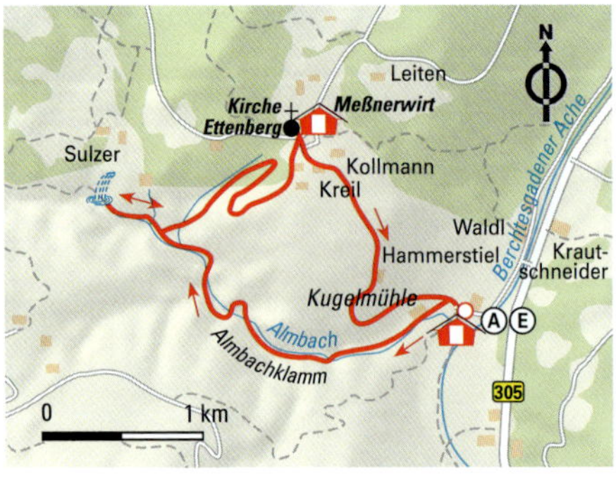

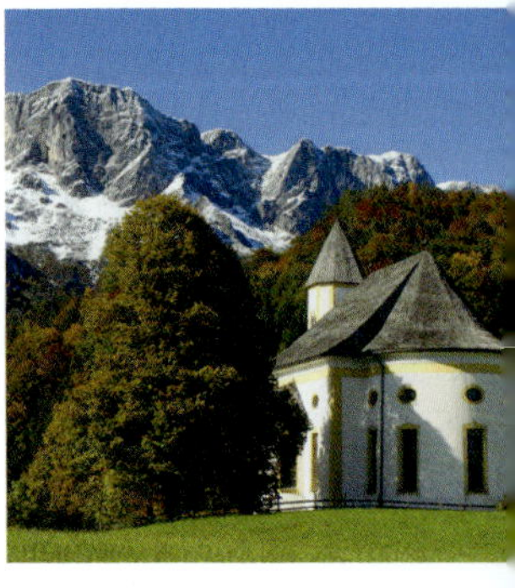

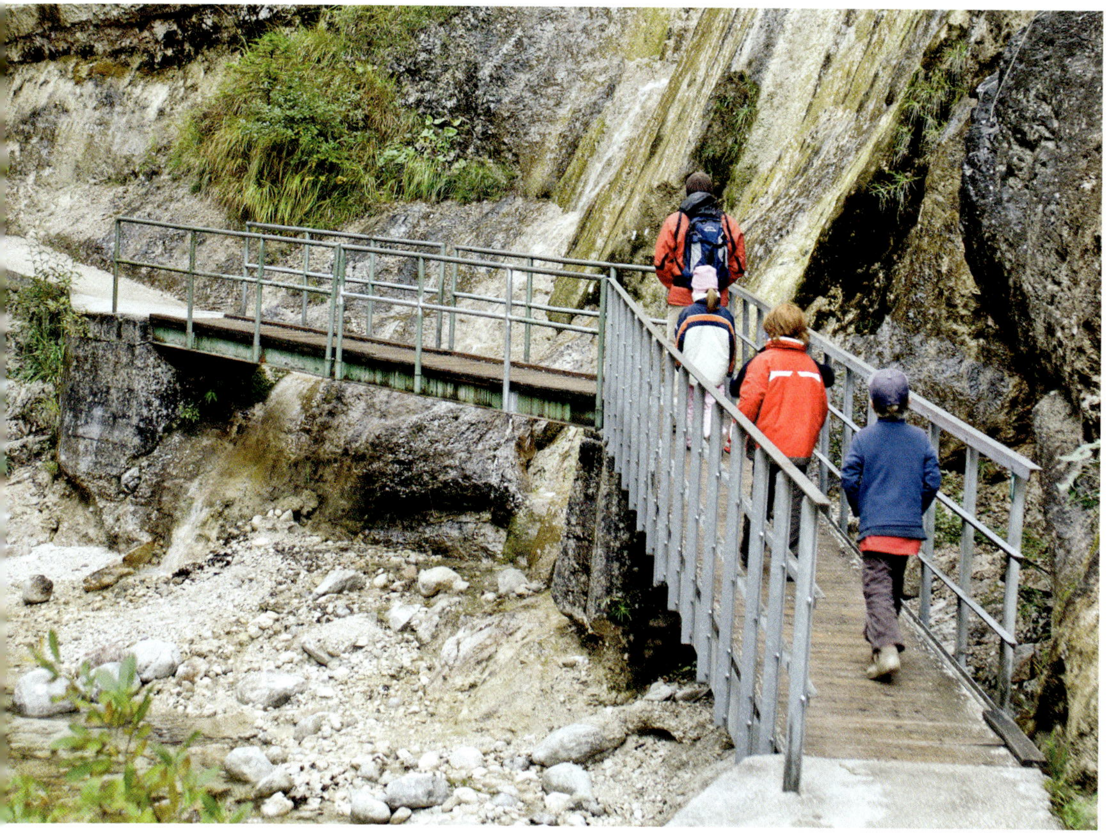

Wasserspektakel. Wir erreichen die Abzweigung nach Ettenberg. Hierher kommen wir gleich wieder zurück. Zuerst geht es noch zwei Stege weiter bis zum Sulzer Wasserfall. Dann drehen wir um und zurück an der Abzweigung steigen wir durch den schattigen Bergwald aufwärts.
Bald erreichen wir am Mesnerwirt wieder freie Wiesen und die barocke Ettenberger Kirche. Zum Abstieg folgen wir zunächst dem Wiesenweg, der ganz in der Nähe des Kirchleins beginnt. Er ist mit dem Schild »Über Hammerstielwand nach Marktschellenberg/Kugelmühle« gekennzeichnet. Trittsicherheit ist erforderlich! Nun geht es flott auf einem Bergpfad die steile Hammerstielwand hinab zurück zum Ausgangspunkt.

Die Almbachklamm ist auch für Familien mit Kindern hervorragend geeignet. Warme Jacken nicht vergessen!

Linke Seite: Wallfahrtskirche Maria Ettenberg mit dem Untersberg

Almbachklamm

Die Klamm ist von Mai bis Oktober täglich von 8 bis 18 Uhr geöffnet, bei schlechtem Wetter können sich die Öffnungszeiten ändern. Der Eintritt kostet für Erwachsene 3 €, für Kinder von 6 bis 16 Jahren 1,50 €.

100 Zum Purtschellerhaus

Zwei Länder in einer Hütte

Leicht · 5,5 km · 480 m · 2.30 Std.

Tourencharakter
Kurze und wenig anstrengende Tour zum Purtschellerhaus. Vorwiegend auf kleinen Forststraßen, Bergpfaden und beim Anstieg über viele Treppen

Ausgangs-/Endpunkt
Roßfeldstraße, Parkplatz Enzianhütte

GPS-Daten
47.6305, 13.040

Anfahrt
Auto: In Berchtesgaden auf die B 319, die Salzbergstraße, an Obersalzberg vorbei, dann auf die Mautstraße, die Roßfeldstraße. Ca. 750 m nach dem Gasthaus Sonneck befinden sich einige Parkplätze an der Enzianhütte (etwas weiter entlang der Straße: Parkplatz Ahornkaser).
Bus/Bahn: Bahn bis Berchtesgaden, Bus zu der dem Ausgangspunkt nächstgelegenen Bushaltestelle Klaushöhe an der Roßfeldstraße. Ca. 3 km Anmarsch bis zum Ahornkaser

Einkehr
Purtschellerhaus, geöffnet Mitte Mai bis Oktober

Karte
Kompass Nr. 14, Berchtesgadener Land, Chiemgauer Alpen 1:50 000

Information
www.berchtesgaden.de

Ein kurzer Anstiegsweg führt zu einer einzigartigen Alpenvereinshütte am Fuße des Hohen Göll. Nicht nur die Aussicht auf das Berchtesgadener Land und weit über den Tennengau bis nach Salzburg ist legendär, das Purtschellerhaus selbst ist etwas ganz Besonderes.

Ausgangspunkt unserer Wanderung ist der Parkplatz an der Enzianhütte. Direkt hinter der Schnapsbrennerei beginnt zunächst ein breiter Forstweg, der angenehm schattig über zwei Serpentinen in einer guten halben Stunde zum Eckersattel führt. (Wenn man aufgrund der Parkplatzmöglichkeiten zum Ahornkaser ausweichen musste, trifft man schneller, weil die Strecke abwärtsführt, ebenfalls auf diese Stelle.)
Am Eckersattel treffen viele Wege zusammen. Wir wählen den rechten Aufstieg über den Deutschen Weg. So beginnt gleich ein steiler Steig, der schließlich, um weitere Hangerosionen zu vermeiden, sogar zu einer Treppe ausgebaut wurde. Auch wenn wir ganz schön zu schnaufen haben, so ist der Weg mit seinen Ausweichbuchten und Rastbänken sehr spannend. Stets geht es entlang der Grenze ins Salzburger Land. Schließlich führt der Weg wieder als Bergpfad um einen kleinen Hügel herum und wir bewältigen die letzten Höhenmeter hinauf zum Purtschellerhaus spielend.

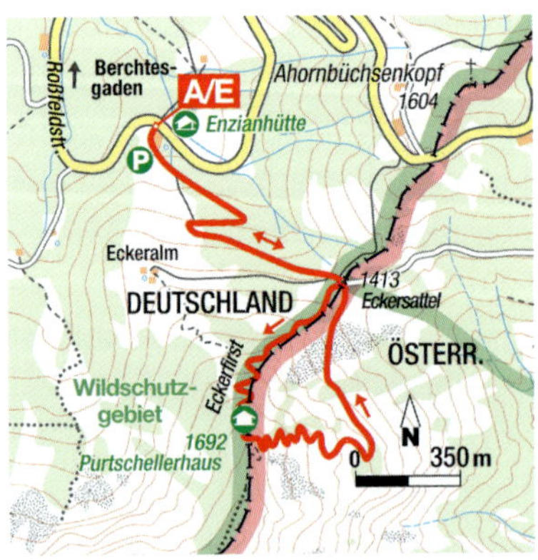

Jetzt testen wir die guten Küchenkünste der Hüttenwirte, aber natürlich wollen wir auch das Purtschellerhaus besichtigen, denn mitten durch den Flur, die Küche und die Gaststube verläuft die bayerisch-salzburgerische Grenze. Zum Glück gibt es schon lange keine Grenzkontrollen mehr. Aber das

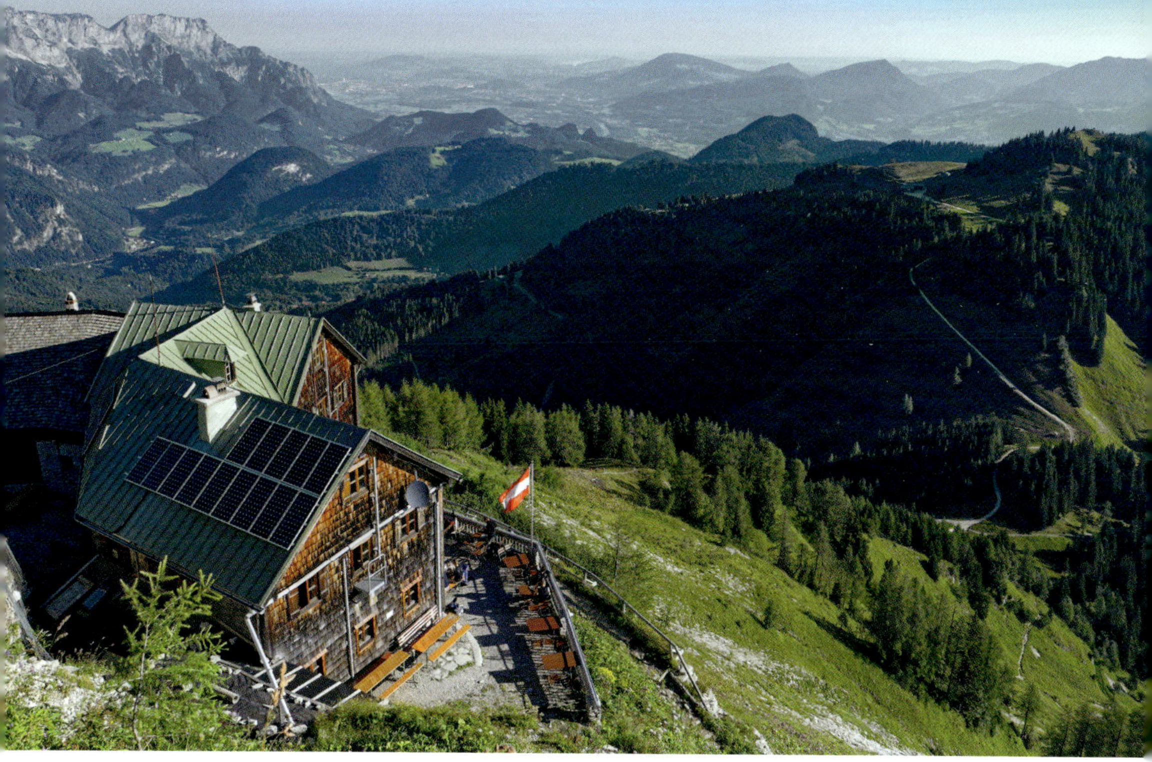

Die österreichische Terrasse des Purtschellerhauses

Erste, was jedem Gast auf dem Purtschellerhaus auffällt, ist die Grenzlinie, die quer über den Fußboden gezogen ist. Das Purtschellerhaus wurde aus Versehen mitten auf der Grenze erbaut, die sich sogar durch den großen Holzofenherd zieht. Da steckt eine lange Geschichte dahinter und man kann sich kaum vorstellen, wie das in Zeiten ohne Schengener Abkommen ablief. Musste man jeweils seinen Pass zücken, wenn man auf die Toilette wollte? Wenn sich die Grenze durch die Küche zieht, an welchen Staat wird die Mehrwertsteuer entrichtet? Alles Fragen, auf die eine Hüttenchronik, die anlässlich der 100-Jahr-Feier der Sektion Sonneberg, der das Purtschellerhaus gehört, erstellt wurde, eine Antwort liefert.

Mit das Beste am Purtschellerhaus sind die beiden Terrassen: eine für die Morgenstunden und eine für den Nachmittag. Und dort ist die tolle Aussicht ein unbezahlbarer Augenschmaus.

Der Abstieg beginnt auf der anderen Seite der Hütte über den Österreichischen Weg. Zunächst geht es in einigen Kehren auf einem steinigen Bergpfad an den Ausläufern des Hohen Göll abwärts. Dann schwenkt der Weg nach links und wir passieren die Schuttreißen. Schließlich treffen wir wieder auf den Eckersattel, wo sich, je nachdem wo wir die Autos geparkt haben, die Wege trennen. Schnell sind wir zurück an unserem Ausgangspunkt.

Register

Impressum

Verantwortlich: Sabine Klingan
Redaktion: Christian Schneider
Layout: Eva-Maria Klaffenböck
Repro: Cromika
Kartografie: Bruckmann Verlag GmbH, Heidi Schmalfuß
Herstellung: Stephanie Schlemmer
Printed in Slovenia by Florjancic

★★★★★

Sind Sie mit diesem Titel zufrieden? Dann würden wir uns über Ihre Weiterempfehlung freuen. Erzählen Sie es im Freundeskreis, berichten Sie Ihrem Buchhändler, oder bewerten Sie bei Onlinekauf. Und wenn Sie Kritik, Korrekturen, Aktualisierungen haben, freuen wir uns über Ihre Nachricht an Bruckmann Verlag, Postfach 40 02 09, D-80702 München oder per E-Mail an lektorat@verlagshaus.de.

Unser komplettes Programm finden Sie unter www.j-berg-verlag.de

In diesem Buch wird aus Gründen der besseren Lesbarkeit das generische Maskulinum verwendet. Weibliche und anderweitige Geschlechteridentitäten sind dabei ausdrücklich mitgemeint, soweit es für die Aussage erforderlich ist.

Empfehlung der Redaktion
Sie sind auf der Suche nach weiterführender Literatur? Dann empfehlen wir Ihnen den Titel »Raus ins Grüne München« von Lisa und Wilfried Bahnmüller. Oder Sie werfen einen Blick in die Zeitschrift BERGSTEIGER. Hier werden Sie bestimmt fündig.

Bildnachweis: Alle Bilder auf dem Cover und im Innenteil stammen von den Autoren.
Umschlagvorderseite: Ausgeschlafen am Jochberg
Umschlagrückseite: von re. o. n. li.u.: Beim Eckbauer (Tour 23), Kleewiese bei Untermogg (Tour 11), Gindelalmschneid (Tour 54), Panoramaweg Karwendel (Tour 75), Wallgau (Tour 26), Am Kochelsee (Tour 30)

Die Deutsche Nationalbibliothek verzeichnet diese Publikation in der Deutschen Nationalbibliografie; detaillierte bibliografische Daten sind im Internet über http://dnb.d-nb.de abrufbar.

Infanteriestraße 11a
80797 München

ISBN 978-3-86246-744-0